# 교육과정행정

-이론과 실제-

이 저서는 2018년 대한민국 교육부와 한국연구재단의 지원을 받아 수행된 연구임
(NRF-2018S1A6A4A01036268)

This work was supported by the Ministry of Education of the Republic of Korea and the National Research Foundation of Korea
(NRF-2018S1A6A4A01036268)

# 교육과정행정

## 이론과 실제

박창언 저

동문사

# 머리말

교육과정 분야에서 법과 행정에 주요한 관심을 두고 교육과정행정의 실체와 그 내용을 파악하기 위한 노력을 기울였다. 이론적으로는 교육과정에 대한 역사적 고찰과 변인 파악 등을 통한 행정 작용을 추출하는 작업을 지속하였다. 그리고 국가 교육과정 개정 작업에 참여하고, 학교평가 후속컨설팅과 교육과정 정책과 관련된 연구학교와 선도학교 컨설팅에 참여하면서 교육과정행정에 대한 이해를 높이기 위한 실제적 노력도 기울였다. 시간이 지날수록 이 분야가 상당히 어렵다는 것을 느끼지만, 글을 전개해 가면서 조금씩 진척되는 느낌이 든다.

교육과정행정을 이해하는 방법은 일반행정과 달리 교육의 기본성격(본질)을 고려할 때 그 특성이 가장 잘 파악될 수 있다고 생각된다. 교육의 기본성격이 인간의 성장에 유의미한 장을 마련하는 것에 있다면, 교육과정행정은 인간의 성장을 위해 지도·조언하고 지원하는 사항을 중심으로 이루어져야 한다고 생각한다. 행정작용이 권력적이고 통제적이며, 획일화된 교육내용으로 이루어지게 되면 인간이 제대로 성장할 수 없게 된다.

교육과정은 한 나라를 이루는 구성원이 공유하는 내용이 있다는 것을 전제로 만들어지는 것이기 때문에 교육과정과 관련된 다양한 참여자에 의한 합의의 과정을 얻는 것은 매우 중요한 부분이 된다. 합의에 의해 만들어진 교육과정이 통제적이면서도 획일적으로 운영되면, 그러한 과정은 의미가 없게 된다. 사회적 합의에 의해 만들어진 교육과정은 지역과 단위학교에서 학생의 특성을 고려해 만들 수 있는 여백을 고려하여야 한다. 지역과 대상 학생에 대한 여백은 교육과정의 분권화와 자율화로 이어질 수 있는 것이다.

이것은 교육과정의 국가적 기준과 내용이 있고, 지역과 단위학교 교육과정이 존재하는 현재의 교육과정 결정 구조와 관계되는 것이다. 국가와 지역에서의 교육과정 기준과 내용을 정하는 것과 단위학교가 교육과정을 자율적으로 편성하고 운영하는 것은 국가적 통제와 단위학교 자율 간의 긴장 관계를 말하는 것이다. 이러한 긴장 관계를 조화로운 관계로 이끌어 나가는 것이 교육과정행정의 임무가 될 것이다. 이러한 취지에서 이 글은 정책결정에서부터 집행 그리고 평가와 시정조치에 이르는 교육과정행정의 제반 과정에 입각해 엮어나간 것이다.

교육과정행정에 관한 글을 쓸 때 자료가 너무 빈약해 이론적인 부분은 행정학과 교육행정학을 바탕으로 하면서 교육과정의 실무적 과정을 함께 고려하였다. 그리고 이 글을 진척시키기 위해 교육과정 분야의 실무자와의 협의를 거치기도 하였다. 이 책의 전반적 내용이 완결되었다고 보지는 않는다. 나 자신이 경험하고 이해한 것을 교육과정행정 분야에 한정해 정리한 것이다.

이 분야는 자료 수집과 내용 전개에 고충이 따랐던 만큼 저술의 주요 내용이 교육과정 전공자들에게 도움이 되었으면 한다. 부족한 부분은 지속적으로 공부하는 학도들에게 아낌없는 비판과 충고로 대신하고자 한다.

이 책의 초고가 나오기까지 교육부 교육과정정책관의 각 부서 실무를 맡고 있는 연구관(사)들께서 필요한 사항에 대한 검토 의견을 주셨고, 동래고등학교 이성건 교감은 부산교육청에서 장학사로 근무하신 경험을 토대로 실무 측면에서 의견을 제시하여 사고의 논리를 정교화하는 데 도움을 주셨다. 부산대학교 강사로 있는 장경혜 박사는 초고에 대해 문장의 표현을 다듬었고, 부산혜원학교 교사로 재직하고 있는 신서영 박사는 최종본에 대한 검토를 꼼꼼히 해주셔서 저술의 완성도를 높이는 데 도움을 주었다. 그리고 검토 의견을 정리해 준 박사과정 이효휘 양을 비롯해 출판 과정에서 수고를 아끼지 않은 대학원생들에게 감사드린다. 그리고 이 책의 출판에 적극적 도움을 주신 이중수 사장님과 유재영 상무님께 감사드린다.

2021년 2월

부산대학교 연구실에서

# CONTENTS

# 차 례

CONTENTS

# 차 례

PART 01

# 교육과정행정의 이해

제1장 교육과정행정의 발전
제2장 교육과정행정의 의의
제3장 교육과정행정 이론의 발달

CHAPTER 01

# 교육과정행정의 발전

## 01 교육과정행정의 의의

### 1) 교육과정과 행정의 관계

교육과정은 개별 학습자에게 적합한 교육과정을 제공함으로써 그들의 성장을 돕는 작용을 한다. 그래서 교육과정은 교사와 교사집단이 활발한 논의를 거쳐 자율적으로 결정하여야 할 필요가 있다. 이에 비해 행정은 공공문제의 해결이나 생산의 분배와 관련된 정부의 활동을 위해 강제성을 지닌 정치 권력을 내포하고 있다. 자율성을 요청하는 교육과정 분야와 강제성을 지니고 있는 행정 분야의 이질적 성격은 이들의 조화를 어렵게 하는 원인이 된다. 따라서 이들에 대한 논의 그 자체에도 의문이 들 수 있다. 그러나 여기서 논의하려는 교육과정행정이라는 개념은 교육과정과 행정 분야의 단순한 결합이 아니라 교육의 기본성격(본질)을 구현하기 위한 새로운 개념화에 있는 것이다.

교육의 기본성격은 학습자가 성장할 수 있는 장을 마련해 주는 것이다. 이를 위해서는 각 개인에게 교육의 기회가 균등하게 제공되어야 할 필요가 있다. 그것은 초·중등 교육에서 취학의 기회를 의무화하는 것 이상의 것으로 보아야 한다. 취학의 의무는 모든 사람이 교육을 받을 수 있는 기회를 제공하는 데 유용한 역할을 수행한 것은 틀림없다. 그러나 교육현장에서는 그러한 기회의 제공에도 불구하고 교육에서 소외되는 자가 지속적으로 발생하고 있다.

따라서 취학의 기회에 대한 균등을 기하는 형식적인 것에서 더 나아가 학생들에게 적합한 교육과정을 제공함으로써 실질적인 교육의 기회를 균등하게 제공하여야 할 필요가 있는 것이다. 교육과정은 교육활동에서 구현하고자 하는 목적에 맞게 교육내용을 선정하고, 이를 교육하는 방법적인 원리에 따라 조직해 놓은 것을 말한다[1]. 여기서 교육목적이나 내용의 선정 및 조직은 교육과정을 보는 관점에 따라 달라질 것이다. 예를 들면, 교과중심 교육과정의 입장을 위해 지적인 체계를 중시하게 되면 목적은 이성의 계발이 될 것이고, 내용의 선정은 인류의 문화유산, 그리고 내용의 조직은 논리적 형태를 지니게 될 것이다. 이와 반대로 생활 경험을 강조하게 되면 생활인의 육성이 목적이 될 것이고, 생활 경험을 교육내용으로 선정하고, 심리적으로 그 내용을 조직하게 될 것이다.

따라서 교육과정학 분야에서는 교육의 목적, 교육내용의 선정, 그리고 그 조직하는 방식 등에 초점을 두고 연구가 활발히 전개되고 있는 것이다. 그러나 이러한 분야의 연구는 법과 행정의 지원을 통해 가능한 것이다. 예컨대 「초・중등교육법」에서는 교육과정 운영과 관련된 학년도의 시작과 종결일자, 학년제, 교과용도서의 사용 등에 대한 사항을 규정하고 있고, 「초・중등교육법 시행령」에서는 교과, 학기, 수업일수, 학급편성, 휴업일 등에 대해 규정하고 있다. 여기서 「초・중등교육법」은 국회에서 만든 법률에 해당하지만, 「초・중등교육법 시행령」은 행정부에서 만든 행정입법으로 일종의 정책형성 작용에 해당한다. 법 시행령의 제정과 이와 관련한 내용은 행정에서 다루어지는 것이다.

법과 행정에서는 직접적 교육활동에 해당하는 교육과정의 내용적 측면에 대한 규제와 지원 및 촉진을 위한 기준을 제도화하고 있는 것이다. 교육과정의 내용적 측면에 대한 것은 이러한 제도적 기준의 범위 내에서 이루어지는 것이기 때문에, 법과 행정이 어떻게 규정하고 있는지는 매우 중요한 문제가 된다. 따라서 교육과정 분야는 내용 그 자체를 다루는 분야와 이를 규율하고 지원하는 제도적 측면이 동시에 결합되어야 제대로 기능할 수 있다. 특히 교육과정의 운영에서 교원 인사나 학교의 시설 등에 대해 행정적 지원이 없을 경우 개별 교사가 감당하기 어렵게 되고, 교육활동이 제대로 이루어지지 않을 수 있다. 따라서 행정의 역할은 교육과정 중심으로 기능하여야 교육활동이 제대로 전개될 수 있는 것이다.

다른 한편 교육과정에 대한 행정의 부분에서는 교육의 기회 균등을 위해 교육과정의 내용적 측면에 대한 논의를 활성화하기 위한 제도적 측면만을 다루고 있는 것은 아니다. 교육과정 그 자체에 대한 논의도 이루어지게 된다. 그것은 교육의 일정 수준 유지와 같은 것이다. 사적인 교육과 달리 공적인 교육은 교육활동의 전개에서 국가나 이에 준하는 자치단체가 관리·지원·통제하는 교육제도이기 때문에, 해당 국가와 세계 시민으로 삶을 영위하기 위해 일정한 수준의 교육을 받을 것을 요청하고 있다. 이를 위해 국가는 교육과정의 기준과 내용의 기본적 사항을 설정하는 행정적 역할도 수행하고 있는 것이다.

우리나라에서 교육과정의 기준과 내용에 대한 기본적 사항은 국가교육과정에 해당하는 것으로 교육과정의 총론과 각론(교과별 교육과정)에 제시되어 있다. 교육과정의 기준은 교육과정의 편성·운영에 대한 기준으로 총론에 많이 제시되어 있고, 내용에 대한 기본적 사항은 각론에 주로 제시하고 있는 편이다. 이러한 교육과정 기준은 모든 국민의 기본적 자질과 생활 태도를 기르고, 초·중등의 학교교육이 방임적으로 운영되지 않도록 함으로써 국가가 그 책무성을 기하고자 하는 데 있는 것이다.

**표 1-1 교육과정행정의 관계와 기능**

- 교육과정행정의 관계 = 교육과정(자율성) + 행정(강제성)의 조화를 통한 새로운 개념화
- 교육과정행정의 기능
  = 1) 교육의 기회균등 보장: 학습자 개인의 교육과정 적합성 제고
  2) 교육의 일정 수준 유지: 교육과정 기준과 내용의 기본적 사항 제시
  ⇒ 교육과정중심의 행정 운영과 교육활동 전개

이러한 의미에서 교육과정 분야에서의 행정은 학습자에게 유의미하게 마련된 교육과정이 유효 적절하게 운영될 수 있도록 제도적 조건을 정비함으로써 교육의 기회를 제공하고, 공적인 교육체제에서 교육의 일정 수준을 유

지하기 위해 내용적 기준을 설정하는 것에서 그 의미를 찾을 수 있다. 교육과정행정은 교육내용의 기준 설정과 그러한 기준이 적절하게 운영될 수 있도록 여건을 정비함으로써 교육과정중심의 교육활동이 전개될 수 있는 기반을 마련하는 것이라 하겠다.

### 2) 교육과정행정 분야의 연구

우리나라에서 교육과정행정에 대한 연구는 교육학 분야나 행정학 분야 모두에서 제대로 이루어지고 있다고 보기는 어려운 것 같다. 교육학 분야에서는 교육과정 분야와 교육행정 분야에서 다루고 있고, 행정학 분야에서는 교육과 관련된 사항을 거의 다루지 않은 것으로 보인다. 외국의 경우는 교육과정 분야와 행정법 분야 등에서도 다루지만 구체적 내용을 보면 교육과정행정에 대한 체계화가 아니라, 새로운 교육과정에 대해 행정가들의 이해를 돕기 위한 것과 행정법의 집행으로서 교육과정행정을 다루고 있다.

우선 우리나라부터 살펴보고자 한다. 우리나라에서는 교육과정 분야와 교육행정 분야에서 교육과정행정에 대해 다루고 있다.

첫째, 교육과정 분야부터 살펴보기로 한다. 교육과정 분야에서 교육과정행정이라는 용어가 단행본에서 사용되고 있는 것은 이경섭・이홍우・김순택이 1982년에 펴낸 <교육과정: 이론・개발・관리>[2] 저서의 제Ⅲ부 "교육과정의 질 관리"[3] 부분의 제1장에서 '교육과정행정'이라는 제목으로 총 34페이지 분량을 다루고 있다. 이해를 위해 이 장의 구체적 항목까지 제시하면 다음과 같다.

제1장 교육과정의 행정
- 가. 교육과정행정의 개념
- 나. 교육과정개발행정: 편수행정
  - (1) 교육과정과 교과서 개발의 실제
  - (2) 규범적 교육과정관의 한계
  - (3) 현실적 교육과정관의 이해
  - (4) 교육과정 개발행정의 체계화
- 다. 교육과정운영의 지도행정: 장학행정
  - (1) 교육과정 지도자로서의 장학관
  - (2) 교육과정 운영의 수준과 장학
- 라. 교육과정 개선연구의 지원행정

함수곤 · 김찬재가 2007년 편찬한 <교육과정 장학의 이론과 실제>[4] 에서도 교육과정행정에 대한 내용이 제시되어 있다. 제1부는 "교육과정 장학의 이론"의 제1장에서 '교육과정행정'으로 총 11페이지에 걸쳐 다루고 있다. 이에 대한 하위 항목은 다음과 같다.

> 제1장 교육과정행정
> 1. 교육행정의 정의
> 2. 교육행정과 교육과정행정
> 3. 교육과정행정의 과제

박창언이 2017년에 편찬한 <현대교육과정학: 교육과정개발과 운영체제 분석>[5] 에서는 우리나라의 교육과정의 개발과 운영 및 평가와 시정조치에 따라 순환 모형을 정립하면서 시정조치의 하나로 제9장에서 교육과정행정과 법규를 다루고 있다. 이것은 시정조치가 법과 제도의 정비로만 볼 수 없지만, 이들에 대한 연구 성과가 적어 이를 강조하고자 이에 대한 내용을 별도로 구분하여 제시하고 있다.

> 제9장 교육과정행정과 법규
> 1. 의의
> 2. 교육과정행정
>    1) 교육과정행정의 관점
>    2) 교육과정행정의 과정과 내용
> 3. 교육과정 법규
>    1) 교육과정 법규의 이해 관점
>    2) 교육과정 법 체제와 구조
>    3) 교육과정 법규의 논의 범주

이처럼 우리나라에서는 교육과정이나 장학과 관련된 사항을 다루면서 교육과정행정에 대해 부분적으로 다루고 있다. 그나마 이러한 내용을 다룬 서적들은 이들 외에 제대로 찾아보기는 어려운 실정이다. 교육과정 분야에서 다루고 있는 교육과정행정의 내용은 교육과정행정에 대한 용어 정립을 위한 시도와 그 영역에 대한 개관을 하는 등의 노력을 기울이고 있는 점은 이 분야의 발전을 위해 의미 있는 발전이라고 생각된다. 그러나 교육과정행정에 대한 이론과 연구의 대상과 그 방법 등에 대한 체계화가 제대로 이루어지지 않고, 그 분량도 적어 교육과정행정에 대한 연구를 제대로 시도하였다고 보기는 어렵다고 생각된다.

둘째, 교육행정 분야이다. 교육행정 분야에서는 과거에도 교육과정행정과 관련된 내용을 제대로 다루는 경우가 적었지만, 최근의 단행본에서는 그와 관련된 내용이 거의 자취를 감추고 있는 것으로 보인다. 여기서는 예시적 차원에서 교육과정행정과 관련해 비교적 상세히 다루고 있는 김종철·이종재의 단행본 <교육행정의 이론과 실제>[6] 제6장에서 '교육내용의 행정'을 제시한다.

제6장 교육내용의 행정
- 제1절 서설
  - 1. 교육목표설정의 일반적 기준
  - 2. 교육내용에 관한 기준 설정의 의의
- 제2절 교육목표의 행정
  - 1. 법정의 교육목표
  - 2. 교육의 지표로서의 국민교육헌장
  - 3. 교육정책당국이 제시한 교육목표
- 제3절 교육과정의 행정
  - 1. 각급학교 교육과정에 대한 행정의 개관
  - 2. 제6차 개편에 의한 현행교육과정의 개요
- 제4절 교과용도서와 교육교재에 관한 행정
  - 1. 교과서행정
  - 2. 교육교재에 관한 행정
- 제5절 교육내용의 행정상의 문제점
  - 1. 교육목표행정의 문제점
  - 2. 교육과정행정의 문제점
  - 3. 교과서행정의 문제점

교육행정 분야에서 다루고 있는 교육과정행정과 관련된 사항의 구체적인 내용은 교육목표, 교육과정 문서 내용 제시, 교과서 제도에 대한 법적 규정과 그에 대한 교육부의 기구에 대한 설명으로 되어 있다. 이러한 사항은 교육과정과 관련된 법적 규정이나 문서의 내용 등에 대한 이해를 높일 수 있지만, 교육과정의 개발과 운영 및 성과의 점검이라는 동태적인 측면에 대한 내용을 제대로 다루지 않고 있다. 그래서 교육과정행정에 대한 이론화로 보기는 어려울 것이다.

다음으로 외국의 경우이다. 외국의 경우 <교육과정행정>이라는 서명으로 출간된 도서는 미국과 일본의 경우를 들 수 있다.

첫째, 미국에 대해 살펴본다. 대부분의 학자가 미국을 교육과정학이 성립되고 발전된 나라로 보고 있지만, 교육과정행정에 대한 연구는 제대로 이루어지지 않고 있으며, 단행본으로 볼 수 있는 경우는 1965년에 맥네일(McNeil)이 편찬한 <교육과정행정: 교육과정 개발의 원리와 기법(Curriculum Administration: Principle and Techniques of Curriculum Development)> 외에는 제대로 찾아보기 어렵다. 그러나 이 서적은 교육과정행정 그 자체에 대한 이론적 체계화를 시도하였다기보다는 교육과정에 종사하는 행정가들에게 교육과정 개발에 대한 이해를 돕기 위해 마련된 것이다. 이 저서는 총 147페이지로써 전체 목차는 다음과 같다.

제1부. 교육에서 현재의 강조점
- 제1장. 발견학습
- 제2장. 프로그램 학습
- 제3장. 지식과 학습

제2부 수업 목표의 선정
- 제4장. 무엇을 가르쳐야 하는가?

제3부. 학습기회와 그 조직
- 제5장. 교육과정 조직의 유형
- 제6장. 자료, 활동 및 수업 방법의 선정

제4부 평가
- 제7장. 질(quality)의 추구

제5부 오래된 질문의 새로운 관점
- 제8장 교육과정 실제에 영향을 미치는 질문들에 대한 대답

이 책은 교육과정행정이라는 제목을 붙였지만, "교육과정 개발의 원리와 기법"이라는 부제를 달고 있다. 구체적 내용을 보면 부제가 책의 원제목이 되어야 하는 것처럼 보이기도 한다. 저자가 서문에서 이 책이 교육위원회 구성원, 학교행정가, 기타 교육과정연구에 관심 있는 자를 위해 설계되었다는 점을 밝히고 있는 것은 새로운 교육의 강조점에 대한 관리자의 이해를 돕기 위해 만들어진 것이지, 교육과정행정이 무엇인지를 다루고 있는 것이 아님을 알 수 있다. 교육과정 서적의 단행본 내에서 교육과정 관리에 대한 내용을 제시하는 경우도 있다. 행정이 정치적 성격을 내포하는 것을 고려한다면 관리적 측면에서 다루는 것은 장학이나 질 관리 등 제한적 내용으로 접근하는 한계가 나타나고 있다.

둘째, 일본에 대해 알아본다. 일본에서는 교육학 분야보다는 교육법학 분야에서 교육과정에 대한 법적 내용을 다루면서 교육과정행정에 대한 것도 동시에 취급하고 있다. 이 분야의 단행본은 일본교육행정학회에서 1978년에 펴낸 <교육과정행정(教育課程行政)>이 있다[7]. 이 저서는 232페이지로 되

어 있고, 여러 사람이 논문의 형식으로 제시한 것을 하나의 책으로 엮은 것이다. 이 책의 목차를 제시하면 다음과 같다.

Ⅰ. 서론
- 교육내용행정론
- 교육과정행정의 현상과 문제점

Ⅱ. 공동연구
- 학습지도요령의 비교연구

Ⅲ. 연구보고
- 영국의 교육과정행정
- 동독의 교육과정행정
- 프랑스 제3공화정 페리 문교행정과 교육과정 행정
- 교육 · 이데올로기 · 국가
- 교장의 법적 능력과 교육과정 편성권
- 교육과정 기준과 교육행정

Ⅳ. 조사보고
- 각종학교 교원의 실태와 의식

Ⅴ. 심포지움
- 교육행정직원의 양성 · 연수의 바람직한 상태

이 저서는 일본교육행정학회에서 편찬한 것이지만, 실제 내용은 교육과정 관련 법적 규정과 그 해석을 하면서, 법의 집행으로서 행정 작용에 대한 사항을 제시하고 있다. 예컨대 교육과정행정에서 교육내용의 기준입법권을 다루면서 지도·조언행정을 말하거나 교과서 행정에 대해서 교과서 검정의 법적 문제와 검정 절차의 적법성 등 주로 법적인 문제에 초점을 두고 있다. 이러한 것은 행정법의 하위 분야로 행정은 법을 집행하는 전통적 입장에서 전개한 것으로 생각된다.

**표 1-2 교육과정행정 연구의 현재**

1. **우리나라:**
   - 교육과정 분야: 취급하는 경우 단행본 내의 한 분야로 취급하면서 교육과정 개발과 운영 등에 걸쳐 교육행정 분야와 독립된 사항으로 연구
   - 교육행정 분야: 취급하는 경우가 드물고, 다루고 있는 경우도 단행본 내에서 문서화된 교육과정에 초점을 두고 있는 연구
2. **미국**: 많이 취급하지는 않지만, 교육과정행정의 체계화보다는 교육과정의 개발이나 관리 등에 대한 사항 중심으로 설명
3. **일본**: 행정이 법령의 집행과 관련된 생각이 있는 것으로 보이며, 법학도들에 의해 연구된 성과가 교육과정행정 분야에서도 전개되는 양상

이처럼 우리나라의 경우나 외국의 경우 모두 교육과정행정의 개념과 그에 대한 이론의 전개, 그리고 실제 교육과정행정의 과정에 대한 설명이 제

대로 이루어지지 않고 있다. 다만 교육과정행정과 관련된 주요 사항에 포함되어야 할 것이 무엇인지 확인하고, 교육과정에 대한 법적인 측면과 교육과정 개발에서 고려되어야 하는 것 등에서는 도움을 받을 수 있다고 생각된다. 그러나 이러한 사항들은 별개로 작용하고 있어, 교육과정행정의 대상이 어떻게 유기적으로 연결되고, 그들이 어떻게 체계화되는지에 대해 도움을 받는 데는 한계가 있다고 생각된다.

### 3) 교육과정행정 연구의 저해 요인

교육과정 분야는 일반적으로 교육할 그 '무엇'을 규명하는 데 초점을 두고 있다. 그러한 교육과정이 결정되는 과정과 결정된 내용이 교육현장 적용에서의 합리성이 결여될 경우에는 교육과정이 왜곡되고, 교육과정 분야의 발전도 저해된다. 교육과정의 정책결정과 그 집행과정 등의 합리성을 위해서는 교육과정 내용의 선정, 조직과 같은 내적인 측면의 사항이 합리적으로 이루어지도록 지원하고 이를 촉진하는 행정이나 법규 등의 외적인 측면이 동시에 정비될 필요가 있는 것이다. 그러나 교육과정 분야에서 행정에 대한 연구는 이제까지 제대로 주목을 받지 못하였고, 결과적으로 교육과정 분야, 나아가 교육의 질적 발전을 저해하는 중요한 이유가 되기도 하였다.

이런 현상에 대해 김순택(1997)은 교육행정에 종사하는 사람들의 교육에 대한 전문적 배경이 약한 것에서 기인하기도 하지만, 다른 한편 교육과정행정에 어떻게 되어야 한다는 것에 대한 이론적·실천적 논의가 성숙되지 못한 데 기인하는 것으로 보기도 한다.[8] 이러한 견해에 공감하면서 여기서는 이 분야에 대한 연구의 낙후와 교육과정과 행정의 세계는 멀리 있다고 보는 것이 이 영역의 연구를 저해하는 것으로 정리하고자 한다.

첫째, 이 분야의 낙후에 대해 살펴보면, 교육과정행정과 관련된 연구는 교육과정 분야와 교육행정 분야, 그리고 행정학 분야에서 이루어진다. 교육과정 분야는 교육과정 개발과 설계가 중심을 차지하면서 직접적 교육활동과 관련된 사항을 중심으로 논의하고 있어 교육과정행정이라는 용어를 직접적으로 사용하여 논의하고 있는 경우는 거의 없다. 교육행정 분야에서도 기존에는 교육내용의 행정 등으로 교육과정행정에 대한 내용을 제시하였지만, 최근에는 교육과정에 대한 내용이 제대로 나타나지 않고 있다. 행정학 분야에서 교육과 관련된 사항에 대한 관심은 거의 나타나지 않고 있는 실정이다. 이처럼 교육과정행정에 대한 관심의 소홀이 이 분야의 연구를 더욱 소외시키고 있다.

둘째, 교육과정과 행정의 세계는 멀리 있다는 기본적 생각에 대해 알아본다. 교육과정은 교육목적의 달성을 위해 필요한 내용을 선정·조직하는 것과 관련된 연구를 수행하는 학문 분야이다. 이러한 학문적 성격에 따라 교육현장에서 배울 교육내용의 선정과 이들을 어떻게 조직할 것인가에 대해 연구가 집중되고 있다. 이에 비해 그러한 내용을 선정할 때, 누가 참여하고, 특수이익을 어떻게 배제하며, 절차적 과정 등이 어떠해야 합리적인 교육과정을 개발할 수 있는지와 같은 정책결정의 합리화를 기하는 행정에 대한 관심은 떨어지고 있는 것이다.

현실적으로 교육과정을 개정하면서 교과의 신설이나 시간배당을 하는 경우의 이익집단 간의 대립, 교과의 내용 선정에서 어떠한 전문가나 현장 교원이 참여하느냐에 따라 교과 내용의 영역별 비중이 달라지는 것에서 갈등을 해소하는 데 상당한 힘을 소비하고, 개선을 위한 방안이 무엇인지에 대해서도 논의를 한다. 그러나 그러한 시간이 지나버리면 개정된 교육과정의 내용에 대한 이해와 논의에 연구 성과물이 집중되고, 개정 과정의 정치적 결정 등에 대해서는 제대로 논의가 되지 않고 있다. 현실적으로 부딪히는 문제이면서도 시간이 지나버리면 개정 교육과정의 성과물에 초점을 두고 연구를 진행하고, 그러한 과정에서 나타난 사항은 별개의 문제가 되어버리는 것이다.

그러나 교육과정에 대한 행정의 과정은 교육과정이 결정되는 과정뿐만 아니라, 학교 교육과정을 편성·운영하고, 그 성과를 점검하는 등 교육활동 전반에 걸쳐 이루어지고 있다. 교육과정행정을 어떠한 관점에서 보고, 일을 처리하느냐에 따라 학교 교육과정의 운영의 모습은 달라지고, 학생의 성장 역시 강화되거나 제한될 수도 있다. 이러한 점에서 교육과정행정에 대한 관점과 그 과정에 대한 사항을 체계화하여 이론적으로나 경험적으로 정립해야 할 필요가 있다고 생각된다.

**표 1-3 교육과정행정 연구의 저해 요인**

1. 교육과정행정 분야 연구의 낙후
   - 교육과정행정에 대한 이론적·실천적 논의의 미성숙
2. 교육과정과 행정의 거리가 있다는 생각
   - 교육행정 종사자의 교육에 대한 배경 이해의 취약
   - 교육행정 종사자의 행정에 대한 거리감

## 02 한국의 교육과정행정의 발전

현대적 의미의 교육과정이 광복 이후 도입되어 국가 교육과정의 개정이나 학회의 지속적 노력 등으로 양적인 발전을 이루고 있지만, 질적인 측면에서의 발전은 그에 미치지 못하고 있다고 생각된다. 국내에서 출간된 교육과정 단행본 서적에는 교육과정 개발이나 교육과정 이론 등에 대해서는 다루고 있지만, 교육과정행정이나 교육과정 법학 등의 분야는 거의 다루지 않고 있다. 교육과정학 연구지에 실린 논문에서도 이 분야의 내용이 제대로 보이지 않고 있다.

여기서는 현재의 교육과정행정의 문제나 특징을 제대로 이해하기 위해 광복 이전의 시점과 광복 이후의 시점으로 구분해 교육과정행정에 대해 개관을 하고자 한다. 이렇게 시기를 구분해 보는 것은 현재의 교육과정행정에 영향을 주었다고 생각되는 시점을 확인할 수 있기 때문이다. 그리고 이들 시기에서의 내용은 정치·경제·사회 분야로 구분해 교육과정행정과 관련이 있다고 생각되는 사항을 추출해 검토하고자 한다.

교육과정행정은 정치의 영향을 받고 있고, 거기서도 정치이념과 체제 등의 요인이 크게 작용할 것이므로 이에 대해 살펴본다. 경제면에서는 생산력 그 자체보다는 교육과정행정에 의한 경제적 지원이 직접적으로 관련이 되기에 이와 관련된 사항을 살펴보고, 사회면에서는 관리자와 교사 및 학생과의 관계 등의 인간관계에 대해 살펴보고자 한다.

### 1) 광복 이전 시대

우리나라는 고대국가가 성립된 이후 삼국은 왕족과 일부 상류층이 지배층이었고, 고려시대는 문벌귀족이 지배층이 되었으며, 조선시대에는 양반관료사회로 변화하였다. 신라의 경우는 강력한 왕권과 국가체제 안정을 위해 유학을 정치이념으로 삼고, 국립교육기관으로 국학을 설치하고, 독서삼품과를 실시하여 유교 경전의 이해 수준을 평가하고, 이에 따라 관리로 채용하였다.

고려는 유교를 정치이념으로 삼았기 때문에 유교교육을 받은 관리의 양성이 필요하였고, 그것은 교육제도와 과거제도를 통해 공급되었다. 유교는 정치의 사상체계로 성립되고 학문적으로도 발달하게 되었다. 고려의 최충은 사학의 효시로 불리는 9제 학당을 세워 사학의 융성을 가져왔고, 이에 따라 관학인 국자감의 쇠퇴를 가져오기도 하였다. 유학은 귀족사회의 발달과 귀족문화의 중심을 이루면서 발전하였지만, 유학자들은 과거준비에 집중함으로써 유학의 이론이나 사상면에서 발전은 제대로 이루지 못하였다.

조선 역시 유교가 사회질서 유지의 이념이었고, 지배층이 양반으로 확대되었다. 양반들은 과거시험을 통해 관리로 등용이 되었기 때문에 교육내용은 과거 준비를 위한 사서오경 등의 유학에 초점이 있었다. 교육기관은 국가가 관리·운영하는 성균관과 사학, 지방 관청에 의해 운영되는 향교, 개인에 의해 운영되는 서당이 있었다.

삼국시대부터 조선시대에 이르기까지는 지배층의 범위가 넓어지면서 과거를 통한 인재를 등용하게 되고, 과거시험의 내용은 국가통치의 이념으로 유교와 관련된 것이었다. 오랜 시기를 거쳤지만 조선시대까지의 정치체제는 왕을 정점으로 하는 중앙집권적 방식으로 운영이 되고, 지방분권에 대한 사고는 거의 없었다고 보아야 할 것이다. 경제는 농업을 근간으로 하였고 상·공업도 발달하였지만 국가에 의해 장악되는 형태로 통제가 되는 체제였다. 사회적으로는 씨족이나 지역적 특색이 강하게 나타나고 이에 따라 혈연이나 지연 등과 관련된 정실주의가 강하였다.

조선시대까지의 정치·경제와 사회적 관계에서는 현대의 민주주의 개념이 성립되지 못하고, 왕을 중심으로 통치가 이루어지며 유교 질서의 유지를 위한 교육이 행해짐으로써 교육과정행정의 개념이 거의 없다고 하겠다. 경제 역시 국가에 의해 통제됨으로써 행정이 힘을 발휘하지 못하였다. 그리고 사회적 관계에서는 신분에 의해 움직이기에 배타적이고 권위주의적 성향을 지니고 있었다. 그래서 교육과정행정에서의 의사소통이나 외부 환경에 대한 투입적 요소가 거의 드러나지 않았다. 따라서 교육과정행정의 목적은 정치권력의 유지를 위한 것에 두고 소수의 관료에 의한 교육과정정책의 결정이 이루어지며 위에서 아래로 전달하는 형태의 집행이 이루어지고 있었다고 하겠다.

조선시대를 거쳐 일제강점기인 식민시대의 정치는 신도를 이념으로 하여 중앙집권적 체제로 움직였다. 경제는 근대적 자본주의로 이행을 하고 있었지만 그것은 어디까지나 일본을 위한 것이었고 한국인을 위한 것은 아니었다. 그리고 사회적 관계는 신분상의 계급제가 없어졌지만 조선시대의 전근대적인 대인관계를 그대로 존속시키고 있었다고 하겠다. 이러한 시기의 교육과정행정은 식민지 질서유지를 위한 것에 목적을 두었고, 정책의 결정은 소수자에 의해 이루어지고 그 집행은 인적·물적 자원을 동원하여 조선시대에 비해 발전된 형태로 분업화가 진행되고 있었다. 그러나 일제강점기의 교육과정행정은 식민 통치를 위한 통제와 일본의 발전을 위해 봉사시키기 위한 수단적 가치에 중점을 두었기에 우리 민족을 위한 체제는 아니었다고 생각된다.

표 1-4 광복 이전 시대 교육과정행정의 특징

| 구분 | 조선시대까지 | 일제강점기 |
|---|---|---|
| 교육과정행정의 목적 | 유교이념 구현을 위한 관료양성 | 식민통치를 위한 교육내용의 통제적 관리 |
| 교육과정행정의 정책결정 | 행정부 내 교육담당 부서가 있으나, 기능적 미분화로 권위주의적이고 집권적 결정 | 참여자의 제한과 권위주의에 따른 집권적 결정 |
| 교육과정행정의 집행 | 공적 교육체제의 불완전 정립으로 인적 자원과 재원배분 등의 체계화가 제대로 이루어지지 않음 | 기존에 비해 기능적 역할이 분담되지만 식민통치를 위한 통제 위주의 교육과정행정 체제 |

### 2) 광복 이후 시대

광복 이후 한국의 교육과정은 미군정기를 거쳐 1954년에 제1차 교육과정이 만들어졌으며, 제6차 교육과정부터는 교육과정 결정의 분권화를 가져와 기존의 교육과정과 다른 양상으로 전개되었다. 교육과정 결정체제와 관련해 보면 이러한 시기로 크게 구분할 수 있다. 교육과정행정의 변화를 살펴보기 위해서는 교육과정의 시기별 주요 특징을 알아보는 것도 의미가 있지만, 행정과 관련된 사항이기 때문에 정치·경제와 사회체제 등을 살펴보면서 필요한 사항에 대한 설명을 하고자 한다.

광복 이후의 정치는 민주주의를 이념으로 삼권분립에 기초하여 입법·사법·행정이 분리되었고, 「지방교육자치에 관한 법률」이 1991년 제정·시행됨으로써 교육에 대한 지방분권도 법적 근거를 마련하였다. 경제체제는 자본주의 체제를 받아들여 지속적인 발전을 거듭하고 있다. 그러나 자본가 집단이 국가로부터 상대적 자율성을 지닌 선진 자본주의 국가와 달리, 우리나라는 국가 주도의 경제적 발전을 이룸으로써 국가가 자본가 집단을 통제하는 구조를 지니고 있다. 사회적 체제에서는 4·19혁명과 6·29선언과 같이 일반 대중이 정치의 참여를 통한 의사를 표출하는 힘이 강해지고 있지만, 구체적 사안에 대해서 기존의 전 근대적인 의식도 함께 존재하고 있는 것 같다.

이러한 정치 · 경제 및 사회적 관계의 변화는 행정이 민주이념에 따라 설정되고 정책의 결정에서는 전문가의 참여와 이해관계 집단의 갈등을 조정하는 역량도 커져가고 있다. 그리고 정책의 집행에서는 행정이 역할 분담된 구조를 지니고 있으면서 이를 지원하기 위한 인적 · 물적 자원의 동원이 양적으로 확대되고 질적으로도 발전되고 있다. 교육과정행정의 경우에도 이러한 행정의 목적과 정책의 결정 및 그 집행의 내용이 적용되고 있다.

그러나 이러한 변화에서 교육과정의 기준 설정에 해당하는 교육과정행정은 국가 교육과정의 개정 동인과 그 내용이 과도기와 교수요목기, 제1차 교육과정에서 제5차 교육과정, 제6차 교육과정 이후로 상이한 점이 있어 이들을 구분해서 설명할 수 있다.

우선 과도기와 교수요목기의 교육과정행정이다. 과도기와 교수요목기는 미군정의 실시와 더불어 일제강점기의 황국신민화를 위한 교과와 그 내용을 미국식으로 대체하는 구조적 변화를 가져왔다.[9] 그리고 1946년 초 · 중등학교 교과편제와 시간배당을 만든 교수요목기는 우리의 손에 의해 교육과정이 독자적으로 구축되었다고 보기는 어렵다. 교육과정행정의 목적은 민주주의 이념에 따라 교육현장에 봉사하려는 방향으로 전개되고, 각종 위원회를 만들어 교육과정을 만드는 등 교육과정정책의 결정에서 참여자를 확대하고, 결정과정을 보다 투명하게 하여 합리적 결정을 위한 노력을 기울였다. 정책의 집행에서는 조직의 정비를 통한 역할의 분담과 인적 · 물적인 배분의 상황은 분화되거나 세련되지 않은 상태로 존재하였다.

다음으로 제1차 교육과정에서 제5차 교육과정에 이르는 시기이다. 이 시기의 교육과정은 우리의 손에 의해 만들어졌고, 교육과정행정은 경제발전이나 국가발전 등의 형식적 목적과 국가 안보라는 내용적 목적이 결합된 상태로 존재하였다. 그래서 교육과정은 국가 안보와 관련된 교과 편제나 교과목으로 구성되었다. 그러나 교육과정 개정의 시기별로 강조점이 다르게 나타나 교육과정행정의 구체적인 목적도 그에 따라 변화했다고 생각된다. 예를 들어 제1차 교육과정에서는 반공 · 도의 교육, 실업교육을 강조하고, 제3차 교육과정에서는 국민자질의 함양, 인간교육의 강화, 지식 · 기술의 쇄신 등을 기본방침으로 제시하였다. 정책의 결정에서는 제3차 교육과정부터 교육과정심의회를 만들어 자문기구로 활용하고,[10] 제4차 교육과정은 연구·개발형 교육과정으로 전환[11]하는 등 참여자의 확대와 전문성을 강화하고, 결정 과정의 신중을 기하려는 방식으로 이루어졌다. 정책의 집행은 행정구조와 분화와 인적·물적 재원의 동원과 배분에서 양적으로 꾸준히 증가하였다.

마지막으로 제6차 교육과정 이후의 시기이다. 1992년에 고시된 제6차 교육과정은 교육과정 결정의 분권화에 대한 내용이 국가 교육과정 문서에 명시되었고, 1998년 「초·중등교육법」의 제정으로 국가와 지역의 교육과정 기준과 내용의 설정, 학교의 교육과정 운영에 대한 제도적 뒷받침이 이루어졌다. 기존의 교육과정이 중앙집권적 형태로 이루어졌다면, 제6차 교육과정부터는 교육과정의 분권화가 공식화된 것이다. 1991년 「지방교육자치에 관한 법률」이 제정되고 시행된 것은 이러한 일련의 조치와 관련된다. 제7차 교육과정에서는 필수과목 축소 및 선택과목의 확대, 정보화·세계화 교육의 강화, 수준별 교육과정 편성·운영의 기본 골격이 교육개혁위원회에서 제시되었고,[12] 이를 기초로 제7차 교육과정이 개정되었다.

제7차 교육과정은 '21세기 세계화·정보화 시대를 주도할 자율적이고 창의적인 한국인 육성'으로 개정의 기본방향을 정하고 국민공통기본교육과정의 구성, 수준별 교육과정의 도입, 재량활동의 신설·확대, 고교 2~3년 선택중심 교육과정의 도입, 질 관리 중심의 교육과정 평가체제 등을 도입의 골자로 개정하였다.[13] 그 이후 2009 개정 교육과정, 2015 개정 교육과정 등은 국제환경의 변화에 대응하기 위해 창의융합형 인재 양성의 기본 방향을 정하고 개정을 추구하였다.

이 시기의 교육과정행정은 세계화·정보화 시대에 치열해지는 국제경쟁의 대응성 강화를 위해 창의적 인간을 양성하기 위한 기준의 설정과 지원에 두었다. 그리고 정책의 결정에서 교육과정심의회 참여 인원이 더욱 다양화·증가되어 참여자가 확대되고 있으며, 교육과정 결정의 분권화로 정책의 결정이 분화되는 형태를 띠었다. 그리고 정책의 집행은 중앙뿐만 아니라, 지방으로 분화가 일어남으로써 역할 분담과 배분에서 질적으로 발전할 수 있는 계기도 마련하였다고 하겠다.

광복 이후의 교육과정행정은 외국의 것을 우리의 것으로 토착화하고, 집권적이고 통제적인 행정에서 분권적이고 지원적 형태의 행정으로 변화해 가고 있다. 국가 교육과정은 지역의 교육과정과 함께 학교 교육과정을 편성·운영하는 기준으로 작용함으로써 역할의 분담과 함께 단위학교의 자율성을 강화하는 방향으로 전개되고 있는 것이다. 그래서 교육과정행정의 민주성과 효과성의 증진을 위한 노력이 지속되고 있는 것이다. 그러나 이러한 외형적 노력이 내실있는 방향으로 전개되고 있다고 단정짓기는 어려운 입장이다. 교육감이 선출직이 됨으로써 교육부와 교육청의 관계가 직속 관계가 아닌 점에서 교육과정행정의 관료적 성격이 다소 이완되고 있는 경향도 있다. 그러나 이제까지 우리의 역사를 고려할 때, 그러한 사항이 한꺼번에 해소되지는 않고 있다고 생각된다. 형식적 분권의 극복과 관료제의 역기능을 극복하여 민주성과 효과성의 이념을 내실화하기 위한 노력이 더욱 가속화되어야 하는 과제가 있다고 생각된다.

**표 1-5 광복 이후 시대 교육과정행정의 특징**

| 구분 | 과도기, 교수요목기 | 제1차~제5차 | 제6차~현재 |
|---|---|---|---|
| 교육과정행정의 목적 | 민주적 이념에 따른 새로운 교육과정행정 체계 지향 | 민주적 이념과 국가안보의 병행적 추구 행정 | 교육과정 결정의 분권화와 단위학교 자율성 강화로 교육기회 확대와 교육과정 기준 설정권 명문화 |
| 교육과정행정의 정책결정 | 새로운 교육체제 도입과 그에 따른 교육과정 마련을 위한 참여자와 결정과정의 합리화를 위한 모색 | 교육과정심의회의 신설 등 교육과정결정에서 참여자를 확대하지만, 중앙집권적 정책결정 | 교육과정에 현장교원 참여와 결정 기구 간 역할분담을 통한 교육과정 정책결정의 합리화 지향 |
| 교육과정행정의 집행 | 행정부서의 정립과 문교행정에서의 횡적·종적 분화를 통한 인적·재정적 지원의 합리화 도모 노력 | 교육행정 체제 정비에 따른 분화에 의해 인적·재정적 사항에 대한 양적 성장 | 국가, 지방, 학교의 역할 분담과 현장의 자율성 지원 강화 노력 |

# 03 현대 교육과정행정의 특징

## 1) 교육과정행정의 변천

교육과정행정에 대해 현대의 의미를 확인하고, 그 시기를 규정하는 것은 이 연구의 초점을 명료히 하는 데 도움이 된다. 일반적으로 행정학에서는 현대를 행정에 관심을 갖게 된 행정국가화 시대로 보고 있다. 행정국가라는 것이 삼권 분립을 전제로 할 때, 행정이 입법과 사법에 비해 우세한 위치를 점하고 있는 경우를 말한다. 그리고 행정국가화 시대는 19세기 후반으로 보고 있지만, 우리나라는 광복 이후로 보는 것이 맞을 것 같다.

교육과정학이 전문적인 연구분야로 성립된 것에 대해 이견이 존재하지만, 20세기 초반으로 보는 견해가 다수이다. 우리나라에서는 광복 이후 대학에서 교육학과가 설립되고 교육학의 하위 분야로 교육과정학이 연구된 시점이라고 생각된다. 그리고 교육과정행정을 행정학의 하위 분야로 보든 교육과정의 하위분야로 보든 서구에서 성립된 학문의 역사적 시기에 큰 차이가 없고, 우리나라는 광복 이후의 시기로 보는 견해가 우세하다. 따라서 교육과정행정에서 논의하는 현대의 의미를 광복 이후의 시기로 보는 것은 타당하다고 하겠다.

광복 이후 현대적 의미의 교육과정행정은 행정국가의 성격을 지니고 현재에 이르기까지 양적·질적 발전을 거듭하고 있다고 생각된다. 행정의 경우 행정국가화 이전에는 정책의 집행과 관리적 기능에 초점을 두었다. 그러나 행정국가화되면서 입법부가 가지고 있는 독점적 기능으로 정책결정의 기능까지 담당하게 되었다. 기존의 법률 집행이나 현상에 대한 관리뿐만 아니라, 변화를 담당하는 역할까지 기능의 강화를 가져온 것이다.

교육과정행정 역시 행정에 대한 기능의 양적 확대와 질적인 변화도 이루어지고 있다. 그러나 여기서 교육과정행정의 구조는 분권적 형태와 집권적 형태로 구분되는 점을 고려하여 정책결정자나 변화 담당에 대한 역할을 설명하는 것이 적합할 것 같다. 그것은 교육과정행정은 한 나라의 역사나 사회적 배경에 따라 상이하게 성립되고 발전되었기 때문이다.

분권적 교육과정행정의 경우에는 단위학교나 해당 지역에서 발생하는 교육적 문제와 관련된 해결을 요구하는 환경에서 다소 소극적인 측면에서 갈등을 조정하는 양상을 지니고 있는 편이다. 이에 비해 집권적 교육과정행정에서는 국가나 지역에서 적극적으로 변화를 도모하려고 하는 경향이 강하고, 발전을 이루려는 목적에 따라 계획을 세워 그에 부합하도록 실천하고자 하는 요인이 있다.

그러나 이러한 분권적이거나 집권적 교육과정행정은 최근 양측의 이점을 살리면서 상호접근하는 양상을 지니고 있다. 분권적인 교육과정행정의 경우 집권화되는 경향이 있고, 집권적 교육과정행정에서는 분권을 지향하고 있는 것이다. 분권적 교육과정 결정의 구조를 지니고 있었던 영국이 1988년 「교육법」에 의해 국가교육과정을 만들거나 미국이 연방차원에서 교육과정 기준을 설정하고 있는 것은 분권적 결정에서 집권화된 예에 해당한다. 우리나라의 경우 집권화된 교육과정행정의 구조를 지니고 있지만, 지역과 단위학교의 자율을 강화하는 방향으로 전개하는 것은 그 반대의 예에 해당한다.

교육과정이 학습자와 교사가 상호작용하는 매개체이고, 교육과정의 내용이 교육의 질을 좌우할 수 있는 기초가 된다는 점에서 국가경쟁력에도 영향을 미치게 된다. 최근 세계화·국제화 및 제4차 산업혁명의 전개에서 교육과정의 목표와 기준의 설정 그리고 이를 지원하기 위한 교육과정행정은 그에 부합하는 형태로 기능의 변화가 이루어져야 할 것이다. 이들의 내용을 도식으로 제시하면 <표 1－6>과 같다.

**표 1-6 교육과정행정 기능의 변천**

| | |
|---|---|
| • 교육과정행정의 변천 내용 | = 정책집행과 관리자 → 정책형성과 변화 담당자 |
| • 교육과정행정의 유형과 변천 | = 분권적 교육과정결정과 운영<br>집권적 교육과정결정과 운영<br>→ 이들 유형의 조화와 통합화 경향 |

### 2) 교육과정행정 기능의 변화 원인

우리나라는 식민지시대에서 광복이 이루어지고, 한국전쟁을 거치면서 안보에 대한 국민의식의 강화와 경제발전을 통한 국제 경쟁력 확보를 위해 교육의 행정기능이 확대되었다. 교육과정은 민주주의 원리에 기초하였으며, 제5차 교육과정까지는 국가·경제 발전과 국가방위적 성격을 강조하는 내용이 강화되었다. 국가방위적 요인은 남·북한의 대립에 따른 반공이나 도덕 교과 등에서 강조되었다. 그리고 경제발전에 해당하는 내용 역시 강조되었다. 실업교육이나 생산성 및 지식·기술의 쇄신 등이 교육과정 개정의 방향에서 등장하는 것은 이와 같은 맥락에 있다. 경제발전을 위해서는 우수한 노동력이 필요하고, 그러한 노동력은 생산적인 기술을 습득하고 있어야만 가능한 것이다. 생산적인 기술은 실업교육이나 과학기술교육을 통해 이루어지기 때문에 이들을 교육과정에 반영할 필요가 있었던 것이다.

문민정부가 들어선 제6차 교육과정 시기부터는 세계화·국제화가 강조되면서 국가방위적 요인보다는 경제적 요인이 더욱 강조되기 시작하였다. 이 시기의 교육과정의 기준 설정에 해당하는 교육과정행정은 새로운 경제체제에 대응하려는 인재 양성을 강화하기 위한 노력을 기울였다. 그리고 교육과정 결정의 분권화가 국가 교육과정 문서에 명시되면서 교육과정행정에 대한 권한의 분산이 이루어지는 계기도 마련되었다.

그리고 미래사회는 정보통신기술을 통해 인간과 인간·사물이 상호 연결되고 빅데이터와 인공지능 등으로 보다 지능화된 사회로 변화되는 것을 예측하고 있다. 그것은 노동시장이 더욱 분화되면서 이들이 초연결되는 사회로 이행되고 있는 것을 말하는 것이다. 그러한 시대에는 공·사적 영역의 경계도 모호해지고, 권한의 분산과 집중이 서로 공존하는 사회로 변화를 예상하고 있다. 이러한 시대의 학교 교육과정은 절대적 지식뿐만 아니라, 상대적 지식도 강조되고 있다. 따라서 교육과정의 기준 역시 그러한 사회적 변화에 대응할 수 있는 형태로 변화되고, 행정의 지원 역시 기존과 다른 형태로 변화될 필요가 있다.

이러한 것은 집권적 교육과정행정의 체제가 분권적 방향으로 이동하면서도, 양 체제가 공존하는 것과 관련된다. 현재의 교육과정행정이 지역의 교육과정의 권한을 부여하면서도 단위학교의 자율을 강조하여 권력적 행정이 교육과정 내용에 대한 지도·조언과 학교 교육과정 운영에 대한 지원을 강화하는 방향으로 전개되고 있는 것이다. 광복 이후 교과서 제도가 국정 위주에서 국·검정으로, 그리고 다시 인정 교과서를 확대하고 최근에는 자유발행 형식의 인정제도도 도입해 공통기준 이외에는 저자가 자체 검증할 수 있는 방식으로 완화하면서 책무성을 부여하는 것은 이러한 교육과정행정의 예에 해당한다.

서구의 교육과정행정의 변화 모습은 국가적 기준 설정을 보다 강화하는 방향으로 전개되고 있다. 서구의 행정은 산업화가 사경제 중심으로 발전하고 여기서 발생하는 노동자와 소비자의 보호와 사회적 갈등을 조정하기 위해 독점을 규제하거나 복지를 강조하는 방향으로 전개되었다. 교육과정행정에서는 지역이나 단위학교 중심으로 이루어지고 있었고, 경우에 따라 국제적 긴장 관계에 따라 국가적 차원에서의 교육과정의 기준을 설정하기도 하였다. 그러나 최근에는 경제의 국경이 없어지게 되고, 경쟁이 격화되면서 국가적 차원에서 교육과정의 기준을 설정하는 등의 교육과정행정 작용이 강화되고 있다.

우리나라와 다른 세계 국가 모두 경제적 환경의 변화에 따라 교육과정의 기준 설정과 우수 인력의 양성을 추구함으로써 교육과정행정의 기능이 강화되는 경향을 보이고 있다고 생각된다. 다만 분권적으로 교육과정행정이 발전한 나라와 집권적으로 교육과정행정이 전개된 나라의 기본적 성향 그 자체가 완전히 달라졌다고 보기는 어려울 것 같다.

### 3) 현대 교육과정행정의 특징

교육과정행정은 한 나라가 처한 상황을 고려하여 질서의 유지나 관리를 위한 기능도 하면서 발전을 위한 적극적 변화도 도모하고 있다. 여기서는 이러한 사항을 담당하는 교육과정행정이 기존과 어떻게 달라졌는지, 그리고 어떻게 변화되어야 하는 것인지를 내용적 기준과 제도적 기준으로 구분하여 살펴보고자 한다. 내용적 기준은 교육과정을 구성하는 교과나 교과의 내용과 관련된 행정을 말하는 것이고, 제도적 기준은 교육과정을 구현하기 위한 법과 조직 및 그 운영과 관련된 사항에 대한 행정을 말한다.

### (1) 내용적 기준

광복 이후 만들어진 국가 교육과정에서는 교과의 수가 증가하고, 교과 내용에서 질적인 변화가 진행되며, 교과에 대한 학생의 선택권이 양적·질적으로 확대되었다. 그리고 교과서도 서책형뿐만 아니라 디지털 교과서도 활용되고 있으며, 교과서 내용에서도 삶의 맥락을 강조하는 형태로 발전하고 있다.

첫째, 교과 편제와 시간배당 등의 증가에 대해 알아본다. 우리의 손에 의해 1954년 만들어진 제1차 교육과정에서 초등학교는 교과와 특별활동으로 교과편제를 하였고, 교과는 국어, 수학, 사회생활, 자연, 보건, 음악, 미술, 실과로 이루어졌다. 그리고 연간수업시간 수는 초등학교 1학년이 840시간, 2학년이 875시간이었다.

2015 개정 교육과정에서는 초등학교는 교과와 창의적 체험활동으로 편제되었고, 1~2학년, 3~4학년, 5~6학년이 학년군으로 묶였다. 그리고 교과의 경우 초등학교 1~2학년은 국어, 수학, 바른생활, 슬기로운 생활, 즐거운 생활의 통합교과로 되었고, 학년군별 총 수업시간이 1,744시간으로 되었다. 3~4학년 이상은 국어, 사회/도덕, 수학, 과학/실과, 예술(음악/미술), 영어로 교과가 독립적이거나 군으로 만들어졌다.

초등학교의 경우 기존에 비해 통합교과가 만들어지고, 영어와 같은 교과가 더 늘어나고, 연간 수업시간 수도 1~2학년이 1,715시간에서 1,744시간으로 증가하였다. 교과도 교과군으로도 만들어짐으로써 교과의 외형적 형태도 변화를 가져온 것이다. 고등학교로 갈수록 교과목의 수는 더욱 증가하고, 학교가 일반고, 특수목적고, 특성화고 등으로 구분되어 초등학교에서 고등학교로 갈수록 세분화·전문화되는 경향이 나타나고 있다. 사회변화에 따른 대응성이 보다 강화되고 있는 것이다.

둘째, 교과교육과정의 내용 체계 기술 방식의 변화와 범교과 학습주제의 등장으로 교과 내용에서의 질적인 변화를 거듭하고 있다. 우리나라의 교육과정은 총론과 각론으로 구분되어 있으며, 교육현장에서 직접적으로 교수·학습할 자료는 각론인 교과별 교육과정에 제시되어 있다. 그리고 특정 교과에 분류되지 않은 범교과 학습주제를 별도로 제시하고 있다. 우선 교과교육과정에 대해 보면, 1946년의 교수요목집 역사 부분의 제3학년 "우리나라의 생활"에서는 의문문의 형태로 교수요목을 기술하고 있다. 예컨대 "우리나라의 자연환경은 어떠하며 민족의 유래와 발전은 대략 어떠하였는가?", "역사 있기 이전의 생활은 어떠하였는가?"[14] 와 같이 되어 있다.

2015 개정 교육과정에서는 역량을 강화하기 위한 형태로 되어 있다. 예컨대 초등학교 3~4학년 과학과에서 "서로 다른 물질로 만들어진 물체들을 비교하여 물체의 기능과 물질의 성질을 관련지을 수 있다."[15] 와 같이 평서문 형태의 성취기준으로 되어 있다. 그리고 이 성취기준은 내용요소와 '비교', '관련짓다'와 같은 기능이 결합되어 만들어졌다. 교과교육과정의 진술 내용이 단순한 이해를 넘어 역량을 기르기 위해 성취기준의 형태로 발전하고 있어 교과 내용에 대한 질적 변화도 일어나고 있는 것이다.

다음으로 범교과 학습주제가 국가 교육과정 문서에 등장하고 있다. 범교과 학습주제는 제6차 교육과정에서 제안되었지만, 정식 문서에 등장한 것은 제7차 교육과정이었다. 범교과 학습주제는 국가·사회적 요구를 수용하기 위해 등장한 것으로 2009 개정 교육과정에서는 38개까지 확대되었다. 2015 개정 교육과정에서는 세부 주제를 묶어 안전·건강교육, 인성교육, 진로교육, 민주시민교육, 인권교육, 다문화교육, 통일교육, 독도교육, 경제·금융교육, 지속가능발전교육의 10개 영역으로 정리하였다. 이러한 범교과 영역은 전통적인 교과 이외에 국가·사회적 요구를 수용하고 사회적 변화에 대응성을 높이기 위한 것이다. 범교과학습주제 영역은 교과 내용의 양적 변화뿐만 아니라, 새로운 교육적 요구에 대응한 질적 변화까지 수용한 것에 해당하는 것이다.

셋째, 학생의 과목 선택권이 확대되고 있다. 학생의 선택권은 주로 고등학교에서 확대되었다. 과목 선택권 확대가 최근에는 학점제 등에 대한 논의와 더불어 더욱 강화되는 경향을 지니고 있다. 제1차 고등학교 교육과정의 시기 「교육법 시행령」 제117조에서는 보통교육을 주로 하는 학과와 전문교육을 주로 하는 학과로 나누었다. 보통교육을 주로 하는 학과는 보통과, 전문교육을 주로 하는 학과는 농업, 공업, 상업, 수산, 가정, 간호조산, 외국어, 예술 등으로 되어 있었다. 고등학교의 교과와 학과가 정해진 이후 1954년 고등학교 교육과정 시간배당 기준이 공포되었고, 1955년 문교부령 제46호로 고등학교 및 사범학교의 '교과과정'이 공포되었다.

고등학교 시간배당 기준에서 필수교과는 국어(1), 사회(일반사회, 도덕, 국사), 수학, 과학, 체육, 음악, 미술, 실업가정이었다. 그리고 보통과정의 선택교과로는 국어(2), 사회(세계사, 지리), 수학(해석, 기하), 과학(물리, 화학, 생물, 지학), 교련, 철학·교육, 체육, 음악, 미술, 외국어(영어, 독일어, 프랑스어, 중국어), 전문과정(실업 기타 전문에 관한 교과)로 되어 있었다.

2015 개정 고등학교 교육과정은 교과(군)과 창의적 체험활동으로 편성하고, 교과는 보통교과와 전문교과로 하였다. 보통교과는 다시 공통과목과 선택과목으로 구분하여 공통과목은 국어, 수학, 영어, 한국사, 통합사회, 통합과학(과학탐구실험 포함)으로 하며, 선택과목은 일반선택과목과 진로선택과목으로 구분하였다. 선택과목의 수를 국어에 한해 예시하면 일반선택은 화법과 작문, 독서, 언어와 매체, 문학이고, 진로선택은 실용 국어, 심화 국어, 고전 읽기로 되어 있다.

이처럼 시간의 경과에 따른 교육과정의 개정 작업에서 학생이 선택할 수 있는 교과목이 더욱 세분화되고 있다. 그리고 2015 개정 교육과정 이후 2017년부터는 제2차 교육과정에서 도입된 단위제를 학점제로 변화시키면서 학생의 선택권을 더욱 확장하기 위한 정책적 노력을 기울이고 있다.

넷째, 교과서 내용이 지식의 전달에서 살아있는 생동감을 부여하기 위해 학습자 중심의 활동으로 질적 개선이 이루어지고 있다. 교과서는 교육과정을 구현하기 위한 중요한 교육용 자료에 해당되므로 교육과정의 개정이 있으면 교과서 내용 역시 동시에 바뀌게 된다. 교과교육과정의 내용과 그 진술방식의 변화는 교과서 내용에 영향을 미치게 된다. 광복 이후의 교과서는 주로 지식이나 정보를 전달하기 위한 것에 초점을 두고 만들어졌다.

그러나 최근의 교과서는 그러한 정보의 전달을 넘어 학생들이 의사소통하고 서로의 정보를 주고 받으면서 기존 지식을 변형하고 가공하여 새롭게 재조직할 수 있는 형태로 변화하고 있다. 절대적 지식을 토대로 이를 습득하여 적용할 수 있는 차원을 넘어 상대적 지식의 개념도 도입하고 이를 위해 교과서를 매개로 새로운 지식을 창출할 수 있도록 내용이나 교과서 조직의 방식이 변화하고 있는 것이다.

최근에는 전자매체를 활용한 수업이 확장되면서 디지털화된 교과서도 지속적으로 등장하고 있다. 지면에 기반한 교과서 외에 디지털 기반 교과서의 활용은 교과서의 기능을 보다 확장하였고, 결과적으로 학교교육의 모습도 바꾸고 있는 것이다. 교과서가 살아있는 경험을 확장시킬 수 있는 형태와 더불어 질적으로도 변화하고 있다고 하겠다.

### (2) 제도적 기준

교육과정행정의 제도적 기준은 법적인 측면과 행정조직의 측면, 그리고 행정조직을 움직이는 인사의 측면으로 구분하여 살펴보면서 교과서의 제도적 측면도 동시에 살펴보고자 한다.

첫째, 교육과정행정을 법률적 측면에서 권한의 분산이 이루어지고, 시행령 등을 활용하여 교육과정에 대한 사항이 양적으로 증가하면서 질적의 변화도 이루어지고 있다. 광복 이후 현대적 의미의 「교육법」은 1949년에 제정되었고, 1998년에는 단일 법전이 「교육기본법」과 「초·중등교육법」, 「고등교육법」 등 분야별로 새로이 제정·공포되었다. 교육과정과 관련된 조항이 기존의 「교육법」에서는 제155조 제1항에서 "대학·사범대학·교육대학·전문대학·각종 학교를 제외한 각 학교의 학과 및 교과는 대통령령으로, 교육과정은 교육부장관이 정한다."라고 규정하여 '교육과정'을 교육부장관이 정하도록 하였다. 그리고 법 제150조에서 "각 학교는 소정의 교육과정을 수업하여야 한다."라고 하여 학교에서 교육과정을 운영하는 규정을 두었다.

새로이 제정된 「초·중등교육법」에서는 제23조 제2항에서 "교육부장관은 제1항에 따른 교육과정의 기준과 내용에 관한 기본적인 사항을 정하며, 교육감은 교육부장관이 정한 교육과정의 범위에서 지역의 실정에 맞는 기준과 내용을 정할 수 있다."라고 하여 교육부장관은 '교육과정의 기준과 내용에 관한 기본적 사항'을 정하도록 하고, 교육감은 '지역의 실정에 맞는 기준과 내용'을 정할 수 있도록 하였다. 그리고 제1항에서는 "학교는 교육과정을 운영하여야 한다."고 하여 교육과정 운영의 주체를 명시하였다.

교육과정에 대한 법적인 규정이 기존에는 국가에서 '교육과정'을 정하도록 한 것을 '교육과정의 기준과 내용의 기본적 사항'을 정하는 것으로 달라졌고, 지역에서도 '교육과정의 기준과 내용'을 정할 수 있도록 하였다. 넓은 의미에서 '교육과정의 기준과 내용의 기본적 사항'을 국가와 지역에서 정할 수 있도록 한 것이다. 그리고 학교가 교육과정을 '수업'하여야 한다는 것에서 '교육과정을 운영'한다는 것으로 기술함으로써 그 범위가 확대된 것이다. 교육과정에 대해 국가와 지역의 제도적 기준 설정권과 학교의 교육과정 운영에 대한 권한 관계를 제도적으로 확립한 것이다.

둘째, 교육부의 교육과정행정의 조직이 보다 체계화되고, 양적으로도 그 인원이 증가하였다. 교육과정은 교육부의 전체 조직과 관련이 되기 때문에 여기서는 교육부의 조직의 변화에 따른 양적 증가를 살펴보고자 한다. 광복 이후 미군정 당시의 1946년 1월 21일에 정비된 학무국은 민정장관·군정장관 아래 국장이 있고, 그 아래 차장이 있으며, 3개의 실(연구실, 특수학과실, 총무실)과 7개 과(편수과, 초등교육과, 중등교육과, 고등교육과, 성인교육과, 문화과, 기상과)가 조직되었다.[16] 그 뒤 학무국은 군정법령 제64호에 의해 문교부로 승격되었다.

1948년 「헌법」이 제정되고 난 이후 1948년 문교부의 직제는 장·차관 아래 5국 1실 22과로 편성되었다.[17] 2021년 1월의 교육부는 부총리겸 장관과 차관 및 차관보 아래 3실 4국·10관 51과로 되어 있다.[18] 현재의 조직에서는 교육과정정책과가 별도로 존재하고 있고, 그 인원은 319명으로 되어 있다. 과거 광화문에 정부 청사가 있을 당시에는 교육과정을 담당하는 인원은 손에 꼽을 정도였는데, 조직이나 인원이 양적으로 크게 증가한 것이다. 그것은 교육과정행정 기능의 범위가 확대되고, 전문성도 그만큼 중요하게 되었다는 것을 의미하는 것이다. 전문성에 따른 인원의 양적 증가는 질적인 발전도 동시에 이루어지고 있다는 것을 설명해 준다고 볼 수 있다.

셋째, 교육과정을 운영하는 전문인의 강화, 특히 교육과정 분야에서는 일반행정직보다는 교육전문직(교육연구사(관)) 위주로 구성되어 있다. 교육부에는 일반행정직과 교육전문직이 혼재하고 있다. 일반행정직은 국가공무원 시험에 합격한 사람으로 이루어지지만, 교육전문직은 일정한 교육경력이 있으면서 전문직 시험에 합격한 자가 일정한 업무를 보도록 되어 있다. 교육부의 인력배치에서 교육과정과 관련된 업무는 일반행정직보다는 교육전문직이 대부분 담당하고 있다. 교육과정정책과를 보면 일반행정직에 비해 교육전문직이 더 많이 배치되어 있음을 알 수 있다. 교육과정은 교육현장에서 가르치는 자와 배우는 자를 매개하는 역할을 하기 때문에 현장의 경험이 중요한 역할을 하게 된다. 그래서 교육과정정책과의 인력 구성은 다른 과에 비해 교육경력을 지니고 있는 전문직 위주로 되어 있는 것이다.

그리고 국가 예산이 일반적으로 증가하고 있는 것과 마찬가지로 교육과정행정을 운영하기 위한 예산 역시 증가하고 있다. 그리고 그러한 예산의 전체를 교육부에서 활용하는 것이 아니라, 교육청으로 특별교부금으로 배정하여 교육부와 교육청이 협력 체제를 구축하여 소정의 업무를 할 수 있는 구조도 구축하고 있다.

넷째, 교과서 제도 역시 국가 주도형에서 민간 주도형으로 강조점이 이동되는 현상을 보이면서 단위학교의 자율성과 교사의 전문성이 강조되고 있다. 광복 이후 교과서 제도는 국정과 검정을 기본 골격으로 하여 발전하였다. 국·검정 교과서가 기본 골격이라고 하지만, 초기에는 국정이 중심을 이루면서 검정의 역할도 강화되는 양상을 보였다. 1952년에 처음 마련되어 시행된 「교육법 시행령」 제188조부터 제191조에서는 국정, 검정, 인정교과서를 규정하였지만, 학교의 장이 검정교과서를 선정하였을 경우 문교부장관에게 보고하도록 하거나 국・검・인정교과서 이외의 도서를 사용할 때, 필기나 등사로 교과용 도서를 대용하고자 할 때, 국・검・인정 교과서 이외에 게재된 가사악보를 교수하고자 할 때는 학교의 장이 문교부장관의 인가를 받도록 규정한 것이 그 예에 해당한다.

그러나 제7차 교육과정 이후 인정 교과서의 비중이 높아지면서 2009 개정 교육과정에 따른 교과서에서는 인정 교과서가 84%까지 확대되었다. 2017년에는 국회에서 국・검・인정 교과서 이외에 자유발행 교과서를 도입하려는 법안이 제출되었다. 그리고 2020년 1월 「교과용도서에 관한 규정」에서는 인정도서를 이원화하여 기존의 인정도서 외에 자체 검증 방식으로 교과서를 개발할 수 있는 자유발행 형식의 인정도서의 법적 근거도 마련하였다.

국정교과서가 국가가 저작에 직접적으로 관여하는 국가주도형 교과서라고 한다면, 자유발행 형식의 인정 교과서는 국가가 사용에 간접적으로 관여하는 것으로 민간주도형 교과서라고 할 수 있다. 창조성과 유연성이 강조되는 사회적 변화에 대응하기 위해 규격화되거나 표준화된 교과서가 아닌 다양성을 제공하는 민간주도형으로 그 비중이 옮겨가고 있는 것이다. 민간주도형이 될수록 교과서는 교수・학습 자료로 활용하게 될 것이다. 따라서 교육활동을 전개하는 데 교과서 활용에 대한 교사의 전문성은 더욱 강조될 것이다.

CHAPTER 02

# 교육과정행정의 의의

## 01 교육과정행정의 여러 의미

교육과정에 대한 용어의 정의가 일치하지 않고 다양하게 나타나는 것은 사람에 따라 교육과 교육과정을 보는 관점이 다르고, 이를 실천하는 방식 등에서도 의견이 다르기 때문이다. 교육과정행정을 보는 관점 역시 사람에 따라 다를 수 있기 때문에 통일적인 견해를 제시하기는 어렵다. 하나의 학문 분야에서 개념이 다르게 나타나는 것은 글을 읽는 독자에게 혼란을 줄 수 있다. 여기서는 교육과정행정의 개념 규정이 어려운 이유와 다양한 개념을 살펴보고, 이들 개념을 구별하는 기준을 살펴보면서 현재의 시점에서 가장 적합하다고 생각되는 정의가 무엇이고, 그 내용이 어떠한 것되어야 하는지를 검토해 보고자 한다.

교육과정행정에 대한 정의가 어려운 이유는 교육과정행정의 한계가 명확치 않은 것과 교육과정행정의 범위가 확장되거나 질적으로 변화하는 동태성을 지니고 있기 때문일 것이다. 그러나 교육과정행정이 당면한 문제 상황의 파악과 대안의 모색을 위한 논리를 제대로 정립하기 위해서는 교육과정행정의 개념이 지니고 있는 의미를 밝힐 필요가 있다고 생각된다.

국내·외 서적에서 교육과정행정이라는 용어를 사용하는 경우가 드물고, 그에 따라 이 용어에 대해 직접적으로 정의를 한 경우를 찾는 것은 쉽지 않다. 국내·외 서적에서 교육과정행정이라는 용어를 사용하고 있는 분야를 찾아보면 교육행정분야와 교육과정학 분야를 들 수 있다.

첫째, 교육행정학 분야부터 살펴보고자 한다. 교육행정학에서는 교육과정행정에 대해 언급하지 않은 경우가 더욱 많다. 기존의 서적에서 교육과정행정에 대해 언급하고 있는 경우에도 교육내용 행정의 한 분야로 교육과정의 행정을 다루고 있다.

김종철·이종재는 교육과정에 대한 행정은 「교육법」, 「교육법 시행령」, 각급학교 시간배당기준령, 문교부에 의해 편찬되는 교수요목으로서의 교과과정이나 교육과정 등에 나타나 있는 것으로 규정한다. 그리고 최근까지도 전국적으로 획일적인 기준이 적용되어 온 것으로 보고 있다.[1] 따라서 여기서 제시하고 있는 교육과정행정은 개념을 명확하게 규정하였다기보다는 교육과정행정의 대상이나 범주를 설정해 주고 있는 것으로 보인다.

둘째, 교육과정학 분야를 살펴본다. 교육과정 분야에서도 교육과정행정을 다루는 서적이 드물기는 하지만, 그 내용을 다룬 서적에서는 교육과정행정에 대하여 정의를 하고 있다. 교육과정행정의 정의는 교육행정의 정의와 연관되어 규정하고 있다. 김순택(1997)은 교육행정은 학교의 최고 목표인 가르치는 것을 효과적으로 실시하는 데 필요한 여러 가지 봉사적·지원적 활동의 성격을 띠는 것으로 보고 있다. 그러면서 이러한 교육행정관은 행정을 법규의 단순한 해석과 적용으로 보는 것이 아니라 교육과정이 현장에서 적절하게 이루어지도록 조건을 정비하는 것으로 보는 관점으로 규정하고 있다.

그리고 조건을 정비하는 교육행정관에 따라 교육과정행정은 교육행정의 중핵에 가까운 것으로 평가하고 있다. 그래서 교육과정행정은 "적절한 교육이 이루어지는 데 필요한 교육과정을 개발하고, 이 교육과정의 적절한 운영을 유도하며, 운영의 과정과 결과에서 나타난 제 현상에 기초하여 다음 교육과정을 개발하는 등의 작업에 직·간접적으로 관여하는 지원행정을 총칭하는 것"[2]으로 규정하고 있다.

이 정의에는 교육과정의 개발과 운영, 그리고 성과라는 요소를 토대로 차기 교육과정 개발에 투입하는 것에 관여하는 지원행정을 지칭하고 있다. 교육과정의 개발과 운영 및 성과의 점검이라는 전체적인 요소를 고려하고 있지만, 교육과정행정은 지원하는 것에 초점을 두고 있는 것이다. 교육과정행정이 적극적이고도 능동적으로 교육과정에 대한 목표를 설정하고, 그 목표 달성을 위한 인적·물적 사항의 동원과 관련된 변화를 고려하는 측면이 다소 간과되는 측면이 존재하고 있다.

이러한 정의와 다소 차이가 있는 것 같지만, 유사한 정의가 있다. 함수곤·김찬재(2007)는 교육행정은 교육목표를 설정하고, 이의 달성을 위해 필요한 조건을 정비하는 조성활동으로 보고, 그 조건을 내적 사항과 외적 사항으로 구분하여 설명하고 있다.[3] 내적 사항은 교육목적이나 목표 그 자체에 대한 것이고 정신적·이념적 분야로 교육목표, 교육내용, 교육방법, 교육평가 등에 대한 교육의 본질적 문제가 이에 해당한다고 보고 있다. 외적 사항은 교육목적·목표를 달성하는 데 필요한 교원, 시설·설비·환경, 재정 등의 문제가 이에 속한다고 보고 있다.

이들 구분에 이어 교육과정행정은 교육행정의 핵심적 사항이지만 교육실천 그 자체는 아니고, 학교교육이 있어야 할 위치의 결정, 방향의 제시 및 목표와 내용, 방법 및 평가의 기준을 설정·제시하는 중요한 일을 담당하고, 그 기준의 계속적인 개선·유지·관리를 담당하며, 기준의 효과적 시행을 위해 전문적·기술적 조언과 지원·확인·평가 작업을 수행하며, 외적 사항의 정비과정에서의 준거행위로 작용함을 밝히고 있다.

이러한 정의는 다소 길고 복잡하지만, 교육과정의 기준 설정에 대한 행정작용을 인정하고 있고, 그 운영을 위한 관리적 측면도 포함하며, 평가를 위한 사항까지 포괄하고 있다. 앞서 정의한 것에 비해 보다 구체화되고 있지만, 교육과정의 정치적 성격에 대해서도 보다 가시적으로 언급하고 있는 점에서 차이가 있다.

이러한 교육과정행정의 정의는 일본에서 논의하고 있는 교육내용행정론의 입장과 유사하다. 일본의 교육과정행정학회에서 편찬한 「교육과정행정」의 책자 내 논문에서 히시무라 유키히코(菱村幸彦)는 "교육과정행정은 교육행정의 한 분야이다. 교육행정은 국가의 교육정책을 실현하는 것을 목적으로 하는 행정이며, 교육과정행정은 교육행정 중 교육내용에 관한 부분을 분담하는 행정이다."[4] 라고 교육과정행정을 정의하고 있다. 그것은 일반적으로 일본의 교육법학이나 교육행정학 등에서 교육과정행정을 논의하는 방식에 해당한다. 교육내용에 관한 행정은 행정의 일이고, 교육내용행정은 엄격히 존재하는 것으로 보고 있다. 그리고 교육의 내적 사항과 외적 사항을 구분하여 교육과정에 행정이 개입하는 범주는 내적 사항에 해당하는 것으로 논의를 하고 있는 것이다.[5] 교육과정 중심으로 교육의 행정이 전개되어야 한다기보다는 교육행정의 한 부분으로 교육과정의 기준을 설정하는 기준 입법과 같은 사항에 한정하여 교육과정행정을 이해하고 있는 것이다.

미국의 교육과정 분야에서도 교육과정행정이라는 용어를 직접적으로 사용하고 있는 경우는 드물다. 이 용어를 사용하고 있는 맥네일(McNeil)은 <교육과정행정(curriculum administration)>의 단행본에서 교육과정행정을 다루고 있지만,[6] 교육과정의 행정에 대한 명확한 정의를 찾기는 어렵다. 그 뒤 편찬한 저서 <교육과정(curriculum)> 내에서 한 개의 장으로 다루고 있는 교육과정행정에서도 정의를 제대로 내리지 않고 있다.[7]

이들 서적에서 교육과정행정에 대한 정의가 없는 것은 물론이거니와 단행본으로 출판한 서적이 교육과정행정에 대해 체계화한 것으로 보기도 어렵다. 이들 외의 서적에서는 교육과정 관리라는 이름으로 행정과 관련된 사항을 다루고 있지만, 교육과정행정을 직접적으로 정의한 경우는 제대로 찾지 못하였다. 교육과정 관리에서 주로 다루고 있는 것은 교육과정 장학, 교육과정 개발과 실행, 교육과정 평가 등에 대한 것이 대부분이다.

교육과정행정에 대한 개념적 규정이 제한적이기는 하지만, 교육과정행정에 대한 정의나 행정권력 개입의 근거와 관련된 논의는 교육과정에 대한 행정이 작용하는 범주의 설정에 도움이 된다. 일반 행정과 달리 교육과정 분야에서의 행정은 직접적 교육활동에서 행정력의 개입은 가급적 배제되고, 교육활동을 지원하는 분야에서의 행정력의 동원이 필요하다는 것이다. 그러나 직접적인 교육활동에 해당하는 분야라고 해서 교육과정행정의 개입의 범위가 불필요한 것인지에 대해서는 용어 규정의 기준과 관련해 보다 깊은 검토가 필요하다.

## 02 교육과정행정의 용어 규정에서 고려사항

교육과정행정에 대해 정의를 한 경우가 드물기도 하지만, 정의를 내린 경우에도 공통적인 특색으로 내포하고 있는 것을 찾기 어려운 것 같다. 다만 교육과정의 개발과 운영 및 평가의 전반적 과정에 걸친다는 것과 지원을 하는 행정이라는 점은 공통적으로 들어가고 있는 것으로 보인다. 그래서 교육과정행정은 주로 관리적 성격을 내포하고 있는 것에서는 의견이 모아지는 것 같다. 그러나 교육과정행정이 정치적 성격을 내포하고 있는 것인지, 그리고 교육과정행정을 보는 관점과 기능적인 측면의 범위에 대해서는 명확치 않다.

교육과정행정의 개념을 어떠한 방식으로 규정하든 행정의 속성으로서 관리적 기능은 누구나 포함할 수 있는 것이다. 그러나 그 이상의 기능은 행정이 한 나라의 사회체제와 시대·사회적 상황에 따라 달라질 수 있고, 교육과정을 보는 연구자의 성향에 따라 정치나 관리적 기능 중에서 어떠한 것을 중시하느냐에 따라 개념 규정은 달라질 수 있는 것이다. 그렇기 때문에 시·공간을 초월하여 교육과정행정을 보편적인 개념으로 규정하는 것은 어려울 것이다. 이러한 관계로 여기서는 교육과정행정의 개념 규정을 위해 고려하여야 할 기준에 대해 살펴보고자 한다.

첫째, 교육과정의 운영 방식에 따른 국가, 지역 및 학교와의 관계를 고려하여야 한다. 이들 관계에 대해 전통적인 영조물로 보는 관점에서는 교육부와 교육청은 학교의 인적·물적 관리 및 운영 관리 전반에 대해 포괄적인 지휘·감독권과 학생의 학교 이용에 대한 규제 권한을 포함하고 있다고 보고 있다. 그러나 이러한 접근법에 대해 최근에는 단위학교의 자율을 존중하는 취지에서 직접적인 교육활동과 관련된 교육과정에 관한 사항은 학교의 전문적 자율에 맡기고, 인적·물적 사항과 학교 이용의 원칙에 관한 사항 등 조건을 정비하는 사항은 교육부와 교육청에 있다고 구분하고 있다.[8] 그래서 교육부와 교육청은 교육과정에 대해 지도·조언하는 행위를 중심으로 그 관리를 행하는 것이 적절하다고 보는 것이다. 이것은 앞에서 교육과정행정의 정의를 한 학자들의 견해에서 나타나고 있는 공통적 사항인 것으로 볼 수 있다.

둘째, 행정의 역사적 발전에 따른 기능의 변화를 고려하여야 한다. 행정의 역사에서 19세기는 행정권의 제약을 국민들이 원하였기 때문에 소극적으로 집행을 하는 기능에 한정되었다. 그러나 그 이후 국민이 적극적 행정을 요청함에 따라 행정에서 정치적 기능뿐만 아니라, 발전적인 기능까지 담당하게 됨으로써 행정국가화 경향이 강화되었다. 그것은 행정에서 관리적 기능 이외에 정치적인 기능이 확대·강화되고, 그것은 행정에서 법령의 형성과 같은 정책결정을 포함하게 되는 것이다. 그리고 발전행정의 입장에서는 행정에서 목표를 설정하는 분야까지 논의의 대상이 되고 있는 것이다.

셋째, 한 나라의 사회체제를 고려하여야 한다. 행정이라고 하는 것은 사회 전체 체제의 일부를 구성하는 요소로, 체제의 유지를 위해 필수적으로 담당하여야 하는 기능이 존재하는 것이다. 행정이라고 하는 것은 강제력을 동원하여 사회질서를 관리·지원·통제하는 역할을 수행하는 것이다. 한 나라의 사회체제에서 고려하는 이러한 행정기능은 최소 필수적 기능에 해당하는 것을 말한다. 그러나 교육과정 분야의 행정은 이러한 행정적 기능을 그대로 받아들이기 곤란한 점이 있다. 그것은 교육활동의 전개에는 직접적 교육활동의 지도·조언 행정도 필요하지만, 이를 지원하기 위한 적극적 행정도 요청되기 때문이다.

이러한 것을 고려해 보면, 일반적으로 교육과정행정은 교육과정과 관련된 법령의 집행이라고 하는 전통적인 행정법상의 의미를 교육과정에 적용하는 것으로 한정해 이해할 수는 없다. 행정 기능의 확대와 더불어 행정학 분야에서의 집행은 단순히 법을 집행하는 것이 아니라, 정책의 결정과 이를 적용하는 과정에서의 조정의 역할까지 고려하여야 하는 것이다. 이러한 것은 교육과정 분야의 행정의 개념화에도 적용되는 것이지만, 교육의 성격을 고려해 교육과정행정의 개념이 정의되어야 할 필요가 있는 것이다.

## 03 현대 교육과정행정의 정의

어떠한 학문 분야든 해당 학문 분야의 개념은 시·공간을 초월하여 보편적 개념을 확립하는 것이 불가능할 것이다. 교육과정의 개념 역시 역사·사회적 상황에 따라 변해 왔고, 앞으로도 변화 가능성이 잠재되어 있을 것이다. 교육과정행정의 개념은 아직 제대로 정립되지 않고 있지만, 이 역시 마찬가지일 것이다. 따라서 현재의 입장에서 교육과정행정의 개념을 규정한다면, 교육과정행정은 인간의 교육적 성장을 위해 지도·조언을 바탕으로 한 교육과정 정책의 형성과 집행이라고 할 수 있을 것이다.

**표 2-1 교육과정행정의 정의**

교육과정행정 =
- 인간의 교육적 성장을 위해 (교육의 기본성격)
- 지도·조언을 바탕으로 한 (교육부, 교육청 및 학교의 관계 이해 방식)
- 교육과정 정책의 형성과 집행 (교육과정 기준 설정과 이의 지원을 위한 적극 행정)

이러한 용어의 정의를 조금 더 구체적으로 설명하면 다음과 같다.

첫째, 인간의 교육적 성장에 목적을 둔다는 것이다. 인간의 성장은 유기체가 전체적으로 성장하는 것이고, 그러한 성장은 보다 나은 방향으로 변화되는 것을 의미한다. 교육은 그러한 변화를 위한 조건을 관리하는 데 있으며, 교육과정은 그러한 관리를 위해 개인에게 적절한 교육내용을 제공하는 역할을 한다. 개인에게 부적절한 교육내용이 제공되면 교육에서 소외가 발생하게 되고, 결과적으로 교육의 불평등을 야기하게 되는 것이다. 따라서 교육과정행정은 교육의 불평등이 발생하지 않도록 교육내용의 선정과 조직에서의 합리성을 기하여야 하는 것이다.

둘째, 교육과정행정은 지도·조언을 바탕으로 한다는 것이다. 지도·조언은 어떠한 방향으로 이끌어 가기 위해 도움이 되는 말로서 도와주는 것을 말한다. 국가교육과정은 교육과정의 기준과 내용을 정하여 교육의 일정 수준을 유지하는 작용을 한다. 단위학교는 이를 토대로 학교교육과정을 만들어 운영함으로써 단위학교의 자율성을 확보하고자 한다. 국가 교육과정의 일정 수준 유지와 단위학교의 자율성의 조화를 요청하는 것이다. 여기서 교육의 일정 수준 유지를 위한 교육과정 기준은 법률에 근거해 고시되므로 강제력을 지니고 있어 권력적 작용이 개입하게 된다. 반면 단위학교에서 교육과정 운영은 기준을 토대로 자율적으로 운영할 수 있기 때문에 관리적 성격도 일부 띠고 있다. 따라서 교육과정행정의 지도·조언에는 정치성과 관리성이 동시에 내포되어 있다고 생각된다.

셋째, 정책의 형성이라고 하는 것이다. 정책을 형성하는 것은 교육부가 하고자 하는 중요한 활동을 마련하는 것이다. 정책결정은 교육부가 당면한 문제를 해결하려는 데서 이루어진다. 정책을 형성하는 과정은 소극적인 것과 적극적인 것이 있다. 소극적인 정책의 결정을 이해관계가 다른 당사자들 간의 대립을 타협하고 조정해나가는 것이다. 이에 비해 적극적인 정책의 결정은 책임정치를 구현하기 위해 교육부가 추구하는 목표를 합리적으로 달성하기 위해 노력하는 것을 말한다. 정책의 형성은 이와 같은 소극적 갈등의 조정과 적극적인 정책의 결정을 모두 내포하고 있는 것이다. 이러한 점은 행정이 단순히 관리적 성격만 있는 것이 아니라, 정치적 성격도 내포하고 있음을 말한다.

넷째, 교육과정 정책이라는 것이다. 교육과정 정책에는 직접적으로 교육과정에 대한 국가적 기준과 내용의 기본적 사항의 결정과 같은 내용적 사항에 한정되는 것만이 아니라, 교육과정 운영을 합리화하기 위해 적절한 학교조직이 필요하고, 교과를 운영하기 위해 학교조직을 움직이는 교직원과 일정한 시설이 요청된다. 그러기 위해서는 재정적 지원도 필요하다. 따라서 교육과정 정책은 단순히 국가교육과정 문서나 학교교육과정 문서를 만드는 작업에 한정되는 것으로 이해하여서는 안 된다. 교육과정 중심의 학교 운영이라는 말은 교육과정이 효과적으로 운영되기 위한 제반 조건을 총칭하는 것이어야 한다.

다섯째, 정책의 집행(implementation)이라는 것이다. 그것은 결정된 정책을 실천에 옮기는 것으로 관리 과정으로 정책을 구현하기 위한 후속 과정에 해당하는 것이다. 여기서의 집행은 전통적 의미의 폐쇄적 집행 형태나 정책과 완전히 구분되는 것으로 보는 것이 아니라, 환경과 상호작용하는 개방적이면서도 행정이 이루어지는 과정에서 계속적으로 정책결정과 관련성을 갖는다. 초·중등 분야의 교육과정 개발은 우리 사회의 구성원이 공유하는 경험의 내용으로 전문가와 관련 인사들의 광범한 참여를 통한 합의를 이끌어가는 일종의 최대 공약수와 같은 것이다. 따라서 결정된 교육과정의 운영에서도 그러한 정신이 지속될 수 있는 방식으로 전개되어야 한다. 사회적 합의로 만들어진 교육과정이 제대로 구현되는가 하는 것은 교육의 책무성의 발전 정도에 달린 문제일 것이다.

이와 같이 교육과정행정은 사회적 합의를 통해 만들어진 교육과정의 기준과 내용의 기본적 사항이 교육현장의 특성을 고려해 학교교육과정으로 편성·운영이 효과적으로 이루어질 수 있는 역할을 하고 있다. 그러한 역할은 교육 관련 당사자의 이해관계를 조정하고, 그 결과를 합리적으로 관리하는 것을 포함하고 있다. 따라서 교육과정행정은 권력성과 관리성을 내포하고 있는 교육행정조직을 중심으로 해서 야기되는 정치와 경영이 혼재되어 있다고 하겠다. 그리고 교육과정행정은 사회적 합의를 제대로 도출할 수 있도록 정치성을 발휘하고, 합의된 교육과정을 합리적으로 잘 관리할수록 발전의 정도는 높다고 할 것이다.

## 04 교육과정행정의 과정

### 1) 기본 관점

이 분야의 연구대상으로 교육과정행정행태는 기본적으로 교육과정과 관련된 행정조직을 중심으로 일어나고 있다. 교육과정행정에 대한 관점이나 정의에서 관리나 지원적 사항을 강조하는 것은 이러한 관점과 밀접하게 관련된다. 그러나 교육과정행정은 정치·경제·사회·문화적 환경과 무관한 것이 아니라, 이들 환경과의 지속적인 상호작용을 통해 일어나기 때문에 조직 이외에 환경과의 관계도 고려할 필요가 있다.

교육과정행정 조직의 주요 대상을 교육과정 관련 행정조직 내의 문제로 한정하게 되면, 교육과정의 관리에 해당하는 경영성의 입장이 고려된다. 조직 내의 문제만을 다루게 되면 교육과정행정의 정치성을 설명할 수 없게 되는 것이다. 교육과정행정 조직의 내부에서 이루어지는 투입, 산출, 환류의 과정은 환경과의 관계를 고려할 때 의미가 있다. 교육과정행정 조직 내에서의 투입에 따른 성과를 내고, 그 성과의 분석을 통해 환류를 할 때 외적인 환경을 고려하지 않을 경우에는 일회성으로 마무리되는 경우가 많을 것이다. 그러나 그러한 투입과 산출 및 환류의 과정은 연속성을 지니면서도 지속적으로 이루어짐으로써 질적인 발전을 할 수 있고, 그러한 것이 현실을 설명할 수 있는 적합성을 가질 수 있을 것이다.

그리고 그러한 과정은 정치 과정의 일환으로도 고려할 수 있는 것이 된다. 그렇기 때문에 모종의 대상에 대해 투입과 산출 및 환류의 과정이 이루어지는 교육과정행정 조직과 환경과의 관계를 동시에 고려하여야 교육과정행정의 개념 규정과 현실적 과정을 제대로 반영할 수 있을 것이다. 따라서 교육과정행정의 과정은 개방체제로 접근하는 것이 적절할 것이다. 이를 도식화하면 **|** 그림 2-1 **|** 과 같다.

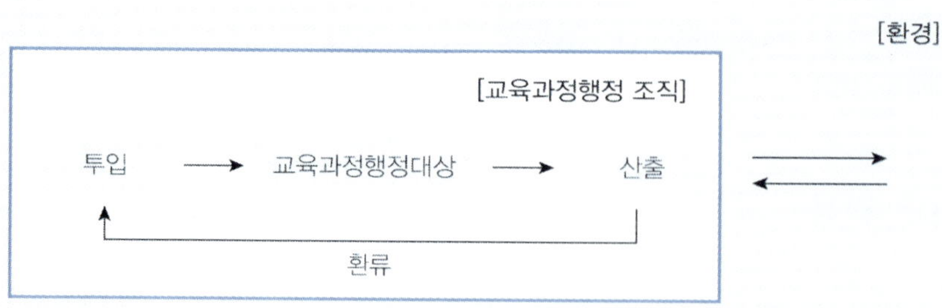


**|** 그림 2-1 **|** 교육과정행정 조직과 환경의 상호작용

## 2) 모형의 개관

교육과정행정에 대한 정치적 성격을 고려한 개방체제의 입장을 고려한다고 하더라도, 교육과정행정의 대상으로 고유한 영역이라고 할 수 있는 교육과정행정 조직 내부의 현상을 파악하는 과제가 있다. 이 부분은 이 서적에서 취급하고자 하는 교육과정행정의 하위 요소로 각 장에서 논의되는 내용이다. 교육과정행정을 정의하고 있는 입장과 현실적 과정을 고려하면, 교육과정행정은 교육과정 정책의 형성, 집행, 그리고 평가로 구분하는 것이 가능하다.

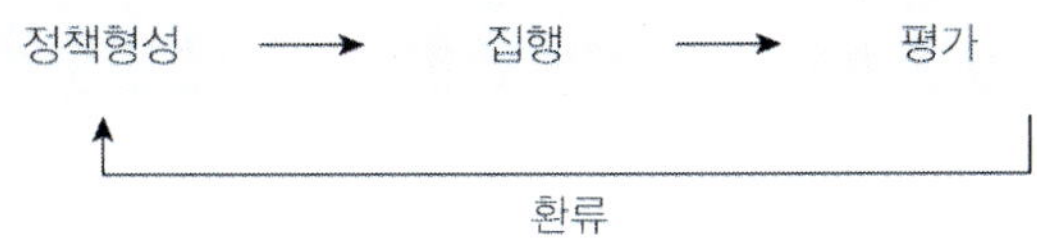


**| 그림 2-2 | 교육과정행정 조직 내 행정의 기본과정**

첫째, 교육과정 정책의 형성에 관한 것이다. 교육과정 정책의 형성은 교육과정의 기준과 내용인 기본적 사항뿐만 아니라, 교육과정과 관련된 바람직한 정부의 활동과 사업 내용을 구체적으로 정립하고, 그 구현 방법을 사전에 구체화하는 것을 포함하고 있다. 여기서는 자유학기, 고교학점제, 안전교육, 교육과정 개정 작업, 자유발행 교과서 제도 도입 등과 같이 교육과정 개정과 운영 등 교육과정을 중심으로 하는 교육활동 전반에 걸쳐 정부와 지방자치단체의 중요 활동을 설정하는 것이다.

둘째, 교육과정 집행에 대해 알아본다. 교육과정 집행은 형성된 정책이 의도된 대로 구체화될 수 있도록 분업체제를 구축하고, 자원을 동원해 조직화하여 실천하는 것이다. 여기서 분업체제는 분업과 통합으로 구분되고, 분업은 다시 횡적 분업과 종적 분업으로 세분화된다. 그리고 자원은 인적 자원과 금전적 자원으로서의 예산·정치적 지원 등이 해당한다.

셋째, 정책의 평가에 대한 것이다. 평가는 그 기준을 설정하고 교육과정 정책의 집행 실적과 비교를 행하며, 시정조치를 하는 사항을 포괄하는 것을 말한다. 이러한 과정은 교육과정행정이 이루어지는 전체적인 틀을 이해하는 데 용이하다. 그러나 이들 세 단계에서 각각의 중요성이나 현재의 관심 사항을 보다 세분화함으로써 행정의 과정을 보다 입체적으로 이해할 수 있다.

여기서 정책형성의 단계는 목표의 설정, 정책결정, 기획의 단계로 세분화하였다. 그 이유는 교육과정 분야에서는 어떠한 목표를 설정하느냐에 따라 추구하는 인간의 모습이 달라지게 되므로 목표가 중요하게 된다. 그리고 현재는 행정이 단순히 정책을 집행하는 수준을 넘어, 정책결정을 주도하고 있으며, 그 정책결정에 따라 교육의 방향이 달라지기 때문에 교육 현장의 주된 관심사가 된다는 점에서 이들을 구분한 것이다.

집행 단계는 역할 분담과 자원의 동원, 교육과정 운영의 지도·조언으로 구분하고, 역할 분담과 자원의 동원은 분업체제, 인적·물적 자원으로 세분화하였다. 교육과정 운영의 지도·조언은 교과서 개발, 교원연수 및 장학으로 구분하였다. 그 이유는 교육과정 정책이 결정되면, 이를 집행하기 위해 일정한 조직이 필요하고, 그 조직을 움직이기 위한 사람과 재원이 필요하므로 역할 분담과 자원의 동원이 필요하기 때문이다.

이들 외 교육과정 운영의 지도·조언을 별도로 제시한 것은 교육과정 분야는 국가와 지역에서 교육과정 기준과 내용의 기본적 사항을 정하고, 단위 학교에서 이를 토대로 교육과정을 편성·운영하기 때문에 교육과정을 원활히 운영하기 위해서 교과서 개발이나 교원연수 및 장학 등의 활동이 뒷받침되어야 하기 때문이다.

마지막으로 평가와 조정에서는 평가 기준의 설정, 기준과 실적의 비교, 그리고 시정조치로 구분하였다. 그것은 평가를 위해서는 일정한 기준이 필요하고, 그 기준과 실적을 비교함으로써 성과를 확인할 수 있고, 성과의 결과가 시정조치로 이어져 교육과정행정의 개혁에 기여하지 않게 되면 노력의 보람이 없게 되므로 이들을 세분화한 것이다. 교육과정행정의 과정과 그 내용을 도식화하면 ┃그림 2-3┃과 같다.

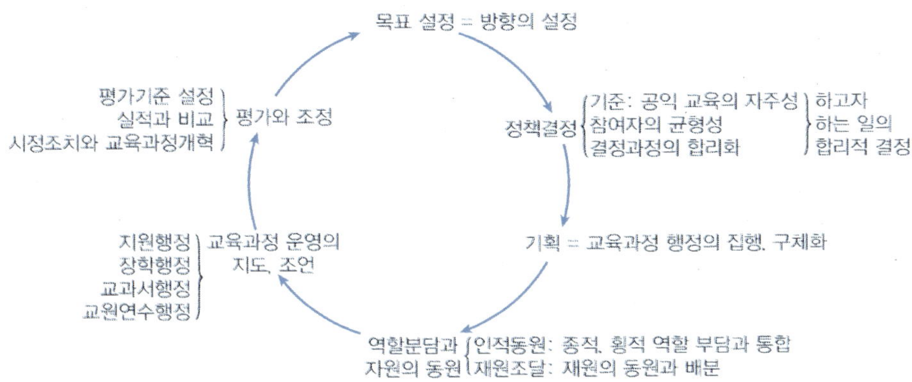


**❙그림 2-3❙ 교육과정행정의 과정과 그 내용**

❙그림 2-3❙에 제시되어 있는 교육과정행정의 과정과 그 내용의 각각에 대해 개관하면 다음과 같다.[9)]

첫째, 목표를 설정하는 것이다. 목표 설정은 교육과정행정이 구현하려는 방향을 명백하게 정하는 것이다. 몇 년간의 종합적 계획을 수립하는 일에서 매년도 일에 대한 목표가 구체적으로 제시되는 것을 총칭하게 된다. 교육과정행정의 목표는 독립적으로 설정되어 있거나 교육부에서 독자적으로 결정되어야 한다고 말하기도 어렵다. 교육은 각 개인이 지니고 있는 소질과 적성을 계발하기 위해 개인에게 적합한 교육과정이 마련되어 있을 때 효과성을 발휘하게 된다. 이러한 것을 고려하면 교육과정행정의 목표는 교사, 교육청 관계자, 전문가 등의 참여를 통해 결정되는 것으로 보는 것이 합리적이다.

교육과정행정의 목표가 이러한 과정을 거쳐 이루어지는 데도 불구하고, 교육과정행정의 범주에 포함시키는 것은 목표에 따라 업무를 추진하는 것이 합리적이고, 그러한 목표 설정에 교육부 행정도 일정한 역할을 담당하기 때문이라고 생각한다. 목표 설정에서 교육과정행정을 담당하는 부서가 주도적 역할을 수행하고, 외부의 참여 인사는 자문의 역할을 수행함으로써 보다 합리적인 목표를 설정하게 된다.

둘째, 정책을 결정하는 단계이다. 정책은 설정한 목표를 달성하기 위해 무엇을 행할 것인지 결정하는 것이다. 교육부에서 교육과정에 대한 활동이나 사업 내용을 구체적으로 정립하는 문제와 관련된 것이다. 쉽게 보면 정부가

하고자 하는 일이다. 학교를 대상으로 하면 학교가 하고자 하는 일에 해당된다. 그리고 이러한 정책을 결정하는 것은 해당 기관이 다가올 앞날의 활동 지침을 결정하는 것을 말한다. 이러한 결정은 교육현장의 교사, 전문가, 이익단체, 교육부 인사가 참여하여 민주적 과정을 거쳐 이루어지지만, 최종적 결정은 교육부가 하게 된다.

교육과정은 우리 사회 구성원들이 공유하는 경험의 내용에 대해 공통적으로 배울 내용을 상정하기 때문에, 전문가들과 관계자들의 광범한 참여를 통한 합의 과정을 밟는 것이 필요하다. 이러한 이유로 여기서는 정책의 과정, 참여자 등을 검토하고자 한다.

셋째, 기획에 관한 것이다. 기획은 특정한 목표 달성을 위해 최적의 수단을 강구하는 동태적 과정이다. 조금 더 구체적으로 보면 기획은 누가, 언제, 어떻게, 얼마의 예산으로 어떤 활동을 하는가를 결정하는 것이다. 정책은 계획을 세우기 위한 일반 지침을 제시하여 주는 것이며, 기획에 선행한다. 기획은 목표를 측정이 가능한 양의 개념으로 설정하고 있든가, 행동계열의 관련성이 분명하고 구체적인 점이 많다.[10] 정책과 기획은 명확하게 구분되는 것이 아니라, 사안에 따라 상대적인 차이를 갖는 개념으로 보는 것이 적절할 것 같다.

넷째, 역할 분담과 자원의 동원과 관련된 것이다. 목표의 설정과 정책의 결정에 이어 기획의 수립을 한 후에는 실천에 옮기기 위해 각각의 역할 분담을 통해 협력할 수 있는 구조가 마련되어야 하고, 그 구조를 움직일 수 있는 인력과 재원이 필요하다. 여기서 역할 분담은 조직을 정비하는 것으로 횡적 조직과 종적 조직이 포함된다. 횡적 조직은 교육부 내 각 부서 간의 관계이며, 종적 조직은 교육부, 교육청, 학교 등의 관계를 말한다. 교육과정에는 인성교육, 진로교육 등 다양한 내용이 있으며, 이들을 모두 교육과정 정책과에서 담당하지 않는다. 따라서 다른 부서와의 유기적 협력 체제를 구축하여야 한다. 종적 조직은 국가와 지역 및 학교의 역할이 구분되어 있다. 교육과정 평가와 질 관리를 상기하면 이들의 역할 분담 내역을 확인할 수 있다.

자원의 동원은 인력과 재력이 중심이 된다. 인력은 인사행정과 관련된 것이고, 재력은 재무행정과 관련된 것이다. 인적 자원은 인사의 담당기관이 어떠한가에 따라 교육부, 교육청 및 학교의 조직과 기능이 다를 것이고, 분류체제에서는 전문직과 행정직으로 구분되고, 학교에서는 관리직과 일반교사로 구분될 것이다. 이들의 채용과 임용은 상이한 경로로 진행된다. 재력은 예산과 직접적으로 관련된 것으로 일정 기간에서의 세출·입의 재정적인 계획을 말한다. 외부에서 교육부, 교육청, 학교별 교육과정과 관련된 예산이 어느 정도 책정되어 있는지 확인하기는 쉽지 않다. 다만 예산의 배분 기준으로 품목별 예산, 성과주의 예산, 계획예산 등에 대한 것과 예산의 종류로 일반회계, 특별교부금 사업, 본예산과 추가경정예산 등에 대한 기본 개념의 이해 정도는 필요할 것이다.

다섯째, 교육과정행정의 지도·조언이다. 교육과정행정이 권력성을 강하게 나타내게 되면 교육현장에서의 교육이 획일화되어 아동의 성장을 저해하게 된다. 교육과정행정은 교육현장에 대해 지도·조언의 형태가 되어야 할 것이다. 지도·조언 행정은 국가와 지역의 기준과 내용의 기본적 사항의 범위 내에서 학교가 교육과정을 편성·운영하고 있는지 확인하고 도움을 주는 체제가 되어야 하는 것을 말한다. 교육부로부터의 지시와 감독 및 통제가 아니라, 학교가 중심되어 교육과정을 전개하는 과정에서 어려운 부분에 대한 지도·조언의 행정이 되어야 하는 것이다.

이렇게 지도와 조언의 활동을 하기 위해서는 교육부와 교육청의 전문직과 학교 관리자는 교육과정에 대한 충분한 전문성을 지녀야 한다. 그러기 위해서 다루어야 할 주요 내용은 전문직과 관리자의 역량 제고를 위한 연수, 교육과정 지도성, 의사소통 방식, 인간관계에 대한 정립 등이 될 것이다. 교육과정 분야의 장학은 교과와 창의적 체험활동 모두에 걸쳐 이루어지는 것이며, 최근에는 현장중심의 장학이나 교사중심의 장학으로 발전하면서 컨설팅 장학으로 그 초점이 이동하고 있다.

여섯째, 평가와 조정이다. 교육과정이 적용된 이후에는 그에 대한 평가를 해야 한다. 교육과정 평가와 관련해서 국가 교육과정에서는 학교 평가, 교육과정 평가, 학업 성취도 평가를 동시에 언급하고 있다. 실적 대비 성과를 양적으로 환산하는 경우도 있지만, 교육과정의 효과성을 평가하는 것은 쉽지 않고 시간도 많이 걸린다. 이러한 검토를 위해 대안적 평가로 실제 수행을 중시하는 평가도 이루어지고 있다. 교육과정을 적용한 이후 잘못되거나 학년 간 혹은 학년 내 내용의 부적합성이 발생하였을 경우, 이를 조정할 필요가 있다. 특히 학년군이 적용되는 교육과정 운영에서 단위학교 교사의 역할은 매우 중요하다. 잘못을 반복하지 않는 조치가 요구되는 것이다.

이러한 평가의 결과는 차년도 교육과정 계획이나 목표에 반영되어 교육과정이 수정・보완되어야 한다. 그리고 새로운 목표의 수립에 반영되어야 한다. 교육부와 교육청 및 학교의 역할은 조금씩 차이가 있을 것이다. 교육과정에서 평가 분야가 취약해 이에 대한 관심을 적극적으로 기울여야 할 필요가 있다.

CHAPTER 03

# 교육과정행정 이론의 발달

## 01 교육과정행정 이론의 발달

이론은 현상에 숨겨져 있는 실체와 과정에 대한 구체적인 표현으로 현상의 다양한 부분을 체계적으로 제공하고, 현상에 대한 예측과 설명을 하는 역할을 한다. 이론이 직접적인 연구대상인 어떤 연구 현상에 대한 것이므로 학문 분야를 연구하는 사람들이 관심을 가지는 것은 당연한 일이다. 그러나 교육과정행정 분야에서는 그러한 이론이 체계적으로 전개되지 않고 있다고 생각된다. 교육과정에 관한 이론이 독점적으로 발달한 미국의 경우에도 교육과정행정에 대한 이론은 구체적으로 나타나지 않고 있다.

여기서는 행정 이론의 발달을 살펴보면서 그것이 교육과정행정의 이론에 어떻게 적용되었는지 살펴보고자 한다. 교육과정행정 이론의 발달을 고찰하는 대상은 미국을 중심으로 논의가 된다. 우리나라에서 삼국시대를 거쳐 통일신라, 고려, 조선, 그리고 일제강점기에는 현대적 의미의 교육과정행정에 대한 이론이 존재하지 않았다. 광복 이후 교육과정학이 도입되어 발전되었지만, 이론의 대상은 미국의 것이었다. 교육과정이 학문 분야로 발전하면서 이론을 구축한 것은 미국이 독점적인 양상으로 전개되고, 행정의 경우 역시 마찬가지이다. 따라서 여기서는 일반행정에서 논의된 행정의 이론을 살펴보면서, 당시 미국의 교육과정행정에 대한 설명을 이어가기로 한다.

교육과정행정의 이론은 미국의 것이 중심이 되지만, 필요에 따라 한국의 내용도 언급할 것이다. 일반행정에서 행정이론의 발달에 대한 시기를 구분하는 것은 다양한 방식이 있을 수 있다. 여기서는 정치와 행정의 관계를 중심으로 정치행정 이원론, 정치행정 일원론 등으로 시대별로 정리하고자 한다. 다만 소제목은 시대적 특징을 고려해 붙였다. 그리고 이론에 대한 역사를 말하는 것이기 때문에 행정학이 하나의 학문 분야로 발전을 시작한 1880년대를 기점으로 설명하고자 한다.

**표 3-1 교육과정행정 이론의 발달과 그 내용**

| 고전적 행정 | 기능적 행정 | 행태주의 행정 | 발전행정 | 신공공관리론 | 신개입주의론 |
|---|---|---|---|---|---|
| 1880 | 1930 | 1940 | 1960 | 1970 | 1990 |
| • 교육과정의 과학화<br>• 사회적 효율성<br>• 정치 · 행정이원론<br>(관리적 입장) | • 사회 개선론<br>• 정치 · 행정일원론<br>(정치적 입장) | • 사회적 효율성<br>• 정치 · 행정이원론 | • 학문, 그리고 내면적 결과 중시 교육과정<br>• 능률성, 효과성, 형평성 | • 기초기능강조<br>• 교육과정책무성<br>• 교육의 수월성<br>• 효과성 | • 협력적 의사결정<br>• 성취기준 운동 |

## 1) 고전적 행정과 교육과정행정

고전적 행정은 윌슨(Wilson)이 정치에 내포되어 있던 행정을 독자적 연구영역으로 주장하면서 정치로부터의 행정이 독립한 1880년대의 시기를 말한다.[1] 윌슨은 당시의 부패한 정치적 상황에 따른 엽관제(spoils system)의 폐해를 지적하면서, 이를 극복하기 위해 행정이 정치로부터 독립하는 것을 주장한 것이었다. 행정에서 정치가 배제되면, 행정은 이미 만들어져 있는 정책의 집행을 위한 관리적 기능만 남게 되고, 그것은 경영학과 동질성을 갖는 것으로 생각되는 것이다.

당시의 경영학은 테일러(Taylor)를 중심으로 발전해 온 과학적 관리법의 영향으로 인사와 조직 등에서 관리의 원칙이 적용되었다. 그러한 관리는 관료제의 도움을 받아 전개되었다. 과학적 관리법은 행정에서 설정된 목표 달성을 위해 비용을 적게 들이고 그 성과를 내느냐에 대한 능률성의 행정이념에 집중하게 된 것이다. 고전적 행정학은 교육행정 분야에서 학교행정을 과학적으로 관리하기 위해 학교장이 수행하는 일을 기술하고 분석해 이를 효율적으로 수행하는 방법을 찾아내는 데 주력하는 것으로 적용되었다.[2)]

교육과정 분야에서는 교육과정의 개발과 운영에서의 능률의 원리가 적용되었다. 1918년에 보비트(Bobbitt)가 과학적 경영의 원리를 교육과정에 적용시킨 <교육과정(The Curriculum)> 서적은 이러한 원리에 기초하고 있고, 그것은 교육과정행정이 당시의 사회상황과 밀접하게 관련되어 있음을 말해주는 것이다. 보비트는 교육은 원재료에 속하는 학습자가 학교라는 공장에서 교육과정이라는 생산라인을 따라 학습하게 되고, 완제품으로서 이상적 성인이 되는 것으로 보았다.[3)]

그래서 보비트는 성인생활을 분석해 구체적인 교육내용을 찾아낸 뒤 그것을 학년 수준에 맞게 배열하게 되면, 학교에서 배운 내용이 사회적으로도 유용하게 활용될 수 있다고 보았다. 그 결과 실제 생활에서 불필요한 내용은 학교에서 배우지 않게 됨으로써 교육의 효율성을 기할 수 있다고 본 것이다. 이러한 점에서 교육과정행정에서도 능률성을 기하는 행정의 이념이 적용되었던 것이다. 교육과정행정은 정치적 입장을 벗어나 관리적 입장에서 전개되었던 것이다.

### 2) 기능적 행정과 교육과정행정

1929년에 시작된 대공황은 당시 미국이 경제에 대해 국가의 개입을 최소화하는 자유방임주의를 취하고 있었던 시기이다. 대공황의 발생 이후 미국의 경제가 급속히 나빠지면서 1932년 미국의 대통령 후보로 나선 루즈벨트(Roosevelt)는 '뉴딜(New Deal)'정책을 통해 자유방임주의를 포기하고, 국가가 적극적으로 개입하여 경제 문제를 해결하고자 하였다. 뉴딜 정책 이후 여러 학자들은 정치·행정의 이원론 입장을 비판하기 시작하면서 1930년대 후반부터 정치·행정 일원론을 주장하게 되었다.

정치·행정 일원론을 주장한 이유는 행정의 전문화, 비전문가 집단인 국회의 사회변화에 대한 대응성 약화, 뉴딜정책결정에 참여한 학자들의 경험의 결과 행정부의 정치적 기능을 이원론으로 정당화할 수도 없다는 데 있다. 그리고 정치·행정 이원론이 등장한 주된 배경인 엽관제 역시 극복된 것이므로 정치·행정 이원론을 고집할 필요가 없게 된 것으로 보고 있다.[4)]

교육과정 분야에서는 사회·경제적으로 혼란기인 이 시기에 교육이 제 역할을 하지 못한 것에 대한 반성이 일었다. 그러면서 교육과정은 현재의 사회문제 해결을 위해 사회과학적 지식을 활용하여야 한다는 사회개선론이 등장하였다. 교육과정은 능동적으로 사회 개선을 위한 방향이 되어야 하는 것이지, 사회에 대해 소극적이고 수동적 자세로 머무는 것은 적절치 않다고 보았던 것이다. 따라서 교육과정행정 역시 사회와의 관계에 긴밀히 대응하는 체제로 변화되었던 것이다.

### 3) 행태주의 행정과 교육과정행정

1940년대 후반에 접어들어 행태과학(behavioral science)이 등장하면서 정치·행정의 이원론을 다시 주장하게 된다. 그러나 이 입장은 행정의 연구에서 그 대상을 사실적인 것에 한정하여 행하자는 것이지 행정의 정치성을 부정하는 것은 아니었다. 행정에서의 가치판단을 하는 정책결정의 기능적인 입장을 인정하지만, 행정의 과학화를 위해서는 사실적인 것과 가치판단적인 것을 구분하자는 입장인 것이다.

이러한 행정의 입장은 교육과정에서도 이 시기에 다시 사회적 효율을 주장하는 세력이 힘을 얻는 것과 맥을 같이한다. 교육과정 분야에서는 1920년대를 전후한 경제적 안정기에는 보비트와 같은 사회적 효율성주의자가 힘을 얻고, 1930년대 이후 경제적 어려움 있는 시기에는 사회개선론자가 득세했다. 그러나 제2차 세계대전이 종식된 1940년대 후반에 다시 경제적 안정이 되면서 사회적 효율성이 재부상한 것이다. 교육과정행정은 행정이론의 변화와 교육과정 분야의 이론의 변화에 따른 대응하여 전개되고 있는 것이다.

### 4) 발전행정과 교육과정행정

1957년의 소련의 인공위성 스푸트니크호의 발사는 미국의 국가방위에 큰 문제로 대두되었고, 이를 해결하기 위해 연방차원에서의 노력도 이루어졌다. 교육분야에서 「국가방위교육법」(The National Defense Education Act)이 연방차원에서 만들어지고, 연방차원에서 영재교육에 힘을 쏟은 것은 이러한 것의 예에 해당한다. 결국 이 시기는 정치・행정 일원론을 바탕으로 한 행정국가화 경향을 더욱 촉진시켰던 것이다.

국가방위적 요인 이외에 1960년대 중반에는 베트남 전쟁 참여에 대한 반전시위와 흑인의 인권운동 등이 사회적 문제로 크게 대두되었다. 사회 각 분야에서의 소외되거나 불우한 처지에 있는 사람들에 대한 복지적 요구가 크게 증가한 것이다. 자본주의의 성장에 따른 빈부의 격차와 인권의 문제 등은 행정이 사회의 복지 문제에 관심을 기울이게 되는 방향으로 전개되도록 하였다. 이러한 사회적 문제해결을 위한 방향의 전환은 학문 분야에서 '정책학(Policy Sciences)'의 급속한 발전과 가치문제가 사회과학에서 중요하게 부각되기 시작하였다.

1960년대 이후의 행정학은 행정 우위의 입장에서 현재 당면한 문제를 해결하기 위해 크게 성장하였고, 그러한 경향은 1970년대에도 지속되었다. 당시 행정학의 연구대상은 미국의 행정에 한정된 것이 아니라 후진국의 행정까지 포함한 비교행정이나 발전행정으로 확장된 것이다. 미국은 제2차 세계대전 이후 냉전 체제를 겪으면서 공산권과 대치를 하고 있었다. 이러한 상황에서 후진국이 공산권으로 편입되는 것을 방지하기 위해 후진국을 위한 발전행정을 연구하고 그 이론을 확장시켰던 것이다.

교육과정의 이론에서는 1950년대 후반부터 수월성 교육을 위한 학문중심 교육과정이 등장하였다. 그리고 1960년대 중반 이후에는 학문중심 교육과정이 실제 생활이나 사회문제와의 관련성이 적다는 비판이 일었다. 그리고 불우한 처지에 있는 사람에 대한 배려가 없고, 교육에서 정의적 측면이 외면되어 이러한 내용을 보완하기 위한 형태로 정의적 측면과 내면적 결과에 초점을 둔 교육과정으로 발전하였다. 이러한 시기의 교육과정은 국가의 적극적 개입을 토대로 이루어지기 때문에, 행정국가화가 교육과정행정에서도 지속되고 있다고 하겠다. 그리고 행정의 이념으로 능률성이나 효과성 이외에 형평성을 중요한 목표로 취급하게 되는 것도 이러한 사회상을 반영한 것이다.

### 5) 신공공관리론과 교육과정행정

1970년대 후반기는 자유시장과 규제완화, 재산권 중시를 통해 국가권력의 시장개입을 소극적으로 인정하는 신자유주의 이론이 등장하였다. 장기적인 스태그플레이션은 정부의 적극적인 시장개입을 통한 경제정책이 실패한 결과로 본 것이다. 정부의 시장개입은 경제의 효율성과 형평성을 악화시킨다고 보고, 준칙에 의한 소극적 통화정책과 국제금융의 자율화를 통해 경제성장에 도달하고자 한 것이다.

이러한 시장의 원리는 공공부문까지 영향을 미치게 되었고, 그 결과 행정도 각종 규제의 제거와 민간에 기능의 이양 등을 통해 능률적으로 경영하여야 한다는 것이다. 이러한 행정은 고객중심적이면서 시장중심적으로 재편을 요청하였다. 정부가 시장에 개입해 소득평준화와 완전고용을 통해 복지국가를 지향하고자 하는 기존의 행정 원칙에 수정을 가하는 것이었다.

1980년대 중반 이후 소련과 동구권의 공산국가 진영이 붕괴되면서 냉전체제가 종식되고, 미국 주도의 자본주의 경제질서가 지배적 위치에 점하게 되면서 이러한 경향은 지속되었다. 자유무역과 국제적 분업을 통한 시장 개방은 세계화의 촉진을 가져오고, 노동시장의 유연화와 경쟁시장의 효율성과 국가경쟁력의 강화를 가져오고자 하였다. 이러한 경제적 배경은 행정의 역할을 일정 부분 제한하는 결과를 초래하였다.

이 시기 교육분야에서는 1983년 교육의 수월성추구위원회(The National Commission on Execellence in Education)에서 발간한 <위기에 처한 국가(A National at Risk)>에서 제시된 교육의 실태를 토대로 교육개혁이 진행된다.

이 보고서에는 미국의 모든 주에서 졸업요건의 강화, 외국어 능력의 성취 등을 통해 중등교육을 개혁하고자 하였다. 교육과정에서 학력저하에 대한 대안 마련과 학교급 간의 연계 등을 강화하고, 기초교육을 강화하고자 하는 내용 등이 제시되었다. 교육과정에서 기준의 설정과 책무성을 강조하는 것은 당시의 사회적 상황과 관련된다. 교육과정행정의 역할은 그러한 국가경쟁력 강화와 경쟁시장에서의 우위를 확보하기 위해서 학력을 끌어올리면서 동시에 수월성 교육도 강화하는 방향으로 나타나고 있는 것이다.

### 6) 신개입주의론과 교육과정행정

1990년대 접어들어서는 국가 개입의 최소화에 따라 시장원리에 따른 행정적 운영에 대한 반성도 일부 나타났다. 행정은 시장의 원리에 기반한 민간부문의 활력을 강조하면서 정부의 적절한 개입을 조화하는 방향으로 전개되었다. 세계의 금융위기와 국가 안보 문제 등은 제한적인 정부의 역할을 다시 강화하게 되어 신개입주의로 나타나게 된다. 이 시기 정부의 개입은 수직적 관계에 의한 양상으로 전개되는 것이 아니라, 다양한 이해관계를 고려한 수평적이고도 협력적 의사결정의 구조를 지닌 거버넌스 방식에 의한 정부의 역할을 강조하는 방향으로 전개되었다.

1990년대는 세계화·정보화가 더욱 속도를 내는 시기로 사회적 분화가 더욱 촉진되고 있었다. 그러면서도 중앙집권적 조직이 공존하면서 국가권력과 경제체제는 대중매체를 통제할 수 있는 제도적 장치 역시 증대하는 경향을 나타냈다. 이러한 초근대사회(포스트모더니즘)에서는 소수에 의해 만들어진 절대적 지식 이외에 상대적인 지식도 동시 요구되는 양상을 지니게 된다. 이러한 사항에서 교육과정은 학교의 선택에 대한 운동이 확산되면서도 표준화된 교육과정을 위한 성취기준 운동도 동시에 일어나게 되는 것이다. 2000년대 이후 기초학력을 강조하는 현대적 보수주의로 회귀하는 경향이 있지만, 그것은 문제해결과 창의성을 지속적으로 강조하고, 낙오방지법을 실시하는 등 교육의 자율과 국가적 개입이 동시에 요구하는 방향이 되고 있는 것이다.

교육과정행정에서 거버넌스와 관련된 내용이 등장하는 것은 경제적 발달에 따른 행정과 정치의 관계에서 비롯되고 있다. 우리나라의 경우에도 2015 개정 교육과정을 진행하는 과정에서 실시한 국가교육과정포럼에서 교육과정 거버넌스에 대해 취급하였다. 그리고 최근 교육자치, 교육과정의 지방자치, 교육청의 역할 등에 대한 논의가 활발하게 이루어지고 있는 것은 민간부문의 효율성에 대한 장점을 고려하면서 동시에 정부와 지방자치단체의 협력적 의사결정을 통한 개입의 조화 방안을 적극적으로 모색하려는 의도가 있다고 생각된다.

## 02 교육과정행정의 정치성

교육과정행정의 정치적 성격을 검토하기 위해 전문적·기술적 결정과 대비된다는 점과 정책결정자로서 변화를 주도한다는 점으로 구분하여 살펴보고자 한다.

첫째, 교육과정행정이 전문적·기술적 결정과 대비된다는 점부터 살펴보기로 한다. 전문적·기술적 결정은 관리적 관점에서 이루어지는 것이다. 2015 개정 교육과정뿐만 아니라 이전의 교육과정 개정에서도 교과의 신설이나 시간배당과 관련된 사항은 민감하게 작용하였다. 2015 개정 교육과정에서는 기존의 교육과정과 달리 안전과 관련된 교과가 신설되었다.

초등 저학년에서는 창의적 체험활동 내에 '안전한 생활' 교과를 신설하고, 64시간이 별도 배정되어 2009 개정 교육과정의 창의적 체험활동 272시간이 336시간으로 증가한 것이다. 결과적으로 보면 초등학교 1~2학년군의 연간 수업시수가 64시간 증가한 셈이 된다. 이에 비해 초등학교 3학년 이상에서는 별도의 교과로 안전과 관련된 교과가 만들어지지 않았다. 안전과 관련된 교과에 대해서는 초·중등학교에서 별도의 교과로 모두 만들고자 하는 의견과 학습부담을 고려해 적절치 않다는 의견이 대립되면서 최종적으로는 초등 저학년에 교과로 만들어지게 된 것이다. 이러한 것은 교과에 대한 이해관계를 조정하는 정치적 과정의 일환이 되는 것이다.

교과의 신설 이외에도 교과에 대한 시간 배당 역시 전문가의 판단으로만 해결할 수 없는 사항의 하나가 된다. 2015 개정 교육과정에서 국어, 수학, 영어, 통합사회, 체육, 예술 등은 필수 이수 단위가 10단위로 되어 있다. 반면 과학의 경우 필수 이수 단위가 12단위로 2단위가 더 증배되어 있다. 이러한 것은 전통적으로 물리, 화학, 생물, 지구과학 등의 4개 전공 영역으로 구분되어 전문인력이 배출되는 관계가 고려된 정치적 타협의 산물인 것으로 생각된다.

국가 교육과정 문서에 제시된 이러한 사항 이외에 2015 개정 교육과정에서는 기존의 교육과정 개정 작업과 달리 각론조정위원회를 신설하여 운영하였다. 그 이유는 총론과 각론의 괴리가 심하기 때문에, 총론과 각론의 연계성을 강화하기 위한 조치였다. 각론조정위원회는 교육과정전문가들로 구성하였다. 각론조정위원회는 총론의 개발 이후 교과교육과정의 개발에서 각 교과의 대표나 교과 전체 연구진과 워크숍이나 세미나를 개최하면서 총론에 제시된 교육과정의 방향에 부합되도록 이해관계를 지속적으로 조정하는 역할을 수행하였다. 이러한 사항은 교과교육과정 개발에서 교과 전문가의 판단에만 의존하는 것이 아니라, 총론을 개발한 연구진과 각론을 개발하는 연구진들 간의 소통을 원활하게 하고, 합리적 교육과정이 만들어지도록 하는 일련의 조치에 해당한다. 이들 사항은 관리적 측면이 아니라, 이해관계를 조정하여 갈등을 해소시킨다는 점에서 교육과정행정의 정치적 과정에 해당하는 것이다.

둘째, 정책결정자로서 변화를 주도한다는 점에 대해 알아본다. 교육과정의 결정은 교육자나 교육전문가에 의해 자유로운 분위기에서 이루어지기 때문에 정치적 결정으로 보기 어렵다고 생각할 수도 있다. 그렇지만 교육과정에서도 정책의 형성 작용으로 행정입법과 같은 것을 만드는 것에서 정치적 성격이 나온다. 삼권분립의 원칙에 의하면 법을 만드는 것은 의회인 입법부에서 담당하고, 행정은 법을 집행하며, 사법은 법을 판단하는 작용을 하도록 되어 있다. 행정부에서 법을 제정하는 행위는 권력분립의 원칙에 부합하지 않는 것이다.

행정입법은 행정청이 법조의 형식으로 장래에 향하여 적용되는 일반적·추상적 규범을 정립하는 작용을 말하는 것으로 행정청에 의한 입법이라고도 하는 것이다. 행정입법은 현대 국가에서 행정기능이 질적·양적으로 확대되고, 행정권의 강화에 따른 전문적·기술적 입법사항의 증대, 그리고 사정변화에 대응성을 강화하기 위해 탄력성 있는 입법의 필요성에서 등장한 것이다. 행정국가화에 따른 행정부의 정치성 강화의 한 표현에 해당하는 것이다.

2015 개정 교육과정에서 중학생들이 자신의 적성과 미래에 대해 탐색하고 학습의 즐거움을 경험하여 스스로 공부하는 자기주도적 학습능력과 태도를 기를 수 있도록 자유학기를 운영하는 내용을 교육과정 총론에서 신설하였다.[5] 자유학기와 관련된 사항의 제도적 뒷받침을 위해 「초·중등교육법시행령」 제44조(학기)에서 제3항을 2015년에 신설하여 "중학교의 장은 제1항에 따른 학기 중 한 학기 또는 두 학기를 자유학기로 지정하여야 한다. 이 경우 지정 대상 학기의 범위 등 자유학기의 지정에 관한 세부 사항은 교육부장관이 정한다."라고 규정하였다.

그리고 「초·중등교육법 시행령」 제48조의2를 신설해 자유학기의 수업운영 방법 등에 대해서도 법적 근거를 마련하였다. 이러한 사항은 국가 교육과정에 제시된 자유학기와 관련된 정책결정, 즉 법령의 형성 작용으로 행정기능의 범주가 확대되는 것과 관련된다. 이와 같이 행정국가의 교육과정행정은 단순히 법을 집행하는 것이 아니라, 법을 형성하기도 하는 정책결정의 기능적 확장을 가져왔고, 교육과정의 개정에서 이해관계 당사자의 갈등을 조정하여 최종적인 결정을 하는 정치적 성격을 지니고 있다.

## 03 교육과정행정의 경영(관리)성

교육과정행정에 대한 경영의 입장은 목표로 설정하거나 계획된 것을 체계적으로 관리하는 것과 관련된다. 행정학 분야에서는 1887년 윌슨(Wilson)의 논문 '행정의 연구(the study of administration)'를 그 출발선으로 보고 있는 것이 다수 견해이다. 윌슨은 정치 속에 내포되어 왔던 행정을 독자적 연구의 분야로 주장함으로써 행정의 정치성을 배격하고, 관리적 입장을 강조하였던 것이다. 1880년대는 19세기 중엽 이후 엽관제를 극복하려는 시도가 있었던 시기이다.

엽관제는 공직의 임명이 개인의 능력이 아니라 정당관계나 인사권자의 개인적인 충성, 혈연, 지역 및 학벌 등을 기준으로 이루어지는 제도를 말하는 것이다. 윌슨은 공무원 인사개혁에 해당하는 펜들톤(pendleton)법의 이론적 뒷받침을 시도하기도 하였다. 인사뿐만 아니라 정부의 조직과 운영의 방법에 대해 개혁되어야 함을 강조한 것이다. 19세기 말엽 미국은 고도 성장을 이루었지만 행정직위는 선거에서 승리한 자들의 몫이 되었고, 보스 중심의 정당이 시장이나 지사 및 의원 등의 고위공직자를 지명하는 관행으로 정치적 부패가 심하게 되고, 결과적으로 행정무능과 행정부패를 심화시키고 있다는 문제의식을 가지고 있었다. 그래서 부패한 정당정치가 행정공무원의 인사에 개입하지 못하게 하여 전문성 있고 효율적인 행정으로의 전환을 의도하였던 것이다.

일반행정에서의 이러한 시도는 정치와 행정은 그 본질이 다르기 때문에 서로 분리되어야 하고, 행정공무원의 인사와 행정업무의 추진은 행정공무원이 재량을 지니고 해야 할 일로 보았던 것이다. 행정을 정치의 영역에서 독립시키려는 시도는 좋았지만, 경영의 차이를 경시하게 되는 결과를 초래하였던 것이다. 그 뒤 사경제의 선도적 발전과 더불어 테일러(Taylor)를 중심으로 발전해 온 과학적 관리법의 영향을 받아 과학화에의 길을 걷게 된다. 그 결과 행정인사와 조직 등에서 여러 가지 관리 원칙이 적용되어야 하는 것이 당연하게 된 것이다.

일반행정에서의 이러한 내용은 교육과정행정의 분야에서도 적용된다. 앞서 제시한 2015 개정 교육과정의 자유학기에 대한 사항이 규정되고, 그에 따른 지침이 제시되면, 학교는 지침에 규정된 사항을 잘 지키는지의 여부에 대한 관리를 할 수 있는 것이다. 교육과정 분야에서 교육과정 관리(경영)라는 용어가 익숙하지는 않지만 그러한 형식의 용어를 사용하는 것은 가능한 것이다.

2009 개정 교육과정에서는 국가 교육과정에서 학교가 자율적으로 교과(군)별 수업시수를 20% 범위에서 자율적으로 증감하여 운영할 수 있고, 교육의 효과를 높이기 위해 학생의 학기당 이수 교과목 수를 8개 이내로 편성하도록 하였다. 이러한 국가적 지침이 결정되는 과정에서는 정치적 성격을 지니지만, 그것이 확정되고 난 이후에는 이에 대한 사항을 준수하도록 계획하여 관리할 필요가 있는 것이다. 그리고 집중이수를 위한 학교교육과정이 제대로 편성되지 않았을 경우에는 장학관(사)이 전문성을 발휘해 장학지도도 할 수 있는 것이다.

2015 개정 교육과정을 보면, 총론에서 제시하고 있는 핵심역량과 교과교육과정에서 제시하고 있는 교과역량의 경우 이들 역량이 무엇이고, 그러한 역량의 함양을 위한 최적의 수업설계와 수업방법, 그리고 평가방법 등은 정치적 성격이 아니라, 전문적인 판단에 의해 이루어질 수밖에 없다. 융합교육을 위해 교육과정을 재구성하는 경우에도 교과나 학년별 이해관계의 조정이라는 형태를 거치지만, 그 뒤 실무적인 작업에서는 교사의 전문적 역량을 바탕으로 판단하는 것으로 볼 수 있다. 이러한 점에서 교육과정행정은 관리적 성격도 동시에 내포하고 있는 것이다.

그러나 교육과정행정에서 정치적 성격과 관리의 성격을 가진 대상을 명확하게 구분하기는 어려운 실정이다. 교육과정정책의 결정에서 개정 교육과정의 개성을 살리기 위해 주요 방향이나 수단 등에 대한 방침이 결정되면, 다음 단계에서 이것이 보다 구체화되고, 이를 더욱 세분화하는 작업이 이어지면서 그 과제가 실현된다. 교육과정행정 업무의 최상위에서는 정치적 결정이 이루어지고, 그 다음 단계에서 전문적인 판단으로 이루어지는 것만은 아니다. 앞서 2009 개정 교육과정의 집중이수에 대한 정치적 결정이 이루어지고 난 뒤, 학교에서 이를 토대로 학교교육과정을 구체화한다고 하더라도 관리의 문제만 남는 것은 아니다. 학교 내에서의 교과를 담당하는 교사의 수와 학교의 재정적 여건 등과 관련해 집중이수에 대한 정치적 결정이 필요한 경우도 있을 수 있다. 따라서 교육과정행정에서의 정치적 결정과 전문적 결정은 학교가 처해 있는 상황에 따라 달라질 수 있는 것이다. 그래서 교육과정행정은 국가나 학교 등의 수준과 관계없이 정치성과 경영성을 동시에 지니고 있는 것이다.

## 04 교육과정행정과 경영(관리)의 차이

19세기 후반 이후 행정과 경영이 학문 분야로 관심을 끌면서 현재까지 행정과 경영은 유사성과 차이성을 동시에 지니고 있는 것으로 보고 있는 것 같다. 시기에 따라 행정이 정치적 성격을 강하게 지님으로써 경영과의 차별성이 강조되기도 하고, 정치적 성격을 배제하여 경영과의 차이를 경시하는 경우도 존재하였다. 그러나 현대 사회에서 행정기능의 강화는 행정의 정치적 성격을 내포하면서 경영적 성격을 유지하는 것으로 보는 것이 지배적인 견해인 것 같다.

교육과정행정의 경우 역시 우수 인재의 양성을 위해 교육과정의 중요성이 시간의 경과에 따라 강조되면서, 교육과정행정의 정치적 성격이 우세하게 나타나는 경향이 있다. 그래서 교육과정행정은 교육과정경영과의 차이를 강조하는 입장이 강하다고 보는 것이 옳을 것이다. 여기서는 행정과 경영의 유사점과 차이점이 무엇인지 구체적으로 확인하면서 교육과정행정의 위상을 보다 명확히 하고자 한다. 그 이유는 교육과정행정의 영역을 명확히 하고, 그 영역에서 다루어야 할 대상이 무엇이고, 그 대상에 따른 방법적 측면도 합리적으로 판단할 수 있다고 생각하기 때문이다.

우선 행정과 경영의 공통점부터 살펴보도록 한다.

첫째, 달성하고자 하는 목적을 중심으로 조직을 정비하고 운영한다는 점이다. 행정과 경영이 추구하는 목적은 상이한 점이 존재하지만, 그 목적의 달성을 위한 수단으로 행정과 경영이 작용한다는 점은 동일하다. 그러한 점에서 행정과 경영은 추구하는 목적에 따라 조직을 정비하고, 운영하게 되는 것이다. 교육과정행정의 경우도 그것이 추구하는 목적에 맞게 교육부와 교육청 및 학교의 조직 구조를 갖추고 운영하게 되는 것이다.

둘째, 대규모 조직을 움직이기 위해 분업체제를 활용해 움직인다는 점이다. 행정과 경영은 대규모 조직이나 인원을 움직이기 위해 종적이고 횡적인 역할 분담을 하고, 분담 내용에 따른 인적·물적 자원의 동원과 배분을 하여 실제 운영한다. 이러한 것은 관료적 성격을 띠게 되므로 목표 달성을 위해 사람들이 적극적으로 기여하기도 하지만, 획일적이고도 이기적으로 행동하게 되어 목표 달성에 역기능을 초래하기도 한다. 교육과정행정 역시 교육부, 교육청, 교육지원청, 학교 등의 일정한 역할 분담을 하고, 그에 따른 인적·물적 자원의 동원과 배분을 하게 된다. 그러나 교육부와 교육청의 교육과정 기준과 내용의 기본적 사항의 범위가 상세할수록 단위학교 교육과정 편성·운영의 자율성이 제한되므로, 갈등이 발생할 여지가 있다. 따라서 이에 대해서는 조금 더 깊은 검토가 요청된다.

다음으로 교육과정행정과 경영의 차이점에 대해 알아본다.

첫째, 추구하는 목적에서 행정은 공익을 우선적으로 고려하고, 경영, 특히 사기업에서는 이윤을 우선적으로 생각하는 점에서 차이가 있다. 행정은 개인적이고도 특수집단의 이익을 대변하기보다는 공공의 이익을 위하는 반면, 경영은 이윤의 극대화에 초점이 있다. 물론 기업의 규모가 커지게 되면 기업의 사회적 책무성이나 공익을 고려하기도 한다. 행정의 경우도 특수 이익을 대변하는 경우가 있지만, 그것은 행정의 발전이 저급한 수준에서 이루어지는 것이다. 교육과정행정의 경우는 개인이나 특별한 이익집단의 힘이 반영되면 교육의 본질을 구현하기 어렵게 된다. 따라서 교육과정행정 역시 공익을 우선시하게 되고, 그 공익은 교육의 자주성에 의해 뒷받침될 필요가 있을 것이다.

둘째, 목적 달성의 수단에서 행정은 강제성이 수반되는 반면, 경영은 그렇지 않다는 점에서 차이가 있다. 사기업의 경우도 규모가 커지게 되면 정치권력에 접근하는 경우도 있지만, 그것은 경영의 근본적 모습은 아닌 것이다. 우리나라는 국가가 경제를 주도하는 형태로 발전하였기 때문에 행정이 경제를 통제하는 형태를 띠고 있다. 교육과정행정의 경우 역시 목적을 달성하기 위해 강제성이 수반된다. 국가 교육과정에 제시되어 있는 시간 수를 충족하지 못한 경우 이에 대한 제재가 수반된다거나 교과서 검정에서 수정명령 등을 통해 필요한 사항에 대해 강제성을 동원하고 있는 것이 그 예에 해당한다.

셋째, 담당기관과 조직구성원의 행태에서 행정은 정부나 그와 직·간접적인 관련을 맺고 있는 기관에서 수행하는 것이 일반적이고, 민주국가에서 행정조직의 최고관리층은 정치적으로 선출되거나 임용되고 있다. 그리고 행정을 담당하는 공무원이나 이에 준하는 사람은 일반인에 비해 높은 도덕성과 윤리 의식을 요구하고 있다. 또 행정을 담당하는 공무원이나 이에 준하는 사람은 신분보장이 되고 있지만, 정치적으로 중립성의 원리가 적용되고 있다. 반면 경영의 경우는 행정부와 관련을 맺는 경우도 있지만, 거리가 있는 경우가 대부분이고, 기업활동에 최적의 사람이 임명된다. 그리고 공무원과 같은 수준의 신분의 보장을 담보하기는 어려우며, 정치적 중립성의 의무 또한 존재하지 않고 있다.

교육과정행정의 경우 교육부나 교육청 등이 학교의 설립과 운영에 관여하고 있으며, 부총리겸 교육부장관과 차관 등은 정치적으로 임명되고 있다. 실무를 담당하는 공무원은 일반행정 출신도 담당하지만, 교육과정 분야에서는 주로 교육전문직이 담당하는 것이 일반적이다. 그리고 이들의 신분은 공무원이기 때문에 신분의 보장이 이루어지고, 정치적 중립성의 의무도 있으며, 높은 도덕성을 요구받고 있다.

넷째, 행정은 그 성격상 독점성을 지니고 있으며, 이에 따라 행정의 효율이 저하되는 경우가 존재한다. 반면 경영은 독점적이라기보다는 경쟁성이 높고, 그에 따라 능률적이고 봉사의 질이 높은 편이다. 경우에 따라 사경제에서도 독과점과 같은 형태가 나타나 봉사의 질이 떨어지고 가격도 비싸게 결정되기도 한다. 교육과정행정 역시 독점성을 지니고 있고, 그 효율의 저하가 되는 경우 역시 존재하고 있다.

다섯째, 행정은 전 국민을 대상으로 하므로 권력성을 내포하지만, 그것이 과도하게 행사될 경우 국민의 권리가 제한될 수 있다. 따라서 행정은 법규에 근거를 두고 이루어지도록 하고 있고, 법규의 내용에서도 구체적이고도 세밀하게 만들어진 사항에 의해 규제를 받고 있는 편이다. 사기업의 경우는 반드시 법규에 근거를 두고 일이 진행되지는 않으며, 법규의 내용면에서도 행정과 같이 세밀한 편은 아니다. 교육과정행정은 좁게는 학교라는 제한적 공간의 교육 관련 주체를 대상으로 하지만, 학부모나 지역사회 인사 등이 교육에 관여하기도 하므로 넓게는 모든 국민을 대상으로 하기도 한다. 따라서 교육과정행정 역시 법규에 근거를 두고 행해지고 있다. 헌법 제31조 제6항에서 교육제도 법률주의를 규정한 것도 교육과정행정이 법규에 따라 움직이도록 하는 것과 일맥상통한다.

이상과 같은 행정과 경영의 차이는 정도의 차이인 것이고, 한 나라가 처해 있는 정치와 경제 발전의 수준, 정치와 행정체제의 특성 및 구체적 정책에 따라 달라질 수 있다. 교육과정행정에서 정책결정을 내리는 상위층으로 갈수록 행정과 경영의 차이는 벌어질 수 있고, 하위층으로 내려갈수록 행정과 경영의 차이는 좁아진다고 볼 수 있다.

제6차 교육과정부터 교육과정의 결정 권한의 분권화가 이루어지면서 교육과정행정의 권력 분산을 가져왔다. 그것은 행정력의 분산을 통해 교육과정행정의 민주화가 이루어지고 있으며, 합리적 의사결정을 위한 전제 조건이 되기도 한다. 교육과정행정이 내포하고 있는 권력성과 강제성에 대한 통제가 이완되는 것은 교육과정행정이 발전하고 있다는 것을 의미하는 것이다. 교육과정행정이 이루어지는 과정에서 합리성을 지향하는 관리성이 차지하는 비중이 적고, 통제가 제대로 이루어지지 않은 상태에서 권력성이 강화되면 교육과정행정의 발전 수준은 저급하다고 할 수 있다. 이러한 점에서 교육과정행정에서 민주적 통제장치의 제도화가 필요한 것이라고 생각된다.

## 05 교육과정행정의 지도원리

교육과정행정의 지도원리는 바람직한 행정이 되기 위한 지침이나 이상을 말하는 행정이념으로 불리기도 한다. 여기서는 교육과정행정의 이념과 지도원리에 대한 개념을 문맥에 따라 혼용한다. 교육과정행정의 이념은 교육과정행정의 목표 설정과 그 목표 달성을 위한 방법의 적용에서도 규제의 기능을 하는 것이고, 모든 교육과정행정의 계획과 활동에 논리적으로 선행하는 것이다. 그러므로 교육과정행정의 이념은 교육과정행정 작용의 포괄적 판단의 기준으로 작용한다. 이러한 의미의 교육과정행정은 민주적으로 운영되어야 한다거나 합법성이나 능률성을 지녀야 한다는 등 일의 대상이나 시간과 장소에 따라 여러 가지 이념이 제시되어 왔다. 여기서는 교육과정행정의 이념이 어떠한 것이 있고, 시대에 따라 어떻게 달라져왔는지를 살펴보고자 한다.

### 1) 합법성

교육과정행정에서 합법성은 법치행정의 원리로 법률이 지니고 있는 정신을 최대한 살리는 행정을 말한다. 우리나라는 성문법을 택하고 있으므로 대부분의 행정활동은 법에 근거를 두고 이루어지고 있다. 법치행정은 국민의 기본권 보장이 중요한 목표가 되고, 행정으로부터 피해를 받는 국민을 구제하며, 행정의 안정성과 예측가능성을 확보하기 위해서도 중요한 의미를 지니고 있다.

19세기 후반 행정국가화되기 이전의 입법국가·자본주의가 지배하던 시대의 행정에서는 시민권의 신장을 위한 행정의 역할이 중요하였다. 그리고 자본가 집단은 개인의 투자를 위해 안정성과 예측가능성도 동시에 필요하였다. 이러한 사회적 상황에서 행정은 국회에서 정한 법률을 충실하게 집행하는 합법성이 요구되었던 것이다.

이러한 의미의 합법성은 광복 이후 우리나라에서 제대로 지켜지지 못하였던 측면도 존재하고 있다. 광복 이후 우리나라는 자본의 힘에 의해 국가가 움직이는 서구와 달리 국가 권력이 자본을 지배하는 현상을 나타내었다. 그 결과 국민의 정치적 자유나 신체적 자유 등 국민의 기본권이 침해되거나 탈법적 행정이 나타나는 현상을 빚기도 하였다. 1980년대 이후 민주화 운동의 결과 이러한 경향을 벗어나고 있지만, 그 잔재가 완전히 사라졌다고 보기는 힘들 것이다.

이러한 합법성은 교육과정행정에서도 지켜야 할 중요한 원리가 된다. 교육과정 운영에서 연간 수업일수나 학년도의 시작, 학교생활기록에 대한 기준, 조기진급과 조기졸업, 학습부진아 등에 대한 교육과 같은 것은 「초·중등교육법」에 규정되어 있다. 그리고 이들 규정에서 위임하거나 집행을 위해서는 시행령과 시행규칙 등에서 구체적으로 제시하고 있다. 교육과정행정 역시 이러한 법률과 그 하위법을 준수하면서 이루어지고 있는 것이다.

## 2) 능률성

행정학 분야에서 능률성은 19세기 말 행정기능의 양적·질적 성장이 강화되는 행정국가화의 시기에 정부 재정 지출의 투입 대비 산출의 비율로 표현하려는 데서 비롯되었다. 행정국가가 전개되면서 예산의 급격한 증가를 초래하였고, 세금을 부담하는 사람의 입장에서는 세출에 관심을 가질 수밖에 없었다. 유산계층은 정부재정의 세입과 세출에 대한 내역을 요구하게 되고, 행정은 자원을 경제적으로 활용함으로써 그에 대한 대응성을 강화할 필요가 있었던 것이다.

이 시기는 행정의 과학적 관리법이 도입되면서 정치와 행정의 이원론이 지배하기 시작한 시기이기도 한다. 과학적 관리법의 도입에서의 행정은 설정한 목표를 달성하는 데 비용을 적게 들이면서 달성하려는 능률성 향상에 초점을 두게 된 것이다. 여기서의 능률은 투입 대비 산출의 비율을 말하는 것이다. 그것은 정해진 비용으로 큰 성과를 거두거나 정해진 성과를 거두는 데 적은 비용을 들이는 것 모두를 의미하게 된다. 따라서 능률성은 투입이나 산출의 어느 하나를 고정시키고 다른 하나를 최대화하는 과정에서의 경제성을 의미하는 것이다.

여기서 능률은 실제 측정이 가능한 경우에는 몰라도, 그렇지 않은 경우에는 상당한 어려움을 야기할 수 있다. 교육과정이 개정되면서 설정한 목표나 교육과정 편성·운영의 기준에서 설정하는 다양한 내용은 계량화하기 어려운 점이 있고, 계량화하더라도 상당한 시일이 걸리는 경우 그 성과가 의미가 없게 되는 제한도 있다. 이 외에도 관리상의 능률을 강조하기 위해 적은 정부 운동에서 교육과정정책과의 연구나 기획을 하는 인원의 축소에 따라 정책결정의 오류를 빚을 수 있는 한계도 있는 것이다.

### 3) 민주성

행정의 이념에서 민주성은 능률성의 방향과 기계적 해석의 오류를 시정하기 위해 무엇을 위한 능률인가에 관심을 가지면서 등장하게 된다. 1930년대 후반에는 국회가 신속한 정책결정의 문제에 대처하는 능력이 떨어지고, 행정의 전문화가 진행되었으며, 뉴딜(New Deal) 정책에 따른 행정부의 적극적 역할이 더욱 강조되던 정치·행정 일원론이 등장한 시기였다. 정치·행정 이원론 시기의 행정은 정치에서 설정한 정책결정을 구체화하는 데 초점을 두었다. 이러한 시기의 행정은 과정의 능률화를 기하는 것으로도 충분하였다.

그러나 정치·행정 일원론 시기의 행정은 행정의 목표와 정책의 결정까지 담당하게 됨으로써 과정의 능률화만 고려의 대상이 될 수 없게 된 것이다. 그래서 누구를 위한 것인지에 대해 관심을 기울이게 되고, 그것은 공정성과 형평성을 고려한 행정의 가치배분의 기능이 중시될 것이 요청된 것이다. 그것은 능률성을 강조하여 즉흥적으로 결정한 정책이 불합리하게 될 수도 있고, 정책결정 과정의 오류도 나타날 수 있는 능률성만을 강조하는 것의 한계와도 관련된다.

따라서 정책결정에서 능률성 이외에 참여자가 누구이고, 참여자들 간의 정책결정의 과정을 중시하게 되며, 그 결과로서 가치가 공정하게 배분되는 민주성의 원리가 중요하게 된 것이다. 교육과정에서도 교과 편제나 교과 내 내용 영역의 배분에서 특정 세력이 과도한 힘을 행사하지 않고, 참여자들 간의 균형을 통한 최대 공약수를 구할 수 있도록 하는 것이 중요한 것이다. 교육과정 내용의 결정은 이러한 토대에서 이루어져야 민주적 정당성을 지닐 수 있고, 우리 사회의 가치를 제대로 반영할 수 있다. 이러한 의미에서 민주성은 사회적 능률이라고도 한다.

### 4) 효과성

효과성이라는 행정의 이념은 1960년대 접어들어 우리나라의 경제개발 계획뿐만 아니라 전 세계적으로 발전이나 변화가 관심을 끌면서 등장한 것이다. 발전이나 변화를 위한 발전행정이라는 용어의 등장은 그 이념에서도 효과성이라고 하는 것이 요청되면서 이 이념에 대한 관심이 대두된 것이다.

교육과정행정의 지도원리로 효과성은 행정이 의도한 목표의 달성 정도를 말한다. 교육과정정책의 존재 이유는 그 정책을 통해 달성하고자 하는 목표에 있을 것이고, 그 목표의 달성을 통해 얻게 되는 결과가 무엇인지 요청되는 것이다. 여기서의 결과는 목표에 대한 기준을 어떻게 잡느냐에 따라 달라지게 된다. 예컨대 고등학교 교육과정에서 학생의 선택과목 개설과 운영에 대한 만족도를 5점 척도로 조사할 때, 중·장기적 관점에서 연차별로 3점, 3.2점, 3.4점, 3.6점, 3.8점, 4점 등으로 올라가도록 잡을 수 있다. 최초 연도에 3점을 달성하면 해당 목표는 성공한 것이 되는 것이다. 그러나 그것이 실제적 효과를 거두었다고 볼 수 있는지에 대해서는 이견이 존재할 수 있는 것이다.

그리고 이러한 효과성은 교육과정정책의 목표를 달성하는 데 따른 비용을 제대로 고려하지 않는다는 제한도 있다. 교육과정 분야에 대한 다양한 정책을 입안하고, 그 정책에 대한 목표를 달성하여 효과성이 있다고 하더라도 비용이 너무 많이 소요될 경우에는 설정한 목표의 타당성이나 의미가 퇴색될 수 있는 것이다. 한정된 자원을 경제적으로 사용하지 않을 경우에는 다른 정책을 수행하지 못할 수도 있고, 효과를 많이 내는 정책이라고 하더라도 비용이 너무 많이 소요될 경우에는 바람직한 정책이라고 보기 어려울 수도 있는 것이다.

여기서 효과성과 능률성의 개념을 조금 더 구분해 보기로 한다. 효과성은 행정에서 설정한 목표의 달성 정도를 의미하기 때문에 외부와의 관계가 우선적으로 고려되는 반면, 비용의 절감을 의미하는 능률성은 일을 성취하는 과정에서의 행정 내부과정에서의 경제성을 의미한다. 학생의 소질과 개성에 따른 고려를 위해 선택과목제도를 확대한다고 하면, 그 선택 제도의 목표 달성을 위해 교원의 충원이나 시설 등의 확충이 뒤따라야 하는 것이다. 그렇지만 수요가 적은 선택과목은 학교 간에 공동으로 교육과정을 운영함으로써 비용절감을 하는 능률성을 기할 수도 있을 것이다. 그러한 점에서 효과성과 능률성은 구분되고, 이들 양자를 동시에 지니고 있는 의미로 효율성이라는 용어가 사용되고 있다.

이러한 행정의 이념이나 지도원리는 시대적 상황과 밀접하게 관련되어 성립되어 발전된 것이다. 현 시점에서 이들 이념은 교육과정행정을 추구하는 데 모두 요청되는 것이지만, 행정의 기능이나 역할에 따라 강조점이나 우선순위는 변경될 수 있을 것이다. 교육과정행정과 관련된 행정의 지도원리는 민주성을 우선적으로 고려하고, 다음으로 효과성, 능률성의 순으로 이루어지면 될 것이다. 이에 대한 설명을 위해 교직원회의의 성격과 그 운영과 관련해 설명하고자 한다. 현재 교육과정 분야에서는 교육과정에 대한 지역과 학교의 자율을 강조하며 교사의 전문성을 강조하는 추세가 진행되고 있다. 이러한 것은 교육현장에서 민주적 교육과정의 운영을 강하게 요청하고 있다.

학교에서 교육과정의 민주적 운영을 요청하는 이유는 학생을 직접적으로 대면하는 교사이지만, 개별 교사는 다른 교사와의 협력과 직원의 도움으로 교육과정을 운영하기 때문에 개별 교사는 교사 집단의 교육의 자유로 확장될 필요가 있다. 교사집단의 교육의 자유를 충족시켜줄 수 있는 기구는 교직원회의이다. 교직원회의의 결정사항은 교사집단의 집단적 의사결정이 되고, 교장이 참여하는 것은 다년간의 교육적 경험을 통해 지도・조언자로서의 역할과 더불어 회의 결과를 대외적으로 표시하는 역할을 담당하기도 하는 것이다. 이러한 점에서 교직원회의는 전체 교직원의 참여를 통해 민주적으로 이루어져야 하는 것이다.

교직원회의를 통해 만들어진 교육과정목표는 그 목표 달성을 위해 효과적으로 운영되어야 하며, 그 다음으로 운영 과정에서의 경제성을 고려한 능률성이 고려되어야 할 것이다. 합법성의 경우는 어떠한 단계이든지 전체적으로 적용되어야 하는 부분이다. 다만 법규의 해석과 적용 및 개정에 대한 사항은 보다 적극적으로 고려되어야 할 필요가 있다. 법규는 기본적으로 안정성・정태성을 지니고 있기 때문에 사회변화에 대응성이 떨어지는 측면이 있다. 따라서 교육과정행정에서 사회적 변화에 따른 목표의 설정에 따라 적절하게 해석하고 처리해야 하며, 법규의 개정이 필요할 경우에는 개정을 적극적으로 추진해 행정의 관료화를 방지할 수 있을 것이다.

PART 02

# 교육과정정책의 결정

제4장 교육과정행정의 목표
제5장 정책결정
제6장 기획

CHAPTER 04

# 교육과정행정의 목표

## 01 의의와 기능

### 1) 의의

권력분립의 전통적 입장에 의하면 행정은 법을 집행하는 것이 주된 임무이기 때문에, 행정에서의 목표는 크게 부각되지 않았다고 생각된다. 그러나 행정이 정책결정자로서의 기능으로 확대되면서 가치판단적 기능이 부각되고, 그에 따라 행정의 목표 설정이 중요하게 부각되고 있다. 현대의 교육과정행정은 단순히 관리적이고 집행적 입장에 있는 것이 아니라, 행정이 목표를 설정하고, 그에 따른 정책의 결정을 수반하고 있다. 교육과정행정의 목표의 설정과 정책의 결정이 제대로 이루어지지 않는다면, 그 집행이 실제적 효과를 거두기 어렵다. 따라서 교육과정행정이 정책의 집행에 우선하여 교육과정행정의 목표 설정이 논의되어야 하는 것이다.

현재 「초・중등교육법」 제23조에서는 넓은 의미의 교육과정의 기준과 내용의 기본적 사항을 교육부장관과 교육감이 결정할 수 있는 권한을 부여하고 있으며, 학교는 교육과정을 운영하도록 규정하고 있다. 이러한 규정에서 교육과정의 기준 설정과 내용의 기본적 사항의 결정에 대한 정책은 교육부와 교육청에서 행하는 것이 되고, 학교는 이러한 기준과 내용의 기본적 사항에 기초해 학생과 학교의 특성을 감안해 학교교육과정을 개발하고 운영하는 것이다.

이러한 현실은 국가와 지역 및 학교에서 각각에서 교육과정에 대한 목적이나 목표를 설정할 수 있는 권한을 가지고 있다는 것을 말해 주는 것이다. 그것은 교육과정행정이 국가 차원에서 한정적으로 이루어지는 것이 아니라 학교에서도 중요하게 부각됨을 말하는 것이다. 학교교육과정도 단순히 국가나 지역에서 정한 내용을 집행하거나 운영하는 차원을 벗어나 적극적으로 학교의 특색을 강화하기 위한 목표를 설정할 수 있다는 것을 의미한다. 최근 학교특색활동 등에서 학교가 적극적인 목표를 설정하고, 이를 성취하는 것은 이러한 것의 예에 해당한다. 따라서 교육과정행정에서 목표를 설정하는 작업은 과거와 달리 보다 중요하게 고려되어야 하는 것이다.

여기서 이념, 목적, 목표로 흔히 불리는 개념에 대해서도 잠시 살펴보고자 한다. 교육과정행정에서 이념이라는 것은 교육과정행정 활동의 포괄적 판단의 기준으로 작용하는 것에 해당한다. 목적은 모든 교육과정행정 활동에서 지켜야 할 지침이 되는 동시에 교육과정행정 활동으로서 만족시켜야 할 준거에 해당한다. 목표는 목적을 실현시키고자 할 때 어느 수준에서 완성하고자 하는 내용이나 방법을 가리킨다. 그러나 이들 구분은 상대적인 것이고, 상황에 따라 달리 사용할 수 있는 것이다. 여기서는 이들 용어를 구분하지 않고 교육과정행정의 목표라는 용어로 사용하되, 필요에 따라 개념적 구분을 하기로 한다.

### 2) 기능

교육과정행정의 목적과 목표는 교육과정행정의 방향과 과제를 명확하게 하는 것과 같이 중요한 통제적 기능을 수행하는 것으로 전제할 때, 의미를 지니게 된다. 교육은 가치를 지향하고, 그 가치를 담고 있는 것인 교육과정이기 때문에, 교육과정행정이 추구하는 목적을 제대로 이해하는 것은 교육과 교육과정의 개념을 이해하는 방식과도 밀접하게 관련된다. 여기서는 교육과정행정에서 목표를 설정하여야 하는 근거로서 행정의 기능을 살펴본다.

첫째, 교육과정행정에 대한 방향을 결정하는 기능을 한다. 어떠한 분야이든 의도적인 것이 내재해 있는 인간의 행위에는 목표가 존재하고 있다. 그리고 그것이 연속적이든 다양한 활동의 종합을 통해 설명이 되든 식별가능한 단위활동이라면 목표들은 존재하는 것이다. 교육과정행정 역시 의도성을 지닌 인간의 행위라는 점에서 목표가 존재하고 있다. 그리고 그 의도에서 국가가 교육과정에 적극적으로 관여를 통해 변화를 유도하는 것이 될 수도 있고, 그렇지 않으면 소극적으로 현상 유지를 하고자 하는 경우가 될 수 있다. 이렇게 교육과정행정의 목표는 그것이 지니고 있는 내용에 따라 교육과정행정의 방향을 결정하게 되는 기능을 지니고 있는 것이다.

둘째, 교육과정행정의 내용과 방법을 정하는 지침의 역할을 한다. 교육과정행정은 인간의 성장이라는 교육의 본질을 구현하기 위해 하나의 수단으로 작용하고 있다. 교육과정행정의 목표는 목표의 수준에 따라 행정 대상의 내용에 대한 구체적 지침의 역할을 한다. 또 그러한 여러 수준의 교육과정행정 목표 달성을 위한 행정 대상이 결정되면, 어떠한 방법을 동원해 성취하려는 것인지에 대한 방향도 결정하게 되는 것이다.

셋째, 행정인에게 행정활동의 촉진적 기능을 발휘하게 한다. 행정인이 교육과정행정의 목표가 명확하게 설정되어 있다면, 행정을 시작하기 위한 시점에서 그 과정 및 성과에 이르기까지 전체적인 사항에 대한 점검을 할 수 있다. 교육과정행정의 목표와 실제 간에 차이가 벌어지게 되면 그 차이나 간격을 좁히기 위해 어떠한 역할을 하여야 하는 것인지 지속적으로 자기점검을 하게 된다. 그러한 점에서 교육과정행정의 목표는 행정을 담당하는 당사자가 행정활동을 촉진하는 역할을 수행하게 하는 것이다.

넷째, 교육과정행정의 효과를 측정하는 기준을 제공한다. 어떠한 교육적 활동에서나 모종의 목표는 그것 자체가 평가를 위한 기준으로서의 역할을 하고 있다. 일반행정에서는 행정이 독자적 연구 분야로 정립되는 과정에서 행정의 목표는 행정이 의도한 바를 얼마나 능률적으로 달성했는지를 파악하려는 데 있었다. 행정의 이념으로 효과성을 강조하는 경우도 목표가 있어야 그에 기초해 효과를 측정할 수 있는 것이다. 교육과정행정의 목표 역시 교육과정의 성과나 학생의 학업성취 등에 대한 판정을 할 수 있는 기준점으로 작용하고 있는 것이다. 다만 그러한 목표가 반드시 양적인 것으로 환원할 수 있다는 것을 가정할 수만은 없는 경우도 존재하고 있다.

## 02 교육과정행정 목표의 형성과 방향

### 1) 교육과정행정 목표 형성의 특질

교육과정행정 목표의 설정은 교육부나 교육청이 단독으로 결정할 사항은 아니고, 민주적인 정치과정에 의해 이루어지는 것이 목표의 정당성 확보와 더불어 합리성을 기하는 데도 도움된다. 교육은 인간의 성장에 관한 것이므로 개인의 인격 완성에 일차적 목적을 두지만, 인격의 완성을 토대로 국가발전에도 기여하는 것을 목적으로 하고 있다. 그러므로 교육과정행정도 개인의 성장을 기할 수 있는 방향을 일차적으로 고려하면서 국가발전에 기여할 수 있도록 힘을 기울여야 하는 것이다. 여기서는 이러한 교육과정행정의 목표 형성에서의 특질에 대해 살펴보고자 한다.

첫째, 교육과정행정의 목표는 민주적으로 이루어질 필요가 있다. 교육의 기회균등을 위해 정부에서는 취학의 기회를 균등하게 하려는 노력을 기울였고, 경제력의 발달에 따라 이러한 부분은 많이 해소되고 있다.

그럼에도 불구하고 교육현장에서는 소외집단이 발생하고 있다. 그러한 소외집단은 탁월한 능력의 소유자뿐만 아니라, 보통 이하의 능력을 보이는 자에게도 동시에 나타나고 있다.[1] 그것은 각급학교에서 제공하는 교육과정이 주지주의적 기준에 의해 획일화된 것에 있는 것 같다. 따라서 다양한 학생의 성장 방식을 고려하기 위해서는 교육내용이 다양하게 구성될 필요가 있다. 이를 위해서는 다양한 교육 관련 당사자들의 참여와 각 주체의 입장이 조율되는 과정에 의해 교육과정의 기준이 마련되고, 학교의 실정을 고려한 교육과정이 구성될 여지를 제공해 줄 필요가 있는 것이다.

교육현장에서 배울 교육과정에서 특정 집단의 힘이 우세하게 되면, 그 내용은 왜곡이 되고 그것이 학생의 성장을 방해할 수 있다. 따라서 교육과정행정에서의 목표는 행정가나 최고관리자에 의해 이루어지는 것이 아니라, 교육 관련 주체의 참여와 이해관계의 조정과정을 거치면서 민주적으로 이루어져야 하는 것이다.

둘째, 교육과정행정 목표의 추상성과 구체적 목표 설정에서의 곤란성을 들 수 있다. 일반적인 행정의 목표와 마찬가지로 교육과정행정의 목표 역시 정형화된 틀이 없거나 추상적인 성격이 강한 편이다. 이러한 추상적 목표는 교육 관련 주체의 이해관계에 대한 갈등과 대립을 포용할 수 있는 하나의 방법이 되기도 한다. 교육과정행정의 목표를 구체적인 실천으로 옮기기 위해서는 가능한 한 구체적으로 드러나야 할 필요가 있지만, 행정기능의 다양성과 단일한 성과를 기대하는 것은 어렵기 때문에 구체적인 목표의 설정이 간단한 것은 아니다. 그러나 행정기관은 국가의 일반적·추상적 목표에 기초해 특정 사업의 범위 내에서 법적인 권한과 인원 및 정보 등 행정 자원에 따라 구체적인 목표를 설정하여야 한다.

셋째, 교육과정행정에서는 학생이나 수요자 중심의 지표가 더욱 중요시되고 있다. 교육과정이라는 것은 가르치는 자의 입장에서는 교육할 내용이 되지만, 배우는 자의 입장에서는 학생이 학습하여야 할 학습활동의 단위를 엮어 놓은 것으로 학습할 내용이 되는 것이다. 경제개발이나 국가발전을 위한 교육을 중시하던 시기에는 교육과정행정이 거기에 적합한 인력을 양성하기 위한 행정의 역할을 강조하였다. 그러나 경제력의 성장에 따라 행정의 역할이 국민 복지의 증진과 개인의 성장으로 그 중점이 바뀌면서 수요자 중심의 교육체제와 교육과정으로 전환하였다. 이러한 시기의 교육과정행정은 각 개인이 지닌 특성을 최대한 살리기 위해 학습자의 선택과 그에 따른 만족도 등이 더욱 중요시되고 있다. 따라서 교육과정행정의 목표 역시 그러한 방향으로 그 비중이 높아지고 있는 것이다.

### 2) 교육과정행정 목표 형성에서의 문제

우리나라 교육과정행정의 목표는 행정인의 참여를 포함해 이해관계 당사자 간 갈등의 조정과 해결을 통한 민주적 목표를 설정하는 것이 제대로 이루어지지 못하였다. 민주적 교육과정행정 목표 설정이 제대로 이루어지지 않게 되면 행정책임자가 권위주의적으로 목표를 설정하게 되고, 행정인들은 상관의 의도를 더욱 중시하기 때문에 부하직원이나 민원인 및 전문가의 의견을 제대로 반영하지 않고 목표가 설정된다. 그렇게 되면 행정인들 사이에 갈등을 유발하게 되고, 행정목표의 달성이 어려워지게 되는 경우가 발생하게 된다.

행정인들 사이의 갈등은 개인적 목표와 집단적 목표 간의 갈등 현상도 동시에 일어나게 만든다. 행정이 내건 목표가 제대로 달성되기 위해서는 행정목표들 간의 갈등 해소나 행정인이 행정목표를 이해하는 것을 넘어 적극적인 참여를 통해 조직이 내건 목표 달성을 위해 헌신적인 태도로 노력하여야 한다. 그렇지 않게 되면 행정인이 무사안일주의에 빠지기 쉽고, 행정의 실패에 대한 위험 부담을 수반하는 사업에 대해 선도적으로 대응할 수 있는 역할 수행을 제대로 할 수 없을 것이다.

행정목표의 민주적 결정 이외에 행정목표 달성을 위해 양적이면서도 형식적인 목표를 설정하는 경우 역시 일정 부분 문제를 야기할 수 있다. 행정에서 양적인 지표를 만드는 것은 객관적이면서도 달성 가능성에 대한 동기를 유발하는 데 적절할 수 있다. 그러나 그러한 양적인 지표가 교육과정행정의 모든 부문에서 적용되지만은 않는다. 교육에서 일정한 투자를 하고 그에 대한 성과를 거두려고 하는 것은 어느 정도의 양적인 지표가 가능하다. 그러나 복지적인 측면을 고려한 교육의 기회를 균등하게 하기 위한 조치는 양적인 지표로 달성하기 어려운 점이 존재한다.

일반 교육과정의 경우에도 그것이 성과를 거두기 위해서는 해당 교육과정을 적용받은 학생이 사회에 진출해 얻는 성과를 살펴보아야 그 교육과정의 성공 유무를 판단할 수 있다. 그러나 그것을 모두 계량화하는 것은 쉽지 않을 뿐만 아니라 단기적 목표로 설정하기도 어렵다. 교육복지를 위한 교육과정의 마련이나 기초·기본학력이 저하된 학생들을 위한 교육과정의 경우 역시 마찬가지일 것이다. 이들에 대한 교육과정을 마련하여 그에 도달하거나 해당 영역을 벗어나게 수치를 토대로 그에 대한 목표를 설정할 수도 있을 것이다. 그러나 그것이 교육의 기회를 제대로 보장하는 목표가 될 수 있는지에 대해서는 어려운 점이 존재하는 것이다.

## 03 교육과정행정 목표의 유형

### 1) 교육활동의 직 · 간접성에 의한 분류

교육활동은 가르치는 자와 배우는 자가 교육내용을 매개로 이루어지기 때문에 이들을 중심으로 교육과정행정의 목표를 설정하는 것을 생각할 수 있다. 이러한 교육활동의 단위는 수업목표를 설정하는 작업에서부터 단원목표, 교과목표, 학년목표, 학교급별 목표 등으로 그 범위가 확장된다. 그러나 이러한 작업 모두가 교육과정행정의 목표가 되는지에 대해 의문의 여지는 있다.

공적인 교육체제에서 국가는 교육의 일정 수준 유지를 위해 교육과정의 기준과 내용의 기본적 사항을 정할 수 있고, 법적으로 그에 대한 뒷받침도 되고 있다. 그에 따라 국가 교육과정에서는 학교급별 교육목표와 교과별 목표를 설정하고 있으며, 교과의 내용에서도 일정한 성취기준을 제시하고 있다. 이러한 부분은 교육과정행정 작용의 일부로 볼 수 있지만, 수업목표의 수준까지 제시하지는 않고 있다.

다른 한편 직접적인 교육활동을 지원하기 위한 목표도 설정하고 있다. 교사가 교육활동을 전개하면서 이루어지는 고충을 처리하기 위해 컨설팅 장학을 어떻게 할 것인지에 대한 행 · 재정적 지원 목표도 존재하는 것이다. 그리고 학생의 과목선택권 확대를 위해 단일 학교 내에서뿐만 아니라 학교 간의 공동 교육과정 운영을 위한 제도적 조건을 정비하려는 목표도 존재할 수 있다. 이렇게 교육과정행정은 교육의 직 · 간접적 활동 모두에 일정한 목표를 설정할 수 있는 것이다.

### 2) 기관의 수준에 따른 분류

교육과정행정은 여러 기관과 계층이 존재하고 있어 교육부로부터 시 · 도교육청 및 교육지원청, 그리고 학교에 이르기까지 내세우는 목표가 존재한다. 그러한 목표는 기관별 사업이나 기능 및 구체적인 교육과정에 대한 활동 단위와 관련해 달리 제시되거나 동일 사항에 대해 보다 구체화되는 형태로 제시되고 있다.

교육부에서는 현재의 교육과정을 개정하고자 할 때, 전체적인 방향과 이들 방향에 따른 몇 가지 구체화된 교육목표를 설정하기도 한다. 그리고 새로운 현안에 부딪힐 경우 그에 대한 목표도 설정한다. 안전교육과 관련된 사항을 현장의 교육활동에 반영하고자 할 경우 표준화된 내용과 교사용 매뉴얼 등을 만드는 것과 같이 교육현장 전체와 관련된 목표를 설정할 수 있을 것이다. 그리고 인성교육과 관련해 교육부에서 설정한 기본 인성덕목을 토대로 교육청에서는 전체적으로 새로이 설정하거나 교육부에서 제시한 덕목을 기초로 추가하거나 수정할 수도 있다. 그리고 학교 역시 교육청의 덕목을 토대로 새롭거나 추가 및 수정·보완해 설정할 수 있다.

### 3) 부서별 업무에 따른 분류

교육부는 2021년 1월 현재 부총리겸 교육부장관과 차관 및 차관보를 비롯해 3실 4국·10관 51과를 두고 있다. 여기서 교육과정을 직접적으로 담당하는 과는 교육과정정책관 이하 교육과정정책과, 고교교육혁신과, 교과서정책과, 교수·학습평가과가 해당한다. 물론 이들 부서 이외에 유아교육정책과, 특수교육정책, 진로교육정책과 등에서도 학교급이나 진로와 직업 관련 및 교육내용의 성격에 따라 교육과정과 관련된 업무를 담당하고 있다.

교육과정정책과를 예로 들면 교육과정 개정이나 총론에 해당하는 사항과 각 교과에 해당하는 사항에 대한 목표가 있다. 그리고 현안에 대한 문제를 위해 팀을 만들어 그 업무를 집중적으로 담당하고 있기도 하다. 교육부의 이러한 업무는 시·도 교육청에서도 이루어지고 있다. 그러나 교육부의 부서가 그대로 적용되지는 않고 있으며, 유·초등교육과, 중등교육과, 교육혁신과 등과 같이 주로 학교급에 따른 업무 분장 위주로 되어 있는 경우를 흔히 발견할 수 있다. 학교에서는 교무, 학생, 진로 등에 따라 해당 업무의 목표를 설정해 담당하고 있다. 이러한 목표는 교육부, 교육청, 단위학교 등으로 현장에 접근할수록 보다 구체화되거나 교육현장의 특성에 부합하게 특수화된다.

### 4) 계량화 유무에 의한 분류

교육과정행정의 분야에서는 계량화가 가능한 목표도 존재하지만, 그렇지 않은 경우도 동시에 존재하고 있다. 교육부 업무에서 교육과정행정과 관련된 사항은 주로 계량화가 가능한 형태로 제시하기도 하지만 정성적인 평가 역시 존재하고 있다. 교육여건의 정비를 위해 교원의 충원이나 학교 시설의 개선과 같은 사항은 중·장기적 계획에 의한 연도별 목표치를 설정할 수 있고, 그에 따라 이들을 계량화하여 그 목표 달성을 위해 노력하기도 한다.

반면 새로운 교육과정정책에 따라 도입된 교육활동에서는 그것이 단기적이고도 계량화된 형태로 목표를 설정하는 것이 어려울 수 있다. 예·체능 분야에서의 교육과정정책이 실천되었다고 할 경우 학생들의 심성 발달이나 학업에 대한 태도 등을 단기간에 해결하기 어려운 부분이 존재하고 있는 것이다. 이러한 목표에 대해서는 정성적인 것이 될 수도 있다. 다만 이러할 경우에도 만족도 등을 통해 계량화하여 그 목표 달성에 대한 간접적 자료를 얻기 위해 노력을 기울이기도 한다.

### 5) 공식성 유무에 의한 분류

교육과정행정에서 공식적인 목표는 교육과정행정조직이 공식적으로 설정하여 추구하는 목표를 말하는 반면, 비공식적 목표는 교육과정행정조직이 현실적으로 추구하는 목표를 말한다. 공식적인 목표는 주로 정부조직법이나 교육과정과 관련된 법령 및 기관장의 훈령이나 지시 등에 대해 구체적으로 확인된다.

공식적인 목표와 비공식적인 목표는 일치될 수도 있고, 그렇지 않을 수도 있다. 의도적 불일치는 공식적 목표를 명분으로 다른 목표를 병행해 설정하는 경우에 발생할 수 있다. 비의도적으로 불일치가 생기는 경우는 환경의 변화에 따라 조직 구성원의 목표 간 우선순위 조정 문제는 정책결정의 합리화를 기하기 위한 방안과 관련되므로, 정책결정에서 구체적으로 다루도록 한다.

교육과정행정 조직에서의 목표는 하나만 존재하는 것이 아니라 여러 가지로 다양하게 존재하고 있다. 이들 목표는 사업을 전개하는 과정에서 목표들 간에 갈등을 빚을 수도 있기 때문에 순위 간의 조정이 필요하게 된다. 현실적으로 부딪히는 목표들 간의 갈등을 조정하는 사항은 정책결정이 어떻게 이루어지고 집행되며 그 성과의 점검이 이루어지는 것과 밀접하게 관련된다.

## 04 교육과정행정 목표의 변동

교육과정행정의 목표는 한 번 설정하게 되면 고정 불변한 것이 아니라, 환경의 변화와 조직의 재배치, 그리고 인적 구성원의 변동에 따라 변화가 따르기 마련이다. 그러한 변화에는 목표가 조기 달성이 될 수도 있고, 당초 설정한 목표가 제대로 달성하기 어려운 경우도 존재할 수 있다. 그러할 경우 새로운 목표를 설정하여 목표의 확장력을 가져오기도 하고, 이미 만들어진 목표에 대해 일정한 수정을 가하기도 한다. 여기서는 이러한 목표의 변동과 관련해 어떠한 것이 있는지 몇 가지 구분해 알아보고자 한다.

### 1) 목표의 대체

교육과정행정에서 설정한 목표가 제대로 달성되지 않거나 그렇게 하기 어려울 경우 대안적 목표로 변경하는 경우가 생길 수 있다. 이러한 경우 목표에 대한 우선순위의 변경이 있거나 주된 목적을 달성하기 위한 수단적 가치를 새로운 목표로 대체할 수 있다. 이러한 목표의 대체가 일어나는 원인은 소수의 책임자가 그 지위를 강화하고자 하는 것에서 나타나기도 하고, 원리·원칙에 집착하는 경우에 발생하기도 하며, 구체적 목표에 치중하거나 조직 내의 문제에 집중함으로써 발생하기도 한다.[2)]

첫째, 소수 책임자의 그 지위 강화와 관련된 사항이다. 일반적으로 조직의 책임자는 해당 조직을 장악한 이후 본래적 의미의 조직목표를 추구하기보다는 목표를 변환시켜 자신의 지위를 유지하는 데 더욱 관심을 가지는 경우가 존재하게 된다. 조직의 노동자가 지배적 입장을 차지한 이후에는 민주적 형태를 지님에도 불구하고 주요 정보의 독점과 자신의 지위를 유지하기 위해 민주적인 목표가 왜곡되는 경향도 지니게 된다.

둘째, 원리·원칙에 집착하는 경우에 대한 것이다. 법규와 정책 등에 제시된 원리·원칙을 준수하는 것은 교육과정행정의 목표를 달성하는 수단이 된다. 그러나 거기에 너무 집착하게 되면 그것 자체가 목표가 되어 형식주의화 될 수 있다. 이것은 교육과정행정 조직의 법규와 정책이 정책결정의 일반적 기준이 되어버림으로써 조직의 법규와 정책을 엄격히 지키는 것이 관료의 조직에 대한 목표가 되기 때문에 발생하는 것이다. 예를 들어 행정 업무의 처리나 외부 전문가를 통한 교육과정의 컨설팅을 위해 여비 등을 책정할 경우, 행정에서 정해진 여비 규정을 적용해 실제 소요 비용이 제대로 지급되지 않을 수 있다. 이러한 것은 합법성을 강조해 일을 제대로 행하지 못하는 경우가 발생하는 것에 해당한다.

셋째, 구체적 목표에 치중하거나 조직 내의 문제에 집중하는 것에 대해 살펴본다. 교육과정행정의 목표는 매우 구체적인 것에서 일반적·추상적인 경우까지 그 형태가 다양하게 존재하고 있다. 일반적·추상적인 목표는 해석의 다양성으로 업무 담당자들 간의 의견을 일치를 보지 못하거나 이해가 떨어지는 경우가 존재하게 된다. 그럴 경우 선례에 따르는 경우가 존재하게 되고, 구체적인 목표에 치중함으로써 상위 목표를 등한시하는 경우가 발생하게 된다. 그리고 행정조직 내부의 문제에 치중함으로써 외부 환경의 변화에 대응성을 결여하는 경우도 존재하고 있다. 경제의 발전과 그 요소의 변화는 새로운 인물을 요청하고 그에 부합하는 시험과목이나 제도가 필요한데, 전통적인 과목으로 인재를 선발하는 것은 환경과의 관계를 제대로 고려하지 못하는 예에 해당하는 것이다.

### 2) 목표의 승계

목표의 승계는 조직의 목표가 실현이 되었거나 달성되지 못할 경우에 새로운 목표를 찾아 조직의 목표를 설정하는 것을 말한다. 행정조직은 목표가 없게 되면 그 조직은 해체가 되고, 새로운 목표에 따라 조직을 재정비하는 것이 필요하게 된다. 그러나 새로운 조직을 정비하는 것은 쉽지 않은 일이기 때문에, 기존의 목표를 수정하거나 보완하여 행정활동의 정당성을 갖추는 것이 보다 용이한 일이 된다.

### 3) 목표의 다원화, 확대

목표의 다원화는 조직이 지속적으로 존재하기 위해 기존의 목표에 새로운 목표를 추가하는 형태를 말하고, 목표의 확대는 종래 목표의 범주를 확대하는 것을 의미한다. 교육부 교육과정정책과는 기존에 비해 인원이 많이 늘었고, 늘어난 인원에 비해 담당 업무 역시 증가하며 그에 따른 목표도 증가하고 있다고 하겠다. 교육과정정책과는 각 교과별 교육과정을 다룰 뿐만 아니라, 고교학점제, 자유학기제 등 학교급별 새로운 목표를 달성하기 위한 업무 담당자를 두고 있는 것이다. 인원의 확대와 업무의 기능별 분화는 기존의 교육과정정책과 목표가 더 추가되는 형식을 띠는 것과 동시에 목표의 범주가 확대되는 것을 의미하는 것이기도 하다.

CHAPTER 05

# 정책결정

## 01 정책과 정책과정

### 1) 의의

정책이라는 용어는 교육과정 분야뿐만 아니라 교육정책, 외교정책, 국방정책, 복지정책 등 사회 각 분야에서 빈번하게 사용되고 있다. 이러한 정책은 연구자의 관점이나 목적에 따라 다양하게 정의될 수 있지만, 목표의 달성을 위한 여러 가지 결정에 대한 지침이 되는 것을 말한다. 정치·행정 이원론의 시기에는 정책의 결정기능과 정책의 집행기능은 분리되었고, 행정은 정책의 집행기능만을 강조하였다. 그러나 행정국가화되면서 행정의 기능이 확대되고 전문화되면서 행정이 정책의 결정기능까지 담당하게 되었다. 그래서 행정부의 기능에는 행정적 기능과 입법적 기능이 혼재되는 양상을 지니게 되었다.

행정국가화에 따라 정책의 중요성이 증가하면서 행정이 추구하는 목표를 합리적이거나 효율적으로 달성하기 위한 방법을 선택하는 일들이 많아지게 되었다. 교육부나 교육청 등이 교육과정정책의 결정에서 목표가 설정되고 난 뒤 그 목표 달성을 위해 사업의 내용을 구체적으로 확립하는 일이 필요하게 되는 것이다. 이러한 활동이 정책에 해당하고, 그것은 정부에 의해 교육 관련 주체의 이해관계를 조정하면서 문제를 해결해 나가는 과정에서 이루어지는 것이다.

이러한 정책결정(policy making)은 일종의 의사결정(decision making)과 유사한 측면을 지니기도 한다. 의사결정이라는 것은 모종의 문제해결을 위해 여러 가지 대안들 중에서 하나를 선택하는 행위에 해당한다. 그러한 점에서 정책결정과 의사결정은 유사한 측면을 지니고 있다. 그러나 정책결정은 일반 조직체에서 이루어지는 의사결정과 달리 가치의 선택과 관련된다는 점에서 주된 차이가 있다.

정책결정은 결정의 주체가 정부에 의해 이루어지고, 공적인 성격을 지니고 있으며, 정치적 성격을 내포하고 있다. 의사결정은 단일의 기능적 조직이나 제한적인 특정의 목표 달성에 유용하지만, 상이하면서도 다양한 기능을 지닌 조직이나 다양한 이해관계가 대립하는 조직에서는 획일적으로 적용하는 데 한계가 있는 것이다. 정부의 정책은 다양한 조직의 이해관계가 대립하고 이를 조정하여야 할 필요가 있는 경우가 대부분이므로 정치적 성격을 지니고 있다. 그리고 그러한 결정은 공익에 주안점을 두고 있으므로, 특수한 집단의 이익만을 위한 정책적 결정이 이루어지는 경우는 거의 없다고 보아야 할 것이다.

교육과정정책을 결정하는 경우에는 다양한 교과나 교과 외 교육 관련 주체의 이해관계가 첨예하게 대립할 경우에는 갈등을 조정하거나 해결하는 정치적 성격을 띠고 있다. 그러한 정치적 결정은 특정 집단이나 특수 이익을 위한 것에 두는 것이 아니라 모든 사람에게 이익이 될 수 있도록 공익을 고려하고 있다. 그리고 그 결정의 최종적 주체는 정부라는 점에서 교육과정 행정의 정책도 일반의 정책과 마찬가지가 되는 것이다. 그리고 그러한 교육과정정책의 결정은 고도의 창의력이나 판단력을 요하는 비정형적 결정이 많고, 선례에 따라 관습적으로 처리되는 정형적 결정을 내리는 경우도 있다. 공직에 있는 사람은 책임 문제가 야기될 수 있는 사항에 대해서는 선례에 따라 관습적으로 처리하려는 성향이 나타날 수 있으므로, 이에 대한 사항이 관심을 기울이고 대처할 필요가 있다.

### 2) 정책의 유형

교육과정과 관련된 문제는 다양하게 나타나고 있고, 정부는 그러한 문제해결을 위한 노력을 지속적으로 전개하고 있다. 교육과정을 개발하는 문제뿐만 아니라, 그것을 운영하는 데서 발생하는 다양한 문제해결을 위해 다양한 교육과정정책을 추진할 수밖에 없다. 교육과정은 개발 정책에서 개발 후속지원으로 교과서 정책, 교원연수 정책, 교육과정운영 정책, 교육과정평가 정책 등이 존재하므로, 이들은 각각 추구하는 정책의 목표와 종류에 따라 구분되는 것이다. 교육과정정책의 목표에 따라 동원하는 수단이 달라지기 때문에 그 정책의 특징을 제대로 이해할 필요가 있다.

일반행정에서는 정책의 특징과 정책 과정을 이해하기 위해 정책의 유형화를 시도하고 있다. 여기서는 그러한 유형화 가운데 로위(Lowi)가 분류한 재배분정책, 배분정책, 규제정책을 중심으로 살펴보고자 한다.[1)]

재배분정책(redistributive policy)은 정부가 사회계층 간 경제적 격차를 완화시키기 위해 사회적 재화를 부유한 계층에서 가난한 계층으로 이전시키는 정책유형에 해당한다. 누진세 적용을 통해 고소득층에서 거둔 세금을 저소득층의 복지혜택으로 돌아가게 하는 소득정책이 그 예에 해당한다. 교육과정의 경우 교육복지정책으로 실시하는 교육과정 정책과 관련된 것이 이와 관련된 정책의 유형에 해당될 수 있을 것이다.

배분정책(distributive policy)은 정부가 소득계층에 관계없이 국민의 이익이나 서비스를 제공하는 유형이다. 국·공립학교의 교육서비스, 도로나 항만 등의 사회간접자본의 건설, 기업에 대한 보조금 지원 등이 이에 해당한다. 교육과정의 경우에도 국·공·사립 관계없이 교육과정의 원활한 운영을 위해 교직원의 채용이나 교육여건 등의 개선을 위해 재원을 투입하는 것이 그에 해당한다고 하겠다.

규제정책(regulatory policy)은 일부 개인이나 집단 대상 재산권 행사나 행동의 자유를 구속하여 다수의 편익을 보호하는 것을 목표로 하는 것이다. 기업 간의 불공정 규제, 환경규제, 소비자 보호를 위한 규제 등이 이에 속한다. 교육과정정책과 관련해서는 교과서 가격의 통제를 통해 학생의 교과서 구입 대금을 저렴하게 하거나 대학입시와 관련해 고등학교의 주요 교과에 대한 교육과정 편성을 50% 이상 넘지 못하도록 하는 것 등은 이와 관련된 정책의 예에 해당한다.

이러한 구분 이외에 단기나 중·장기적 정책 등 기간을 고려한 분류, 교육과정의 법적 규정에 대한 국회 결정 정책과 그 시행령 등에 대해 행정부가 결정하는 기관에 따른 분류, 교육과정에 대한 국가·사회적 요구의 반영이나 개정 교육과정에 대한 지지를 얻기 위한 투입별 분류, 현재 교과서 자유발행제와 같은 근본적 변동을 추구하거나 개정 교육과정의 일부를 수정·고시하는 것과 같은 변화의 정도에 따른 분류, 혁신적 교육과정정책을 추구하거나 사후적이거나 시정적인 조치를 하는 소극적인 교육과정정책과 같은 적극성 여부에 따른 분류 등 교육과정정책 유형은 연구자나 정책입안자에 따라 다양하게 분류하는 것이 가능하다.

### 3) 정책학과 정책의 과정

정책학은 인간이 당면하는 여러 가지 문제를 해결하는 데 기존의 과학이 적절한 접근방법을 제공하지 못하는 데서 비롯되었다. 1951년에 정책학을 처음으로 주장한 라스웰(Lasswell)은 정책학을 정책결정과 정책집행을 설명하고 정책문제와 관련 있는 자료를 탐색·수집하여 이에 대한 해석을 제공하는 학문으로 정의하였다.[2] 이러한 정책학은 1970년대에 접어들면서 사회과학 분야에서 새로운 개척 분야로 각광을 받고 있는 실정이다.

교육과정 분야에서는 교육과정행정에 대한 연구 성과가 거의 없는 상황이므로 교육과정정책에 대한 연구가 보다 많이 요청되는 현실이다. 교육과정행정의 분야에서 정책과 관련된 사항이 발전적으로 논의되어야 하는 것은 행정국가화에 따른 교육과정행정의 범위가 확장되고 있고, 교육의 장이 학교라는 제한된 공간을 벗어나 지역사회 등으로 확대됨으로써 교육 관련 주체가 정책과 보다 밀접한 관련을 가지고 교육과정에 대한 발전적 사업이 추진되고 있기 때문이다. 이렇게 정책학의 대두와 교육과정정책에 대한 중요성이 강조되는 현실에서 교육과정정책의 과정에 대한 이해 역시 중요하게 고려되어야 할 필요가 있다.

일반행정에서의 정책과정은 교육과정행정의 정책과정에서도 동일하게 적용된다. 여기서는 정책학의 일반적 과정을 중심으로 논의하면서 교육과정행정의 정책과정을 살펴보기로 한다. 정책과정의 단계는 연구자에 따라 다양하게 전개될 수 있다. 그러나 기본적 사항을 중심으로 살펴보면 크게 네 가지 단계를 거치는 것에 대해 이견을 살펴보기 어렵다. 그 네 단계는 정책의제설정, 정책결정, 정책집행, 정책평가의 순서로 이어지는 단계이다.

| 정책의제설정 | → | 정책결정 | → | 정책집행 | → | 정책평가 |
|---|---|---|---|---|---|---|
| • 교육과정 문제의 선별을 통한 공식적 고려대상 결정 | | • 목표 달성을 위한 대안의 검토와 선택 | | • 결정된 교육과정 정책의 실천 | | • 정책목표의 달성 정도에 대한 가치판단 |

**| 그림 5-1 | 교육과정행정의 정책과정**

첫째, 정책의제설정(policy agenda setting)의 단계이다. 정책의제설정은 수많은 교육과정문제의 일부를 선별해 공식적인 고려의 대상으로 정하는 의사결정의 단계를 말하는 것이다. 교육현장에서 안전의 문제가 대두되었을 경우 그에 대한 교과를 신설할 것인지, 아니면 교과의 한 단원으로 제시할 것인지에 대해 공식적으로 논의의 대상이 되는 것이 그 예에 해당한다. 정책의제설정과 관련해 무의사결정에 해당이 되는 것도 존재한다. 무의사결정은 교육과정 문제를 채택하지 않음으로써 정책대안을 마련하지 않겠다는 결정을 의미한다. 그것은 교육과정의 특정한 문제에 대해 교육부에 해결을 요구하지 않거나 요구 주장이 반대에 부딪혀 정책의제로 채택이 되지 않기 때문에 발생한다. 정책의 결정과정에서 어떠한 문제는 다루어지지만 다루어지지 않는 문제도 파악할 필요가 있는 것이다.

둘째, 정책결정(policy making)의 단계에 대해 알아본다. 정책결정은 정책의제로 결정된 교육과정 문제해결을 위해 목표를 설정하고, 그 목표 달성을 위한 여러 가지 대안들을 검토해 최적의 방안을 선택하는 단계를 말한다. 정책결정의 과정은 문제의 인지와 정책목표를 설정하고, 그 목표 달성을 위해 정보의 수집과 분석을 통한 정책대안을 광범위하게 탐색하고 평가하여 최선의 대안을 선택하는 절차를 거치게 된다. 여기서 대안의 탐색과 평가를 위해 정책분석기법이나 체제분석 및 관리과학기법 등이 활용된다.

이러한 방법을 통해 합리적인 대안을 찾기 위한 노력을 기울이지만 현실적인 제약 요인이 존재하고 있다. 우선 구조적 측면의 제약 요인은 불확실한 정보에 따른 제약, 불충분한 종적이거나 횡적인 의사전달, 선례와 행정절차의 준수, 행정구조의 집권화 등을 들 수 있다. 인간적 측면에서는 행정인의 개성과 가치관의 차이, 문제에 대한 이해의 부족, 권위주의적인 성격, 선입관의 작용과 같은 것이 작용하여 제약요인이 된다. 마지막으로 환경적인 측면에서는 시간적인 제약성, 교육관련 주체의 압력에 대한 취약성, 책임의 추궁과 같은 것이 합리적 결정을 제약하는 원인이 되고 있다.

셋째, 정책집행(policy implementation) 단계에 대한 것이다. 정책의 집행은 교육과정 정책결정자들이 만든 내용을 실천에 옮기는 과정을 말한다. 교육과정정책을 집행하기 위해서는 교육부나 교육청의 담당자가 형성된 목표를 달성하기 위한 수단을 구체화하고, 교육현장에 종사하는 사람들에게 적용하는 활동을 포함하고 있다. 새로이 개정된 교육과정의 주요 정책이 아무리 잘 만들어졌다고 하더라도, 그것이 교육현장에서 제대로 운영되지 않는다면 그 정책은 의미가 없게 된다. 이러한 의미에서 정책의 집행은 대단히 중요하게 된다.

그런데도 정책이 제대로 집행되지 않는 경우가 발생하기도 한다. 그 원인은 여러 가지 형태로 나타나고 있다. 정책집행을 제약하는 원인은 정책의 불명확성과 달성 수단에 대한 지식의 부족, 정책이 전달되는 과정에서의 왜곡 현상, 정책집행을 위한 인적·물적 자원의 부족에 따른 인프라 구축의 미비, 그리고 집행 기관들 간의 협력체제의 부족 등을 들 수 있다.

넷째, 정책평가(policy evaluation)에 대한 사항이다. 정책평가는 교육과정 정책목표의 달성 정도나 집행과정이 계획된 대로 충실하게 이루어졌는지 가치 판단하는 행위를 말한다. 정책평가는 정책에 대한 교육현장의 만족도 파악, 합리적 정책결정을 위한 정보의 제공, 정책의 수정·보완 및 자원의 재분배, 행정활동의 방법 개선 등을 목적으로 하고 있다. 이러한 정책의 평가는 교육과정행정 기관에 의한 평가도 이루어지지만, 의회나 언론, 전문가 및 위원회 등을 통해 다양한 방법으로 이루어지고 있다.

교육과정정책의 결정이 잘못될 경우 교육현장에서 받는 피해는 적지 않다. 그럼에도 불구하고 그러한 정책이 제대로 이루어지지 않은 것에 대한 책임을 묻는 제도적 장치는 마련되지 못한 실정이다. 그러나 책임정치가 발전하면서 교육현장의 주요 관심사가 되고, 이 분야의 향상이 중요하게 부각된다고 생각된다. 정책은 정치·행정에서 핵심적인 지위를 가지고 있기 때문에 이 분야에 대한 지속적인 연구가 필요할 것이다.

### 4) 정책결정의 변수

일반적으로 정책은 목표에 부합되고, 그 결정이 합리적이며, 그것을 효율적으로 달성할 수 있는 결정이 되기를 기대하고 있다. 이러한 기대를 위해서는 정책결정의 과정에 영향을 미치는 여러 가지 요소를 고려할 필요가 있다. 그러한 요소가 제대로 기능하지 못하게 되면 정책결정의 합리성을 저해하게 된다. 교육과정에 대한 정책은 단순히 교육현장의 적용 여부를 떠나 학생의 성장에 직접적으로 관련되는 것이기 때문에, 정책결정의 합리성은 더욱 중요하다. 그러나 현실적으로 합리성에는 한계가 따르고 있다. 교육과정을 개정하는 작업에서 현장의 요구가 제대로 반영되지 않고 소수의 정책결정권자에 이루어지고 있고, 개정 교육과정 주요 내용의 결정 과정이 투명하게 공개되지 않으며, 교과의 신설이나 시간배당 등에서 특수한 이익집단의 힘이 강하게 작용하는 것에 대한 비판이 자주 등장하고 있다.

이러한 비판적 요소는 교육과정정책의 합리화를 저해하기 때문에, 이들 요소를 제거하거나 완화하기 위한 노력이 지속적으로 전개될 필요가 있다. 현장의 요구가 제대로 반영되지 않고 소수의 정책결정권자에 의해 교육과정의 결정이 이루어지고 있는 것은 교육과정 결정 기구의 역할별 분담과 참여자를 확대하는 것으로 합리화를 기할 수 있다. 교육과정 결정의 과정이 전체적으로 공개되지 않고 있다는 것은 결정과정이나 절차에 대한 정비를 통해 이루어질 수 있다. 그리고 특수이익을 배제하기 위해서는 공익과 교육의 자주성이 고려되어야 할 필요가 있다.

**표 5-1 정책결정의 요인과 그 대안**

- 현장요구 미반영과 소수자에 의한 정책결정: 교육과정정책 담당기관의 역할분담과 참여자 확대
- 결정과정의 불투명성: 결정과정과 절차의 정비
- 특수이익의 배제: 공익과 교육의 자주성 고려

교육과정정책의 결정에서 합리성을 저해하는 요인은 이들 외에도 다양하게 존재하고 있다. 앞서 정책결정에서 행정인이나 행정구조 및 환경적 측면으로 구분해 제시한 내용이 모두 포함될 수 있다. 여기서는 이들 사항 전체를 상세하게 기술하기보다는 교육과정정책에서 자주 거론되는 참여자, 결정과정, 규범적 기준인 공익을 중심으로 살펴보고자 한다.

## 02 참여자

교육과정정책결정에서는 교육과정정책과에 몸담고 있는 행정인이 큰 비중을 차지하고 있다. 우리나라의 경우 중요한 결정일수록 비공개를 원칙으로 하여 소수의 사람에 의해 결정되는 경우가 많이 존재하였다. 정책의 결정에서 소수가 참여하는 것은 교육과정에 대한 가치 배분의 왜곡 현상을 초래하게 되어 합리적 정책결정에 제한을 가져오게 된다. 여기서는 교육과정정책결정에 공식적으로 참여하는 자와 비공식적으로 참여하는 자로 구분해 살펴보기로 한다.

### 1) 공식적 참여자

교육과정정책의 결정에 공식적으로 참여하는 사람은 교육전문직과 일반행정직, 정무관, 국회를 들 수 있다.

첫째, 교육전문직(교육연구사(관))과 일반행정직에 대해 알아본다. 교육과정정책과는 교육전문직과 일반행정직이 혼재되어 있지만, 교육전문직의 비율이 상대적으로 높다. 교육과정정책과 관련된 일은 교육현장의 경험과 더불어 교과나 교육과정에 대한 전문적 식견이 바탕되어야 제대로 처리할 수 있는 특수성이 존재하고 있다. 그러한 점에서 일반행정직에 비해 교육전문직의 비중이 높은 것이다. 교육전문직은 정규 교원으로서 교육전문직 시험에 합격한 자로 이루어진다. 일반행정직은 국가에서 실시하는 공무원 시험에 합격한 자이거나 개방형 직위로 임용된 사람이다.

교육전문직과 일반행정직은 정책결정의 출발점이 되거나 해당 정책에 대해 영향력을 발휘할 수 있는 위치에 있다. 이들은 교육과정정책에서 전문성과 해당 분야에 대한 지식이나 기술을 소유하고 있다. 그러나 그러한 전문성의 이해에서 몇 가지 고려해야 할 사항이 존재하고 있다. 교육전문직과 일반행정직은 전보가 빈번하여 동질적인 업무가 연속되지 않고 있어 전문성의 신장에 제한이 있다. 그리고 교육전문직은 교육연구관과 교육연구사의 계층으로 되어 있고, 행정관 중에서도 고급공무원에 해당하는 5급부터 2급까지는 계층으로 형성되어 있다. 일반행정직은 직급이 높아질수록 정치성을 띠고 있어 계층과 전문성이 반드시 비례적 관계에 있는 것만은 아니다.

또 이러한 계층제에서는 상하관계의 특수성으로 인해 부하의 입장에서 솔직한 의견을 개진하거나 상관의 판단이 불합리한 경우에 그 시정을 제대로 건의하기 어려운 경우도 있다. 따라서 이러한 것이 합리성을 저해하고 있다. 그러므로 상관은 계층의식을 떠나 솔직한 집단토의에 기반해 정책이 결정될 수 있도록 권위주의적인 태도를 버리고, 자유로운 분위기를 조성해야 할 필요가 있는 것이다.

둘째, 정무관에 대해 살펴본다. 정무관은 장·차관에 해당하는 것으로 교육과정정책과 관련해서는 정치적으로 책임을 지는 위치에 있다. 넓은 의미로 본다면 대통령까지 포함하지만, 장·차관과 위치가 다르기도 하고 교육과정행정을 둘러싼 행정현상에서는 장·차관을 대상으로 논의하는 것이 적합하다.

교육과정정책의 결정에서 교육전문직이나 일반행정직이 정책적 제안을 하지만, 정무관이 최종적으로 하나의 대안을 선택해 결정하고 있다. 정무관은 교육전문직이나 일반행정직에 비해 전문성은 떨어지지만, 교육과정정책에 대한 정치적 판단에서 우수한 능력을 발휘하고 있다. 따라서 교육전문직과 일반행정직의 전문성과 정무관의 정치성에 대한 역할의 분담과 협력 관계의 조화를 모색하여야 할 것이다.

정무관은 교육과정 문제에 대한 복잡한 상황의 정리를 통해 체계화를 도모하고, 미래를 예측하는 능력이 필요하고, 그러한 미래에 정책이 적용될 경우 그 가능성에 대한 직관력이 요청된다. 그리고 여러 이해관계 당사자들의 의견을 청취하고, 이를 조정할 수 있는 리더십도 필요한 것이다. 특히 상하계층의 의사소통이 제대로 이루어지지 않을 경우 그 정책의 실현이 제대로 이루어지지 않을 수도 있기 때문에, 건설적 토론을 통한 정책결정을 할 수 있는 리더십을 갖출 필요가 있는 것이다.

셋째, 국회도 일정 부분 역할을 하고 있다. 전문성을 중시하는 교육부와 달리 국회는 선거에 의해 선되기 때문에 민의에 충실을 기하려는 정치적 성격을 지니고 있다. 민의에 충실한 정책을 반영하기 위해서 국회는 이해관계를 조정하고 통합하여 행정의 정책결정에 반영할 수 있도록 조치하고 있다. 이것은 민의를 제대로 수렴하는 제도적 장치라는 점에서 그 의미를 부여할 수 있지만, 특수이익을 반영하려는 왜곡된 현상도 발생하기 때문에 이에 대해서는 주의를 요한다. 이해관계의 조정에 의한 행정에 대한 정책결정의 투입은 한 나라의 정치 발전의 정도가 어느 정도 성숙해 있느냐에 따라 의미있게 전개되기도 하고, 그렇지 않을 수도 있는 것이다.

최근 범교과 학습주제와 관련해 법률과 하위법에서 교육내용과 교육방법 및 시수까지 정해 교육현장에 적용하는 사례가 발생하는 것은 합리적인 교육과정 정책의 결정과 거리가 있다. 이렇게 결정된 교육과정은 국가 교육과정의 범위에 포함되지 않고 별개로 교육현장에 바로 적용되고 있다. 그러한 범 교과 학습주제는 교육과정의 범위나 계열성을 제대로 고려하지 않을 뿐 아니라, 그것의 운영에 대한 내실화에도 도움이 되지 않는다. 국회는 민의를 대변하여야 하지만, 그것은 행정인의 전문성을 존중하는 선에서 합리적 정책결정이 이루어지도록 하여야 할 것이다.

## 2) 비공식적 참여자

교육과정정책의 결정에서 비공식적으로 참여하는 사람은 해당 분야의 전문가, 이익단체, 정당, 여론 등을 들 수 있다.

우선 전문가에 대해 살펴본다. 전문가는 행정부 이외의 사람으로서 특정 분야에 대한 전문성을 지닌 사람이다. 교육전문직과 일반행정직이 교육과정 분야에 대한 전문적 지식을 소유하고 있지만, 특정 분야에서 제한적일 수 있다. 이럴 경우 해당 분야에 대한 외부의 전문가가 아이디어와 지식을 제공함으로써 현안 해결에 도움을 줄 수 있다. 그리고 외부의 전문가 집단의 도움을 받는 것은 해당 정책의 결정과 집행에서의 정당성을 확보할 수 있는 하나의 방법이 되기도 한다.

교육과정을 개정할 경우 개정의 방향에 대한 구체화나 해당 사항의 내용을 결정하기 위해 전문가나 전문연구기관을 통해 정책연구를 수행하여, 그 성과를 참고하여 정책결정을 하고 있다. 그리고 현안에 대해서는 개별 자문이나 자문위원회를 구성하여 그에 대한 자문을 구함으로써 합리적인 정책결정을 도모하기도 한다. 과거 식민지 통치의 경험과 국가주도적 정책의 결정에 따라 관에 대한 불신이 강한 곳에서 외부의 전문가를 활용하여 신뢰를 얻고자 하는 것이다.

외부의 전문가를 정책결정에 활용하는 것은 전문적 지식을 얻을 수 있고, 비교적 객관적 입장에서 생각할 수 있으며, 의사전달에 유용한 장점을 지니고 있다. 반면 행정인이 결정하는 것에 비해 시간과 비용을 더 많이 들 수 있고, 정책에 대한 책임이 없으므로 정책에 대해 신중하지 못할 수 있으며, 행정부 내부의 관계를 잘 모르기 때문에 행정조직 내부의 알력을 조장할 수 있는 한계도 존재하고 있다.

둘째, 이익단체에 대해 알아본다. 이익단체는 특정한 사안에 대해 관심을 공유하면서 직·간접적 이해관계가 있어 특정한 이익을 관철하기 위해 압력을 가하는 조직을 말한다. 행정국가화되면서 이익단체의 활동은 국회와 같은 입법부에서 행정부로 이동하고 있는 경향도 있다. 이익단체는 정책의 형성과정뿐만 아니라, 정책의 집행에서도 광범위하게 관여하고 있다. 정책의 집행과정에서도 사회적 변화가 일어나기 때문에 그 정책의 수정이 필요한 경우가 발생하고 있기 때문이기도 하다.

이익단체는 자신들의 이익을 관철하기 위해 활동하기 때문에, 정부는 정책결정에서 전문가의 참여에 비해 소극적으로 대하는 것을 보게 된다. 이익단체의 활동이 국가 전체의 입장에서 이익이 될 수도 있지만, 해당 집단의 이익만 되어 국가 전체의 이익을 저해하는 경우도 발생하기 때문이다. 이러한 측면에서 행정인은 특수이익을 관철하는 집단을 정책과정에 참여시켜 무리한 정책을 추진하는 오류를 범하지 않으려고 하는 것이다.

그러나 이익단체에 대한 지원을 받게 되면 행정인의 입장에서 정책을 추진하는 데 힘을 받을 수 있고, 여러 이익집단의 갈등을 조정하여 균형성 있는 정책을 추진할 수 있는 장점도 있다. 일반인의 입장에서도 국민에 대한 대응성을 강화하여 민의에 충실한 책임 행정을 구현할 수 있다는 강점도 있는 것이다. 반면 특정의 이익집단의 힘이 우세할 경우 공익보다는 사적인 이익이 교육과정정책에 침투하게 되어 교육현장을 왜곡시킬 수 있다. 종교교육이라든지 특정의 교과나 그 내용에 대한 이익집단의 개입은 학생의 학습권에도 침해를 가져올 수 있는 한계도 동시에 존재하는 것이다. 따라서 국가 전체의 이익을 증진하면서 사익 추구가 조화되는 방안의 모색이 필요한 것이다.

셋째, 정당에 대해 살펴본다. 정당은 정치에 대한 이념과 정책이 함께하는 사람들이 그 이상 실현을 위해 조직한 단체로서 민의를 수렴하여 이를 의회와 행정부에 요구하는 역할을 한다. 정당은 교육과정과 관련된 다양한 이해관계를 보다 단순화시켜 정책의 과정에 관여하게 되지만, 정책의제설정에 영향을 많이 미치고 있다.

정당은 이질적인 의견이나 이해관계를 조정하고 통합하여 행정부의 정책결정에 반영하도록 하는 것에 목적이 있다. 그러나 우리나라의 경우 민의를 대변하는 기능보다는 정당의 이념이나 정당 지도자의 개인적 역량에 의해 움직이는 경우가 많아 정당의 정책결정에 대한 관여에 그다지 우호적이지만은 않은 편이다.

최근 정당은 각종 정책연구소를 두고 해당 정책에 대한 합리적 논거를 생산하면서 전문적 능력도 강화하고 있다. 그러나 그러한 것이 정당의 이념과 노선에 따라 정파적으로 결정되는 경우가 많고, 정파적 이해를 초월해 균형점을 찾으려는 노력은 아직 부족하다고 생각된다. 행정인이 민의를 대변하는 데 취약하다면, 정당은 그러한 행정의 한계를 극복할 수 있는 대안이 될 수 있다. 그리고 정책의 결정과 행정의 통제적 기능도 효율적으로 행할 수 있는 역량을 강화해야 할 필요가 있을 것이다.

넷째, 여론 역시 교육과정정책의 결정에 관여하고 있다. 여론은 불특정 다수의 국민이 공통적으로 제시하는 의견을 말한다. 여론이 직접적으로 정책의 과정에 관여한다고 보기는 어렵다. 그러나 여론이 일반 사회에 사건이나 문제를 알림으로써 사회적 이슈를 확산시키기도 한다. 그래서 사회 일반의 여론을 형성하기도 하고 그것을 행정부에 전달함으로써 정책과정에 간접적으로 관여하는 것이다.

여론은 민주주의 이념이 요청하고 있는 정치이념을 구현하고, 여론을 외면한 정책결정과 집행은 형식주의화될 수 있다는 점에서 의미를 지니고 있다. 그러나 여론은 언제나 공익의 이념과 일치하는 내용이 되지 않는 경우도 존재할 수 있고, 단기적 사항에 관심을 기울이고 그에 대한 영향을 많이 받을 수 있는 제한이 있다. 공적인 이익과 어긋난다고 할 때, 그것을 과감하게 진행시킬 수 있는 사람이 많지 않은 것도 선거에 의해 영향을 받는 민주국가에서 무시할 수 없는 요인이 되는 것이다. 최근 대학수학능력시험과 관련된 정책이 자주 변경되는 것은 이러한 이익단체뿐만 아니라 여론과도 밀접하게 관련되는 것이다. 최근에는 오프라인 매체뿐만 아니라 온라인을 통한 새로운 매체의 지속적 확대로 정책문제에 대한 해법을 여론이 형성할 수 있도록 주도하는 역할도 한다.

## 03 결정과정

### 1) 의의

교육과정정책결정의 합리성을 기하기 위해서는 정책결정의 과정에서 소수의 관리자에 의한 권위주의적 결정을 극복하는 일이 필요하게 된다. 교육과정정책의 결정은 한 나라의 사회·역사적 배경이 다르고, 정책을 결정할 대상에 따라 접근 방식이 달라질 수 있다. 교육과정정책의 결정과 관련된 모형은 다양하게 제시되고 있다. 그리고 그 모형을 분류하는 방식 역시 학자에 따라 상이하게 나타나고 있다.

여기서는 논리적이고도 합리적으로 정책이 결정되는 방식과 현실적이고도 역동적으로 정책이 결정되는 모형을 하나의 연속선상에 있는 것으로 보고 분류하고자 한다. 합리 모형은 교육과정정책의 결정이 순차적이고도 논리적으로 이루어지는 것으로 체계화되어 있어 일이 진행되는 과정을 잘 파악할 수 있는 장점이 있다. 그러나 교육과정정책의 결정은 정치적 과정으로 합리적이거나 논리적으로만 전개되는 것은 아니기 때문에, 이러한 과정을 설명하는 데 한계가 있을 수 있다.

따라서 여기서 제시하는 정책결정 모형은 모든 정책의 결정에 통용될 수 있는 것을 가정한 것은 아니다. 교육과정정책의 결정에서도 참여자가 어떠한 성격을 지니고 있는지, 정책결정의 대상이 무엇인지, 그리고 결정의 방법이나 수단이 어떠한 것인지에 따라 논리적일 수도 있고, 그렇지 않을 수도 있다. 합리적인 정책결정을 위한 최적의 모형을 선택하거나 수정·보완해 활용할 수 있는 것이다.

**표 5-2 정책결정과정 모형의 연속성**

← 합리적/목표 모형(합리성 강조) 역동적/상호작용 모형(현실성 강조) →

| 합리 모형 | 최적 모형 | 혼합 모형 | 만족 모형 | 점증 모형 | 쓰레기통 모형 |
|---|---|---|---|---|---|
| • 포괄적 대안 탐색 | • 합리+초합리성, 창의성, 직관 | • 합리/점증절충 (합리: 거시방향점증: 특수한 것) | • 의사결정자의 한정된 능력<br>• 최적의 대안보다 상태에 대한 만족 | • 정치적 합리성<br>• 제한된 소수의 대안 탐색(현실의 문제점 수정) | • 조직화된 무질서와 변화, 현실을 반영 |

## 2) 이론 모형

### (1) 합리 모형

합리 모형(rationality model)은 정책결정자가 이성과 고도의 합리성에 따라 행동하고 결정한다고 보고, 목표 달성의 최대화를 위한 합리적 대안의 탐색·선택을 추구하는 규범적·이상적 접근방법이다.[3] 이 모형은 정책결정에 대한 초창기의 입장으로 인간은 누구나 이해관계에 따라 이성적으로 판단하고 행동한다고 생각하는 것이다. 그래서 정책결정자는 문제를 분석할 수 있는 능력을 갖추고 있으며, 그에 따라 최선의 방안을 선택할 수 있다고 보는 것이다.

합리 모형의 단계는 정책문제를 인지하고 정의와 목표를 설정하는 것으로부터 시작한다. 예를 들어, 2009 개정 교육과정의 집중이수제의 적용에서 어려움을 겪고 있다면, 정책문제로 정의하여야 하고, 그 문제해결을 위한 바람직한 정책목표를 설정할 필요가 있는 것이다. 다음 단계는 정책대안을 탐색하는 것이 필요하다. 정책대안은 정책목표와 이를 달성하기 위한 수단의 조합을 말하는 것으로, 집중이수제 운영방안을 다양하게 모색하는 것이 이에 해당한다. 집중이수의 주당 수업시수의 배정을 분산+연계수업형태, 연계수업의 형태, 블록타임+연계수업의 형태 등 집중이수 대상교과의 수업 시수와 대상교과의 내용에 따라 탄력적으로 적용하는 것 등을 들 수 있다.[4) ] 세 번째 단계는 정책대안의 비교·평가를 하는 단계이다. 이 단계는 여러 가지 대안이 고안되면 장·단점과 비용편익 분석을 통해 정책결정자에게 효율적 대안을 제공해 주는 것이다. 마지막 단계는 최선의 대안을 선택하는 단계이다. 실무자에 의해 마련된 대안은 정무관에게 보고하고, 정무관은 여러 대안 중에서 하나를 최종 선택해 정책이 결정되는 것이다.

### (2) 만족 모형

만족 모형(satisfying model)은 행정인이 어떠한 문제에 대해서 최적의 안에 대한 결정을 하는 것이 아니라, 현실적으로 만족할 만한 수준에 머무는 것으로 보는 입장이다. 합리 모형의 경우는 최적의 결정을 위해 현재와 미래 환경의 변화에 대한 완전한 지식과 정책의 결과를 예측하는 정확한 판단 능력이 있어야 하는 것을 가정하고 있다. 그러나 현실적으로 정책결정자는 문제에 대한 인지능력과 제한된 시간과 재원을 가지고 대안을 선택하기 때문에 결과에 대한 예측에서 전적으로 자신하기 어렵다. 만족이론은 이러한 입장에서 최적의 대안을 선택하는 것이 아니라, 차선의 방법을 찾는 제한된 합리성을 전제하고 있다.

합리 모형이 경제인에 대한 의사결정을 고려하고 있다면, 만족 모형은 합리성을 제약받는 행정인인 것으로 구분된다. 행정인은 인간은 완전한 합리성이 아닌 주관적 합리성을 추구하기 때문에 대안 역시 최적의 대안이라기보다는 만족스러운 대안을 선택하는 것이다. 이러한 만족 모형은 제한된 자원을 효율적으로 배분하기 위해 행정인이 의사결정을 하는 과정을 잘 설명해 주고 있다. 그러나 주관적 기준에 따른 만족의 수준은 잘못된 정책결정에 대한 합리화를 기하는 오류가 있을 수 있고, 중요한 결정에 대한 거시적인 대안을 탐색하는 경우를 제대로 고려하지 못하는 한계가 있다.

### (3) 점증 모형

점증 모형(incremental model)은 린드블롬과 윌다브스키(Lindblom & Wildavsky)가 주장하는 모형으로 정치·행정인이 실제 정책을 하는 데 있어 사회·정부의 기본적 목표에 일치되는 정책을 구상하는 것이 아니라, 현실을 긍정하고 이보다 약간 향상된 정책에 만족하고 결정하게 되는 것을 일반적으로 보는 입장이다.[5] 정책의 결정은 정치·행정은 경제적 합리성을 기하는 경제인과 달리 시민이나 정치인의 지지를 얻을 수 있는 정치적 합리성이 작용한다는 것이다.

만족이론을 주장한 사이몬(Simon)이 개인의 인지과정의 제약을 인정하고 개인적 의사결정에 대한 이론을 발전시킨데 비해 린드블롬과 윌다브스키는 다원화된 사회에서 정책결정에 내재된 가치와 사실적 판단의 상호작용, 정책결정 상황의 복잡성, 그리고 정책결정의 정치적 제약에 관심을 두고 이론을 발전시킨 것이다.[6] 점증 모형은 만족 모형이 인간이 의도적으로 합리적 행동을 하려는 정도가 더 높다고 보고 있는 점에서 만족 모형과 유사하지만, 정부의 정책결정을 주로 분석하는 모형이라는 점에서 차이가 있다.

점증 모형은 기존의 정책을 인정하고 그 정책을 크게 벗어나지 않고 일부를 수정·보완할 수 있는 대안적 형태로 탐색의 범위를 제한하고 있다. 예산의 경우 전년도 위주의 편성을 하는 것은 이러한 것의 예에 해당한다. 이러한 점증 모형은 현재의 정책에서 약간 향상된 정책에만 관심이 있고, 한정된 수의 정책대안을 검토하는 특징이 있다. 점증 모형은 사회가 비교적 안정적이고 균형이 잘 유지된 사회에서는 적용 가능성과 지속성이 있을 수 있다. 그러나 사회분야나 교육과정 분야의 혁신을 위한 정책의 도입과 집행을 하는 경우에는 한계가 따를 수밖에 없는 제한이 있다.

### (4) 최적 모형

최적 모형(optimal model)은 정책학을 발전시킨 드로어(Dror)가 주장한 것으로 경제적 합리성과 직관·판단력·창의력과 같은 초합리적 요인을 동시에 고려하는 정책결정 모형을 말한다.[7] 드로어는 선례가 없거나 매우 중요한 문제의 해결을 위한 비정형적 결정에서는 경제적 합리성 외에 초합리성을 중요시해야 한다는 입장이다. 초합리적 과정이 필요한 이유는 정책결정자가 자원이 한정되어 있고, 지식과 정보가 부족하며, 사회변동으로 인한 환경의 불확실성 등으로 합리성의 정도를 높이는 데 제약이 있기 때문에 필요한 것으로 보고 있다.

최적 모형은 관리과학의 경우와 같이 계량적인 측면에서만 최적성을 보지 않고 질적인 것을 고려하고 있고, 합리적 요인과 초합리적 요인을 동시에 고려하고 있으며, 대안의 탐색과 선택에서 경제적 합리성을 중요하게 생각하고 있다. 최적 모형은 합리성과 초합리성을 동시에 고려함으로써 정책판단의 보수성을 탈피하고 최적의 수준에 이를 수 있는 발전 가능성을 제시하였다는 데 의미가 있다. 그러나 합리성과 초합리성의 경계가 무엇이고, 기본적으로 경제적 합리성을 지향하고 있기 때문에 정책결정에서의 사회적 과정에 대한 설명에 제한이 따르고 있다.

### (5) 쓰레기통 모형

쓰레기통 모형(garbage can model)은 코헨, 마치, 올센(Cohen, March & Olsen) 등이 제시한 것으로 조직의 의사결정은 구성단위나 구성원 사이의 응집성이 낮아 혼란스럽고 구조화되지 않은 조직화된 무정부의 상태에서 이루어진다고 보는 입장이다.[8] 이 입장은 공유된 일관되고 공유된 목표가 제대로 없는 상태에서 결정을 하거나 일부 구성원만이 그 정책의 결정 과정에 참여하는 경우에 나타날 수 있다.

쓰레기통 모형은 혼란의 상태에서 이루어지는 의사결정의 불확실성이나 불합리성을 강조하기 위해 어떠한 결정이 이루어지는 과정이 마치 쓰레기통에 문제해결을 위한 아이디어를 아무렇게나 내던져지는 상태와 같은 것으로 설명하고 있다. 대학본부에서 대학원의 교과를 개설하고자 하는 경우 특정 단과대학의 학과에서 발생하는 문제에 대해 다른 단과대학에 속해 있는 교육과정심의위원이 관심을 적극적으로 가지고 논의에 참여하지 않는 경우와 같은 것이다.

이러한 쓰레기통 모형은 해결할 문제, 문제의 해결책, 결정의 참여자, 결정의 기회라는 네 가지 요소가 모두 결합되어야 하고, 조직화된 혼돈의 상황에서의 의사결정은 합리적 계획이나 목표보다는 의사결정의 요소가 우연히 등장하거나 서로 결합하는 시기에 가장 큰 영향을 미치게 된다. 세월호 참사가 발생하였을 때 지지부진하던 안전문제에 대한 신속한 의사결정이 이루어져 2015 개정 교육과정에서 초등 1, 2학년에 '안전한 생활'로 신설된 것이 그 예이다. 쓰레기통 모형은 의사결정이 의도적이지 않더라도 우연한 기회와 시기에 정해질 수 있는 경우를 제시하였다는 데 의미가 있다. 그러나 쓰레기통 모형은 행정조직이라는 제도적 조건 내에서 움직이기 때문에 합리적 의사결정에 대한 설명을 제대로 하지 못하는 한계가 있다.

## 04 공익: 규범적 기준

### 1) 공익의 의의와 개념

공익에 관심을 기울이는 것은 정책의 결정에서 다양한 참여자와 정책결정 과정을 투명화한다고 하더라도, 그것이 특수이익에 기여하게 된다면 의미가 없게 되고 합리성을 결여하게 된다. 여기서 그러한 정책의 결정은 누구를 위한 것인가에 관심을 기울이게 된다. 행정국가화되면서 행정의 정책결정 기능의 확대는 자원의 배분에서 기계적 집행이 아닌 공익을 위한 것에 두게 된다. 그러나 공익의 개념이 어떻게 규정이 되고, 다수결의 원리에 의해 그것을 결정하는 것이 정당한 것인지에 대한 관심은 더욱 중요하게 되는 것이다.

교육과정행정에서도 정치·행정 이원론과 같이 정해진 정책을 집행만 하는 경우는 공익이라는 개념이 정치·행정 일원론에 비해 상대적으로 그 비중이 약하다고 할 수 있다. 그러나 비중의 높고 낮음을 떠나 교육과정행정에서의 공익이 일반행정에서 논의되고 있는 것과 동일하게 규정될 수 있는 것인지에 대한 검토가 필요하게 된다. 일반적으로 행정은 표준화・규격화를 지향하게 되고, 행정의 목적 달성을 위해서는 효율성과 같은 이념이 요구되는 것이다. 그러나 교육과정과 같은 경우는 탈표준화・탈규격화를 통해 개인적 소질과 적성을 최대한 현실화시킬 수 있어야 하는 특수성을 지니고 있다.

이렇게 일반행정이 지향하는 바와 교육과정행정이 지향하는 바가 다르다면, 일반행정에서 논의되고 있는 공익의 개념을 어떻게 규정할 것인지 논의의 대상이 된다. 그리고 일반행정에서의 공익과 차별화된다면, 교육의 이념으로서 홍익인간이나 교육의 자주성 원리와 어떻게 관계되는지 등에 대한 검토가 필요하다. 여기서는 특수이익을 극복하고자 하는 공익의 개념에 대한 일반적 논의를 살펴보고, 교육과정과 관련하여 공익 개념을 특수화시켜 보고자 한다.

### 2) 공익에 대한 이론

공익은 행정의 이념적 최고 가치이자 행정에 대한 책무성을 판단하는 기준으로서 불특정 다수인의 이익 혹은 국가 이익으로 말하고 있다. 그러나 공익이 무엇을 말하는 것인지에 대해 완전히 일치된 견해는 제시되지 못하는 것으로 생각된다. 공익이라는 개념이 무엇인지에 대해 수많은 견해가 존재하지만, 크게 공익의 개념에 대해서는 개인의 사적 이익의 합으로 보는 개인주의적 과정론의 견해와 개인 이익의 단순한 집합과 다른 공동체의 특성이 존재하는 것으로 보는 공동체적 실체론의 견해로 구분할 수 있다. 여기서는 이들 견해에 대해 살펴보고자 한다.

첫째, 공익은 개인의 사적 이익의 합으로 보는 과정론에 대해 알아본다. 이 입장은 공익이라는 것은 사회집단의 특수이익이나 사익과 본질적으로 구분이 되는 것은 아니고, 상호 경쟁적・대립적인 여러 가지 이익이 조정되고 균형된 결과로 보는 것이다.[9] 정책결정 과정에서는 해당 사안에 대해 몇 개의 특수한 이익집단으로 세분화되고, 이들 집단이 타협과 조정을 거쳐 합의하는 과정에 의해 정책결정이 이루어지게 된다. 이러한 과정을 거쳐 만들어진 공익은 단일한 것이 아니라 복잡성을 띠게 되고 개인주의적인 입장에 서게 되는 것이다.

이러한 과정론은 이기적인 사익이 어떻게 그들 간의 조정 과정을 통해 공익화할 수 있으며, 이것이 국민 다수의 이익을 대변하는 것인지에 대해서는 의문의 여지가 있는 것이다.[10)] 교과교육과정의 시간배당에서 교과들 간 이해관계의 충돌에 의해 타협과 조정이 되는 과정을 거치는 것은 이와 유사한 것으로 볼 수 있는 것 같다. 교육과정은 궁극적으로 학생들이 학습해야 할 활동의 내용을 체계화한 것이기 때문에, 이해관계 집단의 타협의 산물이 학생의 학습에 대한 권리를 대변하지는 못하는 것이다. 교육과정 분야에서 공익이라는 것은 학습자의 이익을 고려한 이해관계 당사자 집단의 타협과 조정이 되어야 할 것이다.

둘째, 공익은 공동체적 특성이 존재한다고 보는 실체론에 대해 알아본다. 실체설은 공익은 특수이익이나 사익을 초월하여 도덕적이고도 규범적 형태로 존재하고 있다는 입장이다. 이 입장은 개인의 집합으로 공동체를 상정하고 공동체가 사회생활을 할 수 있는 토대가 되도록 시민이 노력하여 만들어 나가야 되는 것을 강조하고 있다. 공익이라는 것은 자유나 평등과 같은 국민의 기본권이 공익의 내용이며, 이것은 사회가 추구하여야 할 가치이고, 개인의 합이 아니라는 것이다. 또 사회구성원들은 사회의 존속을 위해 지켜야 할 규칙을 만들어 공공재의 존재 이유와 형평성의 문제를 해결하고자 한다.

이 견해를 취하는 사람들은 과정설과 달리 집단주의적 성향을 지닌 경우에 해당한다. 그러나 실체설 역시 한계가 있다. 공익이라는 것은 인간이 규범적인 것에 가치를 두지만, 개인적 가치는 달라 결정권자가 가지고 있는 가치관에 따라 따라 결정의 내용이 달라질 수 있는 것이다. 그리고 그렇게 만들어진 정책에 대해 합의를 이끌어 내는 것도 쉽지 않다는 한계가 있다.

셋째, 과정설과 실체설을 절충한 입장이 있다. 이 입장은 공익의 존재를 인정하면서도 공익과 사익 간의 관련성을 받아들이고 있다. 공익은 사익의 집합체나 사익 간의 타협의 산물도 아니고 사익과 별개의 것도 아니라고 보는 것이다. 공익은 사익을 초월한 공익의 영역과 공익에 기여한 바가 없는 사익 영역이 일치되거나 겹치는 제3의 영역에 존재하고 있다고 본다. 그러나 이 입장은 공익과 사익의 구별의 기준이 무엇이며, 기준이 있다고 하더라도 어떠한 방식으로 구별할 것인지에 대한 명확한 답을 제시하지 못한다는 비판이 있다.

이러한 공익을 보는 관점은 과거에는 집단주의적 이념이 지배함으로써 실체설의 입장을 많이 채택하였지만, 시간이 흐르면서 개인주의적 이념의 보급에 따라 과정설의 입장이 강화되어 왔다. 시간의 경과에 따른 공익의 개념이 변화한다는 것은 현재의 시점에서 가장 적절하다고 생각되는 공익의 개념을 규정할 필요를 낳고 있다. 그것은 공익이라는 개념을 현대적 의미로 해석하고, 구체화하는 작업을 진행할 필요가 있다. 행정의 이념으로 언급되는 효과성, 능률성, 민주성, 합법성 등은 행정의 지도원리가 됨과 동시에 이들 구체적 이념에서 어느 하나 혹은 어떠한 것을 기준으로 할 때 정책의 결정에서 가장 최선책이 되는지를 기준으로 공익의 개념화를 시도할 수 있을 것이다.

### 3) 교육과정에서의 공익과 교육의 자주성

일반행정에서의 공익의 개념이 합의를 보지 못하고 있고, 현대적 의미에서 그 개념을 규정하지 못하고 있는 것은 교육과정에서의 공익이 무엇인지를 구체화하는 데 상당한 어려움을 주고 있다. 현재 교육분야에서 공익과 관련된 현안이 되는 것은 고등학교 무상급식과 같은 것이 될 것이다. 고등학교 무상급식은 특수한 이익집단과 관계없이 모든 학교와 학부모 및 학생들에게 이익을 주는 것이다. 재정적 지원과 달리 직접적인 교육활동과 관련된 교육과정과 같은 경우에도 이러한 방식의 공익이라는 것이 존재하는 것인지에 대해서는 검토가 필요하다.

우선 행정의 이념과 교육의 이념부터 검토해 보기로 한다. 행정의 이념은 공익으로 규정하고 있고, 교육의 이념은 「초·중등교육법」 제2조에 의해 '홍익인간'으로 되어 있다. 홍익인간은 삼국사기와 제왕운기에 기록되어 있는 말로서 그 의미는 널리 인간을 이롭게 한다는 것이다. 유교의 인의 사상, 불교의 대자대비의 마음, 기독교의 박애·평등의 정신과 밀접하게 관련되고 있다. 이러한 홍익인간에 내재해 있는 의미는 행정의 이념으로 제시되는 공익과 일맥상통하는 면도 있다. 공익이라는 것이 공동의 이익, 대중이익, 다수이익, 전체이익, 국가이익 등의 용어로도 표현되고 있는 것이 그것이다. 따라서 공익에 대한 개념의 구체적 정의와 홍익인간이라는 용어의 현대적 의미 해석 여부에 따라 동질성을 지닐 수 있다.

둘째, 교육과 행정의 기본성격에 대해 살펴본다. 교육의 기본성격(본질)은 인간의 성장을 위해 유의미한 장을 마련해 주는 데 있다. 그리고 공적인 교육체제에서는 교육의 기회균등과 일정 수준의 유지를 위한 노력을 기울이고 있다. 교육의 기회균등에서는 취학의 기회를 균등하게 하는 것과 같은 공익적 성격을 지닌 것이 대표적인 예에 해당한다. 그러나 이러한 것은 외적인 여건을 정비하는 것과 관련된다. 교육과정과 같은 경우는 동질적이기보다는 개인의 능력에 따라 차별화되는 것에 중점을 두게 된다. 그것이 모든 학생에 대한 다수의 이익에 부합하는 것이다. 다른 한편으로는 교육의 일정 수준 유지는 공통적인 교육과정을 요구하기도 한다. 그래서 교육과정은 필수와 선택 교육과정으로 구성되어 있다.

행정은 행정국가화되면서 가치배분적인 정치적 성격을 내포하고 있지만, 관리적 측면에서는 효율을 기하면서 규격화·표준화를 지향하는 특성을 지니고 있다고 생각된다. 공익을 추구한다는 것은 가치 배분적인 성격을 지니고 있다고 보지만, 정책을 집행하는 과정에서는 규격화를 통한 통일성이 더 중요하게 부각되는 것으로 이해된다. 행정의 기본성격은 이러한 점에서 교육의 기본성격과 차이가 나는 부분이 존재하고, 직접적인 교육활동과 관련이 되는 교육과정과도 차이가 발생하는 것이다.

교육과 행정의 기본성격의 차이는 교육과정행정의 개념 규정이 쉽지 않다는 것이고, 그것이 교육과정행정이 지향하여야 할 규범적 기준이 무엇인지를 결정하는 것도 어렵게 한다. 교육과정이 필수적인 것과 차별화되는 것이 존재하는 것은 보통교육의 단계에서 교육의 일정 수준을 유지하는 것과 개인의 능력을 고려해 차별화를 고려해 주는 것이다. 그러나 교육이 인간의 성장에 있다고 하면, 교육과정은 개별 학생의 수준에 적절한 형태로 마련되고 제공되어야 한다. 이러한 사항을 고려하면 모든 학생을 만족시키는 하나의 교육과정을 만드는 것은 쉽지 않은 것이 된다. 오히려 학생 수에 비례해 수많은 교육과정이 존재하는 것이 이상적이 될 것이다.

그러나 학생의 성장을 위해 교육과정이 차별화되는 것이 정당하다고 하더라도, 그것은 학생의 성장을 위한 필요조건에 해당하는 것이지 충분조건까지 충족하는 것은 아니다. 학생의 성장이라는 것은 교육관에 따라 다르고, 그에 따라 교육과정을 구성하는 방식도 달라질 것이다. 그리고 사회생활을 영위하는 데 필수적으로 알아야 할 내용도 존재하고 있다. 학생의 개성에 따라 차별화된 교육과정만이 요구되는 것은 아닌 것이다. 따라서 사회 구성원으로 학생이 성장하기 위해서는 선택 교육과정 외에 필수 교육과정도 요청되는 것이다. 그것은 교육과정이 학생의 이익에 부합되어야 함을 말하는 것이다.

이러한 점에서 교육과정행정이 공익이라는 행정의 이념을 공유하는 것도 가능하다고 생각된다. 공익이 다수의 이익에 해당이 되는 것으로 추상화시켜 본다면, 교육과정행정 역시 모든 학생의 이익을 위한 것에 규범적 기준을 둘 수 있는 것이다. 여기서 학생의 이익과 관련해 학생이 원치 않은 교과목에 대해 필수로 이수하여야 하는 것의 정당성이나 교육내용의 적정화(양과 수준)를 어떻게 정해야 할 것인지에 대한 답이 있어야 된다고 생각된다. 그것은 교육과정의 기준이나 내용의 기본적 사항을 정할 때, 참여하는 교육 관련 주체의 공정한 역할과 이들의 최대 공약수를 구하는 것 그리고 그러한 주체가 정책결정의 과정을 투명하고도 합리적으로 이행하며, 그 기준은 학생의 이익이 되는 방향에서 이루어져야 한다.

마지막으로 교육과정행정과 교육의 자주성과 관련된 것이다. 교육의 자주성은 교육이 가급적 교육자나 교육전문가에 의해 주도되어야 한다는 취지에서 비롯된 것으로, 교육의 자주성이 보장되기 위해서는 교육행정기관에 의한 교육내용에 대한 부당한 권력적 개입이 배제되어야 한다는 것을 의미한다.[11] 이러한 의미에서 교육의 자주성이 강조되는 것은 교육내용의 결정과 관련된 사항에 해당하는 것이므로, 교육과정정책에서도 교육의 자주성이 보장되어야 하는 것이다.

교육의 자주성은 「헌법」에 제시된 교육에 대한 법의 원리로 이를 보장하기 위해 교육의 전문성과 정치적 중립성도 동시에 규정하고 있다. 교육의 전문성은 교육정책이나 그 집행은 가급적 교육전문가가 담당하거나 그들의 참여를 통해 이루어져야 하는 것을 말한다. 그리고 교육의 정치적 중립성은 교육내용이 특정한 정치세력이나 종교적 종파성에 의해 침해되지 않는 교육이 보장되어야 하는 것을 의미한다. 「헌법」에 규정되어 있는 이러한 사항은 교육과정행정에서도 이들의 원리가 지켜져야 하고, 이를 보장하는 형태로 정책이 결정되고 집행되어야 함을 말하는 것이다. 따라서 교육과정행정의 규범적 기준으로 교육의 자주성도 동시에 요청되고, 그것은 교육과정분야에서의 공익의 개념을 구체적으로 정립할 수 있는 하나의 방법을 제시하는 것이기도 하다.

CHAPTER 06

# 기 획

## 01 의의

우리나라는 1948년 정부 수립과 더불어 재무부와 기획처가 만들어지고, 그 이후 경제기획원 등을 거쳐 현재는 기획재정부가 거의 모든 분야에서 기획을 하고 있다고 생각된다. 2021년 1월 현재 교육분야에서는 교육부 내에 기획조정실이 있고, 그 아래 정책기획관과 국제협력관이 있으며, 정책기획관 아래에 기획담당관, 예산담당관, 혁신행정담당관, 규제개혁법무담당관, 양성평등정책담당관, 교육공무근로지원팀, 비상안전담당관으로 구성되어 있다. 이러한 기획을 담당하는 정부 부처와 직제가 존재하고 있는 것은 기획의 중요성을 말하는 것이고, 해당 분야의 발전을 위해 자원의 효율적 배분을 통해 국민의 지지를 획득하려는 데 있는 것이다.

과거 경제질서에서 자유방임주의가 원칙으로 작용하였던 시기에는 정부가 민간생활에 개입하는 것에 대해서 부정적이었으므로, 이 당시에는 행정에서의 기획이라는 개념은 강조되지 않았다. 그러나 1930년대 미국의 경제공황의 시기에 뉴딜 정책과 더불어 기획이 도입되고, 우리나라에서도 광복 이후 기획 부서가 등장하고, 경제개발 5개년 계획을 진행하면서 정치적으로 뒷받침을 받으면서 사회 각 분야의 발전을 위한 기획을 진행하고 있다고 생각된다.

정부부처에서 사용하고 있는 기획(planning)이라는 용어는 특정의 행정목표 달성을 위해 최적의 방법과 절차를 결정하는 것을 말하는 것으로 계획이라는 용어와 유사한 개념에 해당한다. 학자에 따라 계획은 기획의 결과 얻어지는 산물로서의 최종안을 의미하는 것으로 구분하는 경우도 있다.[1) ]그러나 일반적으로 기획과 계획은 혼용하고 있는 편이라고 생각된다. 다만 기획은 계획을 세워가는 계속적·동태적 과정을 가리키는 포괄성을 띠고 있지만, 계획은 보다 구체적·개별적인 것으로 보인다.

계획이라는 용어와 혼용되기 때문에, 기획은 정책과도 유사하게 사용된다. 기획이라는 것이 행정인이 장래의 변화를 의도하는 것이라는 점에서는 정책과 동일하게 볼 수 있다. 그러나 기획은 정책에 비해서는 보다 구체성을 지니고 있다. 그리고 정책과의 관계에서는 정책의 목표 달성을 위한 수단적 역할을 하는 것이라는 점에서 구분된다. 교육목적과 교육목표의 구분이 상대성을 띠고 있는 것과 마찬가지로 생각하면 될 것이다. 기획은 목표 달성을 위한 방법과 절차를 미리 정하는 것이므로 해당 사안에 대한 예산을 책정하는 것도 기획활동에 해당되는 것이다. 성과주의 예산, 계획예산, 영기준 예산 등은 기획과 예산의 관계가 밀접하다는 것을 말해준다.

기획이 정책과 상대적 관계에 있다는 것은 기획이 정책집행과도 개념적으로 구분되는 것으로 이해될 필요가 있다. 정책의 집행은 정책의 구체화라고도 하고 있으며, 정책을 구현하기 위한 후속과정에 해당한다. 그러한 정책의 후속과정이라는 것은 정책을 집행하기 위한 일정한 조직이 있어야 하고, 그러한 조직을 움직이기 위해서는 재원이 동원되어야 하며, 정책이 성과에 대한 가치판단을 하여 그 시정조치를 포함하는 것이다. 기획에서는 이러한 조직 및 재원의 동원, 그리고 평가와 시정조치에 대해 구상되어야 하는 것이다. 행정의 과정에서 본다면 기획 단계는 집행 단계 이전의 과정에 해당한다.

**표 6-1 기획과 구별되는 용어**

- 정책 - 기획에 선행하는 것으로 계획을 세우기 위한 일반 지침을 제시
- 기획 - 정책의 구체화를 위한 수단으로 집행을 위한 방법과 절차(조직화, 동작화, 평가와 시정조치)의 구상
- 계획 - 기획이 동태적, 포괄적 개념임에 대해 구체적·개별적 개념과 정태적 측면으로 보기도 함
- 집행 - 기획 이하의 관리 과정으로 정책을 구현하기 위한 후속 과정

기획이 보편적이고도 일반화되는 것인지에 대해서는 국가이념이나 국가체제에 따라 차이가 있다. 기획에 대해서 러시아는 구소련 체제에서 국가사회 전반에 걸친 기획을 실시하였고, 그것은 공산주의 정치이념과 사회체제의 변화와 경제발전을 위한 것에 있었다. 그러나 미국과 같이 자본주의를 기본질서로 하고 있는 나라는 정부와 거리가 있는 사적인 경제가 발전해 있었기 때문에, 제한적이고 간접적 기획의 형태를 지니고 있다. 제2차 세계대전 이후 신흥국은 미국과 같은 자본주의 국가에 비해 기획이 보다 직접적으로 수립되었고, 우리나라 역시 마찬가지로 기획이 중요하게 제시되고 있다.

기획은 국가의 이념과 정치·경제 체제에 따라 그 범위나 개입의 직접성은 다르게 전개되고 있다. 시민의 자유나 재산권은 행정국가에 따라 행정의 권한이 커지는 것에 비례해 제한될 여지가 존재하고 있다. 따라서 기획에서는 이러한 사항에 대한 고려가 필요한 것이다. 교육과정과 같은 경우는 국가의 권한이 커질수록 단위학교나 교사의 교육의 자유가 제한된다. 따라서 교육과정에 대한 기획에서는 교사의 교육의 자유나 현장의 자율성을 강화시키면서도 국가의 교육과정 기획에 대한 가치가 조화될 수 있도록 기획에 임하여야 할 필요가 있는 것이다.

## 02 유형

기획과 관련된 유형화는 기획에서 어떠한 것을 고려하여야 할 것인지에 따라 여러 가지 유형이 관련되는 것이고, 그것이 결합되는 것이다. 여기서 제시하는 기획의 유형은 서로 분리되거나 배타적인 것이 아니라, 문제의 성격에 따라 함께 고려될 수 있는 성질의 것이다.

### 1) 기간별

기획은 계획한 내용의 목표 달성이 어느 정도의 시간이 소요되는지에 따라 단기, 중기, 장기로 구분할 수 있다. 단기기획은 1년 내외의 기준을 말하는 것으로 행정기관의 주요업무계획이나 기본업무계획이 해당한다. 중기계획은 5년 내외를 기준으로 하고 있지만, 대상의 성격에 따라 달라질 수 있다. 현재 대통령의 임기가 5년인 것을 고려하면 중기 계획에 대한 수립이 많을 수 있다. 2017년 100대 국정과제의 교육분야 내에서 고등학교 과목선택 만족도나 기초학력 향상도 검사 도달 비율, 학생평가 제도의 단계적 개선 등에 대한 목표치를 5개년으로 잡고 있는 것은 이러한 것의 예에 해당한다.

장기기획은 일반적으로 10년 이상을 고려하고 있는 것으로 교육 분야와 같이 비교적 오랜 시간을 요하는 사항이 해당한다. 그러나 예측의 정확성이 떨어질 뿐만 아니라, 최근 사회변화가 더욱 빨라지는 시기를 고려하면 현실성이 떨어지고 있다. 그러나 장기기획은 교육에 종사하는 사람들의 장래 희망과 기대를 줄 수 있고, 중·단기 기획의 방향을 제시해 줄 수 있는 점에서 시도되고 있다. 유치원이나 고등학교의 의무교육 등에 대한 논란이 많지만 이들에 대한 계획은 단기나 중기적으로 해결하기 어려울 수도 있는 것이다. 이러한 사항은 비교적 장기에 걸쳐 이루어질 수 있는 것이다.

### 2) 대상별

행정의 대상별로 구분하는 것은 그 대상을 어떻게 고려하느냐에 따라 달라질 수 있다. 교육부의 교육과정정책관은 2020년 6월 현재 교육과정정책과, 고교교육혁신과, 교과서정책과, 교수·학습평가과의 4개 과로 이루어져 있다. 교육과정정책과는 교육과정 총론과 교과교육과정, 자유학기나 고교학점제 등 현안과 관련된 사항 등 교육과정정책 업무 전반을 다루고 있다. 고교교육혁신과는 일반고 교육역량 강화, 고교학점제 지원, 영재학교와 과학고 등에 대한 업무를 맡고 있다.

교과서정책과는 국·검정 교과서 개발과 지원, 교과서 가격의 산정, 동북아 역사와 관련된 사업 등 교과서 정책에 대한 업무를 총괄하고 있다. 교수·학습평가과는 학생평가, 학교생활기록부 제도 개선, 학적이나 나이스 업무 등 교수·학습 및 평가와 관련된 업무를 전반적으로 다루고 있다. 이렇게 교육부의 교육과정정책의 기획은 이들 부서별로 업무 담당자에 의해 정책사업이 뒤따르고 구체화되고 있다.

### 3) 학교의 종류별

학교의 종류를 기준으로 기획을 구별할 수 있다. 유치원은 교육복지정책국의 유아교육정책과에서 유아교육과정과 초·중등 교육과정 연계 및 유아교육·보육의 통합 등에 대해 다루고 있으며, 방과후 돌봄은 교육복지정책국의 방과후 돌봄정책과에서 그 업무를 담당하고 있다.

초·중등교육과 관련된 교육과정정책은 교육과정정책관의 교육과정정책과를 중심으로 그 업무가 분장되어 있다. 그리고 특수교육과 관련된 교육과정정책은 학생지원국의 특수교육정책과에서 그 업무를 수행하고 있으며, 진로교육과 그에 대한 교육과정은 평생미래교육국의 진로교육정책과에서 그 업무를 수행하고 있다.

고등교육이나 평생교육에 해당하는 사항은 평생미래교육국의 평생학습정책과와 고등교육정책관의 고등교육정책과에서 맡고 있다. 고등교육이나 평생교육의 경우는 해당 교육기관별로 교육과정을 만들어 자율적으로 행할 수 있다. 따라서 이들 기관에서의 교육과정은 특정의 사업을 토대로 교육과정의 편성이나 운영 등을 견인하는 역할을 하고 있는 실정이다.

### 4) 기타

기획은 교육과정의 수준을 기준으로 분류할 수도 있다. 교육과정은 일차적으로 교육부에서 기준과 내용의 기본적 사항을 정하지만, 교육청은 교육부에서 정한 교육과정의 기준과 내용의 기본적 사항에 기초해 다시 기준과 내용을 만들 수 있다. 그리고 학교는 교육부와 교육청의 교육과정 기준과 내용에 기초해 학교 교육과정을 편성·운영하는 것이다. 따라서 교육과정의 기획은 국가, 지역, 학교 등의 수준으로 분류가 가능한 것이다.

이용 빈도별로 구분하는 것도 가능하다. 수립된 기획을 1회 사용하는지 아니면 반복적으로 사용하는지에 따라 단일사용 계획과 상시사용 계획으로 구분할 수 있다.

강제성의 유무에 의해 기획을 구분할 수도 있다. 자유학년제와 같은 경우 직접적으로 하여야 된다고 하지는 않지만, 간접적으로 하도록 유도하는 기획에 해당한다. 교육과정이 개정되었을 경우 연차별로 적용되도록 하는 것은 직접적인 기획에 해당하는 것이다.

이러한 기획의 종류 이외에도 기획의 기간을 기간이 끝날 때까지 고정시키는지의 여부에 따라 고정계획과 연동계획 등으로 분류할 수도 있다.

## 03 기획의 수립과 제약요인

기획은 정책과 상대적인 것으로 정책이 보다 일반 방향성의 무엇(what)이라고 한다면, 기획은 보다 구체적이고 어떻게(how)의 방법에 치중하는 것이지만, 미래 행동에 대한 결정이라는 점에서 유사하다.[2)] 그래서 정책의 결정과 관련된 참여자나 그 과정은 유사한 편이다.

### 1) 담당자

정책결정의 담당자에서는 기획의 기구와 사람에 대해 살펴보고자 한다.

첫째, 기획의 기구에 대한 것이다. 우리나라의 전체 기획을 담당하는 행정부서로는 기획재정부가 있다. 기획재정부는 거시경제의 안정적 운용과 경제정책의 합리적 조정, 국가재원의 효율적 배분과 재정 건정성 확보, 공공기관의 혁신, 합리적 조세정책, 국제금융·대외협력 강화를 통해 대한민국 경제의 내일을 책임지는 기관이다.[3] 기획재정부는 장관이 부총리를 겸하고 있다.

교육부는 기획조정실을 별도로 두고 있다. 기획조정실에는 기획담당관, 예산담당관, 혁신행정담당관, 규제개혁법무담당관 등으로 되어 있으며, 부총리겸 교육부장관과 차관 아래에 기획조정실이 구성되어 있다. 현재의 구조를 보면 중앙 부서에 기획을 전담하는 부서가 있고, 교육부에서도 별도 기획을 담당하는 부서가 존재하고 있다.

중앙부서에서 기획재정부는 예산을 담당하는 일을 함께 하고 있기 때문에, 교육부와 비교하여 행정권이 더 우위에 있는 것으로 생각된다. 담당하는 기능에서는 기획을 집행할 때 조정·평가·통제를 하는 것이고, 교육과정의 운영과 관련해 기획재정부와의 협의가 필요하기도 하다. 예를 들어, 학점제를 운영하기 위해서는 보다 많은 교원의 충원이나 강사 등을 활용하여야 하는데, 여기에는 상당한 예산이 수반된다. 이러한 경우 기획재정부와의 협의를 통해 교육과정 운영과 관련된 기획을 하여야 하는 것이다.

지방정부에서 교육과 관련해서는 교육감이 지방의 최고 지위에 있지만, 일반행정에서는 시장이나 도지사가 최고의 자리에 있다. 교육의 자주성을 보장하기 위해 교육 분야를 별도로 두고 있는 것이다. 따라서 교육과정행정에서는 교육청에 부서가 존재하고, 그에 따라 기획을 하는 구조이다. 그러나 시청이나 도청에 교육위원회 등이 존재해 교육 분야에 대한 예산에서 협력을 구할 필요도 있다.

교육 분야와의 협력을 원활하게 하기 위해 행정협의회를 두도록 하지만, 이들의 협력관계가 잘 이루어진다고만 보기는 어렵다. 이러한 사항은 교육과정의 운영과 관련된 예산의 편성과 집행에서 어려움을 낳게 하는 원인이 되기도 한다.

둘째, 교육과정의 운영과 관련된 사업을 진행하기 위해서는 이러한 기구의 조직 외에 그 조직을 움직이는 행정인의 역할도 중요하다. 기획재정부나 교육부 내 기획조정실은 능력이 우수하여야 할 뿐만 아니라, 그들의 사기도 높아야 할 필요가 있다. 신규 임용이나 경력이 많지 않은 자에 비해 해당 분야에 대한 지식도 풍부하고 경험도 많은 사람이 배치되는 것이 적절하다.

그리고 예산을 담당하기 때문에 수학과 같은 과학적 지식도 제대로 갖추고 있어야 하는 것이다.

교육과정행정이 제대로 작동되게 하기 위해서는 교육과정과 관련된 사항에 밝아야 할 뿐만 아니라, 그러한 행정을 뒷받침할 수 있는 재정적 뒷받침에 대한 사항도 제대로 알고 있어야 하는 것이다. 그리고 행정인의 발전을 위해 순환보직을 한다거나 승진에서 다른 업무를 거친 후 기획업무를 맡는 등의 능력 발전이나 사기를 진작시킬 수 있는 방법도 필요할 것이다. 기획에서의 참여자는 이러한 기구 이외에 정책에서 언급한 전문가, 이익단체, 국회, 정당, 여론 등이 고려되어야 하는 것은 유사하고, 중요한 교육과정정책의 결정에서는 반드시 예산 담당자와의 협의를 하는 것이 필요할 것이다.

### 2) 기획과정

기획은 구체성의 정도에서 정책과 상대적 차이를 가지고 있으므로 기획의 과정 역시 정책과정과 유사하다. 기획의 단계는 목표의 설정, 정보의 모집・분석, 기획전제의 설정, 대안의 탐색・평가, 최종안의 선택으로 이루어진다.[4)]

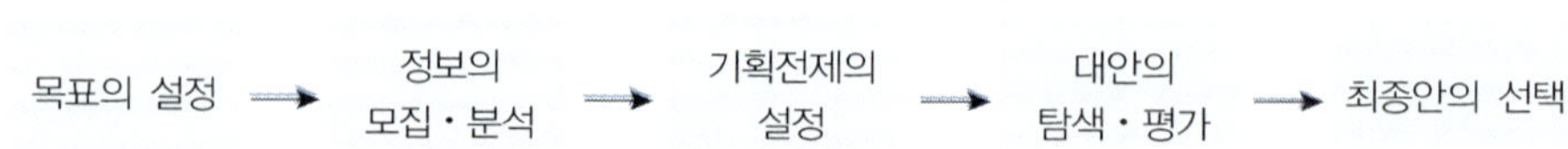


**| 그림 6-1 | 기획의 과정**

첫째, 목표의 설정 단계이다. 목표는 정책의 범위 내에서 이루어진다. 목표는 가능한 한 구체적이고도 계량적으로 명확하게 제시될 필요가 있다. 그리고 해당 목표를 달성하기 위해서는 동원 가능한 인적・물적인 자원의 범위 내에서 이루어져야 실현이 가능하게 된다. 일반적으로 행정인은 목표를 제대로 달성하기 위해 발전적 설정보다는 적은 목표를 설정하는 경우도 존재하므로 목표가 형식화되는 것에 대해서는 경계를 할 필요가 있다.

둘째, 정보의 모집・분석의 단계이다. 여기서는 기획 대상의 정보를 수집하고 분석함으로써 현황에 대한 정확한 판단을 내리는 것이 중요하다. 기획의 대상에 대한 정보를 얻는 것은 필수적인 것이고, 그것은 과거의 전례나 조사·연구를 하는 등 보다 정확한 자료가 필요한 것이다. 기획 대상의 정보가 부정확하게 되면 실제 일을 집행하는 과정에서 어려움을 낳을 수 있다.

셋째, 기획전제의 설정 단계이다. 기획의 전제를 설정하는 것은 계획수립의 기초가 되는 주요한 가정이나 미래의 예측을 하는 것이다. 기획의 전제가 되는 것은 계량적인 것도 있지만, 계량화가 어려운 것도 있다. 미래의 예측을 위해서는 전문가의 의견을 조사하는 델파이 기법을 활용하기도 한다.

넷째, 대안의 탐색·평가 단계이다. 목표의 달성에는 여러 가지 대안이 있을 수 있으므로 각 대안의 장·단점을 비교·평가하여야 한다. 과거의 경험이나 관례에 따르기보다는 실현가능성에 무게를 두고, 최선의 방안을 도출하여야 하는 것이다. 대안의 비교·분석에는 비용효과분석이나 비용편익분석의 방법이 활용되고 있다. 그러나 양적인 분석에 치우치게 되어 질적인 측면이 도외시되지는 않았는지에 대해서도 유의해야 할 필요가 있다.

다섯째, 최종안의 선택 단계이다. 최종안의 선택에서는 개인적이거나 주관적 편견을 제거하고 객관적으로 이루어져야 할 필요가 있다. 최종안은 누구를 위한 것인지를 신중하게 고려하여 이루어져야 한다. 교육과정은 결과적으로 학생의 이익을 위한 것에 있으므로 이에 대한 고려가 우선되어야 하며, 상관의 의도에 지나치게 부합하고자 할 필요는 없을 것이다. 그리고 최종안은 현실적이고도 실현 가능하여야 하며 환경의 변화에 따른 신축성도 고려하여야 할 것이다.

### 3) 기획의 제약요인(한계)

기획을 제약하는 요인은 기획의 수립, 기획의 집행, 그리고 평가로 구분해 살펴볼 수 있다.[5)]

첫째, 기획의 수립에서의 제약을 살펴본다. 기획의 수립에서는 교육현장의 지원과 정치·행정적으로 뒷받침이 제대로 되지 않는다면 성공하기 어렵다. 교육 관련 주체는 이러한 사항을 제대로 알지 못하므로 대민관계의 홍보도 필요한 것이다. 그리고 기획 구성원들 간의 목표에 대한 의견이 일치되지 않거나 미래를 예측하는 능력의 한계, 부정확한 정보나 자료, 기획담당관의 능력, 시간과 비용의 문제, 전년도 예산 위주의 예산 제도 등도 기획의 수립에 제약이 되는 요인이 된다.

둘째, 기획 집행에서의 제약요인을 알아본다. 기획을 집행하는 것에서 일정한 변화를 수반할 경우 저항이 생기게 되므로 이에 대한 설득 방법을 모색하여 극복해야 할 필요가 있다. 그리고 행정의 경직성으로 인해 환경의 변화나 예상 외의 일이 발생할 경우 신축적으로 대응하지 못하는 경우가 발생하기도 하고, 대응성을 높이기 위해 빈번하게 수정하게 되면 합리성을 결여하는 경우도 존재하고 있다. 그리고 교육과정과 관련된 기획은 교육과정 정책과에만 있는 것이 아니라, 다른 부서나 임시조직 등을 통해서도 이루어지기 때문에, 중복되거나 자원이 분산되어 실효성을 담보하기 어려운 경우도 있다.

셋째, 기획의 평가에 대한 제약 요인을 알아본다. 기획에서는 평가를 위한 자료나 정보가 부정확하게 되면 합리성을 저해하고, 객관적이고도 타당한 평가를 내리지 못할 경우 역시 마찬가지가 된다. 교육과정에 대한 발전적 목표를 설정하지 않고 쉽게 목표를 달성하기 위해 저평가된 목표의 설정과 계량화 위주로 평가를 하고자 하는 경우도 행정의 형식화를 초래하게 된다. 따라서 교육과정에 대한 평가를 위한 자체평가뿐만 아니라, 그 외 전문가나 이해관계 당사자의 참여도 고려할 필요가 있다.

PART 03

# 역할분담과 자원의 동원

역할의 분담과 자원의 동원은 기획 이후에 이루어지는 일을 다룬다. 그 일은 구체적으로 누가 담당하고, 어떠한 자원으로 행할 것인지를 결정하는 것이다. 행정에서 기획된 대로 집행하기 위해서는 그 일에 대한 역할의 분담과 더불어 실제 운영을 위한 자원의 배분이 요청된다. 역할의 분담은 모종의 조직을 중심으로 조직 내, 조직들 간의 역할의 분담을 통한 분업체제의 형성과 일의 추진을 위해 필요시 통합하는 것을 말한다. 그리고 자원의 배분은 사람에 대한 인적 자원과 예산과 관련된 물적 자원을 총칭하는 것이다.

교육과정행정에서 기획이 이루어진 이후에는 업무를 담당할 조직을 만들고, 그 뒤 업무에 부합하는 사람을 선발해 적재적소에 배치하여 적절한 과업을 담당하게 하며, 과업 수행을 위해 필요한 예산의 지원이 뒤따라야 하는 것이다. 교육과정 분야에서는 교육의 지방자치나 교육과정 결정의 분권화에 따라 중앙과 지방과의 역할 분담과 인적·재정적 자원에 대한 논의가 함께 필요하게 되는 것이다. 여기서는 조직의 정비와 관련된 교육과정행정 조직을 설명하면서 정태적 측면으로서의 분업체제, 인사행정 및 재무행정에 대해 다루고자 한다.

CHAPTER 07

# 교육과정행정 조직의 의의

## 01 조직의 정의와 관점

### 1) 조직의 정의

일반적으로 사용하고 있는 조직의 개념은 한 개인이 아니라 이들 개인이 결합되어 있는 것을 의미하고, 개인들이 결합하는 이유는 조직을 통해 특정한 목적을 달성하려는 데 있는 것으로 보고 있는 것 같다. 조직은 규모가 커질수록 목적 달성을 위해 각자의 역할을 부여하게 되고, 그 역할을 수행하기 위해서 일정한 지위를 부여하고 있다. 이러한 의미에서 조직이라는 것은 일정한 목적을 달성하기 위해 사람들이 상호작용하는 체제로 이해할 수 있을 것이다.

여기서 체제라는 것은 특정의 목적 달성을 위해 각각의 구성요소가 고유의 기능을 담당하면서 전체와 유기적으로 관련되어 조화롭게 기능하는 것을 말한다. 따라서 사람들이 상호작용하는 체제라는 것은 역할을 분담하도록 하여야 하고, 그러한 역할 분담은 분업체제로 나타나게 되는 것이다. 분업체제를 도모하는 이유는 일을 보다 합리적으로 처리하려는 데 있다.

이러한 의미의 조직을 대상으로 하는 학문 분야가 조직론이고, 조직론은 행정학에서는 주로 정부와 지방자치단체를 대상으로 하고, 경영학에서는 기업을 주요 대상으로 하고 있다. 교육과정 분야는 행정학에서와 마찬가지로 정부인 교육부와 지방자치단체로서 교육청을 대상으로 하지만, 단위학교도 주요 대상이 된다. 이들 외에도 조직론은 병원이나 복지시설, 노동조합 등 다양한 조직이 그 대상이 된다. 따라서 조직의 성격에 따라 성과지표가 달라지기 때문에 성과지표를 획일화하는 것은 상당히 어려운 일이 된다. 경영학은 기업을 대상으로 하기 때문에 이윤의 극대화가 되지만, 행정학은 공익이 될 것이며 교육과정의 경우 역시 공익도 해당되겠지만 개인적 적합성도 그 지표가 될 것이다.

### 2) 조직을 보는 관점

조직을 보는 관점이 다양한 것과 마찬가지로 조직의 설계와 관리는 시대의 변화에 따라 다양하게 전개되었다. 이 서적은 조직론을 다루는 것이 아니기 때문에 조직론의 발전 과정에 대한 세부적 사항을 다루기보다는 조직에 대한 현재의 상황을 이해하기 위해 고전적 조직론과 현대적 조직론으로 크게 구분하여 제시하고자 한다.

고전적 조직론은 19세기 말 경영이론이 출현하면서 산업혁명 이후 공장에서 효율성을 극대화하기 위한 경영 기법에 관심을 가지고 있었다. 19세기 말에서 20세기 초에는 독점기업의 형성과 불경기에 의한 공장폐쇄, 임금인하 및 노동쟁의가 발생하는 상황에서 경영에서의 낭비 요인을 제거하여 능률을 극대화할 수 있는 합리적인 관리기술이 요구되었던 것이다.

이러한 시기에 테일러는 조직이나 직무설계에서 과학을 적용한 과학적 관리법을 제안하였다. 과학적 관리법은 모든 작업을 동작의 요소로 분해하고, 각 동작 요소에 대한 시간연구와 동작연구를 행하여 표준화된 과업을 설정하고, 과업을 기준으로 관리의 과학화를 기하여 효율성을 최우선시하였다. 패욜(Fayol)은 경영의 원칙으로 명령통일의 원칙(unity of command)을 내세워 부하 직원은 한 명의 상사로부터 명령을 받도록 하고, 조직의 목표 달성을 위한 관료제 조직(bureaucratic organization)의 유용성을 주장하였다.

과학적 관리법은 행정에서 정치를 분리시켜 정치행정이원론으로 발전하게 만들었고, 행정은 가치판단의 세계와는 구별되는 기술적 수단으로 인식하게 만들었다. 그 결과 행정은 사기업에서와 마찬가지로 행정의 능률이 중요시되었다. 그 뒤 인간관계론을 연구하는 학자들은 호손연구(Hawthorne study) 이후

과학적 관리법에 의한 생산성 외에 종업원의 사기나 동기부여 등 비공식적인 측면 역시 경영의 중요한 요소가 된다는 것을 인식하게 되었다. 그래서 관리에서 인간적인 측면의 문제가 제기되기 시작하면서 신고전적 조직이론으로 발전하게 되었다.

고전적인 조직이론이 합리적인 인간관과 폐쇄적 조직의 관점을 주장하였다면, 현대의 조직이론에서는 합리적이며 감성적인 인간관과 개방체제적 조직의 관점을 전제로 하고 있다. 현대적 조직이론은 조직의사결정 이론, 상황적응 이론, 자원의존 이론, 시스템 이론, 제도 이론, 조직군생태 이론, 조직화 이론, 신제도 이론 등이 대표적이다.[1] 1980년대를 지나 1990년대 이후에는 정보화·세계화가 진행되면서 노동 유연성의 증대, 고객 요구에 대응력 강화 및 종업원의 동기부여, 비공식 조직의 중요성 등으로 전통적인 조직문화의 변화가 요청되었다. 그러면서도 안정적인 조직의 운영은 지속적으로 중요한 조직 운영의 기준으로 작용하고 있다.

1980년대 이후 본격적으로 시작된 거버넌스의 이론은 1990년대가 접어들면서 정치학, 행정학, 경영학 등에서 논의가 진행되어 왔다. 최근 교육과정 개정과 관련해 거버넌스의 문제가 주로 다루어지는 것은 사회변화에 따른 조직 변화의 모습을 반영한 것이다. 거버넌스는 정부기관만이 아니라 비정부 조직이나 기관이 공공서비스 공급에 참여하고, 이들 사이에 계층적 위계가 없는 서비스 연계망이 형성되며, 연계망의 구성 조직들은 신뢰의 기반 위에 협조하는 관계를 유지하는 측면이 있다.[2] 이러한 이론의 등장은 전통적인 수직적 조직에서 평등과 참여를 강조하게 되고, 권한을 위임하고 자율을 강조하며, 경쟁적인 전략에서 협력적인 전략을 강조하는 형태로 변화하고 있음을 말해 주는 것이다.

교육과정 분야의 경우에도 교육과정의 결정에서 국가, 지역, 학교 수준으로 그 권한이 배분되어 있고, 각 수준 내, 예컨대 국가 수준의 교육과정 결정에서 교육부, 전문연구기관, 교육과정심의회 등의 각 주체별 역할이 별도로 제시되어 협력 체제를 형성하고 있는 것은 최근 논의되고 있는 거버넌스와 밀접한 관련이 있는 것이다. 이처럼 현대의 조직은 전통적인 조직과 같이 위계적이면서 통제적인 형태를 벗어나 협력적이면서 자율성을 강조하는 형태로 변해가고 있으며, 교육과정행정의 조직 역시 이러한 구조로 변화해 가고 있다. 조직과 관련된 전통적 관점과 현대적 관점을 하나의 연속선상에서 제시하면 <표 7-1>과 같다.

표 7-1 고전적 조직관과 현대적 조직관

| ← 고전적 조직관 | 현대적 조직관 → |
|---|---|
| • 합리적 인간<br>• 폐쇄적 조직관<br>• 수직적 구조<br>• 공식적 통제를 통한 효율성 강조 | • 합리적 · 감성적 인간<br>• 개방적 조직관<br>• 수평적 · 참여적 조직 구조<br>• 자율성 강조 |

## 02 관료제

관료제는 근대 사회에서 대규모의 조직을 관리하고 운영하는 합리적인 방식으로 위계적 질서를 바탕으로 운영되고 있다. 위계적 질서가 요청되는 것은 분업과 밀접한 관련이 있다. 조직의 규모가 작을 경우에는 위계적 질서가 중요하지 않을 수도 있지만, 규모가 커지게 되면 관리자 혼자 업무 관리를 하는 것이 불가능하게 된다.

베버(Weber)는 세 가지 지배유형으로 부족이나 족장 및 군주에 의한 전통적 지배, 신과 유사한 실력을 갖춘 영웅의 지배를 인정하는 카리스마 지배, 그리고 근대적인 관료제적 통치로서 합법적 지배를 들고 있다.[3] 여기서 관료제는 합법성에 기반하여 합리적으로 조직이 운영되는 구조를 말하고, 관료가 동의하는 규칙에 절차적으로 적절하도록 행동하도록 하고 있다. 관료는 능력에 따라 선발되고 해당 업무에 봉사하면 되는 것이다.

이러한 관료제는 구조적으로 분업체제를 형성하고 있다. 종적으로는 계층제에 의한 분업을 이루고 있으며, 횡적으로는 기능적으로 업무를 분담하고 있는 것이다. 교육과정과 관련된 사항에서 실무담당과 실무 전체를 책임지는 과장이나 국장 등의 위계적 관계를 형성하는 것은 종적인 관계를 말하는 것이고, 교육과정정책, 교과서정책, 교육과정운영 등의 역할을 분담하는 것은 횡적인 관계를 말한다.

관료제는 정치행정 법치주의를 기반으로 하여 합리적인 조직의 운영을 하는 근대적 조직의 운영 방식에 해당한다. 그러나 수정된 관료제는 관료제 그 자체가 발전이나 쇄신의 주도적 역할을 담당하면서 법질서 유지를 위한 능률적 집행은 부차적인 것으로 여기고 있다. 행정이 단순히 집행만을 하는 경영의 입장을 벗어나 정치적인 성격을 고려한다면 관료제는 교육과정의 혁신을 주도하는 방향으로 전개되고 있다.

베버는 효과적인 조직 구조의 설계 방법으로 6가지의 관료제 원칙을 제시하였다.[4] 여기서는 이들 사항을 제시하면서 수정된 관료제의 내용도 함께 제시하여 관료제에 대한 이해의 폭을 넓히도록 한다.

첫째, 합법성의 원칙이다. 합법성은 조직 내에서 개인이 차지하고 있는 지위나 위치에 따라 그 권한과 책임이 부여되는 것이다. 「교육공무원법」 제41조에 근거하여 교사가 교육과정 운영을 위해 연수기관 및 근무장소 외에서 연수를 할 수 있도록 교장이 승인하는 것은 그 예에 해당한다. 그러나 법적인 안정성은 구조를 경직화시켜 발전적 입장에서는 장애가 될 수 있다. 따라서 내부구조의 변혁에 대한 신축성 있는 권한을 책임자에게 일임하는 것도 고려해 볼 수 있을 것이다.

둘째, 정실의 배제이다. 정실을 배제한다는 것은 혈연, 학연, 지연, 개인적 친분 등에 따라 조직에서의 역할을 부여하는 것이 아니라, 조직의 공식적인 규정에 따라 이루어져야 한다는 것을 의미한다. 교육과정 운영에서 교사의 개인적 친분이나 인맥에 따라 행·재정적 차별이 이루어진다면 학생의 학습권이 침해될 수 있으므로 이 원칙은 중요하다.

셋째, 분업화와 전문화의 원칙이다. 조직 내에서는 해당 업무에 대한 수평적·수직적 분화가 명확하게 설정되어 있어야 구성원들이 행동하는 방식을 제대로 확립할 수 있다. 수평적·수직적 분화가 되어 있지 않게 되면 역할에 대한 갈등을 겪을 수 있어 조직의 목적을 제대로 달성할 수 없게 된다. 그리고 협소한 전문적 지식은 사회 전반에 대한 전문적 이해가 부족하기 쉽다는 점을 유의할 필요가 있다.

넷째, 위계적 구조이다. 위계적 구조는 계층에 따라 권한과 책임을 명확하게 부여해 통솔과 복종의 관계가 정해져 있어야 하는 것을 말한다. 수직적인 관계를 유지하기 위해서 조직은 명령 계통의 확립을 통해 위계질서를 확립해야 하는 것이다. 위계적 관계를 상정하고 있는 계층제는 발전행정의 입장에서는 참여와 하의상달 및 분업의 입장에서도 고려하고 있는 점이 간과되고 있다.

다섯째, 공식화이다. 조직의 역할관계나 행동의 통제를 위해서는 문서화되어 있는 공식적인 지침을 통해 이루어져야 한다. 공식적인 절차에 의해 행위를 하게 되면 판단에서의 어려움이 없을 수 있고, 구성원들이 수행하여야 할 행동의 방향을 결정하기 쉽게 되는 것이다.

여섯째, 문서화이다. 구성원들이 각자의 권한과 책임을 확인하고 그에 따른 행동을 하기 위해서는 문서로 표현되어 있는 것이 합리적이다. 문서는 언어적인 것으로 소통을 하는 것에 비해 근거를 확립하는 것이기에 그 중요성이 인정되고 있는 것이다.

교육과정행정에서 나타나고 있는 관료제의 특징은 다음과 같다. 첫째, 교육과정행정이 추구하는 목표가 정태적이거나 안정지향적이기보다는 미래지향적이고도 발전적으로 변화하고 있다. 둘째, 교육과정정책의 결정 과정에서 전문가와 자문위원의 참여를 확대하여 합리성을 강화하고 있다. 셋째, 인적·물적인 자원의 동원이 확장되거나 강화되고 있다. 넷째, 수직적 계층화가 완화되고, 수평적 측면의 협력이 강화되고 있다. 다섯째, 관료제를 조직 내부에 한정하지 않고 환경과의 관계를 중시하면서 변화에 대응성을 강화하고 있다.

이러한 관료제는 위계적 조직에서 통제가 용이하고, 그러한 통제는 효율성을 강화하며, 분업화와 전문화를 통해 역할을 분명하게 한다는 점에서 장점을 지니고 있다. 반면 서면주의와 형식주의, 수단의 목표화, 소수 인물에 권력의 집중, 조직 외부인과의 원만하지 않은 관계, 변화에 대한 저항 등이 단점으로 지적되고 있다. 이러한 문제는 행정국가화에 따른 대규모 조직의 속성에 기인하는 것으로 보이며, 행정권 확대에 비례하는 통제 기제가 갖춰지지 않은 것도 원인이 될 수 있을 것이다. 그러나 최근 거버넌스와 관련된 논의가 지속되면서 전통적 관료제의 약점을 지속적으로 수정해 나가는 경향으로 발전하고 있다고 생각된다.

## 03 공식조직과 비공식 집단

우리나라 사회는 전통적인 농경사회에서 일제강점기를 거쳐 광복 이후 현대화가 진행됨으로써 급격한 경제성장을 이루었지만, 의식의 수준이 그에 미치지 못하고 근대적 성격도 동시에 지니고 있는 것으로 생각된다. 이러한 성격은 관료제를 중심으로 하는 합리성 이외에 비합리적인 성격도 혼재되는 양상을 지니게 한다. 그래서 여기서는 공식적 조직 이외에 비공식적 집단도 함께 살펴봄으로써 행정조직에 대한 이해를 높이고자 한다.

공식적 조직은 모종의 목표를 달성하기 위해 정부조직 관계, 법령 및 직제에 의해 형성된 인위적 분업체제로서의 조직을 말한다. 비공식 집단은 조직 내에서 자연발생적으로 일부 구성원들 간에 맺어지는 집단을 말하는 것으로 자생집단 혹은 소집단 등으로 불리고 있다. 집단이라는 용어는 상호작용하는 대인관계를 맺고 있는 사람들의 모임을 말하지만, 대면적이고 비항구적이라는 점에서 조직이라는 용어와 다소 차이가 있다. 비공식적인 것에 대해 집단이라는 용어를 사용한 것은 이러한 이유에 있다. 여기서 비공식 집단은 공식적인 조직 내에서 만들어진 것으로 범위를 한정하여 사용한다.

비공식 집단이 만들어지는 이유는 조직이라는 것이 정해진 목표를 달성하기 위해 합리적인 수단을 선택하고 행동하므로, 개인의 감정과 욕구를 충족시킬 수 있는 여지가 거의 없기 때문이다. 그러나 조직을 구성하는 개인은 기계적으로 업무만 하는 것이 아니라 휴식도 필요하고, 업무에 대한 애착이나 처리 방식 등이 다르며 승진 등에 대한 욕구 등이 존재하면서 비인격적 조직에서의 비공식 집단이 형성될 여지가 있다. 이것은 비공식 집단이 과학적 관리론이 지니고 있는 한계와 인간관계론에 의해 그 중요성이 부각되면서 등장한 것과 관련된다. 그리고 조직의 규정은 일반적 성격을 지니고 있으므로 특수한 일이 발생할 경우 적극적으로 대처하기 어려운 점이 있고, 새로운 상황의 변화에 따라 공식적으로 다루어지지 않은 문제해결을 위해서는 비공식적인 절차에 의존하는 경우가 있기 때문에 비공식적인 집단이 생성될 수 있는 것이다.

이러한 비공식 집단은 수평적이거나 수직적 단위를 기준으로 분류되기도 하고, 출신학교나 출신지 등 귀속성을 띠기도 하며, 자격시험 등에 통과한 동기합격자를 기준으로 분류되기도 한다. 그리고 개인적 취미생활이나 이념이나 사상의 유사성 및 이해타산적 관계 등에 의해 비공식 집단이 분류되기도 한다.

비공식 집단의 구성원들은 공식적 조직보다는 의사소통이 원활하고, 일체감을 형성하고 있기 때문에 심리적 안정감을 느끼게 된다. 우리나라와 같이 급격한 경제 발전에 따라 근대적 사고와 현대적 사고가 공존하는 경우에는 비공식 집단이 조직에서 의미있는 역할을 수행하고 있다. 의미있는 역할은 공식적 조직에서의 의사전달의 촉진, 추진하는 일에 대한 일체감이나 안정감을 제공하는 보완적 역할을 수행하는 긍정적 측면이 있다. 반면 의사결정에서 정실에 치우쳐 특정 집단 구성원의 이익을 우선적으로 고려하는 것과 소속 집단 이외의 집단에 대한 배타적 태도 등은 조직의 목표 달성을 저해하거나 지연시킬 수 있다. 따라서 공식적 조직의 책임자는 비공식 집단이 조직의 목표 달성에 순기능적으로 움직일 수 있는 방안을 모색하는 노력이 필요할 것이다.

## 04 조직문화

### 1) 의의

조직의 목적을 달성하기 위해 중요한 부분은 조직의 문화를 이해하는 것이다. 조직의 문화는 해당 조직의 업무에 대해 조직 구성원이 공유하는 가치관과 태도 등을 말하는 것이다. 조직의 문화는 조직 내부적 측면에서 구성원의 심리적 안정감과 통일성을 만들고, 외부 환경의 변화에 대응할 수 있는 기제로 작용하는 역할을 담당한다.

교육과정은 직접적인 교육활동을 매개하는 역할을 수행하기 때문에 조직의 문화가 어떠한가에 따라 학생의 성장을 촉진하기도 하고 제한하기도 한다. 학생의 성장은 인격의 완성이라는 개인적 측면뿐만 아니라 국가·사회적 발전이라는 개인 외적인 목적도 동시에 존재하고 있어 중·장기적 시각에서 관리할 필요가 있다. 교육과정행정과 관련된 조직은 교육전문직과 일반행정직이 혼재하고 있어 조직문화의 관리에 보다 신중을 기해야 할 필요가 있다.

교육과정은 국가와 지역 수준의 교육과정 기준과 내용의 설정권이 존재하고 있고, 이를 토대로 단위학교에서 교육과정을 편성·운영하는 협력 체제로 운영되는 구조를 지니고 있다. 각 수준별로 교육과정행정 기관 각각에 대한 조직문화에 따라 교육과정운영의 방식이 달라질 수 있는 것이다. 그리고 교육과정은 문서화된 교육과정뿐만 아니라 이를 구현하기 위한 교과서, 그리고 실제 실천에 옮기는 교사 등 학교 교육활동 전체에 영향을 미치므로 조직의 문화에 대한 이해와 적절한 관리를 통해 성과를 향상시킬 필요가 있다. 이러한 점에서 교육과정행정 조직의 문화는 교육과정에서 중요한 가치를 지니고 있는 것이다.

## 2) 경쟁가치 모형에 따른 조직문화의 접근법

최근의 조직문화에 대한 유형화 연구는 퀸(Quinn)과 로울바우프(Rohrbaugh)의 경쟁가치 모형(Competing Value Model)에 근거한 조직문화 접근법이 많이 활용되고 있다. 경쟁가치 모형은 복잡한 조직을 설명하기 위해 조직의 문화를 조직이 선호하는 문화가 내·외적 중 어느 쪽에 있는가에 대한 차원과 조직이 유연성과 통제 중 어느 쪽을 추구하는가에 따른 차원으로 구분하여 총 네 가지 유형으로 제시하고 있다.[5] 이들 내용을 ❙그림 7－1❙과 같이 도식화하여 설명한다.

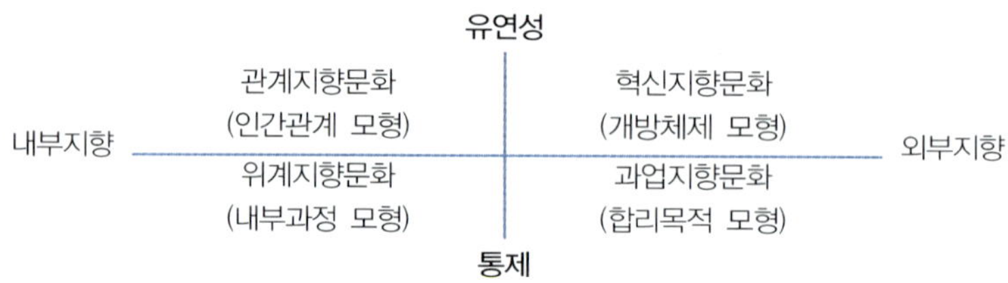


❙그림 7–1❙ 경쟁가치 모형

❙그림 7－1❙에서 관계지향문화(clan culture)는 조직 내 구성원들의 인간관계 유지에 중점을 두고 있으며, 구성원들의 신뢰와 팀워크를 통한 참여 및 충성이나 사기 등을 강조한다. 혁신지향문화(adhocracy culture)는 발전 문화라고도 하고, 조직이 직면하는 외부 환경 변화의 적응 능력에 중점을 두고서 조직의 변화와 유연성을 강조한다. 위계지향문화(hierarchy culture)는 공식적인 명령이나 규칙 등 통제와 능률을 특징으로 하여 안정지향성을 강조하는 관료제적 가치와 규범을 반영하고 있다. 과업지향문화(market culture)는 번역자에 따라 경쟁지향 혹은 시장지향 문화로 번역하기도 하는 것으로, 조직의 목표 달성을 위해 경쟁과 생산성을 강조한다.

이러한 네 가지 유형은 어떠한 조직에서나 존재하는 것이며, 조직의 특성에 따라 특정 영역에 해당하는 사항이 우세하게 나타남으로써 그 조직의 문화를 결정짓고 있는 것이다. 이 모형은 조직 내에서 부서별로 경쟁하는 성향이 강하고, 서로 목표가 상이해 결과도 다르다는 것을 설명해 주고 있다.

그리고 이에 따라 갈등이 존재하므로 경쟁가치 모형은 다양한 복잡성을 조직 유효성으로 측정하고자 하는 것이다.

교육과정행정의 업무는 교육부의 교육과정정책과가 중심이 되고 있지만, 이 부서에서만 행하는 것이 아니다. 교육과정을 구현하기 위한 자료로서 교과서와 관련된 정책을 다루는 부서도 있고, 교육과정을 운영하는 데 필요한 교수·학습지원과 등도 있는 것이다. 그리고 교육과정정책관 이외의 국에서도 교육과정과 관련된 내용을 다루고 있다. 교육부 내의 조직과 달리 수직적 관계에서도 조직의 문화는 나타나고 있다. 교육부와 교육청 및 단위학교가 그것이고, 이들 수직적 관계로서의 조직 간의 문화 역시 조직별로 다르게 나타나고 있어 교육과정과 관련된 행정의 조직에 대한 문화를 설명하는 데 가치경쟁 모형은 유용하게 활용할 수 있을 것으로 생각된다.

### 3) 교육과정행정기관의 조직문화

교육과정행정과 관련된 기관은 상이한 위치에 있고, 그 역할도 다르게 부여되어 있다. 그리고 조직 간, 조직 내 구성원들의 조직에 대한 문화도 동질적이지 않다. 교육과정행정과 관련된 기관은 교육부, 교육청, 단위학교 등으로 구분된다. 교육과정의 결정과 관련된 사항을 예로 들면, 교육부와 교육청은 넓은 의미에서 교육과정의 기준과 내용의 기본적 사항을 정하도록 되어 있고, 단위학교는 이에 기초해 학교나 학생의 특성을 고려해 교육과정을 편성하고 운영하도록 되어 있다. 이처럼 교육과정행정기관별로 교육과정 결정에 대한 역할이 분담되어 있고, 일의 성격에 따라 해당 조직별로 문화적 차이가 존재할 수 있는 것이다.

그리고 이들 기관 각각에는 교육전문직과 일반행정직 모두가 존재하고 있다. 교육부, 교육청, 단위학교 모두가 상이하게 진입하고 일의 업무도 다르게 부여되는 이질적인 성격의 구성원이 존재하고 있다. 이질적 성격으로 만들어진 조직은 구성원들 내부에서도 상이한 문화적 차이가 있을 수 있는 것이다.

교육과정행정 조직 기구의 역할 분담과 그에 따른 성격의 차이, 그리고 구성원의 이질성은 조직이 지향하는 목적과 문화를 복잡하게 만들고 있다. 이러한 사항은 교육과정행정기관의 조직문화 유형을 진단한 여러 연구 성과물에서도 구체적으로 나타나고 있다. 이들 연구 성과에 나타난 것을 예시적으로 제시하면 다음과 같다.[6] 교육청, 교육지원청, 단위학교는 전체적으로 관계지향적 문화가 가장 강하고, 혁신지향 문화가 가장 약하게 나타나고 있으며, 구성원의 유형에서 교육공무원은 관계지향 문화, 일반직 공무원은 위계지향 문화가 강하다고 인식하고 있는 것으로 나타난다. 이 연구가 제한된 지역과 인원을 대상으로 한 것이지만 기관이나 구성원의 유형에 따라 조직을 이해하는 정도가 다른 것으로 인식하는 것을 말해 주는 것이다.

업무의 성격을 고려하면 교육부와 교육청은 혁신을 지향하고, 단위학교는 관계지향을 강조할 것이다. 구성원에서도 교사나 교육전문직은 해당 기관의 성격에 따라 혁신지향과 관계지향으로 문화가 다르게 나타날 것이고, 일반 행정직은 다른 양상을 지니게 될 것이다. 이러한 조직의 복잡한 문화는 교육과정의 편성과 운영에서 협력적 관계를 형성할 수도 있고, 반대로 갈등적 관계를 만들 수도 있을 것이다.

교육과정행정이 학생의 성장이나 발달을 위해 존재하는 것이라면 경쟁과 성과를 지향하기보다는 역할 분담을 통한 협력적 관계를 구축하는 것이 중요하다. 그러므로 조직의 문화에 대해 이해하고, 이를 토대로 서로의 입장을 조정해 나가는 지혜가 필요할 것이다. 조직의 어느 한 집단의 힘이 우세하게 되면 교육과정행정의 운영은 비합리적이게 되고, 지속적이고 발전 가능성이 저해될 것이다.

# CHAPTER 08 분업체제

## 01 조직형성의 원리

교육과정행정에서 기획된 내용이 실천되기 위해서는 분업체제를 형성하고 다수의 협력을 통해 수행하게 된다. 분업체제에는 수직적 분업체제뿐만 아니라 수평적 분업체제 모두를 포함하는 것이다. 분업체제로 조직을 형성하는 원리는 일반적으로 명령의 일원화, 통제범위의 한계, 계층제, 전문화와 분업, 조정과 통합의 5가지를 들고 있다.[1)]

이들 5가지 원리는 초창기의 정치·행정 이원론에서 행정의 관리적인 측면을 강조하던 시기의 입장에 해당한다. 그러나 행정국가화된 현대는 행정이 정치적 성격을 내포하고 있어 관리적 입장에서 만들어진 이들 원리만으로는 조직형성의 토대로 보기가 어렵다. 행정조직의 형성에서 영향을 미치는 것은 외부 환경적 요인으로서 정치적인 요인과 행정을 움직이는 행정인의 의견 등이 함께 작용하는 것이다.

교육과정에 대한 업무에서 교육청과의 역할 관계에 대한 문제, 교과서 검·인정에 대한 위탁기관의 문제, 학점제 팀의 신설 등은 정치적인 요인으로 들 수 있고, 교육부 교육과정정책과의 경우 기존에 비해 담당자의 수가 많이 늘어나고 교육전문직 등이 많이 늘어난 것을 행정인의 의견이 작용하는 예로 들 수 있다. 따라서 행정조직의 신설·개편·폐지 등에서는 정치적인 요인과 행정 인적인 영향을 내포하면서 전통적인 관리기술적인 측면의 원리도 하나의 지침으로 고려하여야 하는 것이다.

### 1) 명령의 일원화

명령의 일원화(unity of command)란 명령의 이원화가 나타나게 되면 조직이 제대로 기능하지 못하기 때문에, 조직의 구성원들이 한 사람의 상관에게 보고를 하고 명령을 받는 것을 말한다. 직속 상관이 두 명 존재하게 되면 혼란이 생기게 되고 업무가 제대로 처리되지 못하고 책임 소재가 불명확하게 된다. 명령의 일원화는 업무의 신속한 처리와 책임 소재를 명확히 하는 장점을 지니기도 하지만, 최근 자문위원회와 같이 막료의 역할이 강화되고 있는 시점에서 한 사람의 판단에 의해 결정을 내리는 것이 합리적인 것인지에 대해서는 회의가 일어나고 있기도 하다.

### 2) 통제범위의 한계

통제범위의 한계(span of control)는 한 사람의 상관이 부하 직원을 통솔하고자 할 때 몇 명을 적절하거나 이상적으로 감독할 수 있는지를 말하는 것이다. 어윅(Urwick)은 5~6명 정도로 보기도 하고, 그레크나스(Graicunas)는 수학적 공식까지 제시하여 6명 정도가 적정하다고 하며, 쿤츠와 오도넬(Koontz & O'Donnell)은 상층부에서는 4~8명, 하층부에서는 8~15명이 적절하다고 주장한다.[2] 통제범위의 한계에 대한 논의 이유는 한 명의 상관이 지나치게 많은 부하 직원을 감독할 수 없기도 하지만, 지나치게 적게 감독하는 경우 계층의 수가 많아지게 되어 조직의 효율을 떨어뜨리는 원인이 되기 때문이다.

통제의 범위는 조직의 직무 성질이나 이익단체와의 결부의 밀집도 및 기관의 지속성 등에 따라 달리 결정될 것이다. 다만 하나의 조직에 일정한 정도의 인원을 표준화되게 적용하기보다는 사무직의 경우는 5명 내외, 생산직의 경우는 그보다 많은 인원이 가능한 것으로 융통성 있게 보아야 할 것이다. 교육부 교육과정정책과의 경우는 이러한 인원을 초과해 조직하고 있지만, 학점제 팀을 만드는 등 하위 팀을 만들어 상이한 업무를 담당하고 책임자 역시 다르게 규정하고 있다. 조직의 편제와 실질적으로 담당하는 업무나 인원은 교육과정정책을 담당하는 일의 성격에 따라 달리 하고 있는 것이다.

### 3) 계층제

계층제(hierarchy)는 조직을 효율적으로 관리하기 위해 권한과 책임의 정도에 따라 직무를 등급화하여 상하 계층 간에 직무에서 지휘·감독 관계의 계통을 확립하는 것을 말한다. 이러한 계층제는 조직의 목표를 효율적으로 달성하기 위해 형성되었고, 신분이 아닌 직무상의 것이며, 직무의 성질에 따른 분업과 달리 직무의 정도 차이에 기준을 두고 있는 특징이 있다.

조직이 계층화될 경우 업무를 신속하게 처리하는 장점이 있지만, 의사전달에서 왜곡이 발생하거나 창의적 문제해결을 제한하는 부작용도 발생할 수 있다. 따라서 계층제를 엄격화하기보다는 분업의 원리에 따라 계층의 수를 줄여나가는 방향이 되어야 할 것이다. 최근 논의되고 있는 거버넌스나 교육과정정책은 위계적 관계가 아니라, 수평적 관계에서 창의적 발상을 하는 것이 필요하기 때문에 엄격한 계층제를 강화하려고 하는 것은 적절치 않을 것으로 생각된다.

### 4) 전문화·분업

전문화(specialization)라고 하는 것은 복잡한 조직에서 업무의 성질에 따라 한 구성원에게 하나의 업무만을 담당하게 하는 것으로, 분업(division of work)이라는 용어와 뜻이 같은 말로 보면 될 것이다. 전문화나 분업의 원리는 행정부의 부서에서 횡적인 분업과 동시에 국가와 지역별 종적인 분업도 고려하여야 할 것이다.

교육과정 분야는 총론과 교과교육과정을 담당하는 교육과정정책과가 있고, 교육과정을 구현하기 위한 교과서정책과 등이 존재하고 있어, 교육부 내에서의 횡적인 분업을 행하고 있다. 그리고 국가와 지역의 교육과정 기준과 내용의 기본적 사항의 설정 권한과 이를 토대로 단위학교에서 교육과정을 편성·운영하는 종적인 분업체제도 형성하고 있는 것이다.

분업이 조직의 성과를 올릴 수 있다고 생각하는 것은 합리적인 인간을 전제로 하는 경우 성립될 수 있는 것이다. 그러나 이러한 인간관은 인간관계론자나 행태론자에 의해 비판을 받기 시작하였고, 그에 따라 분업의 원리에 따른 한계도 고려할 필요가 있다. 지나친 분업화는 역설적으로 직원들 간의 업무의 동질화와 기계적 업무 처리에 대한 반감도 나타날 수 있다. 따라서 분업화에 따른 조정이나 통합도 병행되어야 조직의 성과를 기대할 수 있는 것이다.

### 5) 조정·통합

조정(coordination)은 조직의 공동 목표를 달성하기 위해 여럿으로 나뉘어 있는 하위 체제 간의 조정이나 통제 및 통합을 통해 통일성을 기하는 과정을 말한다. 조정은 분업을 전제로 하여 분화된 조직 간의 조화를 이루려는 노력이 포함되어 있다는 점에서 통합(integration)과 구별하지 않고 사용하기도 한다. 조정은 외부 환경의 변화에 적응하려는 노력임과 동시에 조직 내의 요소 간의 균형을 취하는 점에서 조직 운영의 중요한 원칙이 되기도 한다.

현대사회는 행정의 기능이 더욱 확대되고 있고, 그에 따라 업무의 분화는 지속적으로 증가하고 있다. 따라서 모든 업무를 일원화하거나 통합화하는 것은 더욱 어렵게 하고 있다. 그러한 관계로 동일한 업무나 직급자들 간에 양보와 타협이 중요하게 부각된다. 교육과정과 관련된 업무 역시 지속적으로 증가하고 있으며, 이견이 존재할 여지 역시 확대될 소지가 많게 된다. 이러한 사항에서 위원회나 막료기관 등의 자문기구를 적절하게 활용할 필요가 있을 것이다.

## 02 집권과 분권

### 1) 의의

교육과정에서 집권이나 분권에 대한 논의는 제6차 교육과정 이후의 교육과정 결정의 분권화와 관련된 내용이 많은 비중을 차지하고 있다. 그것은 중앙정부로서 교육부와 지방정부로서 교육청 및 단위학교가 교육과정에 대한 결정을 분담하고 있는 것으로 이해하는 방식이다. 이러한 구분은 가장 쉽게 교육과정에서의 분권화에 대한 이해를 도울 수 있다. 그러나 집권과 분권을 논의하는 것은 이보다 구체적이고도 세부적으로 살펴볼 필요가 있다.

첫째, 분권은 교육부, 교육청, 단위학교의 구분만이 아니라, 이들 각 기관의 계층별 의사결정에서 하위 계층에서도 많은 권한이 이루어지는 것도 포함하는 개념이다. 단위학교에서는 특히 전체 교직원의 민주적인 교육과정의 결정과 운영이 이루어지는 것을 말한다. 그렇기 때문에 교육과정과 관련된 기관 혹은 조직에서의 의사결정의 권한 소재에 대한 사항, 그리고 동일 기관이나 조직 내에서의 의사결정 권한의 분산 정도에 따라 집권과 분권에 대한 개념이 적용되는 것으로 이해해야 한다.

둘째, 교육부에서 교육청으로 권한을 분산시키는 것은 단순히 행정권만의 분산이 아니라, 입법에 대한 사항까지 분권이 이루어지는 것도 고려할 필요가 있다. 교육과정에 대한 일반적 논의에서는 교육과정 결정에 대한 행정상의 분권만을 고려하는 경우가 많다. 그러나 교육과정에 대한 지방분권은 입법권까지 포함하는 것이다. 교육과정에 대한 지침을 교육청에서 별도로 정하거나 각 지역의 교육과정 편성·운영 지침의 개정에서 지역별로 교육과정심의회 규정을 두어 자문하는 것과 같은 것이 그 예에 해당한다. 조직에서 횡적인 분업체제의 성격을 지니고 있는 것이다.

표 8-1 교육과정에서의 집권과 분권의 차원

- 조직 간의 집권과 분권 = 교육부, 교육청, 단위학교 간의 의사결정 비중
- 조직 내의 집권과 분권 = 교육부·교육청·단위학교 내 계층 간의 의사결정의 비중
- 내용면에서의 집권과 분권 = 행정상의 집권과 분권
  행정과 입법을 포함한 집권과 지방분권

교육과정에 대한 집권과 분권은 한 나라의 역사적 상황이나 사회적으로 처한 입장 등에 따라 다양한 모습으로 나타나고 있다. 그러나 최근에는 종래 집권적 국가는 분권적 요소를 강화하고, 분권적 국가는 집권적 방식의 장점을 취하고 있어 양자는 서로 통합되는 경향으로 전개되고 있다고 생각된다. 우리나라는 중앙집권적 형태에서 분권적 형태로 외형상 변화를 가져왔지만, 여건의 변화나 구체적인 사항에 따라 집권과 분권의 형태는 일정하지 않고 다소 유동적인 모습을 보이기도 하는 것 같다.

## 2) 필요성과 구분의 기준

행정조직에서 집권은 의도된 계획을 수립하고, 재원의 동원에 유리한 점이 있는 반면 민의를 반영하거나 지역적 실정에 부합하는 정치행정을 어렵게 하는 단점이 있다. 분권의 경우는 이와 반대되는 장·단점을 가지게 된다. 교육과정행정의 경우 역시 이러한 장·단점이 그대로 유지된다. 여기에 추가적으로 논의하면 교육과정행정의 집권은 학생들에 대한 교육의 일정 수준을 유지하는 데 유리한 점이 있으며, 분권은 참여를 통한 교육현장의 적합성을 제고하고 단위학교의 자율성을 강화할 수 있는 장점이 있다.

교육과정행정의 조직에서 분권과 집권은 각각의 장·단점이 존재하기 때문에, 집권은 지양하고 분권으로 가는 것이 바람직하다고 규정하기는 어렵다. 분권적 교육과정에서 집권적 교육과정으로 옮겨간 영국의 사례를 보면 이에 대한 것을 쉽게 이해할 수 있다. 교육과정행정에서는 교육의 이념, 학교의 특성, 그리고 학생의 성장 가능성 등에 따라 집권과 분권이 학생의 이익이라는 관점에서 조정되어 균형있게 되어야 바람직할 것이다.

학생의 이익이라는 것은 학생에게 교과목의 선택과 같은 자율성을 많이

부여하는 것으로만 이해하는 것은 부적절할 것이다. 그것은 학생의 이익을 위한 필요조건은 되어도 충분조건은 되지 않는 것이다. 보통교육의 단계에서 학생의 이익은 국민으로 살아갈 수 있는 공통적인 사항에 대한 최소 필수의 교육과정은 이수할 필요가 있다. 그것은 교과목에 대한 선택뿐만 아니라, 필수적 사항도 동시에 고려되어야 한다는 것을 의미하는 것이다. 대학의 특정 전공 영역에서 자격증 취득을 위해 필수과목을 부과하는 것은 그러한 학생의 이익에 해당하는 것으로 설명되는 것이다.

교육과정에 대한 최근의 세계적 동향 역시 집권은 분권의 장점을 고려하고, 분권적 형태의 국가는 집권이 가지는 이점을 반영함으로써 이들이 수렴해 가는 경향도 특정의 형태가 바람직한 사고라고 규정하기 어려운 점을 보여주는 것이 된다. 우리나라 교육과정은 집권적으로 이루어져 온 까닭에 제6차 교육과정부터 분권을 지향하는 것이 외형상 이루어졌다. 그러나 그것은 형식적인 사항에 해당하는 것이지 내실 있는 분권이 제대로 이루어졌다고 판단하기는 어렵다.

집권의 부작용으로 인해 분권을 바람직하다고 생각하는 것은 불합리하며, 분권되어야 하는 것에 대한 역할론과 그것이 교육과정 분야에 기여하는 것이 고려되어 판단되어야 할 것이다. 그러한 판단의 기준은 학생의 이익이 되고, 그것이 우리의 교육과정 발전과 교육발전에 공헌하여야 한다는 생각에서 이들에 대한 주제가 다루어져야 할 것이다.

인간의 성장에 유의미한 장을 마련하고자 하는 교육의 본질을 고려한다면 집권과 분권이 조화를 이루어야 할 필요는 당위적으로 존재하게 된다. 그러나 집권에서 분권으로 이양될 경우에 단순한 의지만으로 해결하고자 하는 것은 또 다른 문제를 발생시키게 된다. 따라서 교육청의 역량과 이를 지원하기 위한 재정적 측면 등 인프라를 구축한 상태에서 분권화에 대한 힘이 실려야 할 것이다. 그리고 교육부에서 교육청으로 권한이 분산된다고 하더라도, 교육청이 교육부에서 하던 방식대로 단위학교에 행정권력을 사용하게 되면, 교육현장에서의 자율성을 제대로 살릴 수 없게 된다. 따라서 단위학교에 교육과정 자율성을 부여하기 위한 조건이 무엇인지 검토해 보아야 할 것이다.

## 03 계선기관과 막료기관

### 1) 의의

행정기관은 그 기능의 성격에 따라 수직적인 계선기관과 막료기관으로 구분된다. 계선기관(line services)은 행정조직의 근간을 이루는 것으로 수직적·계층적 관계를 형성하고 있다. 계선기관은 조직의 목표를 달성하기 위해 직접적으로 기여하는 것으로 결정권이나 집행권을 가지고 있다. 교육부에서 교육과정정책관, 학교혁신정책관, 교육과정정책과, 교과서정책과 등이 해당한다.

막료(참모)기관(staff services)은 계선기관이 행정조직의 목표를 원활하게 달성할 수 있도록 지원하고 촉진하는 기관을 말한다. 참모기관은 교육부 내의 기획관리실, 담당관, 정책자문위원회, 각종 조사연구소 등이 해당한다. 행정국가화되면서 행정의 질적 변화와 의사결정에서의 전문화된 정보의 중요성이 증대됨으로써 계선기관은 참모기관의 지원을 더 많이 필요로 하고, 그에 따라 막료기관의 그 역할은 더욱 증대되고 있는 실정이다. 교육과정의 경우에는 막료는 문서의 정리나 문서 등에 대한 업무를 수행하는 서비스적인 기능보다는 교육과정과 관련된 연구와 조사, 기획 등을 구상하는 부문이 우선적으로 중시될 것이다.

하나의 조직을 계선과 막료로 구분하는 것은 조직의 형성 원리로서 명령의 통일이나 통솔의 범위 등과 밀접하게 관련된다. 막료기관이 존재하는 것은 통솔의 범위를 확장시켜 줄 수 있으며, 명령의 통일에서는 막료기관이 아니라 계선기관을 통해 이루어지는 것으로 이해되고 있다. 일반적으로 막료기관을 통해서 명령한다는 것은 예외적인 경우에 해당되는 것으로 보기도 하지만, 최근에는 이들의 명확한 구분이 제대로 이루어지지 않는 경우도 발생하고 있다. 이러한 의의를 지니고 있는 이들 기관에서 교육과정행정이 발전을 지원하는 것으로 변화하고 있는 한 막료기관은 지속적으로 확대될 수밖에 없을 것이다.

### 2) 갈등과 조정

일반적으로 보면 계선기관은 명령과 집행을 행하고 막료기관은 조언과 권고를 하는 것으로 구분하고 있지만, 이들 기관은 엄격하게 구분되지 않고 상호보완적 관계를 지니고 있다. 그러나 현실적으로 이들이 조화롭게 움직이는 것만이 아니라, 불화와 갈등도 존재하고 있다. 불화나 갈등이 일어나는 원인은 현상의 비판이나 개선과 현상의 유지, 자신의 지위에 대한 심리적 갈등, 전문적 지식에 대한 권위 등에서 일어나고 있다.

이러한 불화를 해결하기 위한 방안으로 일반행정에서는 계선기관과 막료기관의 직원들 간의 책임 한계를 명확히 하고, 이들 간 인사의 교류, 기관장의 올바른 참모 기능의 인식, 상호 간 접촉의 촉진, 그리고 전문가적 사고방식의 지양과 교육 훈련의 중요성 등을 제시하고 있다.[3)]

행정의 발전 정도에 따라 계선을 중시하고 막료를 낮게 평가해 막료의 자리를 꺼리는 경우도 존재하지만, 교육과정의 경우 인사가 그렇게만 되지는 않는 것 같다. 교육과정정책의 형성에서 내부 기관에서 자문을 구하는 방식도 취하지만, 외부의 기관이나 전문가로 구성된 기구에서도 자문을 얻기 때문이다. 막료의 역할에서 정책자문위원회나 각종 조사연구회 등은 인사교류가 원활하게 이루어지는 것도 아니다. 이들 자문기구나 연구기관은 업무 내용에서 의견의 충돌이 있을 수 있지만, 이들 사항을 조정하거나 지도·조언자의 역할을 하는 경우도 빈번하게 일어나고 있다.

교육과정의 개정에서는 자문기구나 조사연구를 행하는 기관이 막료기관의 역할을 수행함으로써 많은 기여를 하고 있다. 교육과정에서 계선기구는 교육과정 정책의 수립과 그 집행에 대한 관리를 하지만, 막료기관은 수립된 정책에 대한 조사와 연구를 행하여 이를 지원하는 역할까지 수행하고 있다. 따라서 행정학 분야에서 직접적으로 제시하는 막료기관이라고 명확하게 말하기는 다소 어려울 수도 있지만, 이러한 연구기관들의 기능을 적극적으로 활용하여 교육과정을 합리적으로 개선할 수 있도록 노력할 필요가 있다. 그래서 현장의 문제나 고충을 해결하기 위한 사항을 조언하면서도 정부의 혁신정책이 제대로 이루어질 수 있도록 조화하는 방향으로 이들 기관이 역할하여야 할 것이다.

## 04 위원회 제도

### 1) 의의

위원회는 의사결정에서 한 개인이 결정하는 것이 아니라 여러 사람의 참여하에 이루어지는 것을 말한다. 위원회는 법제로 정비되어 있는 경우도 존재하지만, 그렇지 않은 형태로도 존재하고 있다. 또 위원회의 성격이 의사결정권이 부여된 것도 있지만, 자문적 성격으로 운영되기도 한다. 교육과정과 관련된 위원회는 의사결정 기구로서의 성격을 지니는 것보다는 자문기구적 성격을 지닌 위원회 중심으로 운영되고 있다고 생각된다.

일반적으로 행정기관은 단독제를 원칙으로 하는 것으로 이해하고 있다. 그럼에도 불구하고 위원회 제도를 별도로 두는 이유는 행정기능의 확대와 질적 변화에 대응성을 강화하기 위함에 있다. 교육과정의 개정에서도 교육부의 교육과정정책과가 독자적으로 결정하는 것이 아니라 위원회를 활용하고 있다. 교육과정행정에서 위원회를 활용하는 이유를 구체적으로 제시하면 다음과 같은 사항이 될 것이다.

첫째, 교육과정행정이 정책결정의 기능까지 담당하게 됨으로써 합리적 의사결정을 위해 많은 경험과 전문 지식을 동원할 필요가 있다는 것이다. 둘째, 교육과정의 개정에서는 교과에 대한 이해관계를 지니고 있는 행정 부서, 이익단체 등이 다양하게 존재하므로, 이들의 참여에 의해 민주성을 확립하면서도 많은 사람이 만족할 수 있는 결정을 내릴 수 있다는 것에 있다. 셋째, 그러한 참여에 의해 확립된 교육과정은 현장의 안착 가능성과 지속가능성을 확립할 수 있어 실천 가능성을 높일 수 있다는 데 있다.

교육과정행정에서 위원회 제도를 도입하는 이유나 이점에도 불구하고 제한점도 있다. 우선 교육과정 개정에서 많은 인원이 참여하기 때문에 책임의 전가나 완전히 합리적인 의사결정이 어려운 경우가 발생하기도 한다. 다음으로 독립성을 지니고 있는 위원회이기 때문에 교육과정 개정의 구체적 사항에서 집행부와 갈등을 빚을 소지도 있고, 다양한 참여에 의해 전문성이 떨어지는 경우도 발생할 수 있는 한계도 동시에 존재하고 있다.

위원회 제도의 존재 이유와 제한점을 제대로 파악하는 것은 해당 위원회가 교육과정행정에서 긍정적 측면으로 기여하는 경우에는 적극적 활용을 하는 것이 온당할 것이다. 반면 교육과정행정을 저해하는 경우에는 해당 위원회를 해체하는 방안까지 고려할 필요가 있을 것이다. 여기서는 교육과정과 관련된 몇 가지 위원회의 종류를 살펴보고자 한다.

### 2) 종류

여기서 제시하는 위원회는 교육과정의 개정 시기에 따라 존재하였던 위원회를 소개하고, 교육과정을 구현하기 위한 자료로 기능하는 교과서 개편과 관련된 위원회도 함께 예시하고자 한다. 교육과정과 관련된 위원회는 대부분 비법정기구로 임시조직 위원회의 성격을 지니고 있다.

#### (1) 교육과정특별위원회

교육과정특별위원회는 2009 개정 교육과정에서 등장한 비법정 위원회이다. 교육과정특별위원회의 역할은 2007 개정 교육과정(2009 적용)의 의의와 후속 논의를 비판적으로 검토·종합하여 미래형 교육과정의 개념을 정립하고, 시대적·국가적 요구를 반영하여 기존의 틀을 뛰어넘는 미래형 교육과정 개편을 추진하며, 1차적으로 미래형 교육과정 총론과 각론의 기본 방향을 개발하려는 세 가지에 두었다.[4)]

위원장은 자문회의 부의장이 겸하고, 위원은 위원장 외에 20명 내외로 하며 임기는 임무 종료일로 하였다. 자문회의 소위원회 위원장은 당연직으로 하고, 그 외에는 외부 전문가로 구성하였다. 위원장은 선임위원을 지명하여 교육과정 연구개발을 총괄하도록 하였다.[5)] 교육과정 개편에서 교육과정특별위원회는 선진형 교육과정의 기본방향과 주요 요소를 개발하고, 그 뒤 자문회의에서 심의의결 후 VIP에 보고하였으며, 이어 교육과학기술부는 교육과정의 총론과 각론의 개발에 들어갔다.

### (2) 국가교육과정 개정 연구위원회

국가교육과정 개정 연구위원회는 2015 개정 교육과정에서 등장한 비법정 위원회이다. 2015 개정 교육과정에서는 2014년에 국가교육과정개정연구위원회를 구성하여 총론의 주요 사항을 연구하는 데 기여하였다. 당시 총론(6개 과제)과 교과교육과정 재구조화 연구(국어, 수학, 영어, 사회, 역사, 과학)에 대한 각 과제별 연구에 연구위원회 위원이 책임자 역할을 수행하기도 하고, 공동연구자로서 역할을 수행하면서 연구와 개발에 대한 유기적 관계를 형성하였다.

2015 개정 교육과정에서는 국가교육과정 개정 연구위원회 이외에 사회 각계의 요구를 반영하기 위해 국가교육과정 정책자문위원회와 국가교육과정 개정자문위원회도 동시에 구성하여 운영하였다.

### (3) 국가교육과정 각론 조정위원회

국가교육과정 각론 조정위원회는 2015 개정 교육과정에서 신설되어 운영되었다. 교육과정을 개정할 시기마다 총론에서 의도한 내용이 각론에 제대로 반영되지 못하는 비판이 지속적으로 제기되어 이를 극복하기 위해 마련된 위원회이다. 국가교육과정각론조정위원회의 추진 배경은 첫째, 교과교육과정 개발의 체계적 추진 및 전문성 제고를 위한 교과교육과정 개발 총괄조정 기구의 필요에 있고, 둘째 총론과 각론의 연계, 교과 간 연계 및 교과별 내용 중복 점검 등을 통한 교과교육과정의 질 관리의 필요에 있었다.[6)]

국가교육과정 각론 조정위원회는 각계 전문가와 학부모 단체 대표 등으로 구성하여 학계 인사와 한국교육과정평가원장을 공동위원장으로 위촉하였다. 조직의 체계는 총괄 조정위원회 아래에 인문·사회 분과, 과학기술 분과, 체육·예술 분과의 세 개 분과로 구분하였다. 운영은 각 교과 영역별 전문성 확보를 위해 분과별 협의회를 통해 교과별 내용 중복 해소 및 교과 이기주의를 견제할 수 있도록 하되, 주요 쟁점은 총괄조정위원회를 통해 해결하였다. 연구 일정의 조정을 위해 정기회의를 개최하였고, 전 교과 연구책임자와 연구진 합동 워크숍을 추진하였으며, 교과별, 학교급별 내용 연계, 중복 해소, 쟁점 조정을 위한 소위원회를 수시로 개최하였다.[7)]

### (4) 자유발행추진위원회

자유발행추진위원회는 2017년 오영훈 의원 등이 자유발행 교과서제도 도입을 위한 「초·중등교육법」 일부 개정안이 발의되면서 이의 후속 지원으로 시행령 등의 법령 정비를 위한 작업을 위해 마련되었다. 교과서 자유발행추진위원회는 2018년 2월에 발족되었다. 추진위원회의 역할은 자유발행 교과서 제도 도입을 위한 자유발행 교과서의 개념 정립, 현장의 요구와 전문가의 견해를 바탕으로 미래형 교과서의 기본 방향 제시, 국가·사회적 요구를 반영하여 국·검·인정의 틀을 뛰어넘는 교과서 발행체제 개편의 지원에 두었다.[8)]

자유발행추진위원회는 학계, 전문직, 교과서 관련 담당자, 현장 교원 및 출판계를 포함한 20명의 위원으로 구성되었으며, 위원장(1명), 기획·연구위원회(6명), 법·제도 개선위원회(6명), 현장적용위원회(7명)의 소위원회를 두어 운영하였다. 위원회는 임기 2년으로 자문기구의 성격을 지니면서 그 역할을 하였다.[9)] 2020년 2월에는 제2기 교과서 자유발행추진위원회가 새로이 구성되어 2년 임기에 들어갔다.

CHAPTER 09

# 인적 자원의 충원과 배분

행정목표의 설정, 정책의 결정, 그리고 기획 이후 이를 실천하기 위한 분업체제로 조직화 작업을 하게 된다. 그리고 이러한 구조적 측면이 정비되면 조직을 움직이는 사람과 재원이 필요하게 된다. 정치・행정의 자원에서 물적인 자원도 중요하지만, 최근에는 인적 자원의 중요성이 더욱 강조되고 있는 현실이다. 여기서는 이러한 인적인 자원에 대해 살펴보고자 한다.

## 01 인사행정의 관점

분업체제의 조직에서 각 지위에 적합한 인재를 어떠한 기준으로 선발하고 배치하는지 역사적 변천 과정을 살펴보고자 한다. 인사행정을 보는 관점은 엽관주의, 실적주의, 직업공무원제로 역사적으로 발전하였으며, 여기서는 이들 순서에 따라 살펴보고자 한다.

### 1) 엽관주의(정실주의)

엽관주의(spoils system) 또는 정실주의(patronage)는 인사권자의 혈연, 지연, 학연 등 특정 집단이 속해있는 구성원이 되는 귀속적인 것에 인사의 기준을 두는 것으로 개인의 자격이나 능력에 인사의 기준을 두는 것과 다른 것이다. 엽관주의와 정실주의를 같은 뜻으로 보는 학자도 있지만, 이들을 구분하기도 한다. 이 둘의 용어를 구분하는 경우는 정실주의는 정치적인 요인을 중심으로 하는 엽관주의보다 넓은 개념으로 이해하고 있다.[1] 인사의 기준에서 실적 이외의 요인을 고려하는 점에서는 유사하지만, 정실주의는 엽관주의에서 중시하는 정치적인 요인 이외에 혈연, 지연, 개인적 친분 등이 포함되는 것으로 그 차이를 설명하고 있다. 여기서는 이들은 인사행정의 원칙에서 실적주의와 직업공무원제와 대비되는 것으로 설명하는 것에 있으므로, 이들을 구분하지 않고 사용하기로 한다.

엽관주의는 미국에서 1800년대 선거전에서 승리한 정당이 공직을 마음대로 처리하는 것에서 연유하고 있다. 당시 선거에서 승리한 대통령은 정부의 공직을 선거에서 충성한 정도에 따라 당원들에게 배분하였고, 정권이 교체되면 전임자가 임명한 공직자는 새로운 사람에 의해 대체되는 현상이 지속되고 있었다.

엽관제는 공직을 소수의 엘리트가 독점하는 것이 아니라, 일반 국민을 잘 대변하는 사람에게 맡김으로써 민주정치의 발전에 기여하는 것으로 보았다. 이렇게 생각할 수 있었던 것은 공직의 전문성이 크게 요구되지 않았던 시기에는 가능했던 것이었다. 당시 공직의 전문성은 상당히 떨어졌고, 공직이 정치화되면서 공무원은 기업인과의 유착으로 부패화되었고, 이러한 부패와 무능력을 극복하기 위한 개혁으로 새로운 제도가 요청되었다.

### 2) 실적주의

실적주의(merit system)는 공직의 임용이 당파성이나 정실에 의한 것이 아니라, 능력·자질·성적을 기준으로 행해지는 것을 의미한다. 실적이라는 용어는 공적이나 성과 등을 가리키는 것을 의미한다. 실적은 인사행정 전반을 포괄하면서 여러 가지 의미를 지니고 있는 것으로 이해되며, 엽관주의와 대비되는 것을 말한다.

엽관주의는 소수의 엘리트가 공직을 독점함에 따른 부패를 청산하려는 노력에서 도입한 것이지만, 시간이 지나면서 전문성이 결여되고 무책임한 기회주의자에 의한 부패가 만연함에 따라 개혁의 대상이 되어버린 것이다. 개혁을 위한 방안의 하나로 1883년에 공무원의 공개채용과 정치·종교·인종·국적을 떠나 공직에 임용될 수 있는 시민의 권리를 규정한 펜들턴(Pendleton) 법안이 통과되었다. 그러나 펜들턴 법의 시행에도 불구하고 엽관주의 관행이 완전히 사라지지 않으면서 행정을 정치로부터 분리해 공직을 개선하기 위한 노력이 이루어지게 되었다.

실적주의 개념에 대한 실질적인 변화를 가져온 것은 1900년대 초의 과학적 관리론의 영향을 받으면서부터이다.[2) ] 이 당시에는 펜들턴 법의 한계가 비판적으로 논의되면서 공직의 채용에서뿐만 아니라, 채용 후의 승진, 교육훈련과 같은 인사활동으로 초점이 이동하게 되었다. 과학적 관리법이 적용된 공직의 분류로 1923년의 직위분류법이 제정되기도 하였다. 그 결과 공직에 대한 전문성은 확산되었다. 그러나 실적주의는 인종, 성이나 지역 등에 대한 정치적 고려가 배제되면서 소수민족이나 여성의 공직 진출이 소외되는 결과를 초래해 대표관료제의 주장이 제기되기도 하였다.

이러한 실적주의는 엽관주의와 비교해 인사행정에서 공직에 진출할 수 있는 기회균등 보장, 공무원의 정치적 중립성 확보, 정실의 배제와 능력주의 원칙의 적용, 공무원의 신분보장과 같은 것이 대비되는 기준으로 작용하고 있다. 그러나 어떠한 조직체이건 간에 직원을 실적에 따라서만 임명하는 것은 고위공직자와 이념에서 불일치되어 업무의 불합리한 결과를 초래하기도 하고, 정책의 변동이 큰 경우에는 엽관주의에 의한 임명도 필요하게 되는데 그에 대한 대응성을 결여하는 경우도 발생할 수 있는 한계가 있다.

### 3) 직업공무원제

직업공무원제(career system)는 국가를 위해 근무하는 것을 평생직장이라고 생각함으로써 그에 대한 신분을 보장받고 긍지를 지니며 근무하는 제도를 말한다. 대통령의 임기 동안 잠시 근무하는 장·차관이나 개방직 직위에서 일정 기간 근무를 하고 원래의 직업으로 돌아가는 비직업 공무원과는 다른 것이다. 미국의 직업공무원제에 대한 관심은 1930년대 정부보고서에서 직업공무원을 규정하고, 각급학교를 졸업한 젊은 사람들로 신규 채용을 하여야 한다는 제안을 하면서부터 시작되었다고 한다.[3] 직위 분류제의 개방형 채용 방식으로는 유능한 졸업자를 선발해 오랜기간 공직에 머물게 하는 데 한계가 있다는 것을 인식한 것이다.

직업공무원제는 다음과 같은 점에서 실적주의와 차이가 있다.[4] 첫째, 실적주의는 반드시 공무원이 생애를 통해 장기근무한다고 생각하기 어렵다. 둘째, 직업공무원제는 장기근무를 요청하므로 임용을 실적주의보다 중요시 한다. 셋째, 직업공무원제는 언제나 실적주의에서 말하는 정치적 중립 요건을 당연히 내포하는 것은 아니다. 넷째, 직업공무원제를 수립하고 있는 유럽은 그 제도를 약화시키면서 개방형 제도나 직위분류제를 도입하고 있고, 실적주의를 수립한 미국은 점차 폐쇄적인 직업공무원제적 성격을 가미하고 있어 양자는 상호 접근해 가고 있다는 것이다.

직업공무원제는 공직의 안정성을 목적으로 하여 탄생하였고, 집권자나 특정 정당이 아니라 국민 전체에 대한 봉사자로서의 정치적 중립의 필요에 의해 공직의 윤리성을 목적으로 하고 있다. 그리고 제한된 고객을 대상으로 하는 민간기업과 달리 전체 국민을 대상으로 함으로써 업무의 범위나 가치에서 공직의 우선시되어야 하는 역할을 수행하여야 하는 것이다. 따라서 직업공무원제를 위해서는 공직에 대한 높은 사회적 평가, 젊고 유능한 사람의 채용, 지속적인 능력의 발전, 보수와 연금의 적정화, 그리고 신분의 보장에 대한 계획이 수립되어야 할 것이다.

## 02 인사담당기관과 공직의 분류

인사담당기관은 공무원의 범위를 기준으로 중앙인사기관, 각 부처인사기관, 지방자치단체 인사기관으로 구분할 수 있다. 여기서는 인사에서 절대적인 비중을 차지하는 중앙인사기관을 중심으로 살펴보면서 부처인사기관에 대해서도 알아보고자 한다.

### 1) 중앙인사기관

중앙인사기관이 모든 나라에 존재하고 있다고 보기는 어려우며 일반적으로 행정국가로의 전환, 실적주의 수립을 기하려는 경우 신설되고, 이의 주요 기능은 반엽관주의를 통한 실적주의의 수립, 인사의 지나친 분산, 할거성 규제 등을 중심으로 하고, 점차 인사행정의 발전을 위한 전문화, 연구, 이에 입각한 정책의 수립을 관장하고 있는 것으로 보인다.[5)] 우리나라의 경우는 독립적이거나 합의적 성격의 중앙인사기관이라기보다는 단독의 기관으로 존재하고 있다. 현재 중앙인사기관은 인사혁신처에서 담당하고 있다.

우리나라의 중앙인사기관은 1948년 고시위원회와 총무처로 출범하여 1955년 국무원 사무국, 1960년 국무원 사무처, 1998년 행정자치부 인사국, 1999년 중앙인사위원회의 신설로 행정자치부로 이원화된 운영, 2004년 중앙인사위원회로 정부 인사업무 일원화, 2008년 행정안전부 인사실을 거쳐 2014년 인사혁신처를 신설하여 현재는 인사혁신처에서 인사업무를 총괄하고 있다. 이러한 중앙인사기관의 변천은 「헌법」과 「정부조직법」의 변화에 따른 것으로 정치적인 영향이 크다고 하겠다.

중앙인사기관의 조직의 특징은 일반적으로 독립성, 합의성, 집권성에 대해 설명하고 있는 것으로 보인다.

첫째, 독립성은 자주적인 조직과 더불어 임원의 신분보장, 예산의 자주성 등이 확보되는 것을 의미하는 것으로 정치성을 띠고 있는 행정부로부터의 독립성을 말한다. 인사행정에서 독립성은 막료조직의 성격을 지니고 있는 것으로 인사행정에서 보편적으로 인정된다고 보기 어려운 것이다. 그렇지만 독립성은 인사행정에 대한 정당의 압력과 엽관주의나 정실주의를 배제하려는 데 주된 목적이 있는 것이다.

둘째, 합의성에 대한 것이다. 합의성은 중앙인사기관이 단독제가 아닌 복수의 구성원으로 이루어지는 것을 의미하는 것이다. 중앙인사기관이 3인이나 5인 등으로 구성되어 합의제를 갖게 되면, 인사규칙의 제정과 같은 준입법이나 위법・부당한 처분에 대한 소청을 판단할 수 있는 준사법적 기능 및 감사기능을 수행할 수 있는 것이다. 이러한 합의제는 인사의 신중성과 공정성을 기하려는 노력에 해당한다.

셋째, 집권성은 각 부처의 인사기능을 중앙인사기관에 집중시킴으로써 인사행정의 통일성과 공정성을 확보하려는 데 목적이 있다. 집권성은 인사행정에 통일성과 공정성을 기하고, 실적주의에 공헌을 하는 장점이 있다. 그러나 지나친 집권화는 인사행정의 경직성을 가져오고, 각 부처 인사담당자의 경험이나 지식을 활용한 적극적 인사행정을 저해할 수 있는 제한도 동시에 있다. 따라서 중앙인사기관과 각 부처인사기관 간의 역할 분담과 협력 체계를 구축하여 실적주의 확립과 행정능률을 기하도록 하여야 할 것이다.

### 2) 각 부처 인사기관

각 부처 인사기관이라는 것은 각 부처의 장이 참모기관으로서 인사행정을 담당하는 것을 말한다. 교육부의 경우 부총리겸 교육부장관이 인사행정을 담당하게 되는 것을 의미한다. 각 부처 인사기관은 행정에서의 실적주의의 확립과 더불어 인사행정이 양적으로 확대되고 분권화되면서 각 부처에서 인사과를 설치하고 인사행정 전문가를 두게 된 것이다.

각 부처 인사행정의 단위는 국이나 과로 설치되는 것이 일반적이며, 각 부처의 기관장이 막료기관으로서 인사행정을 책임지는 형식을 취하고 있다. 부처별로 인사를 담당하는 사람을 어느 정도로 두어야 할 것인지는 해당 기관의 전체 직원 수의 비율을 고려해 결정하게 된다. 기존에는 총무과가 인사를 담당함으로써 경리나 문서사무와 같은 상이한 업무를 함께 수행하여 인사행정의 전문성을 담보하기 어려운 경우도 있었다. 현재 교육부에서는 운영지원과에서 인사행정을 담당하고 있다.

각 부처의 인사기관은 기관장을 보좌함으로써 막료기관으로서 역할을 하면서 인사와 관련된 사항을 집행기능을 담당하고 있는 것이 일반적이다. 그러나 장관이 부처의 모든 인사권을 담당하게 되면 전문성이 부족하게 되고, 실무자의 의견을 청취하는 것이 경시될 수 있어 합리적인 인사가 이루어지기 어려울 수도 있다. 따라서 장관이 실질적인 인사권을 어느 정도까지 행할 것인지에 대해서는 행정의 능률이나 부하의 통제범위와 관련해 적정선이 필요하다.

인사권을 행사하는 것은 행정업무의 처리에서 실수나 과오가 발생하였을 경우 그에 대한 책임을 지는 것을 고려하여 부처의 인사권의 범위를 설정할 필요가 있을 것이다. 장관과 같은 경우는 국장이나 과장까지 인사권을 행사하고, 그 이하의 직원은 차관이나 국·과장에게 위임함으로써 통솔이나 책임의 범위를 합리적으로 행할 수 있도록 하여야 할 것이다.

### 3) 공직의 분류

인사행정을 효율적으로 관리하기 위해서는 모종의 기준에 의해 분류할 필요성이 있다. 여기서는 「국가공무원법」 제2조에 따라 실적주의와 직업공무원제의 적용을 받느냐를 기준으로 경력직과 특수경력직으로 구분한 내용을 먼저 살펴보고, 경력직 중 주로 일반직의 분류방법인 계급제와 직위분류제에 대해 살펴보고자 한다.

#### (1) 경력직 공무원과 특수경력직 공무원

경력직 공무원과 특수경력직 공무원이 무엇을 의미하는지에 대해서는 「국가공무원법」 제2조에 규정되어 있다. 경력직 공무원은 실적과 자격에 따라 임용되고, 신분이 보장되며 평생 동안 공무원으로 근무할 것이 예정되는 공무원으로서 일반직 공무원과 특정직 공무원으로 다시 구분된다. 일반직 공무원은 기술·연구 또는 행정 일반에 대한 업무를 담당하는 공무원을 말한다. 특정직 공무원은 교육공무원, 법관, 검사, 군인, 경찰공무원 등 특수 분야의 업무를 담당하는 공무원으로서 다른 법률에서 특정직 공무원으로 지정하는 공무원을 말한다. 교육과정을 담당하는 업무에서 교육부, 교육청, 단위학교는 행정 일반을 담당하는 일반직 공무원과 교육을 담당하는 교육공무원이 혼재되어 있다.

특수경력직 공무원은 경력직 공무원 외의 공무원을 말하며, 정무직 공무원, 별정직 공무원으로 구분된다. 정무직 공무원은 선거로 취임하거나 임명할 때 국회의 동의가 필요한 공무원이나 고도의 정책결정 업무를 담당하거나 이러한 업무를 보조하는 공무원으로서 법률이나 대통령령에서 정무직으로 지정하는 공무원을 말한다. 별정직 공무원은 비서관·비서 등 보좌업무 등을 수행하거나 특정한 업무수행을 위해 법령에서 별정직으로 지정하는 공무원을 말한다. 교육과정과 관련해서 교육부장관이나 차관과 같은 경우는 정무직 공무원이 되는 것이다.

### (2) 계급제

계급제는 사람의 자격이나 능력을 기준으로 계층을 만드는 것으로 동일한 계급에 속하는 사람은 그들이 수행하는 직무의 성격과 관계없이 동일한 자격과 능력을 갖춘 사람으로 인정하는 것이다. 경찰에서 순경부터 총경에 이르는 것이나 군대에서 이병에서 대장에 이르는 것, 조선시대 정1품이나 종9품 등과 같은 것은 계급제의 예에 해당한다. 교직의 경우는 평교사에서 부장 교사, 교감, 교장 등으로 구분되거나 장학사, 장학관, 교육연구사, 교육연구관 등으로 분류되는 것, 그리고 대학에서 조교수, 부교수, 교수로 구분되는 것은 이러한 것에 속하는 예가 될 것이다. 그러나 교육과 교육과정 분야는 학생의 교육을 중심에 두고, 교사와 직원 및 행정가들 간의 협력 체제를 중시하는 관계로 수평적 성격을 많이 지니고 있다. 따라서 다른 분야에 비해 계급적 성격이 다소 약하게 나타나고 있다고 본다.

계급제는 원칙적으로 신규 임용자가 하위 직급에서 상위 직급으로 올라가는 것이며, 중간 위치에 외부로부터 충원되는 것이 금지되어 있기 때문에 기본적으로 폐쇄적 성격을 띠고 있다. 그래서 계급제는 폐쇄형 충원, 계급 간의 폐쇄성, 그리고 신분의 보장과 계급의 신분화를 그 특징으로 하고 있다.

계급제는 사회적 분화의 정도가 덜하고, 사회적 연결이 그다지 발달하지 못한 농경사회에서 발달한 것이다. 따라서 사회가 더욱 세분화되고 복잡하게 연결이 될수록 계급제에 대한 단점이 부각되고 그에 대한 강점을 도외시하는 경향이 나타나고 있다. 그러나 모든 제도의 운영에는 한계가 있기 때문에, 각 제도의 장점을 최대한 살리면서 조화를 기하는 방향이 되어야 할 것이다.

계급제는 직급의 분류에 따라 일이 세분화되어 있지 않기 때문에 일반적인 교양 능력을 가진 사람을 선발할 수 있고, 그렇게 선발된 공무원은 그 능력이 장기간에 걸쳐 폭넓게 키워지게 된다. 그래서 업무에 대해 탄력적으로 대응할 수 있는 능력을 함양하는 것이 가능하다. 이러한 성격은 특정 분야에 대한 전문성을 지닌 직위분류제와 달리 다른 기관과 직원들 간의 수평적 관계에서의 조화를 이룰 수 있는 장점이 있다. 이러한 장점이 있지만 계급제는 직무급을 수립하는 데 어려움이 있고, 채용이나 전직 및 승진 등의 인사배치의 기준이 약하다는 단점이 있다.

### (3) 직위분류제

직위분류제는 사람이 수행하게 되는 직무와 그 직무의 난이도 및 책임의 경중을 기준으로 분류하는 방식을 말한다. 계급제가 사람의 자격과 능력을 기준으로 분류하는 것과 차이가 있는 것이다. 계급제가 농경사회의 전통과 관료제적 성격을 지닌 일본과 같은 나라에서 주로 이용하고 있다면, 직위분류제는 산업사회의 전통이나 능률을 중시하는 미국과 같은 나라에서 발전되었으며 과학적 관리법과 밀접한 관계가 있다.

직위분류제는 직위를 기본단위로 하여 종적·횡적인 구조로 체계화되어 있다. 직위, 직급, 직렬, 직군 등의 용어는 이와 관련된 것이다. 예컨대 직위는 1명의 공무원에게 부여할 수 있는 직무와 책임을 말하고, 직급은 직무의 종류·곤란성과 책임도가 상당히 유사한 직위의 군을 말하는 것이다. 대학교원의 경우 교수는 직위에 해당하는 것이고, 조교수, 부교수, 교수라는 것은 직급에 해당되는 것이다. 직위, 직급, 직렬, 직군 등의 용어에 대한 정의는 「국가공무원법」 제5조에 구체적으로 규정되어 있다.

이해의 용이성을 위해 직위분류제를 계급제와 비교하여 제시하면 <표 9−1>과 같다.[6)]

표 9-1 계급제와 직위분류제의 비교

| 구분 | 특성 | |
|---|---|---|
| | 계급제 | 직위분류제 |
| 경계 간의 이동성 | 계급/계급군 간의 수직적 이동의 곤란 | 직무의 성격이 다른 직무 간의 수평적 이동 곤란 |
| 전문성 요구 | 일반행정가 | 전문행정가 |
| 중상위직에 충원 | 폐쇄형 | 개방형 |
| 신분보장 | 강 | 약 |
| 동일시 경향 | 부처의 조직차원 | 담당직무와 역할 |

직위분류제는 각 직위가 요구하는 직무의 내용이나 성질 및 자격 기준을 밝혀주기 때문에 공무원을 임용하고 인사배치의 합리적 기준을 제시한다. 그리고 현재 공무원의 능력이나 기술이 직위에 부합하는 정도에 이르지 못할 경우 훈련의 수요를 명확하게 하며, 보수 결정의 합리적 기준을 제시하고 있다. 또 직무의 내용을 구체적으로 명시하기 때문에 근무성적평정의 기준을 결정하는 데 유리하고, 권한과 책임의 한계를 명확히 하여 조직의 분업화·전문화를 기하는 데도 기여하고 있다. 이 외에 업무분담의 합리화와 업무처리과정의 간소화를 촉진시켜 정원관리와 사무관리를 개선하는 데도 도움이 되는 장점을 지니고 있다.

이러한 장점이 있지만 단점도 있다. 일반교양과 능력을 갖춘 유능한 일반행정가를 확보하는 데 어려움이 있다. 동일한 직렬에 따라서 승진·전직·전보가 이루어지기 때문에 인사배치의 신축성이 떨어질 수 있다. 공무원이 특정한 직위와 관련되기 때문에 장기적 관점에서 능력발전이 어려워 창의적 계발이 곤란할 수 있다. 그리고 직책에 따른 전문화로 인해 전문가 간의 의사소통이나 협력 및 조정이 제대로 이루어지지 않을 경우도 발생할 수 있다. 이 외에 공무원의 신분이 특정의 직위나 직무와 관련되기 때문에 기구개혁과 같은 경우 영향을 받게 되어 신분보장이 위협을 받을 소지도 있는 한계가 있다.

# 03 채용과 능력발전

채용은 교육과정행정에 대한 일을 가장 잘할 수 있는 인재를 선발하는 것이고, 선발된 사람이 임용 후 지속적인 능력발전을 기하도록 하며, 승진은 그러한 능력발전의 수단이 된다. 이제는 근무성적평정이나 승진 및 전보도 통제가 아니라, 능력발전의 수단으로 이용하는 방향으로 전개되고 있다. 그래서 여기서는 능력발전에 이들을 포함하여 다루고자 한다.

## 1) 채용

채용은 교육행정기관의 일을 위해 최적인 인재를 충원하는 것으로 그 과정은 모집, 시험, 임명의 단계로 구성된다.

### (1) 모집

모집은 교육이나 교육과정과 관련된 공직에 많은 사람이 관심을 가지도록 하여 응시하게 한 것을 의미한다. 우리나라는 전통적으로 공직에 대한 평가가 높고 안정성을 지니기에 스스로 알아서 시험 응시를 하는 경향이 높은 편이다. 그렇다고 하더라도 유능한 인재를 모셔오기 위한 노력을 기울여야 한다. 미래사회에 대비한 인재 양성의 중요성은 더욱 커지고, 이에 대한 주요 역할을 교육부에서도 행할 필요가 있다고 생각되기 때문이다.

교육과정 분야의 인재는 일반직과 교육전문직으로 구분하여 모집하고 있다. 모집은 인력계획에 의해 일정한 자격 요건을 갖춘 자를 대상으로 이루어진다. 일반직의 경우는 인사혁신처에서 매년 9급, 7급, 5급의 일반행정직렬별로 일정한 자격 요건을 갖춘 자에 대한 모집 공고를 하고 있다. 그러한 관계로 직접적인 사무 관련성을 찾기는 어려운 실정이다.

교육전문직은 교육부에서의 인력계획과 해당 업무에 필요한 지식과 태도 등을 고려해 선발을 하고 있다. 모두가 그러한 것은 아니지만, 직접적인 사무와의 관련성을 고려하여 선발하고 있는 것이다. 그리고 교육전문직은 일반직과 달리 정규 교원으로 근무경력이 있는 자에 한해 자격을 부여하고 있다.

관리직의 경우 최근에는 개방형으로 직무 관련성이 높은 편이다. 교육부에서는 국장이나 과장 등에 대해 개방형 직위로서 지원 자격이나 담당 업무 등을 제시하여 모집하고 있다. 업무와 관련된 자격 이외에 교육과정 관련 업무를 맡을 자질은 가치관과 태도, 지식과 기술 등을 들 수 있다.

### (2) 시험과 임명

시험과 임명에서는 시험의 효용성과 그 한계, 시험의 종류, 그리고 시험의 과정에 대해 예를 들어 살펴보고자 한다. 우선 시험의 효용성과 한계에 대한 것이다. 교육과정을 담당하는 행정직에서 시험은 모든 응시자에게 기회를 균등하게 제공하되, 해당 업무를 잘 수행할 수 있는 사람을 예측할 수 있도록 이루어져야 한다. 시험은 교육과정정책, 교과서, 교육과정 운영 등에 대한 업무를 제대로 수행할 수 있는 있는 사람을 선정할 수 있는 타당도를 지녀야 하고, 동일한 사람이 여러 번 시험을 치루어도 동일한 정도의 성적을 나타낼 수 있는 신뢰성을 지녀야 하며, 유능한 사람을 변별할 수 있는 난이도가 있어야 한다.

그러나 타당도의 측정은 근무성적의 평정을 전제로 하는 것이기 때문에 직무수행능력이 우수한 사람을 정확히 식별하는 데 어려움이 있다. 신뢰도에서도 선다형보다는 서술형 시험에서 문제가 될 소지는 존재한다. 교육과정행정의 분야에서 행정직이나 교육전문직의 경우 최적의 인재를 선발하려는 노력을 기울이고 있지만, 시험에서 제기되는 타당도나 신뢰도 및 대민관계에서의 실무적 대처 능력 등에 대해서는 일정한 한계가 있어, 이를 극복하기 위한 다양한 방안이 지속적으로 모색될 필요가 있다.

다음으로 시험의 종류는 필기시험, 실기시험, 면접시험, 능력검사 등이 있다. 필기시험은 선다형이나 서술형 등의 방법이 활용되고 있다. 실기시험은 실제 근무하는 조건과 유사한 상황에서 도구나 기구를 활용해 일을 해 보는 것이다. 실기시험은 교육과정과 관련된 시험에서 그다지 많이 활용하지는 않고 있지만, 타당도가 높다는 점에서 필요한 경우에 활용하는 것도 검토의 여지는 있다고 생각된다. 면접시험은 여타의 다른 시험으로 파악하기 곤란한 성격이나 창의성 및 리더십 등과 같은 사항을 효과적으로 파악하는 데 유용하다. 능력검사는 적성검사나 기술검사 등을 말하는 것으로 기술직, 고급공무원 등에서 필요에 따라 적절한 검사를 활용하면 능력발전에 도움이 될 것이다.

마지막으로 시험의 과정은 일반행정직과 교육전문직, 관리직이 상이하게 전개되고 있다. 교육과정행정과 관련된 분야는 교육현장을 알아야 정책의 수립과 집행을 보다 효과적으로 할 수 있기 때문에 교육전문직이 중요한 부분을 차지하고 있다. 그래서 여기서는 교육전문직의 선발과정을 예로 살펴보고자 한다.

교육전문직은 교육부에서 필요한 인원을 고려해 모집하게 되고, 응시자를 대상으로 서류심사, 기획력 평가, 면접고사 등을 통해 선발을 하게 된다. 2019년 교육부 교육전문직 선발 계획을 토대로 그 과정을 도식으로 표현하면 ❙그림 9-1❙과 같다.[7]

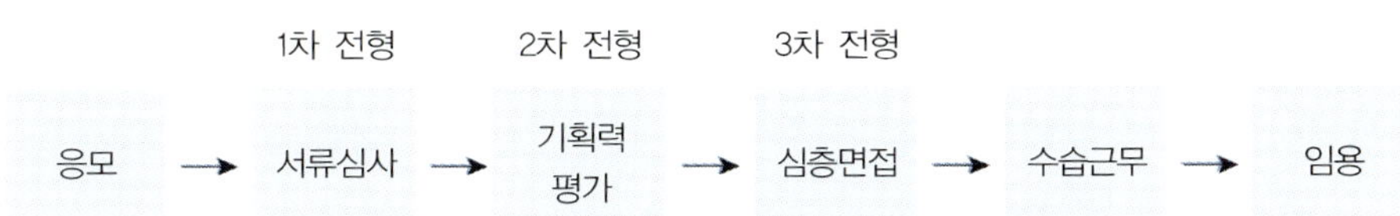


❙그림 9-1❙ 교육전문직 선발 과정

교육전문직은 교육부에서 필요한 인원을 계획하여 공고를 내면서 선발의 과정이 시작된다. 교육전문직 공고가 나게 되면 교육현장의 경력과 해당 응시자격에 해당하는 사람이 응모하게 된다. 응모자를 대상으로 자격 요건을 심사하여, 1차 서류 합격자에 한해 2차 전형으로 교육정책 관련 기획력 평가를 치루게 된다. 2차 전형은 총점의 40%를 반영하고, 고득점 순에 의해 선발예정인원의 3배수를 3차 전형(심층면접) 대상자로 선정한다.

3차 전형은 심층면접으로 2차 전형 합격자를 대상으로 이미 제출한 자기소개서・직무수행계획서, 업무추진실적 등을 바탕으로 개인별 심층 면접을 실시하며 총점의 60%를 반영한다. 최종합격자 선정은 2차와 3차 전형 고득점 순에 따라 분야별 선발인원의 1배수 범위 내에서 현장실사 대상자를 선정(1단계)하고, 현장 실사 검증을 하고(2단계), 선발분야 순위 명부를 작성하여 최종합격자를 결정(3단계)하게 된다. 합격자는 시험성적의 합계 순위에 따라 임용후보자 명부를 작성하여 명부 순위 순으로 임용하게 된다. 임용 전에는 6개월 이상의 수습기간이 있다. 다만 임용예정일 기준으로 교육부에서 6개월 이상 파견근무를 한 경우나 인사 형편상 임용시기에 맞는 수습기간 조정이 어려운 경우에는 수습기간 제외나 단축을 할 수 있다. 이러한 과정을 거쳐 최종 임용되면 부서를 배치받고 근무하게 된다.

## 2) 능력발전

### (1) 의의

교육과정행정 조직의 운용을 위해서는 조직 구성원의 지속적 발전이 필요하게 된다. 교육과정은 국가・사회적 요구와 세계적 동향 및 교육현장의 요구를 토대로 개정하고, 개정된 교육과정을 교육현장에서 적용하는 과정에서 나타나는 문제에 대응할 필요가 있다. 이러한 과정에서 행정에 종사하는 구성원이 자신의 능력발전을 기하지 않는다면 조직을 원활하게 움직일 수 없다. 다른 한편 인간은 평생에 걸쳐 자아실현과 성취에 대한 의욕을 가지고 있고, 평생에 걸친 계획에 따라 능력발전을 계획하고 실천하고자 한다. 이를 충족하는 것이 근무의욕과 사기 등과 밀접한 관련이 있는 것이다.

선발 당시에 우수한 인재라고 하더라도 계속적으로 자신의 능력발전을 도모하지 않으면 쓸모없는 사람이 되고, 행정조직도 제대로 기능할 수 없게 된다. 이러한 이유로 교육과정행정 조직의 구성원에 대한 능력발전에 많은 투자를 하고, 근무성적의 평정과 승진, 전보 등에서도 통제 위주의 행정이 아닌 능력발전의 수단으로 활용하는 것이 필요하게 된다.

이러한 의미에서 연수, 근평, 승진, 전보 등은 일반적으로 인사행정에서 다루지만, 이 글에서는 교육과정행정 조직을 발전적으로 움직이는 동태적 측면의 중요한 부분으로 간주하여 여기서 다루고자 한다.

## (2) 교육훈련과 연수

### ① 의의

교육과정 분야에서 연수라는 용어는 흔히 사용하지만, 교육훈련이라는 용어는 생소하다고 할 정도이다. 교육훈련이라는 용어는 행정학 분야에서 주로 사용하고 있는 것으로 「국가공무원법」에서는 공직 가치 확립, 직무역량과 전문성 배양 등을 위해 법령으로 정하는 바에 따라 교육훈련을 받도록 규정하고 있다. 교육이 개인의 자아실현을 위한 일반적이고도 종합적인 것이라면, 훈련은 직책과 관련되고 기간이 짧다는 점에서 교육과 구분된다. 그러나 교육과정과 관련된 업무는 그 범위가 넓고, 자신의 능력발전과도 관계가 된다는 점에서 구체적인 내용에서는 교육의 개념으로 접근하여야 할 것이다.

연수와 관련된 용어는 「국가공무원법」에서는 파견근무, 휴직의 조건으로 연수라는 용어를 별도의 조문에서 사용하고 있다. 다른 한편 「교육공무원법」 제38조에서는 연수와 교재비라는 조문 제목으로 "교육공무원은 그 직책을 수행하기 위하여 끊임없이 연구와 수양에 힘써야 한다."라고 규정하고 있다. 여기서 연수는 교육공무원이 직무수행을 위해 연구와 수양을 모두 포괄하고 있어 교육훈련이라는 용어와 큰 차이를 보이지는 않고 있다.

교육과정행정 분야의 구성원들을 대상으로 이루어지는 교육훈련이나 연수는 자기비용을 들이는 경우도 있지만, 일반적으로 국민의 세금을 투입하여야 하는 것이기에 투자를 통해 얻고자 하는 효과를 높일 필요가 있다. 이를 위해서는 교육훈련이나 연수에 대한 수요나 이를 통해 얻고자 하는 목적이 무엇인가를 결정하여야 한다.

**표 9-2 교육훈련과 연수의 목적**

| 직책이 요구하는 자격 − 구성원의 현재 자격 = 교육훈련과 연수의 목적 |
|---|

교육훈련이나 연수의 목적 및 수요 파악을 위해서는 직무의 분석과 구성원의 능력에 대한 분석이 필요하게 된다. 교육과정과 관련된 사항에서의 직무분석이나 구성원의 직무능력에 대한 분석은 쉬운 것은 아니다. 교육과정 행정 분야에 종사하는 사람은 교육부와 교육청의 교육전문직과 일반행정직, 단위학교에서 근무하는 관리직과 교사 등과 같이 이질적이다. 그러므로 이들의 직무와 구성원에게 요구하는 능력이 다양할 수밖에 없다. 교육과정은 총론뿐만 아니라 교과별로 성격과 운영하는 방법이 다르기 때문에, 직무분석과 요구하는 능력을 결정하는 것은 쉬운 일이 아니다.

그러므로 직책에 따라 획일적 내용으로 교육훈련이나 연수를 진행하는 것은 적절치 않다. 대안을 제시하면, 우선 교육과정과 관련된 구성원이 생애 목표의 설정과 그에 따른 설계에 비추어 자발적으로 기입하고, 그 다음으로 관리자나 연수담당자와의 협의를 거쳐 마지막으로 조직이 요청하는 것과의 조정된 내용을 교육훈련이나 연수의 수요로 결정하는 방법을 고려할 수 있다. 이와 같이 산출된 수요는 해당 분야의 직무에 대한 지식이나 정보에 대한 것과 가치관 등에 대한 고려를 하여 결정하면 될 것이다. 교육과정은 사회의 변화에 따라 교육현장의 변화를 수반하여야 하는 것이기 때문에 교육과정 분야에 대한 가치관의 변화를 무엇보다도 중시하여야 할 것이다.

그리고 교육과정행정 분야에서는 교육부와 교육청 및 학교 등 근무하는 장소가 다르고, 교육전문직과 일반행정직, 관리자로서의 교원과 일반 교원 등 그 주체도 다양하기 때문에 연수의 체계와 내용 및 방법 등을 달리하여 연수의 종류가 마련되어야 할 것이다. 예를 들면, 2015 개정 교육과정에서 개정 교육과정의 내용에 대한 연수를 하는 경우에도 관리자의 경우는 리더십이나 지원을 위한 여건 정비에 대한 연수를 하고, 일반 교사의 경우에는 주요 내용과 교과별로 해당 사항을 연수하고, 그 방법도 달리하는 것이 합리적인 것 같다.

### ② 연수기관과 방법

교육과정과 관련된 연수기관과 그 방법은 다양하게 이루어진다. 교육훈련이나 연수를 위한 책임을 어느 기관에서 담당하느냐에 있고, 교육훈련이나 연수의 방법은 그 목적과 대상자 및 여건을 고려하여 결정하여야 한다.

첫째, 교육훈련이나 연수를 위한 기관에 대해 살펴본다. 교육훈련이나 연수는 중앙인사기관과 각 부처, 교육청과 연수원, 그리고 단위학교 내에서 연수를 할 수 있다. 교육과정의 경우 총론과 관련된 통일성을 필요로 하는 부분도 있지만, 교과별로 적절한 내용과 방법을 제공하는 다양성을 요청하는 부분도 있다. 이러한 다양성 때문에 교육훈련이나 연수에서 통일된 체계를 구축하는 것도 필요하지만, 그러한 체계 내에서 분권도 필요한 것이다.

국가공무원의 인재개발을 위한 교육훈련 기관은 중앙교육연수원이 있고, 「교육공무원법」에서는 교육공무원의 재교육과 연수를 위해 교육연수원, 교육행정연수원, 종합교육연수원, 원격교육연수원으로 연수기관의 종류를 규정하고 있다. 그리고 이들 연수기관은 대학, 산업대학, 교육대학 등에 설치할 수 있다. 구체적 내용은 <표 9-3>과 같다.[8)]

**표 9-3 교원연수기관, 설치 주체 및 연수대상**

| 연수기관 종류 | 설치 주체 | 연수 대상 |
|---|---|---|
| 교육연수원 | 대학, 산업대학, 교육대학 | 유치원, 초·중등학교 교원 |
| 교육행정연수원 | 대학, 산업대학, 교육대학 | 유치원장(감), 초·중등학교장(감), 교장·원장의 자격인정을 받은 사람 |
| 종합교육연수원 | 대학, 산업대학, 교육대학, 원격대학 중 방송통신대학, 교육청, 교육부장관이 지정하는 기관 또는 법인 | 교육연수원 및 교육행정연수원의 연수대상에 해당하는 사람 |
| 원격교육연수원 | 대학, 산업대학, 교육대학, 원격대학, 교육청, 교육부장관이 지정하는 기관 또는 법인 | 교육연수원 및 교육행정연수원의 연수대상에 해당하는 사람 |

교육과정과 관련된 교육훈련과 분업화는 다양하게 전개되는 것이 바람직하다. 교육과정이 개정되었을 경우 그에 대한 연수를 위해 교육부 교육과정 정책과에서 통일적이면서도 집중적으로 교육한다. 그러나 개정 교육과정이 적용되었을 경우는 지역이나 학교 및 교사별로 교육훈련이나 연수를 필요

로 하는 내용이 다양하게 된다. 이런 경우에는 교사의 자주적 연수가 보장되어야 하고, 이를 충족시키기 위해서는 다양한 기관에서 다양한 교과 편성이 이루어져야 할 것이다. 교사 이외에 학교의 관리자나 교육과정 개정 및 그 운영과 관련된 작업을 추진하는 전문직 및 일반직에 대한 연수 수요도 고려하여 연수 내용을 편성하고 운영하여야 할 것이다.

교육훈련이나 연수기관 이외에 연수를 담당하는 자도 고려하여야 한다. 연수 담당자의 경우는 교육부나 교육청에 근무하는 사람의 경우에는 현직 공무원이나 현직을 떠난지 얼마 되지 않은 사람이 행하는 것이 적절하다. 교육과정과 관련된 경우 일반적인 교육과 달리 구체적인 실무와 관련된 전문성을 요하기 때문이다. 따라서 구체적인 실무 경력을 지닌 사람이 적절한 것이다.

다른 한편 교육과정이 개정되어 새로운 교육과정을 이해시키는 경우의 연수는 교육과정 개정 작업에 직접적으로 참여한 인사가 주도하는 것이 적절하다. 2015 개정 교육과정에서는 전국을 4개 권역으로 나누어 교육과정 개정 작업에 참여한 사람으로 하여금 핵심교원을 연수하도록 하여 개정 교육과정에 대한 이해를 정확하게 전달하고자 노력을 기울인 것은 이러한 것의 예가 된다.

연수기관이 통일적 체계 내에서 분권화되는 것은 연수 대상자의 업무에 따라 직무성을 다양화하는 방식으로 이뤄져야 하고, 그에 따른 교과의 편성 역시 수요자의 의견을 반영해 이루어지도록 하여야 한다. 그리고 교육현장으로 갈수록 자주적인 연수를 권장하는 것이 교원이 고충을 겪고 있는 사항에 대해 새로운 지식과 기술을 얻고 시야를 넓히는 데 유익할 것으로 생각된다.

둘째, 연수방법에 대해 알아본다. 연수의 방법은 연수의 목적, 연수받을 사람의 특성, 그리고 연수를 받을 수 있는 여건을 고려하여 결정하여야 할 것이다. 연수의 목적은 지식의 축적과 새로운 지식의 습득, 기능에 대한 훈련, 그리고 태도와 행동의 변경 등으로 요약할 수 있을 것이다.

연수를 받을 사람의 특성에서는 연수를 받는 사람의 자질을 고려하여야 할 것이다. 동일한 내용에 관한 연수를 하더라도, 연수 대상자는 쓰기 능력, 독서 능력 등에서 차이가 나고 있다. 이러한 차이를 고려한 연수방법이 고려될 필요가 있는 것이다.

교육훈련이나 연수에 요구되는 시설이나 재정적 여건 등도 고려되어야 한다. 이러한 여건의 고려를 통해 언어로 하는 방법, 시각적 표현 제공 방법, 행동을 통한 방법 등을 적절하게 선택하여 결정하면 될 것이다. 언어로 하는 방법은 강의, 토론, 사례연구 등이 될 것이고, 시각적 표현을 활용하는 방법은 영상, 사진, 도표 등을 사용하는 것이고, 행동을 통한 방법은 연습, 합숙 등을 통한 방법이 있을 것이다. 이러한 교육훈련이나 연수의 방법은 각각의 특징이 있기 때문에, 그 목적 달성을 위해 효과적인 방법을 활용하면 될 것이다. 예를 들면, 지식의 축적을 위해서는 독서, 강의, 토의, 사례연구 등이 있을 것이다. 2015 개정 교육과정에서의 이해를 위한 연수에서는 합숙을 통해 강의, 토론, 연습 등의 다양한 방법을 활용하였다.

### (3) 근무성적의 평정

교육과정 분야의 행정조직에서는 구성원에 대해 근무성적 평정을 하는 이유는 그것을 알아야만 자격이나 업적에 따른 공정한 대우를 하고, 사기 진작과 성과를 향상시키고, 능력발전을 기할 수 있기 때문이다. 최근 근무성적평정은 성과급의 지급이나 급여 체제에도 영향을 미치고 있는 실정이다.

이러한 근무성적 평정은 조직 구성원의 근무실적이나 능력·실적과 가치를 체계적·정기적으로 관리자가 평가하는 것으로 합리적인 인사관리의 기초가 된다. 근무성적의 평정은 상벌 조치를 취하는 기준으로 활용, 근무성적과 채용시험의 상관이 일치하는지에 대한 채용시험의 타당도 측정, 교육훈련이나 연수의 수요 결정의 근거, 공무원의 전직이나 전보 등을 통한 적재적소의 배치, 구성원 개인의 근무능률 향상과 발전가능성의 결정 등으로 활용할 수 있다.

근무성적 평정의 이러한 용도에도 불구하고 근무성적의 평정에 대한 타당도나 신뢰도 문제, 평정자의 공정성 문제, 현재의 평정을 통해 장래 예측이 힘들다는 문제, 그리고 표준화가 곤란하다는 문제 등의 비판이 지속적으로 제기되고 있다. 그럼에도 불구하고 이러한 평정제도를 대체할 수 있는 방안은 많지 않은 편이다. 따라서 근무성적 평정에 대한 타당도, 신뢰도, 객관도를 높여 구성원의 사기를 높이고, 교육과정행정 분야의 능률을 향상시키기 위한 노력을 지속적으로 기울여야 할 것이다. 근무성적의 평가는 도표식 평정척도법, 강제배분법, 동료평가법, 자기평정법 등이 있다.

### (4) 승진 및 전직 · 전보

교육과정 분야에서 승진, 승급, 전직 · 전보 등은 구성원의 통제를 위한 수단으로만 활용할 것이 아니라, 능력발전의 수단으로도 이용하는 방향이 되어야 한다. 우선 승진과 승급에 대해 알아본다. 승진은 직급이 위로 올라가는 것을 말하고, 승급은 동일한 직급 내에서 호봉만 올라가는 것을 말한다.

교육과정 분야에서 승진은 일반직은 6급에서 5급, 교육전문직은 장학사(교육연구사)에서 장학관(교육연구관)으로 보다 무거운 직책을 담당하는 것을 말한다. 교원의 경우는 평교사에서 부장교사, 교감에서 교장의 업무를 담당하게 되는 것이다. 승진의 기준은 객관적인 것과 주관적인 것이 있고, 그 내용은 경력평정과 실적을 일반적으로 보게 된다. 승진과 관련해서는 내부에서의 승진을 하는 형태와 개방형을 택해 외부에서 신규채용하는 형태로 구분된다. 승급은 동일한 직급 내에서 호봉만 올라가는 것을 의미하기 때문에 직위분류제에서는 그 의미가 없게 된다. 그것은 계급제와 인간관계, 사기와 관련된 것에 해당한다. 최근 대학 교원의 경우 성과급적 연봉제를 채택하면서 호봉제와 연봉제가 혼재되는 양상을 지니는 경우도 존재하고 있다.

전직 · 전보는 횡적인 이동을 의미하는 것으로, 종적인 이동을 말하는 승진과는 다른 것이다. 따라서 승진과 같이 업무의 내용이 무겁거나 보수액이 증액되는 것과는 다른 양상을 지니는 것이다. 전직은 교육공무원의 종류와 자격을 달리하여 임용하는 것이고, 전보는 교육공무원을 같은 직위 및 자격에서 근무기관이나 부서를 달리하여 임용하는 것을 말한다. 인사행정에서 전직과 전보가 활용되는 것은 부패방지의 수단, 징계의 수단, 개인적 혜택 부여 등의 방법으로 활용하고 있다. 전직·전보를 잘못 활용하게 되면 직무의 능률을 기하지 못하고, 행정의 전문화를 저해하므로 능력발전이나 교육과정행정 조직의 변혁, 인화관계의 개선 등을 행할 수 있도록 합리적 방안을 모색할 필요가 있다.

## 04 공직윤리

### 1) 의의

공직윤리는 교육부나 교육청 및 단위학교의 조직에서 근무하는 공무원이 지켜야 할 도리를 의미하는 것이다. 일반적인 공직윤리는 교육분야에서 더욱 강조되고, 교육과정 분야도 예외는 아니다. 공직의 행동윤리는 공익이 가장 중요하고, 그것을 어떻게 보느냐에 따라 공직자의 행동 전반에 영향을 미치게 된다. 민간에 비해 공직의 경우 국민 전체의 봉사자라고 하는 점에서 더욱 엄격한 기준을 가지고 접근하고 있다.

교육과정 분야에 종사하는 교육공무원은 미성숙한 아동을 지도·조언하는 입장에서 교육활동에 임하고 있다. 그러므로 여타의 공직에 비해 더 높은 윤리성을 요청받는다. 학생을 교육하는 자는 그 자체가 모범되어야 하고, 학생이 따라야 할 귀감이 되기 때문이다. 공직윤리와 관련된 규범은 도덕적 차원에 머무는 것이 아니라, 법적으로 제도화되어 강행성을 띠고 있다.

일반행정에서의 공직윤리는 공무원이 자기의 전문성에 기초해 능률적으로 직무를 수행하고, 민주사회에서 공평성에 기초해 국민에 봉사한다는 의미에서 능률성과 민주성을 동시에 내포하고 있다. 교육과정행정에서는 이러한 일반적 공직윤리 이외에 교육의 특수성을 고려한 교육의 자주성·전문성·정치적 중립성이 더욱 강조된다.

교육의 직접조항으로서 「헌법」 제31조 제4항에서는 교육을 받을 권리를 보장하기 위해 교육의 자주성·전문성·정치적 중립성을 보장하고 있다. 이들 사항은 「교육기본법」에서 보다 구체적으로 규정하고 있으며, 「초·중등교육법」 등 각론적 성격의 법률에서 이를 보장하기 위한 내용이 내포되어 있다.

교육은 개인의 성장에 유의미한 장을 마련하는 데 기본적 성격이 있다. 교육과정은 교육을 구현하기 위한 중요한 수단에 해당하므로, 교육과정의 결정과 운영은 가급적 교육자나 교육전문가에 의해 주도되어야 하고, 이를 위해 교육의 전문성과 정치적 중립성이 요구되는 것이다. 그래야 학생의 성장에 의미있는 행정작용을 할 수 있는 것이다. 따라서 이를 위해 교육과정과 관련된 공직에 있는 자는 신분의 보장과 고도의 도덕성을 요청받는 것이다.

### 2) 공직윤리의 법제화

공직윤리는 도덕적 차원에서 머무는 것이 아니라, 공무원이 지켜야 할 규범을 정립하고, 위반하였을 경우 행정제재를 규정하는 내용으로 법제화되어 있다. 그에 해당하는 법률은 「국가공무원법」, 「교육공무원법」, 「공직자윤리법」, 「부정청탁 및 금품 등 수수의 금지에 관한 법률」, 「부패방지 및 국민권익위원회의 설치와 운영에 관한 법률」 등이다. 이들 중 「공직자윤리법」의 내용을 살펴보고자 한다.

「공직자윤리법」은 1981년에 제정·시행에 들어간 것으로, 입법 취지는 "공직자의 부정을 방지하고 공무집행의 공정성을 확보함으로써 정의롭고 깨끗한 공직사회를 구현하여 공직자에 대한 국민의 신뢰를 제고하고 아울러 모든 공직자로 하여금 정의·복지사회건설의 선도적 역할을 다할 수 있게 함과 동시에 긍지와 보람으로 맡은 바 직무에 전념할 수 있도록 공직자의 재산등록과 외국인 등으로부터의 수령선물신고 및 퇴직 후 유관사기업체의 취업제한 등을 제도화하려는 것"[9]에 있다.

주요 내용은 공직자의 재산등록, 선물 신고, 퇴직공직자의 취업 제한, 공직자윤리위원회의 설치 등을 들 수 있다. 재산등록은 정무직 공무원, 4급 이상의 일반직 공무원과 이에 상당하는 보수를 받는 별정직 공무원, 법관·검사, 총장·부총장·학장·교육감·교육장, 총경 이상의 경찰공무원과 소방정 이상의 소방공무원, 공기업의 장 등이다. 등록대상재산은 본인, 배우자, 본인의 직계존속·직계비속의 재산이고, 등록할 재산은 부동산에 관한 소유권·지상권 및 전세권, 광업권·어업권, 그 밖에 부동산에 관한 규정이 준용되는 권리, 일정한 금액이나 품목 등의 동산·증권·채권·채무 및 지식재산권이 해당한다.

선물의 경우는 공직자나 그 가족이 외국이나 그 직무와 관련해 외국인으로부터 받은 일정액 이상의 선물을 신고하여야 하며 선물은 국고에 귀속된다. 퇴직공무원의 취업의 제한은 등록의무자가 퇴직일로부터 3년간 퇴직 전 5년 이내에 담당하였던 업무와 밀접한 관련성이 있는 사기업체, 법인·단체 등에 취업할 수 없다. 다만 관할 공직자윤리위원회의 승인을 얻은때에는 가능하다. 재산등록사항 등의 심사·결정을 위해 국회·대법원·헌법재판소·중앙선거관리위원회·정부·지방자치단체 및 특별시·광역시·특별자치시·도·특별자치도교육청에 공직자윤리위원회를 두도록 하고 있다.

「부정청탁 및 금품 등 수수의 금지에 관한 법률」 제5조 제1항 제10호에서 "학교의 입학·성적·수행평가 등의 업무에 관하여 법령을 위반하여 처리·조작하도록 하는 행위"에 대한 부정청탁을 금지하는 규정을 두어 교육과정의 운영과 관련된 사항에 대해서도 직접적으로 규제하고 있다. 그리고 교육·토론회·세미나·공청회 및 그 밖의 회의에서의 강의·강연·기고 등에 대한 대가로 일정액수 이상의 사례금을 받지 못하도록 하고 있다.

이러한 사항은 교육과정의 운영이나 교원의 교육 이외 활동에서의 윤리적 측면을 강조하는 것이다. 우리나라의 공직윤리는 청렴·결백 등으로 표현되는 청백리 사상에 기반을 두어야 할 것이고, 높은 윤리 의식은 공직에 진입하기 전에 형성되는 점에 유의해 선발에서부터 공직윤리를 준수할 수 있는 사람을 임용하여야 할 것이다. 교육분야는 다른 공직에 비해 더욱더 엄격하게 윤리기준을 적용하고 있어, 이러한 윤리기준이 일반국민의 윤리로 인식될 수 있도록 하여야 할 것이다.

### 3) 공무원의 정치적 중립

공무원의 정치적 중립은 민주정치에서 현대 행정국가의 시대로 전환하는 시대적 요구에 따른 것으로, 인사행정의 역사에서 실적주의 원인과 밀접한 관계를 지니고 있다. 서구에서는 19세기 자본주의 발달에 따른 자본가 계급과 노동자 계급의 대립은 국회에서 감당하기 어려운 전문화된 정책적 문제를 내포하고 있었다. 여기서 행정부의 관료가 중립적 입장에서 사회·경제적 대립을 조정하는 역할을 담당하였다.

자본주의 발달을 제대로 경험하지 못한 우리나라는 국가주도적 경제 발전을 이루면서 서구에서와 같은 자본가 계급과 노동자 계급의 대립적 관계가 제대로 형성되지 못하였다. 그러나 행정의 내용에 대한 양적 확대와 전문화 양상은 동일하게 전개되었다.

광복 이후 공무원의 정치적 중립에 대한 규정은 1949년 「공무원법」에 규정되고, 4·19혁명을 거치면서 공무원의 지나친 여당화에 대한 제약이 이루어졌지만, 실제적인 공무원의 정치적 중립성에 대한 비판적 목소리는 현재까지 이어지고 있는 실정이다.

교육 분야에서 정치적 중립성은 「헌법」 제31조에서 교육의 자주성 보장을 위해 정치적 중립성을 규정하고 있고, 「교육기본법」에도 규정되어 있다. 그리고 교육에 종사하는 사람들에 대해 「국가공무원법」, 「교육공무원법」 및 「사립학교법」 등에서 정치활동이 광범위하게 제한되고 있다. 그리고 교육에서는 정치적 중립성 외에 종교적 중립성 역시 중요하게 요청하고 있다.

교육에서 정치적 중립성이 요청되는 것은 교육이 외부세력의 부당한 간섭에 영향을 받지 않도록 교육자나 교육전문가에 의해 주도되거나 관할되어야 할 필요에서 비롯된 것으로 교육의 자주성을 보장하기 위한 것에 있다.

다른 한편 교육행정기관에 의해 교육내용에 대해 권력적인 개입이 배제되어야 하는 이유도 존재한다.

교육의 정치적 중립성을 확보하기 위해서는 교육을 직접적으로 담당하는 교원이나 이를 관리・지원하는 교육부와 교육청의 전문직과 일반직 모두 정치활동에 일정한 제한을 받는다. 교육에 종사하는 공무원에 대해 정치활동 제한의 범위는 부당한 정치적 압력으로부터 교육에 종사하는 사람을 보호하는 역할을 수행함과 동시에 정치 관여를 제한하는 것에 있다. 부당한 정치적 압력으로부터 보호하는 것은 공무원이 불이익을 받거나 교육과 관련된 사항에 대한 업무의 불안정성을 방지하기 위한 것에 있다. 그리고 정치 관여를 배제하는 것은 공직을 정치적 성공을 위한 토대로 삼거나 직무수행에 영향을 주어 업무의 관리와 신뢰성을 저해하는 것을 방지하기 위한 것에 있다.

현장 교원의 경우에는 수업시간에 당파적 정치교육이나 교육이라는 이름으로 정치적 선전을 하여서는 안 된다. 초・중등학교 학생들은 미성숙한 발달 단계에 있기 때문에 편향된 사고를 자극할 수 있는 사항이 배제되어야 하는 것은 교육 원칙상 당연한 것이다. 오히려 필요한 것은 정치의 교육적 중립이고, 정치적 지배층이 교육영역에 개입해 그들의 의도에 따라 교육을 지배하는 것을 경계할 필요가 있다.

CHAPTER 10

# 재원의 동원과 배분

자원 중에서 인적 자원에 대해서는 앞서 설명하였고, 여기서는 물적 자원으로서 예산에 대해 살펴보고자 한다. 일반적으로 예산에 대해서는 배분과 관련된 것에 많은 관심을 기울이고 있다. 그러나 여기서는 예산의 배분 못지않게 필요로 하는 예산을 어떻게 해당 부서에 끌어들이는지에 대한 문제부터 검토하고자 한다.

## 01 의의

재원의 동원과 배분은 행정에서 예산이라고 호칭되고, 예산은 일정 기간에 있어서의 세출·입의 재정적 계획에 해당하는 것이다. 교육부의 예산은 국민이 소중하게 여기는 재원을 재분배하는 것뿐 아니라 재분배에 대한 예산을 징수하는 것과도 밀접한 관련이 있다. 이러한 관계로 교육과 관련된 예산은 국민의 관심을 받게 되고, 교육과정의 운영과 관련된 예산 역시 마찬가지가 된다.

정부 전체 예산은 경제적으로 큰 기능을 하고 있으며, 세출·입 정책을 통해 자원 배분(효율성), 소득 분배(형평성), 경제안정 및 성장(경기 조절)의 3개 기능을 담당하고 있다.[1] 일반행정학에서 이러한 기능을 하는 예산이 교육과정에도 그대로 적용될 것인지에 대해서는 검토의 여지가 있다. 교육은 가치지향적 활동이고, 교육과정은 그러한 가치 지향을 위해 가르칠 그 무엇을 규정하는 것이다. 교육과정은 가르칠 내용이 학습자에게 맞아야 하고, 교육하는 방법적인 원리가 적용 가능하여야 하며, 그에 부합하는 교육의 여건이 마련되어야 하는 것이다.

그러한 의미에서 교육과정에서의 예산은 모든 학습자를 위해 자원이 적절하게 배분되어야 할 필요가 있는 것이다. 모든 학습자가 저마다의 성장을 할 수 있도록 자원이 고르게 배분되도록 하여야 교육의 기회가 균등하게 보장될 수 있을 것이다.

모든 학습자를 위한 자원의 배분은 공적인 교육체제를 운영하기 위해 인적·물적 자원을 동원할 수 있도록 예산이 배분되고, 개인의 성장이나 사회생활을 영위하기 위해 공통적으로 필요한 교육과정의 운영을 위한 자원이 지원되어야 하는 것이다. 그리고 영재나 장애인 등 특수교육 대상자를 위한 교육과정 운영의 자원은 보다 많이 소요되기 때문에 이들을 위한 자원의 재분배가 이루어져야 하는 것이다. 따라서 교육재정은 학습자의 성장을 위해 자원의 배분을 효과적으로 이루는 데 의미를 부여할 수 있을 것이다.

이러한 예산의 배분과 관련된 사항은 경제적 합리성을 기하기 위해 분석적이고도 계량적인 방법을 동원하기도 하지만, 여러 참여자로 인해 그 영향력의 조정과정을 거치게 된다. 그러한 과정은 정치적 성격을 내포하는 것이며, 책임정치와 관련해서도 중요한 부분을 차지하고 있는 것이다. 우리나라는 지속적으로 전체 국민의 소득이 증가하고, 그에 따른 세금 부담도 늘어나면서 국민소득 대비 교육재정의 확충을 위한 노력도 지속되고 있다. 따라서 국민들은 교육에 대한 세출뿐만 아니라 세입까지 관심을 기울이고 있다. 이러한 점에서 보면 교육이나 교육과정과 관련된 예산을 세출이나 분배적인 측면에서만 논의하는 것은 적절하지 않다고 할 수 있을 것이다. 따라서 교육재원의 동원과 관련된 사항에 대해서도 관심을 기울일 필요가 있는 것이다.

최근 교육과정과 관련된 사항에 대해 새로운 사업을 진행하고자 하는 경우 주어진 예산의 효율적 이용보다는 더 많은 새로운 재원의 동원이나 획득에 당면하게 된다. 따라서 교육과정행정에서 부딪히는 어려움은 예산의 배분 못지않게 재원의 동원에 있다고 하겠다. 이러한 점에서 재정학에서 다루는 내용이 제시되지만, 교육과정행정은 경제적 관점뿐만 아니라, 정치적 · 관리적 관점, 그리고 교육적 관점에서도 이루어져야 하는 점에서 차이가 있는 것이다.

## 02 교육재정의 확보와 배분

### 1) 예산의 원칙

19세기 입법국가 · 의회주의가 지배하던 시기의 행정에서의 예산은 통제위주였지만, 20세기 책임정치의 발달과 문제해결의 자원으로 예산을 보게 됨으로써 통제위주의 원칙이 완화되는 경향을 지니게 되었다. 우리나라는 1950년대 말까지 예산을 통제수단으로 여겼지만, 1960년대 이후 문제해결의 자원으로 봄으로써 통제 위주의 원칙이 완화되는 경향을 보인다. 예산과 관련해서는 일반적으로 다음과 같은 원칙이 요청된다[2].

- **공개성**: 예산의 편성과 심의 및 집행의 전 과정을 국민에게 투명하게 공개함으로써 부정과 낭비를 없애고자 하는 것이다.
- **완전성**: 정부의 세출 · 입은 모두 예산에 계상되어 있어야 한다는 것으로, 성금이나 기부금 등의 준조세와 같은 세출 · 입을 없게 하여 관서(官署)운영비 등에서의 부조리의 근원을 차단하고자 하는 것이다.
- **단일성**: 예산은 추가경정예산이나 특별회계 등을 가급적 억제하고 그 형식을 하나로 묶어 단일성을 지니도록 하여, 국민의 이해나 통제를 용이하게 하는 것이다.
- **사전승인**: 예산은 회계연도가 시작되기 이전에 국회의 승인을 얻어야 집행될 수 있다는 것으로 예산의 통제에서 중요한 기능을 하는 것이다.
- **한정성**: 예산은 한정된 회계연도 내에서 품목별로 특정화되어 비목 간

의 유용이 금지되고, 예산의 초과지출이나 예산외 지출 등이 금지되는 것을 말한다.

- **균형성**: 예산의 세출·입은 균형을 이루어야 하고, 적자 재정이 이루어지게 되면 무책임하다는 비판을 받게 된다.

예산의 원칙은 정부의 독단을 방지하고, 자원의 효율적 운영에 그 목적을 두고 있기에 그 타당성이 인정된다. 그러나 이들 원칙은 시간의 경과에 따라 예산이 문제해결의 자원으로 인정되면서 다소 완화되는 경향을 지니고 있다. 예를 들어, 한정성의 원칙이 명세가 없는 준비금, 예비비, 유용, 1년 이상도 가능한 재량성과 신축성의 부여와 같은 명세성·단년성이 완화되는 것을 들 수 있다. 이러한 것은 책임정치가 고도화되는 데 따른 예산의 합리화와 책임성에 대한 요청인 것이다. 따라서 단순한 예산 통제가 아니라 관리상의 합리화를 필요로 하게 되는 것이다. 예를 들어, 정부가 사업기획과 일치된 예산의 편성, 정기적 보고 및 평가 등과 같은 것이다. 그렇다고 하더라도 예산의 방향은 통제위주의 예산 원칙을 기본으로 하고, 책임 있는 행정기능의 수행상 불가피하다고 인정되는 경우에만 완화되어야 할 것이다. 예산 일반에 관한 원칙과 그 내용은 교육 예산에서도 그대로 적용되는 것이다. 그래서 훌륭한 교육계획에 기초해 교육예산 역시 잘 짜여지도록 하여 균형잡힌 수입계획과 지출계획이 조화를 이루도록 하여야 할 것이다.

### 2) 교육재정의 세입구조

#### (1) 교육재정의 개관

교육과정과 관련된 돈을 집행하고 싶어도 그에 상응하는 예산이 확보되지 않게 되면 아무런 의미가 없게 된다. 우리나라는 그동안 고도의 경제성장과 국민소득이 증가하면서 교육재정 역시 확대되었고, 그에 따라 교육과정 분야의 예산도 확대되었다. 교육재정의 확대는 국민의 세금을 증가를 가져오게 되고, 납세자의 입장에서는 내가 낸 세금이 어디에, 어떻게 사용되는지 관심을 기울일 수밖에 없다. 따라서 재원을 동원하는 문제는 쉬운 문제로 볼 수만은 없다. 교육과정행정의 성과는 국내에서의 효율적인 재원의 동원이 제대로 이루어지고, 그 배분이 합리적으로 이루어짐으로써 나타날 수 있는 것이다.

교육재정의 구조와 관련된 내용을 개관하면 다음과 같다.[3)]

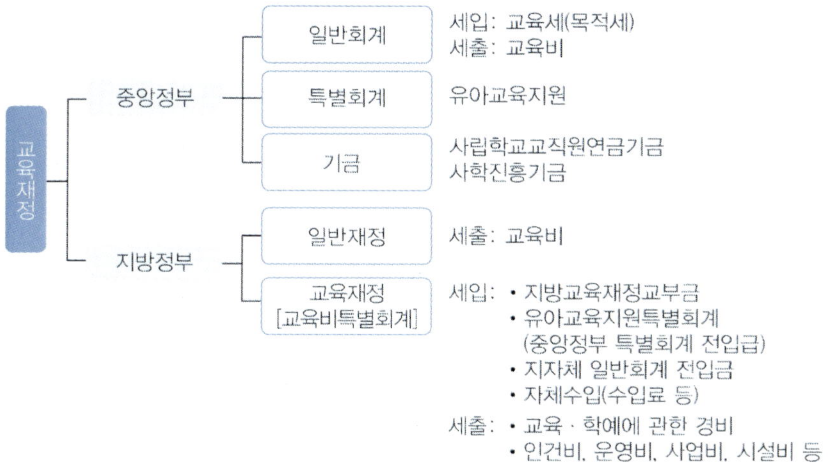


**| 그림 10-1 | 교육재정의 분류**

첫째, 중앙정부의 예산이다. 중앙정부의 재정은 일반회계, 특별회계, 기금으로 구성되어 있다. 일반회계로서 「교육세법」에 근거를 두고 사용 용도가 지정되어 있는 목적세인 교육세가 주요 세원이 된다. 특별회계에서는 「유아교육지원특별회계법」에 근거해 유아교육지원을 위한 특별회계가 있다. 그리고 기금으로는 교육부 소관으로 사립학교교직원연금기금과 사학진흥기금이 세원이 되고 있다.

둘째, 지방정부의 예산이다. 지방정부의 예산은 일반행정에 대한 자치를 담당하는 일반재정과 교육에 대한 자치를 담당하는 교육재정으로 구분된다. 일반재정은 중앙정부의 재정과 마찬가지로 일반회계, 특별회계, 기금으로 구성되어 있다. 일반회계는 지방자치단체의 고유기능의 수행을 목적으로 하는 기본이 되는 회계이고, 특별회계는 특정 목적 달성을 위해 특정 세입으로 특정 세출에 충당하고자 할 때 설치하며, 기금은 지자체가 특정 목적을 위해 특정 자금을 신축적으로 운용할 필요가 있을 때, 법률과 조례로 설치할 수 있는 것이다.

교육재정은 교육을 지원하기 위한 교육감이 관장하는 교육청의 재정활동으로 일반재정과 구분해 교육비특별회계로 운영된다. 교육비특별회계의 수입은 이전수입과 자체수입, 그리고 지방교육채 및 기타로 구분된다.[4] 이전수입은 중앙정부인 교육부의 이전수입으로서 지방교육재정교부금과 국고보조금, 지자체 이전수입인 지자체 일반회계전입금과 기타 이전수입으로 구분된다. 자체수입은 입학금과 수업료와 같이 학생 납입금이 주된 세입원이 되고, 그 외 사용료, 수수료, 자산수입 등이 있다.

이러한 교육재원의 동원에는 교육과정과 직·간접적으로 관련된 내용이 포함되어 있다. 기획재정부에서는 매년 예산안 편성의 방향을 제시하고 있는데, 2017년도 예산안 편성에서는 2016년 전면 도입된 중학교 자유학기제가 현장에서 안정적으로 정착될 수 있도록 지원에 관한 내용이 투자 중점으로 포함되어 있다.[5] 그리고 2019년 예산안 편성에서는 공교육을 통한 4차 산업혁명 대비 우수인재 양성 지원을 위해 "STEAM(과목간 융합) 교육 프로그램 개발·보급을 통해 융합적 사고력과 실생활 문제해결력 배양 추진, SW교육 필수화에 따라 예비교원의 전문성을 강화하고, 양질의 SW교육이 정착될 수 있도록 첨단 교육환경 구축 지원"을 투자의 중점으로 제시하고 있다.[6]

이와 같이 예산의 편성에서 교육과정과 관련된 사항에 대한 중점적 사항이 제시되고 있어 해당 정책에 대한 지원을 뒷받침하고 있는 것이다. 따라서 교육과정 중심의 교육활동을 전개하기 위해 소요되는 재원을 분석·평가하여 적절한 방법을 마련하여야 할 것이다. 국고에 들어와 있는 것만 예산이라고 보거나 예산당국에서 배분하는 것을 받아 효율적으로 사용하는 것에 한정해서 소극적으로 재원을 볼 것이 아니라, 교육과정에 대한 국가·사회적 요구나 현장의 요구를 반영하기 위한 방법으로 국가교육과정포럼의 예산을 확보하려는 것과 같이 적극적으로 재원을 확보하도록 노력하여야 할 것이다. 2020년 국가교육과정 포럼 예산은 초기에 확보하지 못하였다. 그러나 교육과정정책과의 지속적 노력을 통해 예산확보를 하여 포럼을 실시하게 된 것은 그 예에 속한다.

### 3) 교육재정의 배분

#### (1) 배분 기준

예산의 배분은 정부활동의 형태와 구조 및 활동을 파악할 수 있는 수단이 된다. 정부활동은 복잡하고도 다양하기 때문에 예산도 단일의 기준보다는 목적에 따라 여러 가지 분류 방법이 적용되어야 한다. 예산은 기획의 결과를 재원의 뒷받침으로 구체화하는 것이고, 사업집행을 관리·통제하고 그 성과를 평가하는 데 중심적인 역할을 하고 있다. 각국의 예산은 정도의 차이는 있지만 통제, 능률·관리, 기획·발전의 단계로 발전되어 왔으며, 각 단계는 예산의 특징에 해당하기도 한다.

통제지향적 입장의 예산은 품목별 예산 제도를 들 수 있다. 그러나 통제기능에 중점을 둔 예산은 정책목표의 합리적 선택의 제한이 있고, 기획과 밀접한 관련성도 지닐 수 없으며, 집행에서의 신축성도 제한하고 지출 목적을 밝힐 수 없다는 비판을 받았다. 그래서 능률·관리지향적 단계로서 성과주의 예산으로 발전되었다. 최근에는 예산의 기획기능이 중시되면서 계획과 예산이 유기적으로 결합된 기획예산이 발전되었고, 영기준 예산에 대한 관심도 높아지고 있다.

- **품목별 예산**(line-item budget): 예산의 편성이나 분류를 정부가 구입·지출하고자 하는 물품이나 서비스별로 하는 것을 말한다. 우리나라의 세출예산과목인 장·관·항·세항·목 중에서 목이 품목별 예산에 해당한다. 인건비 영역의 기본급·수당, 물건비 영역의 여비· 운영비·업무추진비·연구·개발비 등이 목에 해당한다.
- **성과주의 예산**(performance budget): 정부가 구입하는 물품보다는 수행하는 업무에 중점을 두고 예산을 편성하는 능률·관리지향적 예산제도이다. 예산이 사용되는 목표를 제시하고, 그 목표를 달성하는 데 필요한 업무 단위와 이에 소요되는 단위원가를 제시하는 방식을 취하고 있다. 학점제에 대한 성과를 위해 학생들의 만족도를 측정단위로 하였다면, 설정한 만족도 이상의 성취가 있으면 되는 것이 그 예에 해당될 것이다.

- **계획예산**(planning-programming-budgeting systm; PPBS): 장기적인 기본계획 수립과 단기적인 예산편성을 프로그램의 작성을 통해 유기적으로 연결시킴으로써 자원배분의 합리적 의사결정을 하려는 예산 제도를 말한다. 장래의 어떤 목표 달성을 위한 합리적 대안의 선택이나 예산의 배분을 체제적·계량적 방법으로 돕는 예산 제도이다. 교육과정정책과에서 교육과정 개정 작업을 위해 중·장기적 계획에 의해 마련된 사업군, 사업, 단위사업 등에 대해 단위사업별로 사업비, 지원비, 행사비를 배정하는 것이 그 예가 될 것이다.
- **영기준 예산**(zero-base budgeting; ZBB): 영기준 예산은 예산의 편성에 앞서 전년도를 답습하거나 부분적인 검토를 하는 것이 아니라 영기준을 적용하여 모든 사업의 효율성을 새로이 평가하여 우선순위를 재조정함으로써 효율성이 저하된 것은 지속적으로 없애가면서 효율성이 높은 것으로 바꾸어 가는 것을 말한다.
- **신성과주의 예산**(new performance budget): 1990년대 이후 신공공 관리적 정부 개혁에서는 통제적 요소를 줄이면서 자율성을 부여하되, 어떻게 그런 성과가 나왔는지의 과정보다 사업의 성과가 좋은지 나쁜지를 중심으로 예산을 운영하는 데 초점을 맞춘 것이다. 기존의 성과주의 예산이 사업에 예산을 투입해 무엇을 하고 있는지에 초점을 두고, 완성된 이후의 모습을 보여주어 재원과 사업을 직접 연계시키는 예산제도와 차이가 있다. 산출보다는 결과에 초점을 맞추고 있는 것이다.

### (2) 교육재정의 배분

교육부에서 교육청으로의 예산의 배분은 지방교육재정교부금으로 이루어지며, 여기에는 보통교부금과 특별교부금이 있다. 「지방교육재정교부금법」 제1조에서는 이 법은 지방자치단체가 교육기관 및 교육행정기관을 설치·경영하는 데 필요한 재원의 전부 또는 일부를 국가가 교부하여 교육의 균형 있는 발전을 도모함을 목적으로 한다고 밝히고 있다. 교부금의 재원은 「교육세법」에 의한 교육세 전액과 당해연도 내국세 총액의 1만분의 2,079(2020년 기준)에 해당하는 금액이다.

보통교부금은 「교육세법」에 의한 교육세 세입액 전액과 내국세 총액 중 교부금에 해당하는 금액의 100분의 97을 합한 금액으로 하고, 특별교부금은 내국세 총액 중 교부금에 해당하는 금액의 100분의 3에 해당하는 금액으로 하고 있다.

교육부에서 교육청에 교부금을 배분할 때 보통교부금은 기준재정수입액이 기준재정수요액에 미치지 못하는 지방자치단체에 대해서는 그 부족한 금액을 기준으로 하여 보통교부금을 총액으로 교부한다. 특별교부금은 「지방재정법」 제58조에 따라 전국에 걸쳐 시행하는 교육 관련 국가시책사업으로 따로 재정지원계획을 수립하여 지원하여야 할 특별한 재정수요가 있거나 지방교육행정 및 지방교육재정의 운용실적이 우수한 지방자치단체에 대한 재정지원이 필요할 때, 기준재정수요액의 산정방법으로 파악할 수 없는 특별한 지역교육현안에 대한 재정수요가 있을 때, 그리고 보통교부금의 산정기일 후에 발생한 재해로 인하여 특별한 재정수요가 생기거나 재정수입이 감소하였을 때 또는 재해를 예방하기 위한 특별한 재정수요가 있을 때 교부된다.

각 시·도는 중앙정부로부터 지원기준에 따라 교부금, 양여금, 보조금 등의 총액으로 배분되고, 보조금을 제외하고는 시·도 교육청에 의해 교육행정비, 각급학교교육비, 시설비 등으로 어느 정도 신축성 있게 사용할 수 있다. 시·도 교육청은 시·도 교육비 특별회계를 통해 운영되고, 이를 위해 예산의 과정을 거치게 된다. 예산의 과정은 시·도 교육청의 소관 부서가 중심되어 이루어지는데, 교육감은 교육부의 예산편성기본지침에 따라 시·도의 예산편성지침을 작성해 산하의 교육기관과 교육행정기관에서 예산요구서를 제출받는다.

교육청은 예산요구서를 기초로 예산을 작성해 교육위원회에 제출하고, 심의를 거쳐 예산안이 심의·의결되면 예산으로 최종 확정된다. 확정된 예산은 각급학교의 재정지원으로 이어지게 된다. 각급학교의 재정지원은 인건비, 운영비, 시설비로 크게 구분된다. 인건비는 각급학교 교직원의 급여를 말하고, 시설비는 각급학교의 시설수요에 따라 책정된다. 그리고 학교운영비는 학교 및 학급당 일정 금액을 정해 지원금액을 총액으로 지원하고 있다. 이러한 내용을 도식화하면 【그림 10-2】와 같다.

| 교육부 → | 교육청 → | 학교 |
|---|---|---|
| • 일반회계<br>• 특별회계<br>• 기금 | • 지방교육재정교부금 (교육세 세입액 전액+내국세 총액의 1만분의 2,079)<br>• 지자체 전입금<br>• 자체수입 | • 공립학교<br>- 교육청배분 교육비특별회계전입금(학교교육비, 목적사업비)<br>- 학부모 부담수입(학교운영지원비, 수익자부담경비)<br>- 자체수입(사용료 및 수수료, 기타 수입)<br>• 사립학교<br>- 재단의 전입금<br>- 학생의 입학금 및 수업료<br>- 교육비특별회계의지원금 |

【그림 10-2】 교육재정의 배분구조

단위학교의 세입에는 공립학교는 교육청에서 배분되는 교육비특별회계전입금(학교교육비, 목적사업비), 학부모 부담수입(학교운영지원비, 수익자부담경비), 자체수입(사용료 및 수수료, 기타 수입), 학교에 대한 기부금, 보조금 및 지원금, 이월금 등이 있다. 세출에는 학교공교육비로 학생복리비, 교수·학습활동비, 공통운영비, 업무추진비, 시설비 등이 포함된다. 교수·학습활동에는 학습준비물 구입비, 교과별 실험실습 재료비, 교구 및 설비비, 학급운영비, 학교행사비, 기타 교육과정 운영 및 교수학습활동에 필요한 경비로 지출한다.

사립학교는 세입이 재단 전입금, 학생 입학금 및 수업료, 교육비특별회계 지원금 등으로 구분된다. 세출은 공립학교와 마찬가지로 인건비, 운영비, 시설비 등으로 지출하게 된다. 사학은 세출이 인건비 위주로 이루어지게 됨으로써 공립학교에 비해 상대적으로 낙후되고 있는 편이다.

# 03 예산담당기관과 예산의 종류

## 1) 예산담당기관

행정부는 예산에 대해 잘 알기도 하면서 대부분의 예산을 집행하고, 입법부인 국회는 예산을 감독하는 것이 주된 임무이기 때문에, 일반적으로 예산과 관련된 업무는 행정부에서 담당을 하고 있는 것으로 보인다. 예산을 담당하는 중앙예산기관은 기획재정부에서 통일적으로 관장하고 있으며, 그것은 예산의 통합과 능률을 기하기 위한 것에 있다.

현재의 기획재정부는 1948년 우리나라 정부 수립으로 탄생한 재무부와 기획처이다. 당시 재무부는 세제・국고・금융・통화・외환 정책을 담당했고, 기획처는 1961년 경제기획으로 확대되면서 예산과 경제개발계획 수립을 맡았다. 그 뒤 정부조직 개편으로 1994년 경제기획원과 재무부는 재정경제원으로 통합되었으나, 1997년 외환 위기를 맞으면서 다시 재정경제부와 기획예산처로 재편되었다.

2008년 시대 요구에 충실한 경제정책, 이를 뒷받침하는 나라살림, 합리적 세제의 수립, 효율적 재정전략 등을 함께 운용할 필요성이 커지면서 재정경제부와 기획예산처를 통합해 기획재정부가 탄생하여 현재에 이르고 있다.

중앙예산을 담당하는 기획재정부 외에 각 부의 기관이 있다. 교육에 관련된 예산기관은 교육부의 기획조정실에 있다. 2021년 1월 현재 교육부의 교육기획조정실은 정책기획관과 국제협력관으로 되어 있다. 여기서 정책기획관 아래에 기획담당관, 예산담당관, 혁신행정담당관, 규제개혁법무담당관, 양성평등정책담당관, 교육공무근로지원팀, 비상안전담당관으로 구성되어 있다. 따라서 교육과정과 관련된 업무는 이 부서에서 예산을 관리하고 있는 것으로 이해하면 될 것이다.

## 2) 예산의 종류

### (1) 일반회계예산 · 특별회계예산

예산은 원칙적으로는 예산통일의 원칙에 따라 단일성을 지녀야 하지만, 현실적으로는 이에 대한 예외로서 특별회계예산을 편성하고 있는 실정이다. 「국가재정법」 제4조에서는 국가의 회계를 일반회계와 특별회계로 구분하고 있다. 여기서 일반회계는 조세 수입 등을 주요 세입으로 하여 국가의 일반적 세출에 충당하기 위해 설치하는 것으로 규정하고 있다. 그리고 특별회계는 국가에서 특정한 사업을 운영하고자 할 때, 특정한 자금을 보유하여 운용하고자 할 때, 특정 세입으로 특정 세출에 충당해 일반회계와 구분해 회계처리할 필요가 있을 때 설치할 수 있도록 규정하고 있다.

특별회계는 예산통일의 원칙에 반하기 때문에 입법이나 민주적 통제가 어렵다는 한계가 있다. 그러나 정부기업의 지출을 명백히 하고, 행정기관의 자유재량의 여지를 부여하여 행정의 능률을 향상시킬 수 있다는 장점도 있다.

### (2) 본예산 · 수정예산 · 추가경정예산

본예산은 행정부가 매년 다음 해의 총세입 · 세출을 예산으로 편성하여 정기예산 국회에 다음 회계연도가 시작되기 90일 전에 제출하는 것을 말한다. 예산안의 제출은 이것으로 끝나는 것이 원칙이다. 그러나 제출기일이 회계연도가 시작되기 전이기 때문에 사정의 변화가 있을 수 있고, 그때마다 새로이 예산회계법에 따른 서류를 제출하는 것은 행정의 지연이나 낭비를 초래하게 된다. 그래서 이를 간소화하기 위해 수정예산이나 추가경정예산을 두고 있는 것이다.

수정예산은 행정부에서 예산안을 국회에 제출된 후 심의를 거쳐 성립되기 이전에 부득이한 사유로 그 내용의 일부를 수정하고자 하는 경우 제출되는 것을 의미한다. 추가경정예산은 예산이 국회를 통과하여 성립된 이후에 생긴 사유로 인해 이미 성립된 예산을 변경할 필요가 있을 때 편성되는 예산으로 다음 해의 회계연도가 시작된 후에 제출하는 것을 의미한다.

### (3) 준예산

준예산은 새로운 회계연도가 개시될 때까지 예산이 국회에서 의결되지 못할 경우 행정부가 국회에서 예산안이 의결될 때까지 전년도 예산에 준하여 경비를 지출할 수 있는 예산을 말한다. 우리나라 「헌법」에서는 준예산이 적용되는 경비로 「헌법」이나 법률에 의하여 설치된 기관 또는 시설의 유지·운영, 법률상 지출 의무의 이행, 이미 예산으로 승인된 사업의 계속으로 규정하고 있다.

## 04 예산의 과정

예산과정은 정책결정과정인 동시에 정치에 의해 현실적으로 가치가 배분되는 과정에 해당한다. 예산과정은 금전에 의한 통제가 조정의 가장 효과적인 수단이 되기 때문에 행정의 핵심적 사항이 되고, 각 행정기관의 상대적인 비중을 정하는 과정이기도 하다. 이러한 예산의 과정은 일반적으로 예산의 편성, 심의, 집행, 회계감사의 순환과정을 거치고 있다.

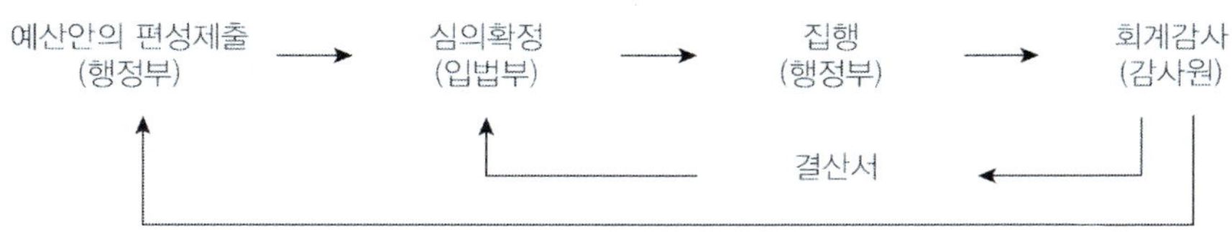


【그림 10-3】 예산 과정의 단계

### 1) 예산의 편성

예산편성은 회계연도가 시작되기 이전에 계획을 세우는 것으로 정부가 다음 회계연도에 수행할 정책이나 사업을 금액으로 표시한 계획을 작성하여 국회에 제출하는 것을 말한다. 예산의 편성 과정은 기획재정부에서 예산안 편성지침이 하달되면서 본격적으로 시달된다.

그러나 예산은 가장 중요한 업무의 하나이기 때문에, 각 기관에서는 기획재정부에서 지침이 시달되기 전부터 준비한다. 이러한 준비를 통해 각 부처의 예산 요구서가 작성·제출되면 기획재정부에서는 예산의 사정을 하게 된다. 예산의 사정 작업이 마무리되면 예산을 총괄하는 부서에서 집계하여 행정부안으로서 국무회의를 거쳐 9월말까지 확정하여 국회에 제출한다.

예산의 편성은 과거와 비교할 때 발전되고 있다. 그러나 정책과 사업계획의 우선순위에 따른 조정이나 검토 없이 예산의 사정이 타협적으로 행해지는 일이 많고, 전년도의 예산을 답습하는 점증적 예산을 편성하며, 요구되는 액수가 커서 크게 삭감되어 이에 소요되는 기간과 노력의 낭비가 있고, 제출된 예산안의 삭감에서는 쌍방의 토의에 의하기보다는 일방적 삭감이 이루어져 목표관리의 구현이 어렵다는 문제가 있다.

### 2) 예산의 심의

예산의 심의는 국민의 대표기관인 의회가 행정감사권과 재정감사권을 통해 행정부가 수행할 사업계획의 효과성을 검토하고 예산을 확정하는 것을 말한다. 예산의 심의를 국회가 하는 것은 역사적 변화에 따라 통제위주의 예산에서 행정의 효율화로 전환되고, 최근에는 정책에 따른 재원의 합리적 배분에 관심을 더 갖게 되는 것과 관련이 있다. 따라서 국회는 합리적 이유 없이 예산을 삭감하는 것보다는 사업 집행의 성과, 정책의 합리성 등에 보다 많은 관심을 기울이고 심의를 할 필요가 있는 것이다.

예산의 심의 과정은 회계연도 개시 90일 전에 국회에 예산이 제출되면 국회는 정기예산 국회를 소집하고 국무총리와 기획재정부장관은 예산안 제안 설명을 하고, 국회의원의 질문이 분야별로 이루어진다. 그리고 상임위원회별로 예산 심사를 하고, 각 상임위원회에서 예비심사가 끝나면 모두 예산결산특별위원회에 회부되고 여기서 종합심사를 받는다. 예산결산특별위원회의 심사가 끝나면 본회의에 회부된다. 본회의 의결은 대부분 수정없이 형식적 절차로 거치고 있는 형편이다.

예산심의에서 문제가 되는 것은 국회의원의 전문지식 결여와 국정에 대한 이해가 부족하다는 것과 유권자가 의원의 입법활동이나 예산심의 활동에 대해 관심이 적다는 것이다. 그리고 예산결산특별위원회는 상설기구가 아니라 임시기구이기 때문에 예산심의에서 전문성을 기하기 어렵다. 따라서 기본적으로 책임정치를 향상하기 위한 노력이 필요할 것이다. 그것은 민주국가에서 의회가 예산심의를 통해 국민에 대한 정치적 책임을 확보하게 된다는 점에서 예산심의는 중요한 의미를 지니기 때문이다.

### 3) 예산의 집행

예산의 집행은 국회에서 예산이 심의·확정된 후 예산에 따라 정부가 하는 세입·세출에 관한 모든 행위를 의미한다. 예산의 집행은 예산에 정해진 금액을 국고에 수납하고 국고로부터 지출하는 행위를 의미한다. 그러나 넓은 의미에서는 국고채무부담행위와 지출원인행위도 포함된다.

예산의 규모가 적고 정부가 경상비만을 지출하던 시대의 예산 집행의 목적은 의회의 의도에 따라 충실히 재정을 통제하는 데 있었다. 그러나 정부예산이 커지고 경제발전이나 사회발전에 적극성을 띠고 대처하는 시기에는 의도한 목표를 효율적으로 달성하는 것으로 전환되고 있다. 급격한 사회변동에 따른 기계적 예산집행의 곤란성의 증대는 통제적 예산이 아니라 신축적 예산이 요청되고 있는 것이다. 예산의 집행에서 이들 상충된 목표를 동시에 추구하면서 책임정치를 구현하려고 하는 곤란한 현실적 문제에 부딪히고 있는 것이다.

### 4) 결산

예산의 집행이 마무리되면 결산이 이루어진다. 결산은 세입 예산에 비해 수입은 어떠한 실적을 나타내었는지, 세출예산은 위법·부당하지 않게 예산의 목적대로 집행되어 효과를 올렸는지 보기 위해 회계연도가 지난 이후 계산하는 것이다. 국가재정에 대한 입법부의 통제·감독은 예산의 심의와 예산집행의 실적으로서 결산의 검사에 의해 비로소 가능하게 된다. 따라서 결산제도는 예산제도와 함께 근대재정 입헌주의에서 2대 지주가 되고 있으며, 예산에 관한 국회의 의도가 충실히 구현되었는지의 여부는 결산에 의해 확인되는 것이다.

결산의 기능은 결산에 의해 정부가 국회의 심의를 거쳐 성립한 예산의 범위 내에서 재정활동을 행했느냐를 확인하고, 예산과 결산을 대비하거나 결산을 상세히 검토함으로써 장래의 재정운영을 반영시킬 수 있는 기능이 있다.[7] 결산은 회계검사기관의 검사·확인과 국회의 심의·의결에 의해 확정되면 예산집행에 대한 정부의 책임이 없어지게 된다. 결산은 다음 회계연도의 지출한도에서 국가행위의 규제나 위법·부당한 지출에 대한 행위를 무효로 하거나 취소하는 것이 아니기 때문에 법적인 효과보다는 정치적인 효과에 있다고 하겠다.

### 5) 회계검사

회계검사는 행정기관의 세입·지출의 결과에 관한 사실을 확인·검증하고, 그 결과를 보고하기 위하여 장부나 기타의 기록을 체계적으로 검사하는 행위를 말한다. 회계검사는 회계기록을 대상으로 하고, 회계기록은 제3자가 하여야 하며, 회계검사는 회계기록의 정확성 여부에 관한 검증절차이고, 회계기록의 적절성 여부에 관한 비판적 검증으로서 검사자의 의견이 표시되어야 하는 것이다.[8]

정부부문의 회계검사는 민간부문과 달리 국회가 제정·통과시킨 법률이나 예산에 충실히 의거해 지출하였는지에 대해 검토하는 합법성에 중점을 두어왔다. 검사에서 합법성을 위주로 하게 되면 법률이나 예산에 위반된 지출과 수입의 유무를 찾는 데 있어 소극적 성격을 띨 수밖에 없다.

합법성을 강조하는 전통적 회계검사의 소극성은 정부기관의 능률적 운영을 저해할 수 있고, 불법 지출은 방지하지만 부당한 지출이나 낭비 방지에 한계가 있으며, 전체적 성과의 검토가 불가능하다는 비판이 제기되고 있다. 여기서 합법성 위주의 전통적 회계검사를 대체할 새로운 검사방법으로서 경제성 검사, 능률성 검사, 효과성 검사를 포괄하는 3E를 대표적 예로 들 수 있다.[9] 경제성 검사는 문제를 투입 측면서 보는 것이고, 능률성 검사는 문제를 투입과 산출의 측면에서 보는 것이며, 효과성 검사는 프로그램 목표의 달성도에 초점을 두는 검사를 말한다.

이러한 예산의 과정은 교육청이나 단위학교 등에서 대동소이하게 이루어진다. 교육청은 중앙교육행정기관에서 시달된 예산편성기본지침에 의거해 교육감이 작성하여 지역 교육청에 전달하게 된다. 시·도 교육청의 예산담당관이 예산을 시의회에 제출하고, 소관 상임위원회와 예·결산특별위원회의 심의·의결을 거친 후 확정되면, 단위학교로 배분되어 운용된다.

단위학교에서는 교육청의 예산·편성 운영지침에 따라 학교장이 예산편성기준을 마련하고, 행정실에서 교직원회의 등을 거쳐 교무부와 같은 각 부서로 통보하고, 각 부서별로 학교교육계획서와 연계하여 검토해 사업별 소요예산을 판단하게 된다. 각 부서별로 편성된 예산은 행정실에 제출하고, 이를 예산편성기준과 부합되는지의 여부를 검토한 후 교직원들의 조정과 협의를 거쳐 학교운영위원회의 심의를 통해 최종 확정하게 된다. 확정된 예산은 학교가 수행하는 교육활동의 목적 달성을 위해 예산을 집행하게 되고, 집행된 예산은 결산을 하게 되고, 평가를 거치게 된다.

## 05 교육과정 재정의 고려사항

학교의 교육과정이 효과적으로 운영되기 위해서는 그에 필요한 재원이 확보되고, 적절하게 배분되어야 한다. 이를 위해서는 직접적인 교육활동에 참여하는 구성원들이 예산과정에 관심을 가지고 참여하여야 할 필요가 있다. 그리고 교육현장 중심의 예산이 제대로 편성될 수 있도록 함으로써 교육과정 중심의 교육활동을 뒷받침할 수 있어야 한다. 수요자 중심으로 교육 패러다임이 이동하고 있다면, 예산의 편성과 집행 역시 그러한 방향으로 전개되어야 할 필요가 있는 것이다. 여기서는 국가교육과정 총론에서 학교교육과정에 대한 행·재정적 지원을 규정하고 있는 사항을 중심으로 교육과정 재정에서 고려해야 할 사항을 검토해 보고자 한다.

첫째, 교육과정의 편성과 운영을 위한 비용 산출의 기준이 필요하다. 교육재정을 배분하는 데에는 여러 가지 모형이 존재하고 있다. 예를 들면, 정액교부금제도, 평형교부금제도, 비균등화 사용교부금제도 등이 그것이고, 학자에 따라 분류 방식은 다양하게 나타나고 있다. 이러한 재정을 분류하는 방식은 교육의 기회균등을 보장하기 위한 것에 있다. 교육현장에서 학습자 개개인에 부합하는 교육과정을 편성하고 운영하려면 모든 학생들을 위한 교육재원의 배분을 위해 합리적 기준이 필요할 것이다. 이들 재원의 배분은 교육에서의 기회균등을 실현하기 위한 중요한 요소가 될 것이다.

둘째, 교육시설과 설비 및 자료 등을 정비하고 확충하는 데 재정적 지원이 요구된다. 국가교육과정 문서에는 교육청 수준에서 학교교육과정 편성·운영을 위해 교육시설, 설비, 자료 등을 정비하고 확충하는 데 재정적 지원을 하도록 규정하고 있다. 구체적인 실천 사례는 고교학점제 학교환경조성 적정성과 관련해 학교별 요청사항을 시·도 교육청별로 심사하고, 교육부에서 최종적으로 적격 여부를 심사한 것이 이에 해당한다.[10] 고교학점제 운영을 위해 2020년도 교과교실제 도입학교 적정성 여부를 심사하는 표에는 학급수, 학생수, 교원, 교과교실제 유형, 증설 요청 교실 수, 리모델링 규모, 증설 적정 규모, 심사결과 및 심사내용 등이 제시되어 있다.

셋째, 교원수급과 교원배치와 같은 교육과정 운영을 위한 인적 자원을 고려하여야 한다. 교육현장에서는 정규 교과를 담당하는 교사뿐 아니라, 보건이나 전문상담 등 비교과 교사도 동시에 필요로 한다. 그래서 교육현장에서 소요되는 교사에 대한 중·장기 교원 수급계획을 마련하고, 그 확충에 대한 요청을 하게 된다.[11] 국가 차원에서 교원의 증원과 같은 경우는 교육환경의 개선한다는 취지에서 접근하고 있지만, 결과적으로는 교육과정의 효과적 운영을 위한 것에 있는 것이다. 국가교육과정에서도 소규모 학교의 정상적 교육과정 운영을 지원하기 위해 교원의 배치 등에 대한 행·재정적 지원을 하도록 하는 것은 교육과정 운영에서 인적 자원의 중요성을 말하는 것이 된다.

넷째, 교육청 중심의 예산 편성과 집행에서 학교단위의 예산 편성과 집행이 될 수 있도록 전환함으로써 교육과정 중심의 학교 운영이 전개될 수 있도록 하여야 한다. 제6차 교육과정 이후 집권적 교육과정 결정 체제는 국가·지역의 교육과정 기준과 내용의 기본적 사항의 결정, 그리고 학교교육과정 편성·운영으로 역할 분담이 이루어졌다. 교육과정 결정의 역할분담과 책임 관계의 새로운 정립은 학교의 교육과정 운영을 위해 교사의 선발과 학생의 배치 등의 권한이 단위학교로 이양되고, 국가와 교육청은 전국 혹은 지역단위의 조정이 필요한 사무와 정보체계나 평가 등을 통한 질 관리 등의 역할을 하게 된다. 이러한 역할 분담에 따라 교육행정기관은 국가나 지역정책에 필요한 목적사업비를 최소화하고, 교육과정의 운영에 필요한 학교교육비와 시설비 등을 단위학교에 포괄적으로 배분하는 방식으로 교육과정 중심의 학교단위예산제가 확립될 수 있도록 노력하여야 한다.

다섯째, 학교급에 따른 차별화된 내용의 예산 배분을 고려하여야 한다. 국가교육과정의 교육청 수준의 학교교육과정 지원에서는 초등 저학년의 돌봄 기능 강화, 고교 과목 선택권 보장을 위한 교원 수급과 시설 및 프로그램 개발, 특성화고 산업체 협력과 실습과목 편성을 위한 행·재정적 지원을 하도록 규정하고 있다. 초등 저학년의 경우에는 지역사회와 학교의 여건을 고려하여 학교에서 돌볼 수 있는 기능을 강화할 필요가 있다. 고등학교의 경우 고교 학점제가 적용되고, 학생의 과목 선택권이 확대될 경우 다양한 교과의 자격증을 지닌 정규 교사의 확충뿐만 아니라, 강사도 추가적으로 필요할 것이다. 또 특성화고등학교는 이론 못지않게 실습도 중요하기 때문에 이와 관련된 예산이 배분되어야 정상적인 교육과정 운영이 이루어질 수 있을 것이다.

여섯째, 학교 규모에 따른 재원 배분을 고려하여야 한다. 국가교육과정에서는 복식학급 등 소규모 학교의 정상적인 교육과정 운영을 지원하기 위해 교원의 배치, 학생의 교육받을 기회 확충 등에 필요한 행・재정적인 지원을 하도록 규정하고 있다. 농어촌 지역에 있는 소규모 학교의 경우 수업시간에 교사와의 긴밀도 향상과 다양한 학습경험의 가능성 등의 장점도 있지만, 동학년 학생 수가 부족해 학생들 간의 의미 있는 자극을 주고받는 것이 부족하거나 모두 구성과 활동이 제대로 이루어지지 않아 의미 있는 변화에 한계가 있다. 따라서 이러한 한계를 극복하기 위한 재정적 지원을 통해 학생들의 학습경험의 질을 제고할 필요가 있다.

일곱째, 학교 간 공동교육과정 운영을 위한 재원도 고려하여야 한다. 현재도 국가교육과정에는 개별학교의 희망과 여건을 반영하여 지역 내 학교 간 개설할 집중 과정을 조정하고, 그 편성・운영을 지원하도록 규정하고 있다. 고교학점제가 본격적으로 시행될 경우 학교 간 공동교육과정의 필요성은 더욱 증대될 수 있다. 학교 간 공동교육과정의 운영은 학생의 과목 선택권 확대를 지원하기 위해 소인수・심화과목의 과목 개설을 지원하는 것으로 지역이나 학교별 여건에 따라 적절하다고 판단되면 운영할 수 있는 것이다. 공동교육과정의 운영에서는 해당 과목이 개설된 학교를 찾아가 수업을 듣고 학점을 이수하는 형태이기 때문에 안전사고, 교육과정 운영의 비용 등의 재정적 지원이 요청된다.

PART 04

# 교육과정 운영의 지도 · 조언

CHAPTER 11

# 조직의 동태적 측면

교육과정행정에서 조직의 구조적인 측면이 잘 정비되어 있다고 하더라도, 조직이 제대로 기능하지 못하거나 작동하지 않으면 그 의미가 없게 된다. 조직이 무엇인가에 대한 전반적 이해와 그러한 조직의 체제를 형성하고 있는 분업체제가 정비된 이후, 관계인들이 잘 움직일 수 있도록 조직을 정비할 필요가 있는 것이다. 그것은 조직의 동태적 측면에 대한 것이다.

## 01 의사전달

조직과 관련해 의사전달은 일반적으로 조직 내 구성원들 간의 소통과 관련된 것으로 이해하는 경향이 강하다. 어떠한 조직이든 간에 조직 내에서의 의사전달이 중심이 되는 것은 분명할 것이다. 행정조직이나 교육과정행정의 경우 역시 마찬가지이다. 그러나 행정이라는 공공의 조직에서는 조직 내에서의 의사전달 이외에 다른 교육기관 및 사회적 요구나 교육현장 등과의 관계에서의 의사전달도 매우 중요하게 작용한다. 교육과정은 국가·사회적 요구뿐만 아니라 교육현장에서의 교육과정에 대한 의견수렴도 고려하여 전반적 개정이나 수시 개정을 진행한다. 그러한 작업은 의사전달이 조직 내에서뿐만 아니라 조직 외부와의 관계도 중요하게 고려하고 있음을 말해주는 것이다. 여기서는 조직 외부와의 관계도 고려하는 관점을 유지하지만, 의사전달은 기본적으로 조직 내에서의 관계를 중심으로 전개되므로 주요 내용은 이를 토대로 논의하고자 한다.

### 1) 의의

의사전달은 조직 구성원들이 사실이나 정보를 주고받는 행위를 말하는 것으로 의사결정이나 권한의 행사 등을 행하는 전제가 된다. 조직 내에서 의사전달은 공식적·비공식적으로 이루어지기도 하고, 상하 관계에 따라 이루어지기도 한다. 의사전달이 이루어지게 되면 사람은 그에 따른 결정을 하고 행동에 옮기게 된다.

의사전달이 정확한 정보로 이루어지거나 올바르게 전달되면 인간은 합리적인 결정과 그에 따른 행동을 하게 되지만, 의사전달이 왜곡되거나 잘못된 정보를 토대로 이루어지게 되면 합리적 결정을 저해하게 된다. 교육과정의 경우 교육현장에 적용된 개정 교육과정에 대한 내용이 제대로 전달되지 않게 되면 효과적인 교육과정 개선을 제대로 하지 못할 뿐만 아니라 학습자의 학습에 대한 권리를 침해하게 되어 교육의 본질을 도외시하게 될 수 있다. 교육과정이 현장의 왜곡된 의사를 전달받거나 사회적 변화를 제대로 수용하지 못하게 되면 차기 교육과정의 개정에서 그릇된 결정을 하게 되는 좋지 않은 결과를 초래할 수 있는 것이다.

교육과정과 관련된 의사전달에서 조직 내 의사전달은 교육부와 교육청 및 단위학교 내에서 이루어지는 의사전달과 관련된 사항이 중심이 될 것이다. 조직 외의 의사전달은 주로 대민관계에 해당하는 것으로 교육부나 교육청 및 단위학교가 학부모나 그 외 개인이나 단체 등으로부터 민원을 해결하기 위한 것이 그 예에 해당한다. 조직 내·외에서 부딪히는 교육과정과 관련된 의사전달의 문제는 현재 혹은 향후 바람직한 교육과정의 방향을 결정하거나 행동하게 하는 데에 집중되는 것이 당연하다. 따라서 교육과정이 제대로 결정되고 운영되기 위해서는 조직 내·외를 구분하지 않고 총체적으로 고려된 의사전달이 이루어져야 할 필요가 있다고 생각된다.

### 2) 과정과 유형

의사전달을 조직 내·외에서 이루어지는 과정 전체를 말하는 것으로 이해한다면, 여기서 고려하여야 할 것은 의사전달이 이루어지는 과정과 그 유형에 대한 것이다.

### (1) 의사전달의 과정

의사전달이 이루어지는 과정은 특별한 설명을 하지 않아도 이해가 될 것이다. 그렇지만 여기서는 의사전달이 이루어지는 과정에서의 저해 요인과 효율화 방안의 설명을 위해 그 과정을 도식으로 제시하면서 설명하고자 한다. 의사전달의 과정은 일반적으로 ❙그림 11－1❙과 같이 진행된다.

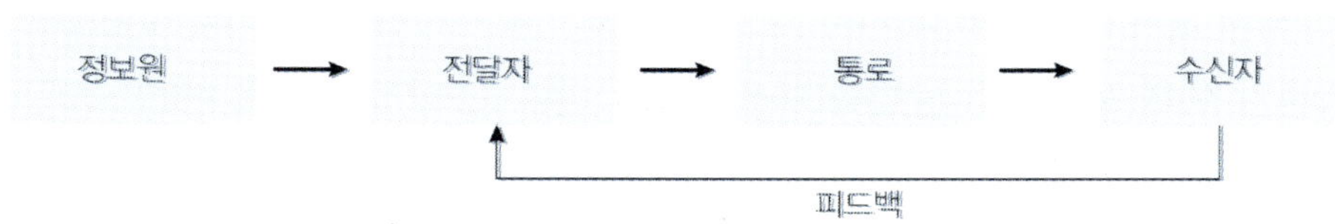


❙그림 11-1❙ 의사전달의 과정

❙그림 11－1❙에 제시된 의사전달의 과정에서 정보원은 권위와 신뢰가 매우 중요하다. 정보원이 권위가 없거나 믿을 수 없는 것이라면 최종적으로 결정된 내용은 의미가 없게 된다. 전달자의 경우는 산만하거나 양적으로 많이 축적되어 있는 정보원의 내용을 명료화하고 간결화할 필요가 있다. 그래야 수신자가 그 내용을 제대로 파악할 수 있다. 통로는 언어적이거나 문서화된 형태로 행할 수 있다. 그러나 보다 정확한 것은 말보다는 문서와 시청각 자료를 활용하여 그 신뢰도를 높이는 것이 좋다. 그렇지 않게 되면 장애가 발생하는 요인된다. 마지막으로 수신자는 정보를 수용하는 사람에 해당하는 것으로 수용자가 호감을 갖거나 긍정적으로 반응할 수 있도록 하여야 할 것이다. 그리고 수신자는 해당 내용에 대해 긍정이나 부정 혹은 수정이나 보완 등의 조치를 통해 피드백을 주게 된다. 의사전달은 이러한 과정을 거쳐 이루어지게 된다.

### (2) 의사전달의 유형

의사전달의 형태는 다양하게 존재하게 된다. 여기서는 일반적으로 분류하는 방식에 따라 다음의 세 가지로 분류하여 살펴보고자 한다.

#### ① 공식적 의사전달과 비공식적 의사전달

공식적인 의사전달은 공식적인 조직 내에서 공식적인 통로와 매개체를 통해 이루어지는 것을 말한다. 이에 비해 비공식적 의사전달은 자생집단에서 비공식적으로 이루어지는 의사전달을 말한다.

공식적 의사전달은 조직의 목표와 정책에 대해 모든 구성원들에게 알리기 위해 필요한 것으로 언어적 방법에 의해 이루어지기도 하지만, 정확성을 기하기 위해 문서화된 방법을 이용하기도 한다. 공식적인 의사전달은 모든 조직에 필요한 것이기는 하지만, 모든 조직이 공식적으로만 의사전달이 이루어지는 것은 아니다.

구성원들의 필요나 감정 등에서 조직의 목표와 괴리가 있을 경우에는 공식적인 의사전달의 한계가 있을 수 있으므로, 자생집단에 의한 비공식적 의사전달로 이러한 사항을 보완하고 있다. 그러나 비공식적 의사전달은 구성원의 여론이나 감정을 정확하게 반영하기도 하지만 잘못되거나 부정확한 소문 등에 의한 의사전달이 이루어질 수도 있고 책무성이 수반되지 않기 때문에 관리자의 입장에서는 비공식적 의사전달의 장점과 단점을 잘 파악하고 적절하게 활용할 필요가 있다.

#### ② 의사전달의 방향

의사전달의 방향에서는 상의하달의 수직적 전달의 방식이나 하의상달의 민주적 방식을 취하는 방식으로 나타나기도 하며, 이들이 혼재된 쌍방향적 의사전달도 존재하게 된다. 수직적 전달은 주로 명령이나 지시 등에 의해 이루어지는 것을 말한다. 이러한 경우 정보의 전달이 경제적이겠지만, 정보를 전달받는 자의 수용도가 낮을 수 있어 회의와 같은 형식을 취하는 경우가 많다. 학교교육과정의 결정과 같은 경우 일정한 시간에 교육과정위원회를 하기 위해 교사를 소집하지만, 토론이 제대로 이루어지지 않은 경우와 같은 것이 그 예에 해당한다.

이에 비해 하의상달의 방식은 모종의 일에 대한 의견수렴, 제안제도 등을 통해 이루어지는 것으로 권위주의적인 행정문화의 변화와 관련된다. 하의상달의 의사전달에는 부하 직원의 능력, 상하위 관료들 간의 신뢰도, 업무의 내용 등이 주요한 변수가 된다. 이러한 변수가 제대로 기능하여야 하의상달이 제대로 이루어질 수 있으며, 그렇지 않은 경우에는 그 타당성을 확보하기 어려운 경우도 있다.

③ 수평적 의사전달

수평적 의사전달은 동일계층에 있는 부서 간에 의사전달이 이루어지는 것을 말하는 것으로 조직의 규모나 전문화 정도에 비례해 그 필요성이 증대되는 경향이 있다. 그러나 현실에서는 조직의 규모가 커지고 전문화가 높을수록 수평적인 의사전달이 제대로 이루어지지 않은 것이 일반적 현상이다. 그것은 횡적인 관계는 한 부서에서와 같이 수직적인 영향을 주고 받는 관계가 아니고, 부서별 전문성 강화와 더불어 관료제의 할거주의 경향 등이 수평적인 의사전달을 어렵게 하는 원인이 되고 있다.

교육부의 교육과정정책과, 고교혁신지원과, 교과서정책과, 교수·학습지원과 등은 유기적인 관계를 가지고 협력체제가 잘 구축되어야 하는데, 경우에 따라 수평적인 의사전달이 제대로 되지 않아 동일 업무에서 이견이 나타나는 경우도 존재하고 있다. 수평적인 의사전달을 위해 많이 활용하는 제도는 회의나 위원회 제도, 회람이나 통보 등의 방법을 사용하고 있다. 수평적 의사전달은 행정가들이 조직 목표의 합치성이나 전문가의 의견 등을 청취함으로써 합리적 의사결정을 내리는 데 유용하게 활용할 수 있다.

### 3) 효율화 방안

전달자와 수신자 간의 의사전달이 완전히 일치하는 경우도 있지만, 장애가 발생하는 경우도 종종 일어난다. 의사전달의 과정에서 장애가 발생하는 원인은 전달자와 매체에서 의사전달의 장애요인이 발생할 경우가 생기며,

이러한 장애를 제거함으로써 의사전달은 효율적이게 된다.

첫째, 전달자이다. 전달자는 각자 소속하고 있는 부서와 보유하고 있는 정보의 차이로 인해 정보원을 이해하고 해석하는 방식에서 차이가 있을 수 있다. 동일한 용어나 개념이라고 하더라도 각자 지니고 있는 편견이 작용하여 정보가 왜곡되는 현상이 발생할 수 있다. 그리고 한 부서에서 관리자나 상급자와 부하 직원들 간의 사고방식의 차이에서도 의사전달의 왜곡이 발생할 수 있다. 계층제에서 관리자와 부하 직원 간의 지위 및 정보력의 차이가 발생하는 것에서 부하 직원은 관리자나 상사에게 거슬리지 않기 위해 솔직한 의사전달을 하지 않는 경우가 존재하게 된다. 관리자나 상사가 권위주의적 성향이 강할수록 의사전달의 왜곡이 발생할 여지가 크게 되는 것이다.

의사전달에서의 왜곡 현상을 제거하기 위해서는 하의상달을 권장하는 문화에 대해 특별한 관심이 주어져야 하고, 관리자나 상사는 권위주의적 태도를 버리고 행정 조직의 성과 향상을 위해 비판적 논의를 생산적으로 받아들일 필요가 있다. 그리고 직원들 간에 회의나 토론 및 서로 만나는 기회를 자주 가지면서 서로 간의 입장이나 생각 등에 대한 이해를 함과 동시에 오해나 의견 차이를 줄여나가도록 하여야 할 것이다. 그래서 행정인들이 행정에서의 의사전달이 중요하다는 인식을 제고하고, 이를 통해 사용하는 언어의 선택 등에서 잘못을 일으키지 않도록 하는 노력이 지속되어야 할 것이다.

둘째, 매체이다. 의사전달의 매체는 언어나 글, 몸짓 등으로 이루어지게 되며, 매체의 결함이나 매체의 불완전한 조합으로 인해 의사전달의 왜곡이 생길 여지가 생기게 된다. 언어와 같은 경우 문자에 비해 의사전달의 오류가 생길 여지가 크다고 보지만, 문서로 되어 있다고 하더라도 용어의 해석에서 오류가 있을 수 있기 때문에 의사전달을 왜곡할 수 있다. 그리고 전달하는 수단으로서 통신기기나 시설 등이 오류를 일으킬 경우 지연을 초래하기도 하여 의사전달의 제약을 가져오기도 한다.

행정인은 지속적인 만남과 이를 통한 각자의 견해나 생각 등을 공유하는 것과 더불어 명확하고 일관된 용어를 사용할 필요가 있다. 그리고 전달하는 정보의 양도 적정량이 되도록 하여야 하고, 한꺼번에 너무 많은 양의 정보를 전달하지 않도록 하는 것이 필요하다. 최근 법률 용어나 행정의 용어 등에 대해 일반인들이 이해하기 쉽도록 수정과 보완을 하고 있고, 교육현장에 종사하는 사람들에게 이해와 설득을 위한 노력을 이어가고 있는 것은 의사전달을 촉진하는 것으로 이해할 수 있다. 또 통신기기나 시설 등에 대한 지속적인 개선을 통해 전달의 오류를 없애는 것과 동시에 전자매체 등을 너무 과신하지 않고, 유용성을 적절하게 판단하여 사전 준비를 통해 필요한 도움을 받을 수 있도록 하여야 할 것이다.

## 02 지도성

### 1) 의의

지도성은 조직의 목표 달성을 위해 개인이나 집단을 이끌어 나가는 기술을 말한다. 지도성은 교육과정행정 조직을 이끌어 나가는 데 중요한 역할을 하고, 중간 관리자나 최고 관리자들이 그 역할을 수행하게 된다. 교육과정행정에서 지도성은 행정조직 내부의 일을 중심으로 하고 있지만, 교육의 장(field)이 학교 외로 확장이 되는 추세에 따라 대외적인 환경의 변화를 통한 행정의 지도·조언적 역할도 중요하게 된다.

지도성과 유사하게 사용되는 개념으로 명령이나 지도와 같은 용어가 있다. 명령의 경우는 결정된 일을 주로 집행을 하는 경우에 사용되고 있다. 그래서 관례적이거나 일상적인 업무의 처리와 관련된 경우가 많을 것이다. 이에 비해 지도는 관례적이지 않은 새로운 일의 처리에서 영향력을 행사하여 유도하는 것과 관련된 일에 사용되고 있으며, 영향력은 절대적이라고 보기 어려운 점이 있다고 생각된다.

지도의 문제는 과학적 관리법이 지배하는 시대에는 크게 부각되지 않았다. 과학적 관리법에서의 조직관이나 인간관에서는 모든 인간은 지시·명령으로 움직이고, 지시된 내용대로 합리적으로 움직인다고 생각하였기 때문이다. 그러나 그 이후 인간관계론의 시대부터 그 중요성이 인식되기 시작하였고, 경험적인 연구의 성과가 축적됨으로써 그 중요성이 더욱 확대되었다.

우리나라의 교육과정에서 소유하고 있는 정보와 조직의 문화, 그리고 교육의 정도에서 교육부와 일선 교육현장의 교사나 교육 관련 주체들 간의 괴리가 있어 지도자의 역량과 역할은 교육과정행정의 발전에서 중요하다고 생각된다. 교육과정행정에서 행정 중심의 사고가 지배하게 되면 교육과정의 지도 · 조언을 집행이나 명령으로 생각할 수 있어 지도성의 중요성은 더욱 부각된다. 교육과정행정은 학생의 다양성과 발전 가능성을 고려하여 새로운 사항에 대한 지속적인 지도와 조언이 필요하기 때문에 교육과정을 기계적 집행으로 보는 것은 적절하다고 보기 어렵다. 교육부와 교육청에서 교육과정의 기준과 내용의 기본적 사항을 설정하고, 학교는 이를 토대로 학교 교육과정을 편성하고 운영하기 때문에 교육과정행정은 지도 · 조언의 행정이 되어야 할 필요가 있는 것이다.

## 2) 이론과 유형

### (1) 이론

지도성의 이론의 발전은 다양하게 나타나지만 지도자의 개인적 자질을 설명하는 것에서 그가 놓여있는 상황을 중심으로 이해하는 것으로 변화하고 있다. 이들 이론을 제시하면 다음과 같다.

#### ① 자질론

자질론(trait approach)은 지도성에 대한 전통적 이론으로서 개인의 자질에 초점을 두고 설명하는 것이다. 속성이론 혹은 특성이론 등으로 부르기도 한다. 자질론은 지도자가 되는 사람은 결단성과 설득력 및 책임감 등과 같은 고유의 개인적 특성을 지니고 있어 대인관계나 상황과 관계가 없이 지도력을 발휘할 수 있다고 생각하는 것이다. 그렇기 때문에 지도성을 연구하는 사람들은 지도자가 지니고 있는 특유한 자질이 무엇인지를 연구하는 데 관심을 두었던 것이다.

이처럼 지도성에 대한 일정한 자질에 대해 단일적이고도 통일적인 자질이 구비되어 있다고 보는 단일적 자질론에 해당하는 것이다. 그러나 그 뒤에 입장을 취하면서도 지도성은 그가 놓인 계층이나 역할 등에서 상이한 특징을 지니고 있는 성좌적 자질론(constellation traits)으로 수정되었다.[1] 예를 들어, 하위직에 비해 고위직으로 갈수록 단순한 지식이나 기능이 아니라 고도의 판단력과 쇄신력과 같은 것이 요청되는 것으로 보고 있는 것이다.

자질론에 대한 설명에서 이들 이론은 동질적인 자질을 내용으로 하거나 상황에 따른 변화 가능성을 전제하는 등의 차이는 있지만, 이들 이론은 지도력의 주요한 원천을 개인적 자질에서 찾는 것이다. 그러나 자질론은 모든 지도자에게 최소한의 능력이 요구되지만 이러한 자질은 일반인에게서도 발견되는 것이다. 그리고 어떤 집단이나 상황에서 필요하고 효과적인 자질이 다른 집단이나 상황에서는 그렇지 않을 수도 있다는 점에서 비판을 받고 있다.[2]

교육과정행정에서 지도성을 발휘하기 위해서는 최소한의 개인적 자질이 요청되는 것은 사실이다. 그렇지만 그 외에 높은 도덕성도 요청하고 있다. 교육부장관이나 교육과정과 관련된 기관장의 임명 등에서 청문이나 인사검증에서 이러한 내용은 쉽게 확인할 수 있다.

#### ② 상황론

상황론(situational approach)은 개인적 요인보다는 사회적 요인을 중시하는 것이다. 지도자는 일정한 자질을 소유한 사람이라기보다는 그가 속한 조직 규범이나 구성원의 가치관에 부합하는 행동을 하며, 구성원들이 요구하는 것을 구현할 수 있는 사람으로 보는 것이다. 그래서 상황론은 지도성의 효율성을 결정하는 데는 속성과 행태뿐만 아니라 상황적 요인의 작용이 중요하다는 것을 강조하는 이론인 것이다.[3]

상황론은 개인적 자질 여부를 떠나 지도자가 놓여있는 그때그때의 상황으로서 조직의 목표와 그 역할 등을 고려함으로써, 지도성의 효율을 결정하는 다양한 요인을 포괄적으로 연구하는 데 기여하였다. 그러나 지도자가 개인적으로 통제를 할 수 없는 범위인 상황적 조건을 너무 강조한다는 비판도 받고 있다. 그러한 입장에서 최근에는 자질론과 상황론을 통합하고자 하는 경향도 나타나고 있는 것이다.

교육과정의 기준과 내용의 기본적 사항을 결정하는 교육부와 교육청, 그리고 이를 토대로 교육과정을 편성하고 운영하는 학교는 상황이 다를 수 있고, 지도자의 자질론과 관계없이 지도자가 될 수도 있을 것이다. 그러나 지도자로서의 자질을 제대로 갖추지 않은 사람이 지도성을 발휘하는 데는 한계가 있을 것이고, 조직이 처한 상황이 유사한 상황에서 요청되는 자질에서도 일정하게 요청되는 자질이 있을 것이다. 교육과정행정에서 교육부와 교육청에서 요청되는 지도성과 학교에서 요청되는 지도성은 다를 수 있을 것이지만, 학교 간에 요청되는 자질에서는 유사한 점이 있을 수 있다고 보는 것이 합리적일 것으로 생각된다.

교육과정행정의 지도성에서는 기존에는 권위적이고 법령을 집행하는 형식으로 일선 교사나 부하 직원에게 권한을 행사하는 경우가 적지 않았다. 그러나 최근 학생 중심과 현장의 교원을 중심으로 하는 교수·학습 활동과 그에 따른 문화가 확산됨으로써 여기서 말하는 지도성을 발휘하고 있는 경향이 증가하고 있다. 일반행정과 같은 경우에도 지도성의 형성에서 이러한 것을 발휘할 수 있는 지도자가 배출되어야 하겠지만, 개인의 소질과 적성을 현실화하기 위한 교육과정행정 분야에서는 개인적 자질과 더불어 상황을 적극적으로 고려한 지도자가 더욱 많이 배출되어야 할 것이다.

### (2) 유형

지도성의 유형은 일반적으로 권위형, 민주형, 자유방임형으로 설명된다. 이들 유형은 직무수행을 강조하는지, 참여를 강조하는 것인지에 따라 하나의 연속선상에 있는 것이다. 이들 제시하면 〈그림 11-2〉와 같다.

**┃그림 11-2┃ 지도성의 유형**

┃그림 11-2┃에서 보듯이 조직의 업무수행을 강조하면서 구성원의 참여를 배제하게 되면 권위형으로, 이와 반대의 경우에는 자유방임형으로 접근하게 된다. 이들 사항을 구체적으로 설명하면서 교육과정행정의 지도성에 대한 검토를 하고자 한다.

첫째, 권위형(authoritarian style)에 대한 것이다. 권위형은 지도자가 독자적으로 중요한 결정을 내린 뒤 부하에게 명령·지시하고, 이에 따르게 하는 유형으로 직무수행에 중점을 두고 있다. 권위형의 지도성은 부하의 능력이 낮거나 시간적 여유가 없는 경우 등에 행해질 수도 있지만, 주로 행정의 발전 수준이 낮은 나라에서 나타나는 경향이 강하다. 교육과정과 같이 학생의 성장이나 발달을 기하는 경우에는 권위형이 적합하다고 보기 어려울 것이다.

둘째, 자유방임형(laissez-faire style)이다. 자유방임형은 지도자가 부하에게 결정권을 대폭적으로 위임하여 구성원들의 재량권이 최대한으로 발휘될 수 있도록 함으로써 권위형과 반대적 성질을 지니고 있는 것이다. 자유방임형은 부하 직원이 고도의 전문성으로 우수한 능력을 지니고 있는 경우에 유용할 수 있지만, 조직이 유지되기 어려울 수도 있으므로 특수한 경우에 한정되어야 할 것이다.

셋째, 민주형(democratic style)에 대해 알아본다. 민주형은 지도자가 독자적으로 결정하지도 않고, 부하 직원들의 참여를 통한 의견수렴을 통해 지도자가 최종적으로 결정하는 것으로 권위형과 자유방임형을 절충한 형태를 지니고 있다. 민주형의 경우는 구성원들의 참여가 전제되는 것이므로, 민주적 사고와 합리적 상하 관계가 확립되어 있지 않은 경우에는 성과를 거두기 어려운 점이 있다.

지도성에 대한 이러한 유형에서 권위형과 자유방임형은 어느 하나의 극단에 위치하고 있어 민주형이 적절한 것으로 보일 수 있다. 그러나 민주형의 경우에도 구성원들의 자율에 대한 경험이 적거나 업무의 성격이 규격화되거나 위기 시에는 문제가 발생하기도 한다. 지도성의 유형에 대한 각각의 장점과 단점이 공존하고 있는 상황에서 지도성의 유형 간에 갈등이 존재할 수 있을 것이다.

광복 이후 현대적 의미의 교육과정이 등장하고, 제6차 교육과정 이후 교육과정 결정의 분권화 체제가 도입되면서 국가주도적 교육과정행정에서 지역과 단위학교의 자율을 강조하는 교육과정행정으로 변화를 가져오고 있다. 짧은 시기에 많은 변화를 겪으면서 교육현장에서는 교육과정과 교과서를 보는 관점이 다른 관리자와 교사가 혼재하고 있고, 학교가 추구하는 목표 역시 입장에 따라 다르게 볼 수 있을 것이다.

그렇지만 현재까지의 방향을 고려한다면 국가적 기준을 설정하여 교육의 일정 수준을 유지하면서, 단위학교는 학생의 소질과 적성을 현실화시키기 위한 자율성을 더욱 강조하는 형태가 될 것이다. 이러한 교육과정 환경의 구조 변화에 따라 교육과정행정에 대한 적절한 지도 유형이 참여를 중심으로 이루어져야 할 것이고, 국가와 지역 및 학교의 조직 구조와 구성원, 환경 및 문화 등을 고려하여 민주적인 의사결정체로의 이행의 강화가 필요하다고 생각된다.

### 3) 교육과정 변화와 지도 · 조언 행정의 발전

교육과정은 전통적인 사회나 일제강점기에도 있었지만, 현대적 의미의 교육과정은 광복 이후부터라고 할 수 있으며, 교육과정행정에 대한 동태적 측면 역시 이 시기부터 설명을 하여도 전체적 사항을 이해하는 데 큰 무리가 없다고 생각된다. 여기서는 광복 이후 과도기와 교수요목기, 제1차에서 제5차 교육과정기, 그리고 제6차 교육과정 이후로 구분하여 살펴보고자 한다. 제1차 교육과정은 우리의 손에 의해 만들어진 시기이고, 제6차 교육과정 이후부터는 교육과정 결정의 분권화가 시도되었기 때문에 교육과정행정에 대한 시기를 크게 구분하였다.

첫째, 과도기와 교수요목기이다. 이 시기는 우리의 손에 의해 일제강점기에서 광복되면서 일제의 잔재를 청산하는 작업이 진행되었지만, 미국이라는 또 다른 외세에 의해 전개되었다. 따라서 이 시기에는 교육과정정책의 집행조직과 구체화가 제대로 이루어지지 않은 상태로 되어 있어 지도성 역시 세련화되지 않은 상태로 존재하였다고 하겠다.

둘째, 제1차 교육과정에서 제5차 교육과정의 시기에 대해 알아본다. 이 시기의 교육과정행정은 중앙집권화된 형태로 존재하였고, 경제발전이나 국가발전 등과 같은 수단적 가치가 지속적으로 등장하였다. 제3차 교육과정부터 교육과정심의회가 만들어져 참여를 확대하고, 제4차 교육과정이 연구·개발형 교육과정으로 전환하면서 전문성을 강화하는 방향으로 전개되었다. 그러나 교육과정의 결정은 국가적 차원에서 이루어짐으로써 국가주도형 리더십을 가지고 전개되었고 하겠다.

셋째, 제6차 교육과정기 이후의 시기에 대해 살펴본다. 제6차 교육과정 이후부터는 국가와 지역 및 학교 간의 교육과정 결정의 분권화가 이루어지고, 제7차 교육과정부터는 학생의 선택권 강화와 수준별 교육과정의 운영 등으로 수요자 중심의 교육과정이 강화되는 경향을 지니고 있다. 2009 개정 교육과정에서는 교육과정컨설팅에 대한 내용이 국가 교육과정에서 등장하면서 교육현장의 입장을 더욱 강조하는 경향으로 전개되고 있다. 2015 개정 교육과정에서도 단위학교의 자율성을 강화하는 방향은 더욱 강조되고 있으며, 이러한 현실은 국가와 지역의 관리자는 교육과정의 운영을 지도·조언하고, 교육현장의 관리자는 교육과정을 운영하는 데 참여를 더욱 강조하여야 하는 방향으로 전개되고 있음을 말해주는 것이다.

전체적인 방향을 보면 교육과정행정에서의 지도성은 권위형에서 지도·조언으로 발전하면서 교육현장의 자율성을 강조하는 형태가 되고 있다. 그리고 국가와 지역 및 학교의 역할 분담을 적절히 하고, 이들의 협력을 통해 교육과정이 운영되도록 하는 교육과정 거버넌스와 관련된 지속적 논의의 필요성도 말해주고 있다. 국가와 지역의 교육과정 기준과 학교의 교육과정 자율성이 조화를 이루기 위해서는 교육과정 거버넌스에 대한 논의와 더불어 교육과정의 지도·조언 행정의 범위와 방법 등에 대해서도 지속적 논의가 요구된다고 하겠다.

## 03 동기 부여

### 1) 의의

동기 부여는 조직의 목표를 달성하기 위해 지속적이면서도 더욱 열심히 업무를 수행할 수 있도록 행동을 유발하게 하는 과정을 말한다. 동기는 행동의 원인이나 이유를 설명하는 심리학 분야에서 주로 사용하고 있지만, 조직의 구성원이 자발적으로 업무를 수행하여 생산성을 높이는 데 유용하므로 조직론에서도 중요시되고 있는 것이다. 동기가 강할수록 직무수행의 효율성을 기할 수 있고, 생산성 역시 향상되는 것이다.

행정을 움직이는 동인에서 지시나 명령도 업무를 달성하는 데 효과적일 수 있다. 그러나 그것은 단기적으로 기대를 할 수 있을지 몰라도 장기적으로는 직접적으로 기대하기 어려울 수도 있는 것이다. 오히려 교원과 직원의 높은 근무의욕과 사기에서 그 답을 찾을 수 있을 것이다. 동기 유발의 문제는 조직 내에서 업무와 관련된 사람들이 열심히 움직이게 하고, 그 역할을 충실하게 행할 수 있는 기본 바탕이 되는 것이다.

교육과정과 관련해 중앙부서인 교육부는 밤늦게까지 일을 하고, 교육과정 개정의 시기에는 많은 이해관계 당사자들의 요구와 갈등을 조정하기 위해 노력하고 있다. 잦은 출장으로 업무의 강도 역시 상당히 높은 편이다. 교육청이나 교육현장의 경우 역시 마찬가지이다. 이러한 현실에서 근무의욕이나 사기에 해당하는 동기를 부여하는 일은 매우 중요한 의미를 지니는 것이다. 일반적으로 동기나 사기 등의 용어를 혼용하고 있지만, 동기는 조직론, 사기는 인사행정론에서 많이 사용하고 있는 것 같다. 여기서는 이들 용어를 맥락에 따라 혼용하여 사용하고자 한다.

### 2) 동기이론

여기서는 행정에서 동기이론을 일반적으로 설명하는 내용이론과 과정이론에 대해 살펴보고, 공공부문에서 일하는 사람들의 동기에 대한 내용을 별도로 설명하고자 한다.

#### (1) 내용이론

내용이론(content theories)은 인간의 동기를 유발하는 요인의 내용을 설명하는 이론들을 말한다. 내용이론의 핵심적인 논의 대상은 인간의 욕구에 대한 것이고, 욕구가 무엇인지 알아내게 되면 인간의 동기가 유발되는 원인을 알 수 있다고 보는 것이다. 행정조직의 목표 달성을 위한 태도에는 개인적이거나 집단적일 수도 있으며, 동기나 사기가 높을 때 조직의 목표 달성을 위해 적극적으로 노력하게 된다.

그렇다면 조직의 목표 달성이 제대로 이루어지기 위한 동기가 무엇인지에 관심을 기울일 필요가 있다. 인간이 조직의 목표 달성을 위해 적극적으로 움직이는 것은 어떠한 경우에 어떠한 욕구를 충족시키기 위한 것인지에 관심을 가지기 때문이다. 여기서는 이러한 내용에 관한 이론을 인간 욕구에 대한 인간관을 기준으로 고전적 모형인 합리적·경제적 인간, 인간관계론적 모형으로 사회적 인간, 그리고 성장이론의 모형으로 자아실현적 인간으로 구분하여 알아보고자 한다.

첫째, 고전적 욕구이론으로서 합리적·경제적 인간에 대해 알아본다. 합리적·경제적 인간관에서의 인간은 조직에서의 일을 힘들게 생각하고, 책임을 회피하는 경향이 있어 조직의 목표와 개인의 목표 간에 갈등을 지니고 있다고 본다. 그래서 조직의 목표 달성을 위해 외적인 동기로서 금전과 같은 경제적 유인가를 제공하여야 하는 것으로 보고 있다. 이러한 인간관의 조직은 피라미드형을 취하고 있으며, 계층제 행정조직이 이와 유사한 형태를 지니고 있다.

둘째, 인간관계론적 모형으로 사회적 인간에 대한 이론을 살펴본다. 인간관계론에서 인간은 조직의 업무수행에 대해서는 수동적 존재로 보고 있으며, 동기 유발을 위해서는 외적인 보상이 필요하다고 보고 있다. 여기서의 외적인 보상은 사회적 요인을 들고 있다. 인간은 집단 구성원과의 상호작용, 개인의 정서적 요청과 참여 및 동료와의 사회적 통제에 초점을 두고서 직무수행을 할 수 있도록 하여야 한다는 것이다. 이 입장에서도 계층제 행정조직을 대상으로 하지만, 비공식적 집단과 지도성 등이 중요한 요소로 등장하게 된다.

셋째, 성장이론 모형으로 자아실현적 인간 이론에 대한 것이다. 이 입장은 인간은 직접적인 통제나 지시를 벗어나 자율적으로 업무를 수행하면서 보람을 얻을 수 있는 전략을 취하여야 한다고 보고 있다. 대표적인 이론으로는 매슬로우(Maslow)의 욕구계층론과 허즈버그(Herzberg)의 동기·위생이론을 들 수 있다. 매슬로우는 생리적 욕구, 안전의 욕구, 인정·소속감과 같은 사회적 욕구, 자기존중, 자기완성의 5개 범주로 나누고 있으며, 이들은 계층을 이루고 있다고 본다. 그러나 이들 욕구는 하위 단계가 완전히 충족되어야 다음 단계의 욕구가 나타난다고 이해하기보다는 어느 단계가 지배적 위치에 있게 되면, 다른 욕구도 부분적으로 중복되어 나타난다고 이해하여야 할 것이다.

허즈버그는 어떠한 욕구에 대해 불만이 있을 경우 그것이 충족되었다고 해서 곧바로 동기가 부여되어 근무의욕이 향상되지 않는 경우도 있으며, 다른 한편으로는 그것이 충족되는 경우 근무의욕이 향상되는 것도 있다는 것이다. 어떠한 욕구에 대해 불만이 해소되어 곧바로 동기화되는 것은 일 그 자체에 관한 것으로 일의 성취, 책임감 승진의 기회 등이 포함되며, 이것이 가능한 경우에 근무의욕이 높아진다는 것이다. 이처럼 동기부여의 효과를 가져오는 것을 동기요인으로 부른다. 모종의 욕구에 대해 불만이 해소되었다고 해서 일에 대한 동기화가 곧바로 되지 않는 요소는 직무수행에 수반되는 외적 조건으로서 보수, 인간관계, 근무환경, 동료와의 관계 등에 대한 불만의 요소라는 것이다. 따라서 이러한 불만의 요소를 제거하는 효과를 가지는 것을 위생요인으로 부르고 있다. 허즈버그의 이론은 조직의 구성원이 불만의 원인을 제거함으로써 근무의욕을 지닐 수 있는 조건을 정비한 후 근무의욕을 가질 수 있는 동기 요인을 제공하는 방식으로 동기를 부여하는 것에 대한 시사를 받을 수 있다.

### (2) 과정이론

동기유발에 관한 과정이론(process theories)은 동기 요인에 관심을 두는 것이 아니라, 관련 요인들의 상호작용을 통해서 동기가 유발되는 과정을 설명하는 것이다. 과정이론에서 주로 언급되고 있는 것은 기대이론과 형평이론이다.

첫째, 기대이론(expectancy theory)에 대한 것이다. 기대이론은 인간이 어떠한 행동을 선택하는 것은 자신이 선택한 행동의 결과가 가치가 있을 것이라는 기대 때문이며, 그러한 기대가 선택의 동기를 부여한다고 보는 이론이다. 기대이론은 가치이론이라고도 불리며 에트킨슨(Atkinson)의 연구를 바탕으로 브룸(Vroom)에 의해 체계화되었으며, 포터(Porter)와 로울러(Lawler Ⅲ) 등에 의해 발전되었다. 브룸은 동기는 유의성, 수단, 기대의 세 가지 요소에 의해 영향을 받는다고 하고 있으며, 이들의 관계를 도식화하면 ‖그림 11－3‖과 같다.[4]

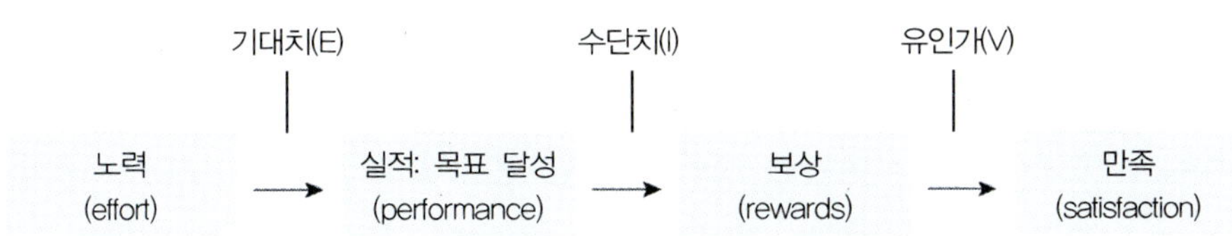


‖그림 11-3‖ 기대이론 모형

브룸이 제시하고 있는 세 가지 요소에서 기대치(Expectancy)는 열심히 일하면 높은 성과를 올릴 것이라고 생각하는 정도를 말하는 것으로 0에서 1까지의 값을 취하고, 0은 성과가 전혀 없다는 것이고, 1은 완전히 성과가 있을 것이라고 믿는 것이다. 수단치(Instrumentality)는 직무를 수행한 결과로 보상이 주어질 것이라고 믿는 정도를 말한다. 수단치는 목표 달성은 보상을 위한 수단의 역할을 한다는 것을 의미하는 것이다. 유인가(Valence)는 직무의 결과에 대해 개인이 느끼는 가치를 말하는 것으로 승진이나 보수 및 인정 등과 같은 보상에 대한 열망의 정도를 말한다. 브룸은 동기부여를 이들 세 요소의 곱으로 나타낼 수 있다고 보았다. 동기 부여는 기대감×수단성×유의성의 합으로 설명되는 것이다.

기대이론은 인간은 노동의 대가로서 보상을 기대하고, 보상은 이루어질 수 있다는 의미에서 기대가 되며, 그러한 기대를 갖게 되면 열심히 일을 하려고 하는 동기가 부여된다고 보는 것이다. 따라서 그러한 과정에서 공정한 평가와 그에 따른 보상이 반드시 이루어져야 하며, 그 목표나 보상은 구체적인 경우에 적용 가능성이 높을 것이다.

둘째, 형평이론(equity theory)이다. 형평이론은 사람이 자신이 직무수행에 쏟아부은 노력(투입)과 그 결과로 얻은 보상(산출)이 자신과 유사한 지위에 있는 사람과 비교(준거인, referent person)해 자신에 대한 처우가 불공평하다는 차이가 있다는 것을 인지하게 되면, 그 시정을 위해 무엇인가를 하려는 동기가 유발된다고 설명하는 이론이다. 여기서 투입은 노력, 기술, 지식, 시간 등이 포함되고, 산출에는 보수, 편익, 성취감, 승진 등을 내포하고 있다. 준거인은 자신이 소속한 집단이나 타 집단의 사람으로서 비교의 대상이 되는 사람을 말하는 것이다.

여기서 투입과 산출 등의 가치는 객관적이거나 양적으로 환산하기 어려운 경우도 존재하는 주관적 가치에 해당한다. 따라서 비교 대상이 되는 사람과의 균형상태를 비교한다는 것은 양적인 평가의 과정이라기보다는 종합적인 인지의 과정에 해당하는 것이다. 형평이론에서 동기는 투입에 비해 산출이 큰 경우에도 발생하지만, 일반적으로 투입에 비해 산출이 적을 경우에 불공평하다는 것이 인지되는 경우가 더 많다고 보아야 할 것이다.

형평이론은 사람들이 비교집단이나 내적인 기준에 비추어 공평한 직무의 수행을 택한다고 설명함으로써 사람들의 형평 관념에 부합하는 보수제도의 중요성을 제시하였다는 점에서 의미가 있다. 그러나 투입과 보상에 대한 비율의 산정에서 개인의 주관이 상당히 개입될 여지가 있고, 상대적인 형평에서도 비교집단을 누구로 할 것인지도 명확치 않은 한계가 있다.

### (3) 공직봉사 동기

동기에 대한 앞의 두 이론은 심리학이나 경영학 분야의 것으로 인간의 보편적 성향을 연구한 것에 기반하고 있다. 그러나 이들은 민간부문에 대한 동기의 설명 요인이기 때문에 공익을 우선적 가치로 삼고 있는 사항에 대해서는 정확하게 일치한다고 보기 어려운 점이 있다. 여기서 공공부문의 특성을 고려한 동기 요인 마련을 위해 페리와 와이즈(Perry & Wise)는 공직봉사 동기(public service motivation: PSM)라는 개념을 발전시켰다. 공직봉사 동기는 공공기관에서 우선적이거나 독특하게 나타나는 동기에 반응하려는 경향을 말하는 것으로, 공공영역에서의 공통된 동기와 행태를 의미하기도 한다.

페리와 와이즈는 공직봉사 동기를 합리적 동기, 규범적 동기, 정서적 동기의 세 가지 범주로 구분하고 있고,[5] 페리는 이들 동기를 확장하여 공직봉사 동기를 측정하기 위한 척도를 개발하였으며, 그 내용은 <표 11−1>과 같다.[6]

**표 11–1 공직봉사동기의 구성**

| 공직봉사동기의 하위차원 | | 구성개념 |
|---|---|---|
| 합리적 동기 | 개인의 효용극대화를 바탕으로한 행태 | • 정책형성과정에 참여<br>• 사회정책 성공에 대한 동일시<br>• 특정 이해관계에 대한 지지 |
| | 정책결정과정에 대한 호감도 | |
| 규범적 동기 | 규범을 준수하려는 노력에 따르는 행태 | • 공익봉사에 대한 욕구<br>• 국가 및 정부에 대한 충성과 의무<br>• 사회적 형평성의 추구 |
| | 공익 | |
| 감정적 동기 | 다양한 사회적 맥락에 대한 감정적 반응 행태 | • 국민에게 부여된 기본권의 보호<br>• 박애적 애국심 |
| | 타인에 대한 애정<br>자기희생 | |

합리적 동기는 공공부문 종사자들이 자신의 효용을 극대화하기 위해 노력하는 것을 의미하는 것이다. 합리적 동기는 공무원이 정책의 수립과 이의 실천에서도 타인에 대한 봉사보다는 자아실현의 욕구를 충족시키기 위해 그 정책을 자신과 동일시하는 것으로 보고 있다. 공공 부문에서도 이타적 동기보다는 이기적 동기가 작용한다는 것이다.

규범적 동기는 공익의 증진을 위해 직무를 수행하고 사회적 형평성을 추구하는 것을 말한다. 규범적 동기는 공익을 우선시하는 개인적 욕구로서 공공서비스의 제공에 대한 욕구는 이타주의적인 동기에 해당한다고 보는 것이다.

감정적 동기는 합리성이나 책임감을 수반하는 것이 아니라, 봉사하겠다는 감정이 우선시 된다고 보는 것이다. 사회적으로 중요한 정책에 대한 감정이입과 박애심의 느낌 등 사회적 약자를 보호하려는 것이 동기를 형성한다고 보는 것이다. 타인을 위한 자기희생은 인류애나 동정심 및 애국심 등을 통해 실현될 수 있다는 것이다.

공직봉사 동기는 인간의 내면적 동기를 측정하기 위한 설문의 개발과 그 적용을 통해 실증적 연구를 수행하는 데 기여하였다. 공직에 입문하여 업무를 수행하는 과정이나 공직을 보는 관점은 나라별로 상이할 수 있다. 우리나라와 같이 공무원 모집을 위한 적극적 노력이 적은데도 불구하고 공직에 대한 선호가 높은 나라에서는 이러한 공직봉사 동기의 설문의 내용과 그 내용을 그대로 적용하는 데 한계가 있을 수 있다. 따라서 우리의 현실에 부합하는 것으로 수정 · 보완되어야 할 필요가 있을 것이다.

### 3) 사기 앙양 제도

이제까지의 설명은 사기나 동기에 대한 일반 이론적 성격을 지니고 있다. 여기서는 이들 이론을 적용한 구체적인 제도로 제안 · 표창 제도, 고충 처리, 공무원의 권리와 책임에 대해 알아보고자 한다.

### (1) 제안 · 표창 제도

제안제도는 공무원이 행정의 개선이나 합리적·능률적 관리 방안을 제안시켜 심의 결과에 따라 공헌이 있는 것으로 인정되면 공헌의 정도에 따라 표창하는 것을 말한다. 제안제도는 1880년 스코틀랜드의 조선기술자인 윌리엄 데니(William Denny)가 투서함의 형식을 통해 종업원의 제안을 경영에 반영시킨 것에서 비롯되고 있다.[7] 우리나라에서는 「국가공무원법」 제53조와 「지방공무원법」 제78조에서 제안제도와 표창제도를 두고 있으며, 「교육공무원법」 제15조에서도 표창제도를 규정하고 있다.

「국가공무원법」 제53조 제1항에서는 행정운영의 능률화와 경제화를 위한 공무원의 창의적 의견이나 고안제도를 계발하고 이를 채택해 행정운영의 개선에 반영하기 위해 제안제도를 두는 목적을 제시하고 있으며, 제2항에서는 제안이 채택되고 행정운영의 발전에 뚜렷한 실정이 있는 자에게 상여금의 지급과 특별승진이나 특별승급을 시킬 수 있도록 규정하고 있다. 「교육공무원법」 제15조 제3항에서도 제안이 채택·시행되어 행정운영 발전에 현저한 실적이 있는 우수 교육공무원을 특별승진 임용할 수 있도록 규정하고 있다.

이러한 제안·표창제도가 가지는 장점은 우선 행정의 개선을 위한 창의적 의견은 지위 고하를 막론하고 가질 수 있는 것이기에 모든 직원의 창의력을 계발할 수 있다는 점이다. 다음으로 제안제도는 의사소통을 활성화시킬 수 있고, 시간과 예산을 절감할 수 있어 행정운영의 발전에 기여할 수 있다는 것이다. 마지막으로 공무원들의 직무에 대한 관심을 적극적으로 가질 수 있게 하여 사기를 높일 수 있다는 데 있다.

### (2) 고충처리

고충은 괴로운 심정이나 어렵고 안타까운 사정을 말하는 것으로 인사행정이나 근무조건에서 나타나는 문제에 해당한다. 고충이 발생하는 원인은 관리자의 실수로 인한 경우도 있지만, 자신의 무능이나 성실하지 못한 조치로 인해 발생할 수도 있다. 최근 성희롱이나 성폭력과 같은 문제가 불거지는 것도 이러한 고충처리에 해당한다. 여러 사람이 함께 근무하는 조직생활에서는 욕구나 자신의 신변에 대한 불만이 있을 수 있고, 그것은 사기나 동기에 영향을 미칠 수 있기 때문에 문제가 발생하였을 경우 이에 대한 해결을 신속하게 처리하는 것이 요청된다.

「국가공무원법」 제76조의2에서는 고충처리에 대해, 동법 제76조의3에서는 특수경력직공무원의 고충처리에 대해 규정하고 있으며, 「국가공무원법」 제49조에서도 고충처리에 대해 규정하고 있다. 「국가공무원법」 제76조의2에서는 공무원이 각종 직무조건과 그 밖에 신상문제와 관련된 고충에 대해 상담을 신청하거나 심사를 청구할 수 있도록 규정하고 있으며, 성폭력 범죄나 성희롱 발생 사실을 알게 된 경우 누구나 신고를 할 수 있도록 제시하고 있다. 기관장은 상담신청을 받은 경우에는 소속 공무원을 지정해 상담하게 하고, 심사를 청구받은 경우에는 관할 고충심사위원회에 부쳐 심사하고, 그 결과에 따라 고충을 해소하도록 공정하게 처리하여야 하는 것이다. 「교육공무원법」 제49조에서도 동일한 내용과 절차에 대한 사항을 규정하고 있다.

책임있는 지위의 사람은 어느 조직이나 고충은 있을 수 있고, 그것은 사기나 동기유발에 좋지 못한 영향을 미칠 수 있기 때문에, 사전에 예방할 수 있도록 노력할 필요가 있다. 고충이 발생하더라도 그 해결의 과정이나 해결 이후 당사자가 불이익한 처분이나 대우를 받지 않도록 하여야 한다. 과거에는 고충과 같은 심리적인 면에 대한 이해가 적었기 때문에 이러한 문제에 대한 대처를 제대로 하지 못한 경우도 있었다. 그러나 고충처리가 제대로 이루어질 수 있는 법제가 지속적으로 정비되고 있어, 이를 통해 소속 지원의 사기가 저하되는 경우가 없도록 하여야 할 것이다.

### (3) 공무원의 권리: 제한과 보호

공무원의 권리와 관련된 문제는 인사행정의 전체적인 범위에 걸치는 사항이고, 동기유발이나 공직의 윤리와 밀접하게 관련이 되는 사항이다. 공무원은 국가에 의해 고용되어 있는 사람이기도 하지만, 일반 국민으로서의 신분도 동시에 지니고 있어 이들 두 가지 사항의 관계에 따라 권리행사의 범위가 결정된다. 정부에 고용된 사람의 성격을 강조하게 되면, 공무원 개인의 권리행사의 제한 범위가 넓어지게 되고, 그와 반대의 경우에는 역의 관계가 성립되는 것이다.

국가와 공무원의 관계에 대해 전통적으로는 특별권력관계로 보았다. 특별권력관계는 법률의 규정이나 당사자의 동의에 따라 합리적 추측 범위 내에서 법치주의 원리의 적용이 배제되고, 국가가 공무원에게 명령이나 강제를 할 수 있는 것을 말한다. 그러한 사고에서 국가는 권한의 우월적 지위에 서게 되고, 공무원은 제한된 권리를 지니게 된다. 그러나 현대에는 공무원을 국민 전체의 봉사자로 보면서 공공성의 관점에서 공무원의 권리를 인정하는 방향으로 전개되고 있다.

이에 따라 공무원의 권리가 일반 국민에 비해 상당히 많이 제한되는 경향에서 권리가 강화되는 방향으로 전개되고 있는 것이다. 인권이나 권리 사상의 발전과 더불어 공무원에 대한 권리 역시 신장되는 추세에 있는 것이다. 그렇다고 하더라도 공무원은 국민에 대한 봉사자이므로, 일반 국민에 비해 권리가 제한되는 경우가 존재하고 있다. 교육계에 종사하는 교육공무원 역시 마찬가지인 것이다.

여기서는 교육공무원으로서 교육활동과 직접적으로 관련되고 있는 활동이라고 생각되는 언론·출판의 자유, 학문의 자유, 노동3권, 정치적 중립성에 대해 살펴보고자 한다. 첫째, 언론·출판의 자유와 관련된 사항이다. 언론의 자유는 공무상 기밀의 누설 등을 금지하고 있는 사항 이외에 언론의 자유를 보장받아야 할 것이다. 교육현장의 교사가 특정의 정치적 견해나 종파적 교육을 행하는 것과 같은 것은 보통교육의 단계에서는 일정한 제한이 가해져야 할 것이다. 출판의 경우 역시 마찬가지이다. 그러나 현재 국정교과서나 검·인정 교과서에서 그 지위를 부여받지 못할 경우 교과서로의 사용을 제한하는 것은 법률과 정책적으로 인정되고 있어 일정한 제약이 있다.

둘째, 학문의 자유와 관련된 것이다. 학문의 자유가 초·중등학교 교사에게 인정되는지의 여부에 대해서는 인정하는 견해와 부정하는 견해로 엇갈리고 있다. 학문의 자유가 인정되는 경우는 교수 · 학습활동과 직접적으로 관련된 일정 부분 인정된다고 보아야 할 것이다. 그러나 편향되거나 특정한 사상에 대한 내용을 전개하는 것은 보통교육 단계의 특성을 고려해 일정한 제약이 있을 것이다.

셋째, 노동3권에 대한 것이다. 「헌법」 제33조 제1항에서는 근로자는 단결권, 단체교섭권, 단체행동권을 가질 수 있음을 규정하고 있으며, 제2항에서 공무원인 근로자는 법률이 정하는 자에 한해 단결권, 단체교섭권, 단체행동권을 가질 수 있음을 규정하고 있다. 이에 따라 「공무원의 노동조합 설립 및 운영 등에 관한 법률」에서는 단결권을 행할 수 있는 공무원의 범위를 6급 이하의 일반직 공무원 및 이에 상당하는 일반직 · 특정직 · 별정직 · 계약직 공무원으로 정하고 있으며, 그 범주에 들어가더라도 가입이 제한되는 경우를 제시하고 있다. 「교원의 노동조합 설립 및 운영 등에 관한 법률」에서는 교원의 단결권과 단체교섭권을 인정하고 있지만, 단체행동권은 제한하고 있다. 단체행동권이 제한되는 것은 국가나 지방자치단체와 교사의 관계에만 한정되는 관계가 아니라, 학생과의 관계가 존재하고 그에 따라 학생의 학습권을 침해할 우려가 기본적으로 작용하고 있다고 생각된다.

넷째, 정치적 중립성에 대한 것이다. 정치적 중립은 어느 정당이 집권을 하든 공평하게 자기의 힘을 다해 여야 간에 차별없이 봉사하는 것으로 교육의 정치적 중립성은 「헌법」에서 특별하게 보장하고 있다. 「헌법」 제31조에서 말하는 교육의 정치적 중립성은 교육이 국가권력이나 정치적 세력으로부터 부당한 간섭을 받지 않아야 하는 것은 물론 정치 영역에 개입하지 말아야 하는 것을 의미한다. 교육현장에서 언론 · 출판의 자유나 학문의 자유에서 교사의 교육의 자유가 일정한 범위에서 제한이 되는 것은 교육의 정치적 중립과 관련된다. 교육의 정치적 중립성은 교육의 자주성을 확보하기 위한 것으로, 종국적으로는 학습자의 교육을 받을 권리를 보장하기 위한 것에 있다.

CHAPTER 12

# 교육과정 개발과 지원행정

일반적으로 교육과정 개발은 교육과정 문서를 만들어 내는 것으로 이해하고 있는 경향이 있다. 그러나 교육과정 개발은 교육과정 문서뿐만 아니라, 학생들이 사용할 교육용 자료를 만들어내는 것을 총칭하는 것이다. 그럼에도 불구하고 이렇게 협의로 개념을 이해하는 것은 국가교육과정 개발에서 문서를 만들어내는 것에 집중하고 있는 현실에 기인하고 있다고 생각된다. 여기서는 교과서와 교수·학습 자료 등에 대한 것은 별도의 장으로 할애하기 때문에 협의의 개념으로 사용하고자 한다.

교육과정 개발에서는 개발할 교육과정의 목표를 설정하고, 그 목표 달성을 위한 방향을 제시하는 정책결정, 그리고 정책을 집행하기 이전에 그 방법을 사전에 결정하는 기획 등의 내용이 담겨 있다. 그러한 이유로 교육과정 개발은 교육과정 목표, 정책 및 기획에서 다루어질 것으로 이해하고 있다. 그렇지만 교육과정 목표 설정에서 기획에 이르는 과정은 교육과정의 개발뿐만 아니라, 교육과정 운영과 지원 및 평가 등에 대한 사항을 포함하고 있다.

이러한 것을 감안하면 교육과정 개발은 실제적 사항에 해당되는 것이고, 교육과정 정책이나 기획과는 다른 것으로 보아야 할 것으로 생각된다. 교육과정 개발은 국가와 지역 및 학교의 수준으로 그 역할이 분담되어 있고, 교육과정을 결정하기 위한 인적 자원과 예산이 구비된 이후에 실제적으로 기능할 수 있다. 그러한 의미에서 교육과정 개발은 동태적 측면에 해당되는 것으로 구분하는 것이 더 적절할 것 같다. 그리고 교육과정 개발에서는 교육과정 지원과 관련된 사항이 동시에 논의되므로 여기서는 교육과정 지원행정도 함께 다루고자 한다.

## 01 의의

교육과정을 개발하는 것은 교육현장에서 가르치는 자가 배우는 자와 상호작용하는 자료를 만드는 활동에 해당된다. 광복 이후의 교육과정 결정체제는 국가에서 교육과정을 만들고 단위학교에서 적용하는 구조로 되어 있었다. 그러나 제6차 교육과정 이후에는 교육과정 결정의 분권화가 이루어지면서 국가, 지역, 학교가 역할 분담을 하면서 협력 체제를 구축하는 방향으로 전개되었다. 국가와 지역 수준에서는 교육과정의 기준과 내용의 기본적 사항을 정하고, 단위학교에서는 이를 근거로 학교의 실정에 맞게 학교교육과정을 만드는 체제를 확립한 것이다.

이러한 체제의 확립은 교육과정 운영의 다양화와 자율화를 촉진하고, 교육내용과 방법 개선의 활성화 조치에 해당한다. 교육과정 문서의 작성과 실천을 기준으로 본다면 교육과정 개발은 교육과정의 목표와 정책의 결정, 그리고 기획의 결과물에 해당되는 것으로 교육과정 문서를 집행하기 이전의 과정을 말하는 것이다. 교육과정 문서만으로 보면 교육과정의 실천 이전 단계에 해당된다. 그러나 교육과정을 개정하겠다는 방향과 전면이든 부분이든 어떠한 전략을 사용할 것인지에 대한 것을 기획까지의 단계로 보게 되면, 교육과정을 개발하는 과정은 실천적 측면에 해당되고, 교육과정행정의 전체적인 과정에서는 운영과 관련된 사항에 해당된다.

교육과정 개발과 관련해 많은 서적에서 외국의 이론을 제시하면서 그에 대한 소개를 하고 있다. 그러나 이들 이론의 대부분은 단위학교에서 교육과정을 개발하는 것에 해당되는 것이어서 국가교육과정의 개발체제를 가정한 우리나라에 그대로 적용되는 데 한계가 있다. 예를 들어, 교육목표의 설정, 내용의 선정, 내용의 조직, 평가로 이어지는 타일러(Tyler)의 교육과정 개발과정은 상당히 체계적이고 현실에 부합하는 것 같다. 우리나라에서 개발된 교과교육과정은 해당 교과의 성격, 목표, 내용체계와 성취기준, 교수 · 학습, 평가 등으로 구성되어 있어 이러한 체계를 고려한 것처럼 보인다.

그러나 실제 교육과정의 개발에서는 교육과정 총론의 개발을 먼저 하고, 각론을 개발하여 이들을 고시하는 형태를 취하고 있다. 2009 개정 교육과정의 경우는 총론만을 우선 개정해 고시하기도 하였다. 그리고 교육과정이 개발되면 교과서 개발과 교원연수의 과정을 거쳐 교육현장에 적용된다. 이러한 과정을 제대로 설명하기 위해서는 외국의 이론을 적용하거나 변용한다고 하더라도 한계가 있는 것이다.

교육과정의 결정에서 국가, 지역, 학교로 구분한 것은 종래 교육부에서 교육과정을 결정하고, 단위학교에서 적용하는 국가적 통제 형태를 단위학교의 자율성을 강화하는 방향으로 전환시킨 것이다. 그리고 결정 구조에서의 역할 분담은 교육과정 개발의 절차적 측면도 변화를 가져오게 되어 참여자를 확장하는 방식으로 변화시킴으로써 교육과정 결정의 합리화를 기하려는 노력을 지속적으로 전개하고 있는 것이다.

교육과정의 결정과 운영에서의 합리화를 기하는 노력이 전개되고 있지만, 교육과정의 운영에서 교육현장의 요구나 의견을 반영하는 교육과정행정 체제는 만족할 만한 수준으로 보기는 어렵다고 생각된다. 그것은 교육과정의 적용과 평가의 결과를 피드백하는 체제가 제대로 정비되지 않기 때문일 것이다. 교육과정의 개발 단계에서 이해관계 당사자들이 보이는 관심이 운영이나 운영의 결과를 평가하는 단계에서는 무관심에 가까울 정도인 것도 그 원인의 하나가 될 것이다. 여기서는 교육과정 개발의 전체적인 과정을 살펴보면서 교육과정행정이 지도·조언의 행정이 되는 방향에 부합하는지를 검토해 보고자 한다.

## 02 교육과정 개발의 구조와 절차

교육과정 개발의 제대로 살펴보기 위해서는 구조적인 측면과 절차적인 측면 모두를 검토해 볼 필요가 있다. 또한 구조적 측면에서 국가, 지역, 학교의 수직적 구조와 이들 각각의 수준에서의 교육과정 개발에 관여하는 주체들 간의 수평적 구조를 동시에 살펴보아야 교육과정 개발의 전반적 사항을 이해할 수 있다.

## 1) 교육과정 개발의 구조

### (1) 개발의 수준

교육과정 개발과 관련해 국가, 지역, 학교 수준의 법적인 근거는 「초·중등교육법」 제23조에 규정되어 있고, 교사 수준의 법적 근거는 제20조에 규정되어 있다. 법 제23조 제2항에 규정된 내용은 국가와 지역 수준에서는 교육과정의 기준과 내용의 기본적 사항을 정하도록 규정하고 있고, 학교는 여기서 설정한 범주 내에서 학교교육과정을 편성하여 운영하면 되는 것이다. 이렇게 마련된 학교교육과정은 제20조에 근거해 교사가 교육과정을 실천하면 되는 것이다. 따라서 교육과정은 국가에서 교실에 이르기까지 전체적으로 연결이 되는 구조를 취하고 있는 것이다. 이러한 과정은 ❙그림 12-1❙과 같다.[1)]

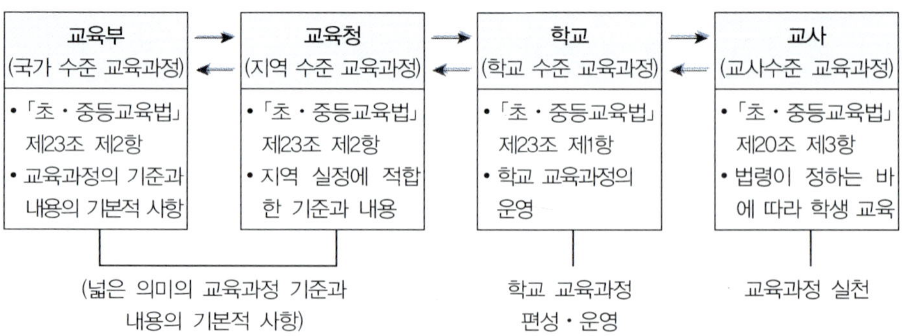


❙그림 12-1❙ 교육과정 수준과 근거

국가 수준 교육과정은 교육부에서 만들고, 교육과정 총론과 교과별 교육과정으로 각각 편찬하고 있다. 지역 수준 교육과정은 교육청에서 제시하고 있고, 시·도 교육청별로 각급학교별 교육과정 편성·운영 지침으로 엮어내고 있다. 그리고 학교교육과정은 각 학교별로 교육과정 계획서를 만들어 홈페이지에 탑재하고 있다. 그리고 학교 교육과정은 개별 교사가 담당 교과를 책임감을 가지고 운영하게 된다.

교육과정 결정에서 국가와 지역 및 학교 수준으로 그 역할을 분담하고, 교사가 이를 실천하는 구조를 취하게 되는 것은 공적인 교육체제에서 국가와 지방자치단체가 교육의 일정 수준 유지와 기회균등을 위해 일정한 역할을 하면서, 단위학교의 자율성을 보장하기 위한 것에 그 취지가 있다. 국가 수준 이외에 지역 수준의 교육과정 기준을 별도로 설정하는 것은 국가에서 국민으로서 필요한 공통적이고 일반적인 기준을 국가에서 설정하는 것이 필요하더라도, 지역의 특수성과 학교의 다양한 요구와 필요를 모두 국가 수준에 반영하는 것이 어렵기 때문이다.

국가 수준의 교육과정의 기준이 전국의 공통적이고 일반적 기준에 해당된다면, 지역적 특성과 실정, 필요 및 요구가 반영되어 국가 수준 교육과정 기준의 보완적이고 신장적인 의미가 있는 교육과정 편성·운영 지침을 지역 수준의 교육과정이라고 부를 수 있다.[2] 지역 수준의 교육과정은 국가교육과정 기준과 내용의 기본적 사항을 분석하여 해당 지역의 특성에 부합하도록 보완하고 조정해 나갈 필요가 있는 것이다. 그래서 지역 수준 교육과정은 국가교육과정 기준과 학교교육과정을 연결해 주는 역할을 하고, 장학이나 교수·학습 자료 및 지역의 교재 개발에 대한 지침이 될 수 있는 것이다.

학교교육과정은 해당 학교의 학생들을 교육목표, 내용, 방법 및 평가 등에 관한 실천 가능한 교육과정이고, 학교의 개성을 살린 내용이 담긴 교육과정의 설계 혹은 계획서를 말한다. 학교교육과정의 근거가 되는 것은 국가와 지역의 교육과정 기준과 내용의 기본적 사항이 되므로, 이들에 대한 분석과 학교가 처한 상황에 맞도록 학교별로 마련되고 있다. 학교교육과정을 만드는 주체는 개별교사와 교사 및 직원들의 집단적 의사결정체이고, 그렇게 만들어진 학교교육과정은 이를 만든 교사들에 의해 실천되는 것이다.

국가와 지역에서 교육과정의 기준과 내용의 기본적 사항을 정하고, 단위학교에서 이를 토대로 학교교육과정을 편성하고 운영하는 것은 교육과정의 결정에서의 역할분담과 협력체제를 요청하는 것이다. 이것은 공적인 교육에서 국가의 역할을 인정하면서도 학생의 특성을 고려하여 단위학교에서 교육과정 편성·운영의 자율성이 조화될 수 있는 지점을 찾고, 이를 위한 노력을 기울여야 함을 말하는 것이다. 이를 위해서는 국가교육과정의 기준과 내용의 기본적 사항이 어느 정도의 범위에서 설정하는 것이 타당한 것이고, 단위학교에서 교육과정 자율성 확보를 위해 교무분장과 관련된 행정이 어떠한 구조로 되어야 하는 것인지에 대한 검토가 요청되는 것이다.

### (2) 각 수준별 개발 기구

교육과정의 개발을 위한 기구와 그 역할 및 역량 등에서 국가, 지역, 학교의 교육과정에 따라 차이가 있다. 그렇다고 하더라도 교육과정 개발의 계획 수립, 실제적 연구, 그리고 이들 내용에 대한 심의를 하는 기본 구조는 유사한 형태를 지니고 있다고 생각된다. 여기서는 국가교육과정의 개발 기구에 대해 논의하고, 지역과 학교교육과정 개발 기구에 대해서는 이 장의 말미에 간략히 제시하고자 한다.

국가 수준 교육과정에서는 기본적으로 교육부, 전문연구기관, 교육과정심의회가 기본 역할을 수행하는 것이 일반적 경향이었다.[3] 그러나 이들 외에 교육과정시기별로 교육과정특별위원회, 교육과정연구위원회 등이 모종의 역할을 수행하면서 교육과정 개정 작업에 참여하였다. 여기에 제시된 **｜그림 12-2｜**는 기존에 국가교육과정 개발에서 중심적 역할을 하던 교육부, 전문연구기관, 교육과정심의회의 세 주체에 2015년에 활동하였던 교육과정연구위원회를 추가하여 국가 수준 교육과정 개발 기구에 대해 도식화한 것이다.[4]

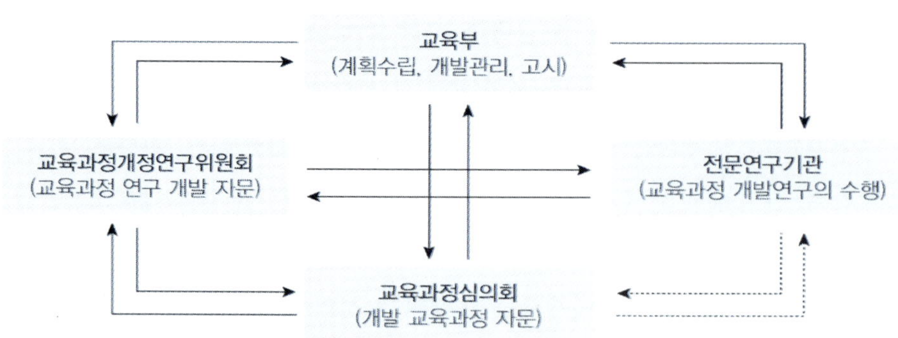


**｜그림 12-2｜ 국가 교육과정 개발 기구**

첫째, 교육부이다. 교육부는 교육과정의 계획과 관리 및 조정을 하는 기구에 해당된다. 교육부는 교육과정 개정과 관련된 정책을 수립하고, 개정의 일정과 전체적인 방향을 정하고, 전문연구기관에 연구를 위탁하며, 연구 결과를 수정·보완하여 최종적으로 고시하게 되는 역할을 수행하고 있다.

둘째, 교육과정개정연구위원회이다. 교육과정개정연구위원회는 비법정기구로서 2015 개정 교육과정 시기에 한시적으로 존재하였다. 2009 개정 교육과정시기에는 교육과정특별위원회가 있었다. 이들 기구는 비법정기구이고 상시적 기구가 아니기 때문에 교육과정의 개정 시기에 따라 명칭과 역할 및 실제적 영향력 등에서 차이가 있었다. 다만 이러한 차이가 있음에도 불구하고 개정 교육과정의 기본 방향이나 틀을 제시하는 역할을 수행하였다고 생각된다.

셋째, 전문연구기관이다. 전문연구기관은 자체적인 과제도 수행하지만, 교육부에서 위탁받은 과제를 수행하면서 개정 교육과정의 안을 제시하는 주요 역할을 담당하고 있다. 전문연구기관은 한국교육과정평가원, 직업능력개발원, 한국과학창의재단, 국립특수교육원 등을 예로 들 수 있다.

넷째, 교육과정심의회이다. 교육과정심의회는 개정 교육과정에 대한 자문을 하는 법정기구로 「교육과정심의회 규정」에 구체적인 내용이 담겨 있다. 교육과정심의회는 교육과정이 개정되는 도중에 중요한 결정을 할 필요가 있을 경우나 최종적으로 개정 교육과정의 안을 확정·고시하기 바로 직전에 개최하고 있다. 교육과정심의회 심의위원은 학계, 교육현장, 학부모, 경제계 등 다양한 이해관계 당사자가 참여함으로써 개정 교육과정에 대한 정당성을 부여하고 있다.

이들 각 기관에서 교육부는 전체적인 방향과 교육과정 개정 작업을 이끌어 가는 의사결정자로서의 역할을 수행하는 반면, 교육과정연구위원회, 전문연구기관과 교육과정심의회는 교육부의 업무를 지원·협조하는 관계에 있는 것으로 보인다.[5] 교육과정을 개정할 경우에 참여하는 이들 기관은 각각 일정한 역할을 수행하고 있으며, 기관들 간의 협력이 되어야 교육과정 개정 작업의 합리화를 기할 수 있을 것으로 보인다.

## 2) 교육과정 개발의 절차

### (1) 교육과정 개발 행정의 변천

우리나라의 교육과정행정의 변천과 관련해서는 행정작용의 법적 근거와 교육과정개발의 실제에서 나타난 변화의 두 가지 측면으로 구분하여 살펴보고자 한다.

첫째, 법적인 근거부터 살펴보기로 한다. 광복 이후 교육과정 분야는 미군정에 의한 과도기와 교수요목기를 거쳐 1949년에 「교육법」이 만들어지고 이에 근거해 우리의 손에 의해 제1차 교육과정이 만들어졌다. 당시 교육과정에 대한 근거가 되는 조문은 「교육법」 제155조에서 "각 학교의 교수요지, 요목급 시간 수는 문교부령으로써 정한다."라고 되어 있었다. 이 조항은 1981년 「교육법」의 개정을 통해 "… 교육과정은 문교부장관이 정한다."라고 하여 '교육과정'이라는 용어를 공식적으로 사용하였다.[6] 다만 문교부'령'의 형태로 되어 있던 것이 문교부장관이 정한다고 하여 '고시'로 변경된 것은 그 이전인 1977년 12월 31일자로 개정 「교육법」에서 이루어졌다.

그리고 1998년에 새로이 제정된 「초 · 중등교육법」 제23조에서는 교육부장관이 '교육과정의 기준과 내용의 기본적 사항'을 정하도록 하여, 기존의 '교육과정'이라는 용어를 사용한 것과 차이가 있다. 교육과정에 관한 법적 근거 조항의 변천에 나타난 특징은 교육과정에 대한 용어와 그 성격이 변화된 점과 교육과정의 법적 근거에 대한 행정입법의 형식적인 구분이 달라졌다는 점에 있다.

우선 용어와 성격의 변화와 관련된 것에 대해 살펴본다. 교육과정이라는 용어는 초기에 교수요지, 요목급 시간 수로 사용하였지만, 교육과정으로 변화되었고, 다시 교육과정의 기준과 내용의 기본적 사항으로 변경되어 현재에 이르고 있다. 이들은 모두 국가 수준에서 이루어지는 것을 말하는 것으로 국가교육과정은 교수요지나 요목급 시간수를 포함하는 전국의 공통적이고 일반적인 기준을 말하는 것이다. 1992년에 개정된 제6차 교육과정에서는 국가교육과정 문서에 이에 대한 것을 명문화하였다. 비록 용어에서는 차이가 있다고 하더라도, 과거부터 국가 수준에서 만드는 교육과정은 학교교육과정이 아니라 교육과정의 기준과 내용의 기본적 사항이었고, 그것이 현재에 이르러 보다 명확한 형태로 용어를 규정하였다고 보아야 할 것 같다.

다음으로 교육과정의 법적 근거로서 행정입법의 형식적 구분이다. 기존의 문교부령은 법규명령에 해당되고, 문교부장관이 고시로 변경한 것은 행정명령에 해당된다. 법규명령은 행정권에 의해 정립되는 법규로서의 성질을 가지는 것이고, 행정명령은 행정기관에 의해 정립되는 법규로서의 성질을 가지지 아니하는 일반적 명령을 말한다. 따라서 형식적 구분에서 보면 '부령'으로서의 교육과정은 법규적 성질을 띠고, '고시'로서의 교육과정은 법규적 성질을 지니지 않아 효력에서 차이가 있다. 그러나 이들은 형식적인 구분에 해당되는 것이고, 교육부장관이 고시하는 교육과정의 기준과 내용의 기본적 사항은 「초·중등교육법」 제23조 제2항에 근거해 고시되는 것이기 때문에 법규명령의 형식에 의한 행정명령으로 보고 그 성질은 법규적 성질을 지니고 있다고 보아야 한다.

둘째, 교육과정개발의 실제에서 나타난 변화에 대해 알아본다. 광복 이후 1945년 9월 22일에 군정청 학무국에서는 초등학교 교과목 편제와 시간배당표를 발표하였지만, 당시에는 교육내용을 충분히 검토할 시간적 여유가 없었기 때문에 당분간이라는 단서를 붙여 임시적 성격임을 밝혔다. 그래서 군정청 학무국에서는 1946년 9월 1일 다시 변경하여 이에 따라 교수요목을 작성하였다.[7]

1949년에 「교육법」이 공포되고, 1950년 6월 2일 문교부령 제9호로 「교수요목제정심의회규정」을 공포하여 각급학교의 교육과정을 작성하는 일에 착수하여 한국전쟁으로 잠시 중단되었으나, 1951년 3월 「교과과정연구위원회규정」의 공포하면서 교육과정 제정 작업을 지속하기 위해 노력하였다. 그러나 전쟁이 다시 치열해지면서 잠시 중단되었다가 1953년 3월부터 다시 추진되었다. 각각의 규정에 의해 만들어진 두 위원회는 문교부 내의 별개의 조직에서 교육과정 개발을 담당하였다.

당시 '교수요목제정위원회'는 문교부의 편수국에서 담당하였고, '교과과정연구위원회'는 장학관실에서 담당함으로써 서로의 이견으로 작업이 진척되지 않아 두 위원회를 합하여 1953년 3월에는 '교육과정제정합동위원회'를 구성하였다. 이에 따라 문교부에서는 교수요목 심의의원을 위촉하여 부산사범학교 강당에서 제1회 총회를 개최하여 교육과정 심의 제정의 첫 발을 내딛게 되었다.[8] 여기서 '교과과정 연구위원회'는 교과를 설정하고 시간을 배당하는 일을 맡아 총론의 역할을 담당하고, '교수요목 제정위원회'는 교과별로 가르치는 내용을 맡아 각론 부분을 담당함으로써 그 역할이 구분되었다고 한다. 그래서 제1차 교육과정 제정 당시의 전체적인 시간배당과 내용 결정이 분리된 배경에서 현재의 교육과정 총론과 각론의 괴리 현상이 발생한 원인으로 설명하기도 한다.[9]

제2차 교육과정은 제1차 교육과정이 '교육과정 시간배당 기준령'과 '교과과정'을 별도 공포한 것과 달리, 이들을 합쳐 교육과정으로 공포하였다. 제3차 교육과정은 현행 교육과정에 대한 분석과 교육현장의 여론을 조사하였다. 제3차 교육과정 개정을 위한 문교부의 공식 기구로는 교육과정심의회가 있었고, 심의회의 의결을 거쳐 제3차 교육과정 시안을 발표하였다.[10] 제4차 교육과정은 문교부 편수관 중심의 교육과정 개발이 아니라, 한국교육개발원에 위탁·개발을 하여 연구·개발형 교육과정으로서의 성격을 지니게 되었다. 제5차 교육과정은 한국교육개발원에서 제4차 교육과정에 대한 평가 및 기초연구를 통해 개정 연구를 추진하여 총론에 대한 답신보고서를 문교부에 제출하고, 문교부는 이에 대한 검토 및 심의를 거쳐 공포하였다.

제6차 교육과정은 한국교육개발원에 개정을 위한 연구를 일괄 위탁하던 방식을 탈피하여 문교부 주도로 개정하는 방식으로 전환하였다. 문교부는 '교육과정개정연구위원회'에 위탁하여 연구를 실시하여 개정 작업을 전개하였다. 그리고 국가교육과정은 전국의 초·중등학교에서 편성·운영하여야 할 교육과정의 공통적이며 일반적 기준임을 명시하여 교육과정 결정의 분권화를 가져왔다.

제7차 교육과정은 신교육체제의 수립에서 교육과정특별위원회를 구성하여 연구하고, 연구한 결과에 대해 정책토론회, 공청회 등을 통해 토론하고 검토하는 과정을 거치면서 여론을 수렴하여 개혁의 방향을 담아냈다. 2007 개정 교육과정은 이제까지의 교육과정 개정이 전면적이고도 일시적인 개정에 따른 교육과정 개정 작업의 비효율성, 사회변화에 대응한 교육내용의 개선, 그리고 사회 각계 각층의 개정 요구의 탄력적 반영의 목적에서 교육과정 수시개정 체제를 도입하였다.

2009 개정 교육과정에서도 교육과정특별위원회를 구성하여 미래형 교육과정이 갖추어야 할 요소를 판단하고, 교육과정 연구 T/F와 공동으로 교육과정의 개편 기본 방향을 제시하면서 개정 교육과정을 공포하였다. 2015 개정 교육과정은 교육과정개정연구위원회에서 연구를 하면서 교육과정각론조정위원회를 새로이 신설하였다. 교육과정각론조정위원회는 교육과정 총론과 각론의 일관성을 강화하기 위해 만들어진 것이다. 이들 위원회가 일정한 역할을 하면서도 개정의 주도권은 교육부에 의해 이루어졌다.

이들 내용을 종합해 보면, 교육과정에 대한 법적 근거와 개발의 실제에서 국가와 지역교육과정이 교육과정의 기준과 내용의 기본적 사항임을 명시하고, 단위학교는 이를 준수하면서 학교의 특성이나 학생의 성향을 고려해 학교교육과정을 편성·운영하는 역할 분담과 협력 체제를 형성하고 있다. 그리고 개정의 실제에서도 교육과정 개정에서 국가·사회적 요구를 반영한 연구·개발형으로 전개되고, 교육과정 개정을 위한 위원회가 필요에 따라 설치되어 운영되었다.

따라서 제도적인 면에서는 국가주도적이고 권위주의적 교육과정 결정에서 교육과정과 관련된 주체의 참여 확대를 도모하는 경향을 나타내고 있다. 그리고 기존의 문교부 주관에서 한국교육개발원에서 연구·개발형 교육과정 개발 체제도 시행하기도 하고, 그 뒤 전문연구기관으로서 한국교육과정평가원이 독립된 기관으로 운영되면서 교육과정 개발의 전문성을 강화하는 조치도 행하였다. 이러한 것은 교육과정의 개정에서 민주성이 더욱 중시되고, 참여 주체의 확대와 절차적 측면의 강화로 교육과정 결정이 합리화되는 방향으로 전개되었음을 말하는 것이다. 위에서 기술되지는 않았지만, 교육과정이 개정되면서 통합교과와 시대·사회적 변화를 고려한 교과가 신설되는 등 내용적인 면에서의 분화와 발전도 강화되었다.

### (2) 현행 교육과정 개발 절차

국가교육과정의 개발은 모든 시기별로 동일한 추진 절차를 거치는 것은 아니고, 차이가 있을 수 있다. 그러나 2007 개정 교육과정에서 수시 개정 체제가 도입되면서 ❙그림 12-3❙과 같은 절차와 업무 추진 절차를 거치고 있는 것 같다.[11)]

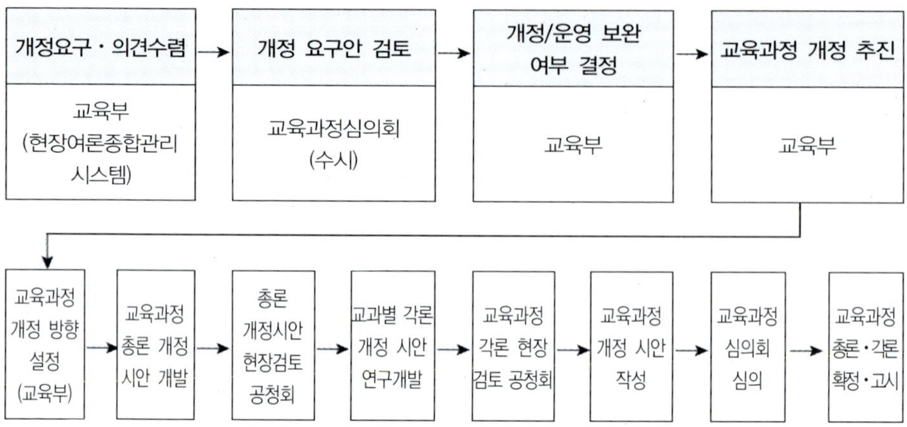


❙그림 12-3❙ 교육과정 개정 절차와 업무 추진 절차

우선 교육과정의 개정을 결정하는 과정까지 살펴본다. 교육과정을 개정에 대한 결정을 하기까지는 개정·요구 의견수렴, 개정 요구안의 검토, 개정/운영 보완 여부의 결정, 그리고 교육과정 개정 결정에 따른 추진으로 구분된다. 교육과정 개정 요구에 대한 의견수렴은 교과교육연구회나 교육과정 지원 장학협의단 및 실태분석 등을 토대로 교육부에서 이루어진다. 그 뒤 교육과정심의회는 교육부 정책방향과의 적합성과 국가·사회적 요구 및 현실의 적용 가능성 등의 검토를 통해 개정의 방향과 범위에 대한 검토를 한다.

그리고 이러한 검토 이후 교육부에서 교육과정 개정이나 운영에 대한 보완 여부를 결정해 보완을 하게 되면 시·도 교육청의 교육과정 편성·운영 지침의 개선 권고와 교과서의 수정·보완 및 정책의 연수와 홍보를 한다. 개정의 필요가 있으면 교육과정 개정 작업에 들어가게 되는 것이다.

다음으로 국가교육과정 개정의 구체적인 작업 절차에 대해 알아본다. 국가

교육과정의 개정 절차는 개정의 시기별로 차이가 있었지만, 현재는 ❙그림 12-3❙에 제시된 개정 업무 추진 절차와 같이 진행되고 있다. 우선 국가·사회적 요구와 교육현장의 요구를 수렴해 교육과정 개정의 방향을 설정하고, 전문연구기관이나 학자 및 현장 교원에 의해 정책연구를 수행하게 된다. 이러한 과정을 거쳐 총론의 시안을 연구·개발하면서 현장 적합성 검토를 위해 공청회를 거치게 된다.

총론 개발이 완료되면 각론의 개발에 들어가게 된다. 각론 개발 역시 전문연구기관과 학자 및 현장 교원의 의견을 토대로 정책 연구를 수행하게 된다. 그리고 각론 시안을 연구·개발하면서, 총론과 마찬가지로 현장 검토 공청회를 거치게 된다. 그리고 총론과 각론의 시안을 작성하게 되면 교육과정 심의회의 자문을 거쳐 교육과정의 총론과 각론을 확정·고시하게 된다. 2009 개정 교육과정의 경우와 같이 총론부터 공포를 먼저 하고 난 후 각론 개발에 들어간 경우도 있다. 국가교육과정이 공포되면 교육과정 개발 후속 지원 사업으로 교원연수와 교과서 개발에 들어가게 된다.

이러한 국가교육과정의 개발 과정은 시·도 교육청의 교육과정 편성·운영 지침을 개발하게 되고, 뒤이어 학교교육과정의 개발에 들어가게 된다. 시·도 교육청에서는 연구진, 검토진, 심의진 등 교육과정위원회를 구성·운영하고, 국가 수준 교육과정의 분석·검토, 각종 실태의 조사·분석, 시·도 교육청의 강조점 모색 등의 기초조사와 연구를 행한다. 그 뒤 교육과정 편성·운영 지침 시안을 작성하고, 시안에 대해 교육과정심의회 심의를 거쳐 확정하게 된다. 확정된 교육과정 편성·운영 지침은 적용을 위한 대책을 수립하고, 장학자료와 같은 자료의 개발·보급과 실행 가능성을 검토하는 과정을 거치게 된다. 이러한 과정은 ❙그림 12-4❙와 같다.[12)]

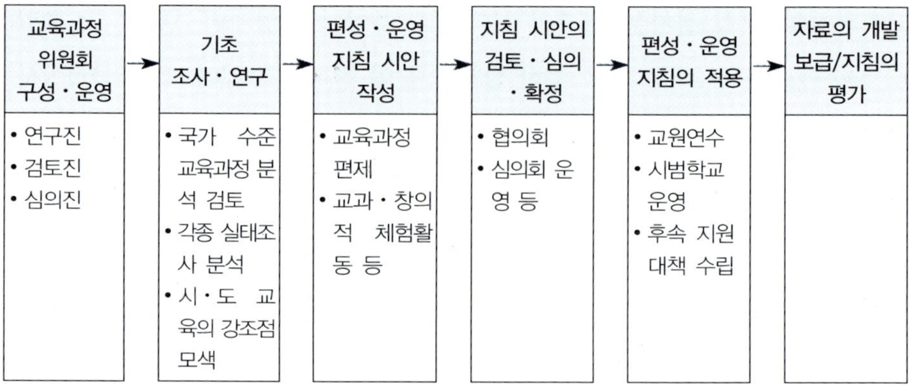


**| 그림 12-4 | 시 · 도 교육청 교육과정 편성 · 운영 지침 개발 절차**

시 · 도 교육청의 교육과정 편성 · 운영 지침이 공포되면, 단위학교는 학교와 학생의 특성을 고려하여 학교교육과정 개발에 들어가게 된다. 일반적으로 학교교육과정은 준비단계, 편성단계, 운영단계, 평가단계의 4가지 단계로 이루어진다. 준비단계에서는 학교교육과정을 계획하기 위해 학교교육과정위원회와 같은 조직을 하여 운영하게 된다. 여기서는 국가와 지역교육과정의 분석, 문헌분석 및 요구조사 등을 행한다. 편성단계는 편성의 기본원칙을 결정하고, 학교교육과정 시안의 작성을 작성하여 확정하게 된다. 운영단계에서는 교과와 창의적 체험활동 및 범교과 학습활동을 교실에서 실천하게 된다. 그리고 평가단계에서는 학업성취도나 교육과정평가 등을 통해 문제와 개선점을 도출해 다음 해 반영하는 피드백하게 된다. 학교교육과정의 개발 절차는 | 그림 12-5 | 와 같다.[13)]

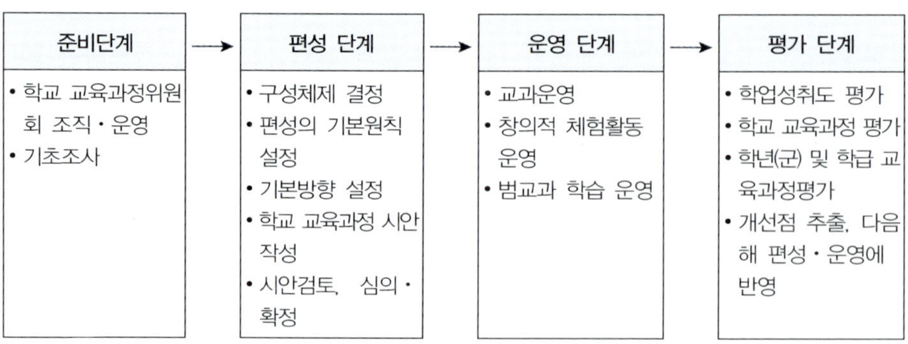


**| 그림 12-5 | 학교 교육과정 개발 절차**

국가, 지역 및 학교교육과정의 개발 절차는 기본적 요소에서 크게 다르지 않은 편이다. 각 수준 모두 교육과정 개발의 절차에서 교육과정과 관련된 여러 주체를 참여시킴으로써 이해관계를 조정하고 있다. 구조적 측면에서 제시하고 있는 교육과정 개발 기구들은 어느 한 부분에서 집중적인 역할을 수행함으로써 교육과정 개발에서 역할 분담과 협력 체제를 구축하고 있다. 이러한 기본적인 절차는 현재도 유지되고 있는 상황이다.

그러나 최근 '국가교육위원회의 설치 및 운영에 대한 법률안'이 지속적으로 제기되면서 그에 대한 변화 가능성도 모색되고 있다. 국가교육위원회는 교육정책이 사회적 합의에 기반해 안정적이고 일관되게 추진하도록 함으로써 교육의 자주성·전문성·정치적 중립성을 확보하고, 교육의 발전에 기여하고자 하는 취지에서 제출된 법안으로 제20대 국회에서 6건, 제21대 국회에서 현재까지 4건이 제출되었다. 이들 제출 법안은 국가교육위원회가 합의제 행정기관이나 자문기구 등 그 성격은 제출 법안에 따라 달리하고 있다.[14] 교육과정의 개발과 관련된 사항에서 가장 최근에 제출된 조승래 의원 대표발의의 법률안에서는 교육과정 연구·개발·고시는 국가교육위원회로 이관하고, 교육과정 개발 후속지원은 교육부에 남기는 것으로 제시하고 있다.[15] 이러한 사항을 고려하면 교육과정 개발에서 사회적 합의를 이루기 위한 노력은 지속적으로 이루어져야 할 필요가 있을 것이다.

## 03 교육과정 개발 행정의 합리화 방안

### 1) 저해 요인

첫째, 교육과정 결정의 분권화가 형식적 수준에 머물고 있다. 현재는 국가교육과정 문서에 국가교육과정은 단위학교에서 운영할 공통적이고 일반적 기준임을 밝히고 있다. 그것은 교육의 일정 수준을 유지하면서도 단위학교의 개성을 살릴 수 있도록 자율성을 부여할 수 있는 조치를 말하는 것이다. 이러한 사항은 국가교육과정의 기준과 내용의 기본적 사항이 어느 정도의 범위에 걸쳐 있는지에 따라 지역과 학교교육과정이 개성을 발휘할 수 있는 여지가 달라지는 것이다.

현재 국가교육과정에서는 교과명과 그에 대한 시간배당 및 교과별 성취기준을 결정하고 있다. 그리고 이에 따른 교과서가 국가와 지역 수준에서 개발되어 단위학교에 보급되고 있다. 교과서가 국정 외에 검 · 인정이 존재하고 있지만, 그 내용의 차별화는 그다지 많지 않다고 생각된다. 또한 그렇게 만들어진 교과서를 의무적으로 사용하게 되어 있어 교육현장에서 융통성을 발휘할 수 있는 여지가 적게 되어 있다. 따라서 국가교육과정에서의 교육과정의 기준이 무엇이고, 그 범위를 어느 정도까지 구현할 수 있는지에 대한 논의가 필요하다. 또한 교과교육과정의 성취기준에 대한 적정화가 요구되고, 교과서 제도 역시 보다 유연하게 만들 필요가 있는 것이다. 그렇게 되어야 실질적인 교육현장의 자율성을 확보할 수 있을 것이다.

둘째, 국가교육과정 개정에서 임시기구로 운영되는 위원회로 인한 안정성의 결여이다. 최근 국가교육과정의 개정에서 교육부가 주도하면서도 교육과정특별위원회나 교육과정연구위원회와 같은 임시기구가 개정 교육과정의 기본 방향을 제시하는 역할을 수행하고 있다. 이러한 개정 기구는 비법정 기구여서 개정 시기별로 위원회의 성격을 어떻게 규정하고, 위원회 구성을 어떻게 하느냐에 따라 개정의 방향이 달라질 수 있다.

그리고 이들 기구를 두지 않고 개정 작업에 임할 수도 있기 때문에, 교육과정 개정에서 중요한 역할을 하는 기구들 간의 역할 분담과 협력 체제를 이완시킬 수 있는 여지가 있다. 그것은 개정 교육과정에서의 참여자와 결정의 과정 및 공익을 구현하려는데 제한을 만들게 되고, 교육과정 정책의 결정에 합리성을 결여하게 되는 원인이 된다.

셋째, 교육현장의 교육과정 운영에 대한 피드백 체제가 미흡하다. 국가 수준에서 교육과정의 기준과 내용의 기본적 사항을 아무리 잘 만든다고 하더라도, 교육현장에서 제대로 실천되지 않게 되면 의미가 없게 된다. 교육현장에서 개정 교육과정이 제대로 실천되지 않는 것은 개정 교육과정에 대한 이해가 부족한 것도 있겠지만, 학생들에게 교육과정이 적합하지 않은 것이 주된 원인이 될 것이다.

학생들에게 교육과정이 부적합하게 되면 교육과정의 운영이 제대로 되지 않게 되고, 결과적으로 교육의 기회를 제대로 제공하지 못하게 된다. 따라서 교육과정의 운영에서 발생하는 내용의 수준과 양적인 문제에 대한 피드백이 이루어질 수 있어야 하는 것이다. 우리나라에서는 교육과정 개정 시에 교육현장의 의견을 구하기는 하지만, 그러한 의견이 상시적으로 작동할 수 있는 체제는 미흡한 것이다.

넷째, 국가교육과정 발의 주체와 시기 등이 명확치 않다. 국가교육과정은 교육부장관이 고시하도록 하는 것은 「초·중등교육법」에 명문화되어 있다. 그러나 누가 교육과정을 개정할 것인지에 대한 발의 주체와 언제 개정을 하는지에 대한 사항은 명확하게 제시되어 있지 않다. 법적으로 이들 사항을 모두 규정하는 것은 교육과정 개정의 탄력성을 저해할 수도 있다.

그러나 교육과정의 개정을 누가 언제할 수 있는지에 대한 명문화된 규정이 존재하지 않는 것은 교육과정이 편의적으로 개정될 수 있는 여지도 있다. 교육과정이 편의적 개정은 교육의 자주성의 원리에도 부합하지 않게 되고, 결과적으로 학생의 이익에도 배치될 수도 있는 문제가 있는 것이다.

다섯째, 수직적 권한 분산에서 교육청의 역할이 취약하다. 교육과정의 결정은 「초·중등교육법」에서 국가, 지역, 학교로 구분되어 있다. 국가와 지역은 넓은 의미의 교육과정 기준과 내용의 기본적 사항을 정하도록 되어 있고, 학교는 이들 기준과 내용의 기본적 사항의 범위 내에서 교육과정을 편성·운영하도록 되어 있다.

교육청의 교육과정 편성·운영 지침을 검토해 보면 대부분의 시·도 교육청이 국가교육과정의 총론에 제시된 내용과 유사하고, 내용의 기본적 사항은 제대로 제시되지 않고 있음을 알 수 있을 것이다. 우리 고장의 생활과 같이 매우 제한된 범위에서 교육청 자체적으로 교육과정을 만들 수 있도록 되어 있다. 교과서 또한 국가교육과정에 기초해 만들고 있다. 이러한 것을 고려한다면 교육청은 국가교육과정이 학교교육과정으로 이어지는 교량적 역할 정도에 머물고 있는 실정이다.

여섯째, 수평적 권한 분산에서 연구기관들 간의 충돌이 생길 여지가 있다. 현재 국가교육과정을 만들 때 전문연구기관으로서 한국교육과정평가원, 한국과학창의재단, 국립특수교육원 등이 중요한 역할을 수행하고 있다. 이들 연구기관들 중 정관에서 교육과정의 개정과 관련해 중복되는 내용이 제시되어 있는 기관들이 존재하고 있다.

교육과정 개정 작업에서 연구기관들 간의 역할의 중복이 반드시 나쁘다고만은 할 수 없을 것이다. 전문연구기관들 간의 역할 분담을 통해 협력 체제를 잘 구축하게 되면 긍정적으로 작용할 수도 있을 것이다. 그러나 현실적으로 그러한 제도적 장치나 정책이 제대로 정비되어 있지 않아 이들 간의 갈등이 발생하고 있기도 하여 합리적 교육과정 개발을 저해하기도 하는 것이다.

일곱째, 교육과정심의회의 대표성 확립이 전문성 약화를 초래하고 있다. 교육과정심의회는 교육과정 개정 작업에서 법정기구에 속한다. 교육과정심의회는 교육과정 시안이 마련되면 최종적으로 자문을 하게 된다. 여기서 교육과정심의회 구성원은 교육과정 개정 시기별로 차이가 있다. 현장 교원, 학계, 언론계, 정치계, 경제계, 학부모 등 교육과정과 관련된 여러 주체의 구성 비율이나 참여 정도가 다르게 되어 있는 것이다.

이러한 교육과정심의회는 교육과정과 관련된 여러 입장을 제시함으로써 개정 교육과정에서의 이해 관계를 조정할 수 있는 여지를 제공한다는 점에서 의미가 있다. 그러나 이들은 교육과정에 대한 전문성이 떨어지는 경우가 많아 개정 교육과정의 내용에 대해 합리적 의견을 제시하는 데 한계도 있다. 따라서 대표성과 전문성을 조화시킬 수 있는 과제가 있는 것이다.

## 2) 개선 방안

첫째, 국가교육과정 기준이 무엇인지에 대한 규명과 내용의 기본적 사항에 대한 사용자 평가와 검토가 요청된다. 우리나라에서 교육과정의 국가기준이 과도해 단위학교의 자율성이 제대로 확보되지 않고 있는 비판은 지속적으로 제기되고 있다. 그러면서 국가교육과정을 대강화하여야 한다고 주장한다. 그러한 주장은 학술 논문에서뿐만 아니라, 국가교육과정 포럼에서도 빈번하게 등장하고 있다. 그렇지만 국가교육과정의 대강화의 범위가 어떠해야 하는지에 대해서 본격적으로 논의되고 있지는 않다고 생각된다.

기존의 「교육법」에서는 교육과정이 아니라, 교수요지, 요목급 시간 수 등이라는 표현을 사용하였다. 이러한 것을 보면 교육과정의 대강적 요소에는 교과명, 교과의 시간 수, 그리고 교과별 교수요목이나 다루어야 할 교육내용 등이 포함되는 것으로 이해된다. 그러나 그 이상으로 어떠한 것이 교육과정의 기준이 되는 것인지, 그리고 내용의 기본적 사항이 무엇을 말하는 것인지는 알 수가 없다. 따라서 학계에서는 이들에 대한 논의가 본격적으로 다룰 필요가 있다고 생각된다. 이들에 대한 논의를 통해 교육내용의 적정화가 이루어질 수 있을 것이고, 학생이 학습할 내용이 적합화될 수 있을 것으로 생각된다.

둘째, 교육과정 결정 기구의 법정화를 통해 교육과정 개정의 안정성과 합리화를 도모할 필요가 있다. 교육과정의 결정에서 교육과정특별위원회나 교육과정연구위원회 등은 개정 교육과정의 방향을 설정하는 데 중요한 역할을 수행하였다. 그리고 이들은 여러 분과로 정하여 주기적으로 모여 논의를 하고, 사회적 합의를 도출하기 위한 여러 가지 역할을 수행하였다. 이러한 것을 고려한다면 이에 대한 기구를 명문화할 필요가 있을 것이다.

교육과정 개정과 관련된 위원회의 명문화에 따라 해당 위원회의 목적과 역할 및 조직 등이 정비되면, 교육현장의 목소리를 전달할 수 있는 통로도 체계화할 수 있을 것으로 생각된다. 최근 교육과정과 관련된 사회적 합의를 도출하기 위해 국가교육위원회 설립·운영에 관한 법률안이 제출된 내용에서도 이러한 것이 포함되어 있다. 따라서 이들 위원회는 사회적 합의를 이끌어 냄으로써 교육과정의 개정과 현장의 성공적 정착에 기여할 수 있는 하나의 조건이 될 수 있을 것이다.

셋째, 교육과정의 질 관리 센터의 정비를 통해 교육과정의 기준을 재정립할 필요가 있다. 교육과정과 관련된 질 관리에 대한 측면은 여러 가지 측면에서 살펴볼 수 있을 것이다. 교육과정의 개발 단계, 적용 단계, 평가 단계 등 크게 단계별로도 구분해 볼 수 있다. 이들 단계에서 교육과정의 질 관리가 가장 취약한 부분은 교육현장에서 적용하면서 평가를 통한 피드백 부분이라고 생각된다. 그것은 이제까지 교육과정이 공급자 중심으로 개발되고, 전개된 것에 기인하는 것에 있을 것이다.

국가교육과정이 교육현장에서 적용되었을 경우, 교육과정의 사용자로서 교사나 학생, 학부모 등에 의한 평가는 제대로 이루어지지 않았다고 생각된다. 국가교육과정이 만들어질 때, 교육과정연구위원회나 전문연구기관 및 교육과정심의회 등의 자문을 거치면서 검증하게 된다. 이러한 검증의 과정을 거쳤기 때문에 그것이 제대로 만들어졌다고 생각할지 모른다. 그러나 교육현장에서 그것을 사용하는 자의 입장에서는 어려운 내용이나 부적합한 내용이나 분량 등 여러 가지 평가가 이루어질 수 있을 것이다. 이러한 사용자 평가와 그에 기초한 환류 체제가 제대로 정비되지 않아 이에 대한 기구와 평가 기준이 마련되어 교육과정의 기준을 재정립하려는 노력이 이루어질 필요가 있다고 생각된다.

넷째, 국가교육과정 발의 주체와 시기 및 방법 등에 대한 법적인 근거를 명문화할 필요가 있다. 국가교육과정의 발의 주체를 명문화하지 않아도 교육부장관이 될 것이다. 그러나 발의 주체를 명문화한다는 것은 어떠한 경우에 발의 주체가 교육과정을 개정하는 것을 발의할 수 있는 것인지 그 대상과 방법까지 함께 고려한다는 것을 의미하는 것으로 제시한 것이다.

교육과정을 행정적 편의로 개정하게 된다면, 권위주의적 결정이 이루어지게 될 것이다. 그리고 어떠한 방법으로 개정하게 되는지에 대한 절차적 측면의 정비가 없게 되면 즉흥적인 결정이 이루어질 여지도 발생하게 되는 것이다. 따라서 교육과정의 발의 주체와 함께 발의의 시기 및 방법 등에 대한 근거를 명문화함으로써 교육과정 개정에서의 다양한 참여자의 고려, 결정의 과정의 고려, 특수이익의 극복 등을 통한 교육과정 개발의 합리화를 기할 필요가 있는 것이다.

다섯째, 교육과정의 지방자치의 규명과 교육과정 기준과 그 요소에 대한 규명을 통해 지역의 역할을 명확히 할 필요가 있다. 최근 시·도 교육감 협의회나 초·중등 분야의 교육청으로의 이관 등에 대한 논의가 활발하게 일어나고 있다. 이러한 논의는 교육과정에서의 국가와 지역의 역할 분담과 협력 체제를 구축함으로써 합리적인 교육과정의 개정이 이루어지고, 그에 따라 학생의 학습권을 충족시키려는 데 있을 것이다.

그러나 모든 사무의 지방으로의 이관을 고려하게 된다면 이러한 원칙을 제대로 지키지 못하게 되고, 교육청이 교육부를 대체하는 효과만 지니게 된다. 교육은 단위학교의 자율성을 확보함으로써 민주적 학교운영과 학교의 개성을 살리려는 데 있다. 그래서 학생의 소질과 적성을 최대한 현실화하려는 데 기여할 수 있어야 하는 것이다. 교육청이 교육부의 역할을 단순히 대체하기만 하면 이러한 의미는 없어지게 된다. 따라서 교육과정의 지방자치가 왜 필요하고, 그 대상과 방법을 어떻게 할 것인지에 대한 고민이 있어야 하는 것이다. 그리고 국가 차원의 교육과정 기준과 내용의 기본적 사항에 대해서도 시·도에 이관하여야 하는 것의 당위성에 입각해 고려될 필요가 있는 것이다.

여섯째, 교육과정 개정 시기와 적용 시기를 구분하여 전문연구기관의 역할을 재정립할 필요가 있다. 전문연구기관은 교육과정의 개정의 시기에 개정과 관련된 사항에 대한 연구를 하고, 교육현장에 적용하는 시기에는 이와 관련된 연구를 하게 된다. 교육과정의 개정 시기에 전문연구기관들 간의 충돌이 생기는 것은 개정 교육과정의 중요한 부분에 대해 이해관계가 충돌하기 때문일 것이다. 따라서 교육과정의 개정 시기에 이들 기관은 국제 비교나 교육현장의 요구조사 등 주로 기초적인 것을 하는 것으로 규정할 필요가 있다. 그러한 기초 연구에서는 기관들 간에 역할 분담을 행할 수 있을 것이다.

전문연구기관이 개정에서 기초연구를 수행하게 되면, 교육과정개정과 관련된 위원회나 정책연구 등에서는 이들 연구 이외의 사항을 수행함으로써 역할 분담을 할 수 있는 것이다. 그리고 개정 교육과정의 적용 시기에는 현재와 같이 개정 교육과정의 적용을 위한 여러 가지 대안을 모색하고 제시함으로써 현장안착을 위해 노력하면, 교육현장에서 실질적 도움을 받을 수 있을 것이다.

일곱째, 교육과정의 개정 작업 전반에 걸쳐 교육과정심의회의 역할을 강화하여 전문성을 확보할 필요가 있다. 교육과정심의회는 교육과정 개정의 중간이나 확정 · 고시 이전에 단순히 자문의 역할만을 하는 것은 아니다. 「교육과정심의회 규정」에서는 교육과정심의회는 조사와 연구의 기능이 있음을 제시하고 있다. 이러한 기능은 개정 교육과정의 심의에서 심의위원들이 각자의 노력에 의해 이루어지고 있다.

그러나 이러한 것을 보다 활성화하기 위해서는 보다 체계화된 형태로 조사와 연구를 할 수 있는 역할을 부여할 필요가 있다. 그렇게 되면 교육과정심의회 위원들의 구성 역시 단순히 형식적 대표성을 확보하기 위한 것과 다르게 할 수 있을 것이고, 교육과정의 개정에서 실질적 역할을 할 수도 있을 것이다. 중 · 장기적으로는 「교육과정심의회 규정」을 개정해 학생의 의견을 제대로 반영할 수 있는 위원회의 설립 · 운영도 검토해 볼 수 있을 것이다.

교육과정 개발의 행정에서 여러 가지 제한이 있거나 개선하여야 할 사항의 핵심은 국가의 통제와 단위학교의 자율이 될 것이다. 국가의 통제가 강하게 되면 교육과정의 기준과 내용의 기본적 사항의 범위가 넓어질 것이고, 단위학교의 자율이 확대되면 그 반대가 될 것이다. 이제까지 국가주도적이면서도 공급자 중심으로 교육과정을 개발하였다면, 향후에는 사용자 중심의 평가와 이의 환류가 제대로 이루어질 수 있는 방향이 고려되어야 할 것이다. 그래서 국가의 통제와 단위학교의 자율성이 조화를 이룸으로써 학생이 적절한 교육내용에 접근할 수 있는 기회가 제대로 보장될 수 있도록 하여야 할 것이다.

## 04 교육과정 운영과 지원행정

### 1) 의의

교육과정을 운영한다는 것은 교육과정이 개발된 이후 이를 교육 현장에서 효과적으로 전개하는 것을 말한다. 교육과정 운영에서는 교육과정의 개발자와 사용자가 일치할 수도 있고, 그렇지 않을 수도 있다. 우리나라는 교육과정을 교육현장에서 개발하여 운영할 수 있지만, 국가와 지역에서 정한 교육과정의 기준과 내용의 범위 내에서 행하는 제한이 있다. 「초·중등교육법」 제23조에서는 제2항에서 국가와 지역에서는 교육과정의 기준과 내용을 정할 수 있도록 규정하고 있고, 제1항에서 학교는 교육과정을 운영하여야 한다고 규정하여 법률에서 그 근거를 제시하고 있다. 그리고 국가교육과정의 성격에서는 초·중등학교에서 편성·운영하여야 할 학교교육과정의 공통적이고 일반적인 기준임을 명시하여 국가교육과정에서도 그에 대한 내용이 존재하고 있는 것이다.

이러한 법과 국가교육과정에 제시된 내용을 토대로 보면 단위학교에서의 교육과정 운영은 국가와 지역 및 학교가 총체적으로 계획하거나 문서화한 내용을 실천하는 것을 말하는 것이다. 교육과정을 운영하는 것은 학생들의 교육을 받을 권리를 충족시키기 위해 교육을 직접 담당하고 있는 교사는 그러한 교육을 할 수 있도록 조건 정비를 하여야 한다. 그러나 개별 교사가 교원의 수를 조정하고 학교 건물의 넓이, 환경 및 교육시설을 감당하는 것은 불가능한 것이다. 여기서 공적인 교육의 주체로 국가와 지방자치단체가 이를 감당하여야 하는 것이다. 그것은 학생들이 교육을 받을 수 있는 권리에 대응해 의무로서 과해지는 성격을 지니는 것으로 볼 수 있을 것이다.

이처럼 우리나라의 교육과정 운영은 우리나라는 국가, 지역, 학교, 교사 및 직원이 협력적인 체계를 구축함으로써 가능한 것이다. 협력적인 체계를 구축한다는 것은 교육과정의 운영에서 교육과정의 각 주체가 해당 분야의 전문성을 가지고, 분업체제를 확립함으로써 교육과정이 효과적으로 전개될 수 있음을 말하는 것이다. 교육과정의 기준과 내용을 국가와 지역에서 결정하므로 교육과정 개발자와 사용자가 다르게 되어 있다. 그리고 사용자는 외부에서 개발된 교육과정을 교실에서 구체화함으로써 그 의미를 살릴 수 있는 것이다. 우리나라의 교육과정 운영은 다음과 같은 구조로 설명된다.[16)]

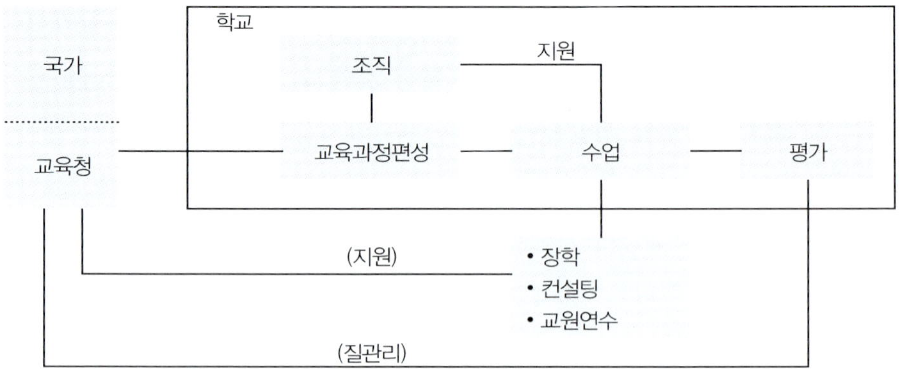


**그림 12-6** 교육과정 운영 체제

**그림 12-6** 에서 국가와 교육청은 교육과정의 기준과 내용을 정하는 기관으로서 학교라는 기관의 외부에 위치하고 있다. 학교는 교육과정위원회나 교직원회의 등의 조직체를 통해 교육과정을 편성하여 이를 실천하는 수업에 임하고 그 성과를 평가하게 된다. 여기서 수업은 교육과정을 실천하는 것으로 교사가 다양한 수업기법과 매체를 동원하여 학생들에게 적합도를 제고시키게 된다. 그리고 평가는 학생들이 자기점검과 자기형성을 통해 성장할 수 있도록 학업성취도를 평가하여 피드백하게 된다.

그러나 단위학교에서 수업을 담당할 교원의 수급이나 장학이나 컨설팅 및 교원연수 등을 통해 교원의 전문성을 향상시킬 수 있도록 교육부와 교육청이 지원하여야 한다. 그리고 학업성취도 평가 이외에 교육과정평가와 학교평가를 하여 교육과정 운영에 대한 질 관리도 하게 된다. 이러한 직접적인 교육활동 이외에도 교육부와 교육청은 교육시설이나 행 · 재정적 지원을 함으로써 교육과정 운영이 제대로 이루어질 수 있는 여건도 정비하여야 하는 것이다.

교육과정 운영이라는 것이 좁게 보면 국가교육과정에 제시된 내용을 토대로 학교에서 만든 교육과정을 수업행위를 통해 실천하는 것으로 사용할 수 있다. 그러나 여기서는 개별교사와 학교가 교육활동의 중심적 역할을 하면서, 학교가 감당하기 어려운 사항에 대해 국가와 교육청이 지원하는 것이 총체적으로 결합되어 문서화된 교육과정을 실천하는 것으로 보아야 할 것이다. 그것은 단위학교에서는 자율적으로 교육활동을 전개하고, 국가나 지역에서는 고충이 따르는 사항에 대한 지원을 통해 학생의 성장에 의미있는 장을 보장하는 방향에서 검토하고자 하는 것이다.

## 2) 교육과정 운영의 자율성 보장

### (1) 학교를 보는 관점과 교육과정 운영

학교의 교육과정의 자율성 여부는 국가와 지역이 학교를 어떻게 보는지와 밀접하게 관련되어 있다. 교육부와 교육청은 학교의 설치자로서 학교에 대한 관리권을 가지고 있다. 학교는 국가나 공공단체가 공공의 목적으로 제공하는 인적·물적 시설의 통일체를 말한다. 이러한 것을 행정법에서는 영조물이라고 하고 도서관, 박물관, 병원 등과 같은 것을 유사한 예로 들 수 있다. 여기서 예시로 든 시설들과 학교를 동일한 성격으로 볼 수 있는지는 교육과정 운영의 자율성을 이해하는 것과 밀접하게 관련된다.

전통적으로 영조물을 보는 관점으로 이해하면 교육부와 교육청은 학교를 포괄적으로 지배할 수 있는 것이 된다. 그렇게 되면 교육부나 교육청은 학교의 인적·물적인 관리 및 운영 전반에 대해 포괄적으로 지휘·감독할 수 있고, 학생들이 학교 이용에 대한 규제 권한도 포함하게 된다. 이것은 학교의 경영을 기업의 경영과 마찬가지로 보는 입장으로 교장 이하의 교직원을 관리층, 작업층 등으로 구분하고 이들을 위계적 관계를 형성하는 구조로 보는 것이다. 이러한 방식에서는 단위학교에서 교육과정 운영의 자율성을 보장하는 것은 부적절하게 여겨진다.

교육부와 교육청이 학교에 대해 포괄적인 지배권을 가지게 되면 적절한 사무와 권한의 배분을 통해 원활한 관계를 유지하고자 할 것이다. 그렇게 되면 교장의 권한은 교육부와 교육청이 위임한 것이고, 교장의 고유한 권한이 되지는 않는 것이다. 직접적인 교육활동인 교육과정의 운영에 대해서도 교육부와 교육청이 필요하다고 판단되면 교육과정에 대한 사항을 수정 명령을 할 수 있는 것이다.

그러나 학교를 일반적인 영조물과 동일하게 보는 것은 적절치 않은 것 같다. 교육은 개별 학생들이 가진 소질이나 적성을 최대한 현실화시키는 것에 기본 특성이 있다. 학교는 이러한 학생의 성장을 가능케 하는 일차적인 장소가 되는 것이다. 개별 학생을 가장 잘 아는 사람은 담임 교사가 될 것이고, 담임 교사는 다른 교사와 직원의 협력에 의해 학생과 상호작용함으로써 학생의 성장에 기여하게 된다. 여기서 교육과정의 운영은 고도의 전문성과 창의성이 필요, 이를 위해 교육의 자주성을 보장하고 있는 것이다. 그렇기 때문에 학교가 교육부와 교육청의 포괄적 관리권에 의해 규정을 받은 것이 아니라, 고유의 내재적 관리권이 있다고 보는 것이 적절하다고 생각된다.[17)]

국가와 지역의 교육과정 기준과 내용을 결정하고 학교가 교육과정을 운영하는 구조를 지니고 있고, 교사는 법령에 따라 교육한다는 것은 전통적 의미의 영조물로 학교를 보지 않는 것과 밀접한 관계가 있다. 기존의 법에서는 교사는 교장의 명을 받아 교육하는 것으로 되어 있었지만, 현재는 법령에 따라 교육한다고 되어 있었던 것에서 변화를 가져온 것이다. 따라서 학교의 교육과정 운영에서 교육부와 교육청은 포괄적으로 지배하는 관계를 지니기보다는 교육현장에서 효과적으로 전개할 수 있도록 지원적 역할을 보다 강화하여야 할 필요가 있는 것이다.

### (2) 학교자치와 교육과정 자율성

과거 어느 때보다도 최근에 학교자치와 관련된 사항이 자주 언급되고 있다. 이들 논의에서 교육과정과 관련된 학교자치에 대한 내용은 그다지 많지 않은 실정이다. 논의 내용이 많지 않다는 것은 그에 대한 논쟁이 적어 이 분야에 대한 진척이 제대로 이루어지지 않고 있음을 말하는 것이다. 그래서 여기서는 학교자치에 대한 의미와 교육과정에 대한 자율성에 대해 검토를 하고자 한다.

학교자치는 학교의 교육계획, 활동 또는 조직에 대해 교장을 포함한 교직원의 자주적이고, 주체적으로 결정하고 운영하는 것을 말한다.[17] 이러한 학교자치라는 용어는 일본에서 1956년 교육체계에서 국가의 교육지배에 대응하는 논리로 교사의 교육권 중심으로 전개되었다. 1970년대에는 학습권에 기초한 학교자치론으로 발전하였고, 1980년대에는 학교교육에 대한 교육 관련 주체의 참여에 따른 다원적 의사결정 체제로서의 학교자치론으로 확장되고 있다.[18] 학교자치론 개념적 확장은 교육과정 분야에서는 의미가 있는 것으로 보아야 할 것이다. 교육과정이 관련 주체의 참여를 통해 타협과 조정을 통해 일종의 최대 공약수를 구하는 것에 해당하는 것이기 때문이다.

학교자치에 대한 이론화를 위한 작업에서는 내적 사항과 외적 사항으로 구분하는 경우도 있고, 이들 구분에 학교자치를 위한 조직을 추가하여 보다 세분화하는 경우도 있다.[19] 내적 사항의 자치는 교육과정 편성, 교재 선정, 교육평가, 생활지 등 직접적인 교육활동과 관련된 것이다. 외적 사항의 자치에는 학교의 시설이나 교직원 인사 등 교육활동을 지원하기 위한 여건을 정비하는 것과 관련된다. 그리고 조직은 교무분장, 교직원회의, 교내인사 등을 말한다.

이러한 학교자치의 개념과 관련된 사항에서 교육과정과 관련된 것은 이들 전체와 관련이 있다. 수업에서의 실천행위와 같은 한정된 의미로 교육과정 운영을 보더라도 이들 사항은 모두 관련이 된다. 따라서 이러한 학교자치는 학교의 전문적 자율성을 말하는 것에 해당하는 것이다.

학교자치가 필요한 이유는 학생들이 성장하는데 필요한 교육과정을 마련하고, 교육과정의 운영에 필요한 제반 조건을 갖추는 것과 같은 교육의 책무성을 이행하는 것과 관련이 있다. 영조물을 보는 관점의 변화와 관련해 학교에서 교육과정 운영 방법 학교자치를 구현하고, 교육의 자율성을 구현하기 위해서는 교육의 내적인 사항과 외적인 사항을 구분하여 살펴보는 것이 적절할 것이다. 직접적인 교육활동과 관련된 사항에서 교육부와 교육청은 지도·조언 행위를 중심으로 관리를 행하고, 외적인 여건을 정비하는 것과 관련된 사항에서는 직접적인 관리권이 있다고 보는 것이 교육의 특수성을 제대로 살릴 수 있을 것이다.

교육과정 운영에서 직접적인 교육활동과 관련된 수업행위, 교사가 교과서와 교육자료를 채택하고 사용하는 것과 같은 사항은 교육부와 교육청이 지도·조언하는 행위를 중심으로 관리하여야 할 것이다. 그것은 교육부와 교육청은 교육과정의 기준과 내용에 대한 기본적 사항을 정하고, 이를 관리할 수 있지만, 이를 토대로 교육과정을 편성하고 운영하는 것은 단위학교에 있다고 보아야 할 것이다.

이에 비해 인적·물적인 관리와 관련된 것은 대부분 교육부와 교육청에 있다고 보아야 할 것이다. 교사가 직무와 관련해 지각, 결근, 휴가의 승인 등의 감독권은 인정될 것이고, 복무명령권은 부당하다고 보아야 할 것이다. 다만 관리기관에서는 행정적 입장의 교원인사가 아니라 교육과정을 운영할 수 있도록 교원을 충원시키거나 이들을 연결시킬 수 있어야 할 것이다. 그리고 단위학교의 교무분장 역시 교육과정 운영을 지원할 수 있는 방식으로 이루어져야 할 것이다. 교육시설이나 설비 등의 물적인 관리의 경우에는 대부분 국가와 교육청의 권한에 속하는 것으로 보는 것이 적절할 것 같다.

### 3) 국가 교육과정의 교육과정 운영의 지원행정

국가 교육과정 총론에서는 교육과정 운영의 지원과 관련된 사항을 독립된 항목으로 제시하고 있다. 독립된 항목은 "학교교육과정지원"이라는 이름으로 되어 있고, 여기서 다시 국가 수준의 지원과 지역 수준의 지원으로 구분하여 제시하고 있다. 이들을 구분하여 살펴보면서 교육과정 운영에서 어떠한 지원을 하고 있는지 살펴보고자 한다.

### (1) 국가 수준의 지원

국가 수준의 지원은 전국적 단위에서 교육과정에 대한 지원 사항을 제시하고 있다. 국가 교육과정에서 제시한 7가지를 요약해 제시하면 다음과 같다.[20)]

- 시 · 도 교육청과 단위학교의 유기적 협력지원
- 교육과정 질 관리
- 학교의 평가활동 지원
- 국가직무능력표준(NCS) 또는 직무분석에 기초한 교육과정 편성 · 운영 지원
- 특수교육 대상 학생의 교육과정 편성 · 운영 지원
- 교육청 수준의 교원연수와 전국단위의 교과연구회 활동 지원
- 학교시설 및 교원수급 지원

이들 7가지 내용은 직접적인 교육활동과 관련해서는 직접적인 교육활동과 관련된 사항은 학교의 평가활동 지원이 해당되고, 교육과정 질 관리도 이에 포함될 것이다. 교육과정 운영뿐만 아니라, 편성과 관련된 것은 특성화 고등학교와 같이 해당 분야에 특수화시킨 것과 특수교육 분야에 대한 것이 해당된다. 그 외에는 인적 · 물적인 지원인 교육 외적인 사항중심으로 제시되어 있다. 시 · 도 교육청과 단위학교의 유기적 협력지원, 교육청 수준의 교원연수와 전국단위 교과연구회 활동 지원, 그리고 학교시설 및 교원 수급이 그에 해당된다.

### (2) 지역 수준의 지원

지역 수준의 지원은 지역 단위에서 교육과정에 대한 지원 사항을 제시하고 있다. 국가 교육과정에 비해 교육활동에 보다 직접적이면서도 구체적인 사항들이 제시되고 있다. 제시된 항목은 13가지이며, 이들 지원 사항을 요약해 제시하면 다음과 같다.[21)]

- 시 · 도 교육청 교육과정위원회 조직 및 운영
- 시 · 도 교육청 교육과정 편성 · 운영 지침 개발

- 교육과정 편성 · 운영 자료 개발 · 보급
- 교과용도서 인정 · 개발 · 보급
- 자유학기 지원계획 수립 · 추진
- 단위학교 교과목 개설 지원
- 지역자원목록 작성 및 제공
- 학교 및 인접 교육지원청 간의 협조체제 구축
- 미이수 과목 이수기회 제공 및 인정
- 모든 학생을 위한 교육기회 제공
- 교원연수, 교육과정 컨설팅, 연구학교 운영 및 연구회 활동
- 행 · 재정 지원(교육시설, 설비, 자료에 대한 행 · 재정 지원, 과목선택권 보장을 위한 행 · 재정 지원, 소규모 학교에 대한 행 · 재정 지원, 수준별 수업을 위한 행 · 재정 지원, 초등학교 돌봄기능 강화를 위한 행 · 재정 지원, 집중과정에 대한 행 · 재정 지원, 독서활동 활성화 지원, 특성화된 교육과정에서의 내실 있는 현장실습 운영 지원)
- 학교교육과정의 질 관리(학교교육과정의 질 관리 지원, 학교교육과정 평가실시 및 결과활용, 교육청 수준의 자체평가 강화)

2009 개정 교육과정과 2015 개정 교육과정에서는 학교 교육과정의 지원을 위한 교육청 수준의 지원 사항을 명시하고 있다. 시 · 도 교육청은 국가 수준의 교육과정에 기초하여 해당 지역의 각급학교 교육과정 편성 · 운영 지침을 작성하고 있다. 그리고 교육과정 편성 · 운영 지침을 관내의 교육지원청과 각급 학교에 제시하고, 효과적인 학교 교육과정의 개발과 운영 및 평가와 피드백을 위한 적절한 지원과 지도 · 조언을 해 주어야 한다.

이것은 교육청이 국가에서 정한 교육과정의 기준과 내용의 기본적 사항을 토대로 지역의 실정에 부합하는 교육과정을 만듦으로써 단위학교에 직접적인 영향을 미치기 때문이다. 따라서 교육청이 교육과정의 편성과 운영에 관한 적절한 지원과 관리 기능을 수행함으로써 국가교육과정에서 의도한 것이 교육현장에 제대로 실천될 수 있도록 하는 것이다. 그래서 국가에서 설정한 교육의 일정 수준을 유지하면서도 지역의 공통적 사항과 개별 학

교의 특성에 부합하는 교육과정을 만들어 갈 수 있는 역할을 하고 있는 것이다. 따라서 교육청은 교육부와 시·도 교육청, 학교 간의 유기적 협력 관계의 중요성을 인식할 필요가 있다. 이를 위해 시·도 교육청은 지역의 특수성과 지역의 교육공동체의 요구를 반영하고, 실천 가능한 모든 방법을 동원해 국가가 의도하는 교육이 단위학교에서 제대로 실천될 수 있도록 적절한 역할을 수행하여야 하는 것이다.

CHAPTER 13

# 교육과정 장학행정

장학이라는 용어는 교육과정 분야보다는 교사론과 교육행정학 분야에서 주로 다루고 있는 실정이다. 교육과정 분야에서 장학은 제6차 교육과정부터 단위학교의 자율성이 강조되면서 과거보다 중요성을 띠게 된 것 같다.

교육과정의 결정에서 국가와 지역 및 학교 수준별로 역할 분담 체제를 만든 이유는 국가에서 교육의 일정 수준을 유지하면서도 교육현장의 자율성을 살려 학생에게 최적의 교육과정을 제공하려는 데 그 취지를 두고 있다. 그러나 국가에서 의도한 교육과정이 학생과 학교의 특성을 살려 교육현장에서 제대로 구현되지 않는다면 그 교육과정은 아무런 의미가 없게 된다. 여기서 장학의 필요성이 대두된다.

장학은 교육활동에서 교사의 전문성계발 지원하는 것으로, 궁극적으로 학생의 성취를 효과적으로 지원하는 그 목적이 있다. 교육과정 장학은 교육과정의 개발과 운영의 영역을 주로 다루고, 수업장학은 교실 수업의 개선, 교육평가는 학생평가 및 학교경영평가를 주요 내용으로 다룬다.

그러나 교육과정을 협의의 개념으로 보면 수업과 같은 사항에 한정이 될 수 있지만, 교육과정의 운영을 넓은 의미로 보게 되면 그것은 교육활동 그 자체가 된다. 교육과정의 장학을 넓은 의미로 보게 되면 일반적으로 말하는 학교의 교육활동 전체를 포괄하는 장학이 될 것이다.

이러한 목적을 효과적으로 달성하는 데 기여하기 위해 장학에 대한 접근 방식이나 관점이 필요하다. 장학에 대한 관점은 교수 역량과 교수의 질, 그리고 학생의 적극적 참여가 모든 학생의 학습에 성공을 거두기 위한 강력한 수단이 될 것이다. 이러한 수단을 어떻게 이해하고, 전개할 것인지는 어떠한 장학의 관점에 기초하고 있는지에 따라 달라질 것이다. 여기서는 교육과정 장학과 구별되는 개념을 살펴보고, 그 내용과 절차 및 기법에 대해 살펴보고자 한다.

## 01 의의

### 1) 용어의 구분

장학이라는 용어는 교원의 전문성 개발을 통해 학습의 효과를 극대화하기 위해 사용하고 있지만, 최근 이와 관련된 여러 가지 용어가 사용되고 있어 혼란을 가져오고 있는 것으로 생각된다. 교육현장에 초점을 두거나 학습자를 중시하는 교육패러다임의 변화와 더불어 학교컨설팅, 컨설팅 장학 등과 같은 용어가 사용됨으로써 이러한 것이 무엇을 의미하는 것인지 용어에 대한 구별의 필요가 증가하는 것 같다. 여기서는 혼용되는 몇 가지 개념을 구분함으로써 교육과정 분야에서의 장학의 의미를 보다 명확히 하고자 한다.

#### (1) 장학

장학(supervision)이라는 용어는 교육행정 분야에서 오랫동안 사용되어 왔고, 1900년대 초부터 이론적 발달을 거듭함으로써 이론이나 실제에서 익숙한 편이다. 장학의 이론과 발달에 따른 접근 방식의 다양성은 장학의 개념을 다양화하게 만들고 있다. 장학의 개념이 다양함에도 불구하고, 장학은 학교가 학생의 학업성취를 도울 목적으로 교육활동을 개선하기 위한 지도·조언 활동으로 보는 것에 공통성이 있는 것 같다. 그러한 활동에는 교육과정과 교수·학습 활동의 개선과 같은 직접적 교육활동뿐만 아니라, 이를 지원하기 위한 인적·물적인 조직 등 간접적 교육활동까지 포괄하는 것으로 이해된다.

우리나라에서 장학은 미국에서 발달한 장학이 일본의 영향으로 광복 전에는 시학으로 이해되었고, 광복 이후에는 미국의 영향을 받아 지도·조언 또는 장학으로 번역 사용되었다고 한다. 그러나 장학이라는 용어 자체는 1946년 1월 당시 문교부 조직 개편에서 초등교육과와 중등교육과에 장학사를 각각 1명씩 배정한데서 연유한다고 보기도 하는 것 같다.[1)]

### (2) 학교컨설팅

학교컨설팅(school consulting)은 우리나라에서 2000년대부터 학문적 논의가 시작된 개념으로 보인다. 교육개혁이 여러 차례 일어나고, 그러한 개혁에서 국가와 지역 및 학교의 역할 분담과 협력 체제 확립과 관련된 논의가 제기된 것과도 밀접한 관련이 있다. 교육과정으로 보면 국가, 지역, 학교 수준의 교육과정 간 역할분담과 협력 체제의 구축 및 내실화된 운영과 관련이 있을 것이다. 이러한 것은 분권화와 학교의 자율성이 강조되면서 교사의 전문직이 보다 강조되기 때문이다.

컨설팅이라는 용어는 의뢰인이 자발적 의사로 컨설턴트에게 전문적 도움을 구함으로써 스스로 문제를 해결하는 활동을 말한다. 컨설팅의 개념을 학교 컨설팅에 적용하게 되면, 학교컨설팅은 학교교육을 개선하기 위해서 일정한 전문성을 가진 사람들이 학교와 학교 구성원들의 요청에 따라 제공하는 독립적인 자문 활동을 말하게 되는 것이다.[2)] 이러한 학교컨설팅에서는 학교 경영과 교육의 문제 진단, 대안의 마련, 문제해결 과정의 지원, 교육훈련의 실시, 그리고 문제해결에 필요한 인적·물적 자원을 발굴하고 조직하게 된다.

### (3) 컨설팅 장학

컨설팅 장학(consulting supervision)은 장학에 학교컨설팅의 원리와 방법을 적용한 것이다. 정부와 교육청에서는 컨설팅 장학이라는 용어를 사용하고 있는데, 2009 개정 교육과정이 개정되고 2010년 9월 1일부터 지역교육청을 교육지원청으로 개편하면서부터 사용한 용어로 보는 것 같다.[3] 2010년 9월 1일부터 전국 모든 지역교육청을 교육지원청으로 개편한 것은 지역교육청이 학교에 대해 지도·감독하는 기관이 아니라, 지원 중심의 역할을 해야 한다는 의미에서 추진된 것이다. 지역교육청은 지도·점검 위주의 담임 장학에서 지원 위주의 컨설팅 장학으로 바뀌고, 학생을 대상으로 진학이나 상담 및 기초·심화과정 개설을 하며, 학부모들에게 정보를 제공하고, 학교에서 필요로 하는 강사를 확보해 현장을 지원하는 역할을 담당하게 되었다. 기존의 종합감사는 본청으로 이관하거나 축소하고, 학교평가 업무는 시·도 교육정보원으로 이관하였다.

지역교육청의 기능·조직 개편과 감독이 아닌 지원중심의 역할의 변화는 전통적인 장학의 개념을 컨설팅을 중심으로 전개하는 방향으로 전환시키고 있다. 그래서 장학이라는 용어에 컨설팅이라는 용어를 붙여 컨설팅 장학으로 개념화하고 있다. 교육부에서는 컨설팅 장학을 "전문성을 갖춘 전문가가 단위학교 또는 학교 구성원이 요청한 문제와 과제의 해결을 위한 컨설팅 중심의 조력 활동"[4]으로 규정하고 있다. 이러한 컨설팅 장학은 정기적인 것이 아니라, 부정기적이면서 1회 혹은 그 이상에 걸쳐 이루어지는 것이다. 그리고 컨설팅 장학에서 담당 장학사가 해결하기 어려운 문제의 경우에는 해당 분야 전문가를 연결해 주면 된다.

**표 13-1 장학, 컨설팅 장학, 학교 컨설팅의 비교**

- 장학
  - 상급기관(교육청)의 감독, 지도 혹은 평가의 성격
  - 교육청에서 결정하고, 장학사가 주체가 되어 정기적으로 실시
- 컨설팅 장학
  - 의뢰측(학교)이 요청하는 문제나 과제해결을 위한 조력의 성격
  - 의뢰측이 결정하고, 장학사가 주체가 되어 의뢰측이 필요로 하는 기간 동안 실시 (장학사가 해결하기 어려운 경우 해당 분야 전문가 연결)
- 학교 컨설팅
  - 의뢰측(학교)이 요청하는 문제나 과제해결을 위한 조언의 성격
  - 의뢰측이 결정하고, 컨설턴트(주로 전문가)가 의뢰측이 필요로 하는 기간 동안 실시

장학과 관련된 용어를 몇 가지로 구분해 검토하였지만, 이들 외에도 자율장학이라는 용어도 있고, 최근에는 맞춤형 장학과 같은 용어도 사용되고 있다. 장학이라는 활동에 대해 국가와 지역 및 학교 수준의 교육과정을 역할분담이 되고, 단위학교의 자율성이 강조되면서 교육부보다는 시·도 교육청 수준에서 보다 많은 역할을 담당하고, 시간이 지날수록 단위학교 자체에서 장학을 하는 경향도 증가하고 있다. 전문적 학습공동체와 같은 용어는 이러한 것을 말해 주는 것이다. 여기서는 넓은 의미에서의 국가와 지역의 교육과정 기준을 고려하면서도, 단위학교의 자율성을 강화하고자 한다는 의미에서 컨설팅 장학이라는 용어를 중심으로 장학에 대한 검토를 하고자 한다.

## 2) 교육과정 장학의 필요성

광복 이후 교육과정은 분야에서 장학은 계속되었지만, 제6차 교육과정 이후 보다 활성화될 수 있는 계기가 되었다고 생각된다. 제5차 교육과정까지는 「교육법」 제155조에 의해 교육과정을 고시하였다. 당시 「교육법」 제155조에서 교육과정은 교육부장관이 정하도록 되어 있었다. 교육과정 문서에서는 학교가 해당 교육과정을 운영하기 위한 지침을 제시하고 있고, 교육청의 역할에 대한 내용도 제대로 찾아볼 수 없다. 다만 학교의 교육과정 운영 계획 수립에는 학생의 발달 정도나 학교 및 지역사회 실정에 알맞도록 수립하도록 하였다.

따라서 단위학교에 대한 장학은 이러한 사항을 고려하여 교육과정을 적절하게 수립·운영하는가를 보았을 것이다. 그러나 제6차 교육과정 문서의 총론에서는 학교 교육과정의 일반적이고도 공통적인 기준에 해당한다는 성격을 제시하고, 이를 토대로 지역 교육과정 지침이 형성되는 내용도 규정하고 있다. 그리고 교과 편제에서는 교과와 특별활동 이외에 재량활동을 둠으로써 단위학교에서도 독자적으로 교육과정을 편성·운영할 수 있는 여지를 마련하였다.

교육과정이 국가와 지역 및 단위학교로 역할이 분담되면서도 협력하는 구조가 됨으로써, 교육과정은 국가·지역·학교 수준의 교육과정을 통칭하는 것으로 이해되고 있다. 여기서 단위학교의 교육과정을 편성·운영하기 위해 교사의 전문성을 강화하고, 행·재정적 지원이 적극적으로 이뤄져야 한다. 따라서 장학은 행정지원의 일환으로 작용하여야 한다.

교육과정 장학은 기존에는 공급자 중심에서 교육현장에서 교육과정을 제대로 운영하고 있는지에 중점을 두었다. 그러나 수요자 중심이나 학생 중심의 교육체제로 변화하면서 교육현장의 문제를 자체적으로 파악하고, 장학사나 전문가의 조언을 토대로 자율적으로 문제를 해결해 가려는 경향이 강화되고 있다. 그러한 것에서 장학의 개념이 컨설팅과 같은 형태로 접목이 되기도 하고, 맞춤형 장학 등과 같은 용어가 등장하기도 하는 것이다.

일반적으로 장학이 교수·학습의 개선을 위해 교사에게 제공되는 지도·조언 활동으로 이해되는 경향도 있다. 그러나 장학은 단순히 교실 수업이나 학생의 학습을 위해 교사의 전문성을 강화하는 것에 있는 것은 아니다. 장학이 필요한 이유는 학생의 성장이나 발달을 보다 효과적으로 돕도록 하는 데 있는 것이다. 이를 위해서는 학생을 직접적으로 담당하는 교사의 전문적 자율성이 강화되어야 할 필요가 있는 것이다. 그리고 학생의 성장이나 발달은 개별 학생에게 적절한 교육과정이 제공될 필요가 있고, 그러한 교육과정을 교육적으로 성취하기 위해서는 적절한 매체와 교육하는 방법이 동원될 필요가 있으며, 평가 역시 그에 부합하여야 하는 것이다.

그리고 그러한 직접적인 교육활동이 제대로 이루어지기 위해서는 그에 맞는 시설이 구비되어야 하고, 행정적·재정적 뒷받침이 이루어져야 되는 것이다. 교육과정은 단순히 국가교육과정 문서에 제시되어 있는 내용체계나 성취기준에 한정되는 것도 아니고, 교과서 내용에 국한되는 것도 아니다. 문서화되어 있는 교육과정을 학생의 특성과 학교의 실정에 부합하도록 편성하게 되면, 학교의 교육활동으로 전개된다. 교육과정의 운영은 교과와 창의적 체험활동 전반에 걸쳐 적용되고, 이를 가르치는 교사와 행·재정적 지원이 합리적으로 동원되어야 하는 것이다.

단위학교에 교육과정 자율성이 부여되면서 교육과정 중심의 행정이 필요하다는 제언이나 의견은 지속적으로 제시되고 있다. 그러나 실제 교육과정 중심의 행정을 구체화하는 노력은 제대로 이루어지지 않고 있다. 제6차 교육과정 이후 국가적 차원에서 교육과정의 자율성이 부여되고, 제7차 교육과정, 2007 개정 교육과정, 2009 개정 교육과정, 2015 개정 교육과정으로 이어지면서 단위학교의 자율성을 확대하기 위한 노력은 더욱 많이 이루어지고 있다.

단위학교의 자율성이 확대되는 것은 교육과정 운영에서의 여러 가지 문제를 노출시킬 수 있고, 이를 극복하기 위해 교사와 관리자는 전문성을 강화하여야 하는 것이다. 단위학교에 자율성을 부여하는 것은 외적인 개입이나 간섭이 배제되어야 하지만, 내부에서의 자체 규율에 의한 자기통제가 필요한 것이다. 그러한 자기통제는 교육과정의 책무성과 관련이 되는 것이다. 교육과정의 책무성은 교육과정의 편성과 운영을 하는 교사와 직원 모두의 협력을 통해 학교의 종합적 의사결정과 실천으로 나타나야 하는 것이다. 그래서 학생의 성장을 충족시키고, 학교의 역량도 강화하여야 하는 것이다. 이러한 것을 가능케 하는 것이 장학이고, 그러한 장학은 전통적인 개념에서 컨설팅 장학과 같은 형태로 변화되고 있다고 생각된다.

### 3) 장학 담당자의 역할과 대응 방안

교육청은 장학기관으로서 역할을 하고, 장학사는 해당 기관에 소속된 사람으로서 장학을 직접적으로 담당하는 사람이 된다. 전통적인 장학에 비해 현장중심의 장학이 강조되면서 중점 시책의 확인, 교육과정 운영 전반의 개선 노력, 학교교육공동체의 활성화 및 이를 지원하기 위한 학교의 행·재정적 관리 등으로 장학의 범위가 넓어지고, 그에 따른 업무의 부담도 증가되고 있다.

이와 같은 컨설팅 장학으로 발전되는 단계에서 의뢰자와 이를 조언하는 전문가의 역할도 필요하게 된다. 따라서 장학의 주체와 관련해 장학사뿐만 아니라, 전문가로서 컨설턴트, 의뢰측(학교)에 대한 역할이 무엇인지를 살펴보아야 성공적인 장학과 안정적인 정착을 기할 수 있을 것이다.

### (1) 장학사

장학사는 일정한 자격이나 경력을 가진 교원 중에서 교육전문직 시험에 합격한 자로서 학생의 학업성취를 효과적으로 돕기 위해 교육과정과 수업을 증진하도록 공식적으로 임용된 사람을 말한다. 그렇기 때문에 장학사는 학교의 교육과정 편성과 그 운영과 관련된 교육활동 전반에 대한 지도·조언을 하는 지위에 있다. 최근 컨설팅 장학으로 그 기능이 변화하면서 장학에 대한 '지도'의 역할이 아닌, '조언'의 역할로 구분하는 경우도 있다.

교육과정은 국가교육과정와 지역교육과정을 기초로 단위학교의 교육과정을 편성하고 운영하기 때문에, 이들 교육과정에 담긴 구성방침이나 주요 내용이 제대로 교육현장에 적용되기 위한 '지도'의 기능도 존재하여야 하는 것으로 생각된다. 따라서 컨설팅 장학을 할 경우에도 필요시 자율장학을 병행함으로써 지도·조언이 될 수 있도록 하는 것이 합리적이라고 생각된다.

전통적 장학에서 컨설팅 장학으로의 이동은 단위학교의 요청에 의한 과제 진단과 해결 방안 마련을 통해 교육과정의 개혁과 교육의 발전을 도모하게 된다. 이를 위한 장학사의 역할은 다음과 같은 것에 중점을 두어야 할 것이다.

첫째, 기존의 교육과정뿐만 아니라 개정 교육과정에 대한 명확한 이해와 이에 따른 교육청이나 교육지원청의 역할, 그리고 컨설팅 장학이 무엇인지 정립할 필요가 있다. 컨설팅 장학을 위해 장학사는 현재 적용되고 있는 국가 수준 교육과정의 주요 개정 내용과 특징 그리고 중점 사항 등에 대한 이해를 제대로 하고 있어야 한다.

고등학교 교육과정의 경우에는 일반고, 특목고, 특성화고, 자율고, 특수학교 등에 따라 차별화되는 점과 시·도 교육청의 지원사항이 무엇인지에 대한 이해가 선행되어야 한다. 그리고 컨설팅 장학이 컨설팅과 장학이 융합된 것을 인지하고, 컨설팅 장학에 대한 이해 및 의뢰측의 컨설팅 장학 요청의 경향성 등에 대해 잘 알고 있어야 한다.

둘째, 컨설팅 장학 지원단의 조직과 이를 움직일 컨설팅 위원의 위촉 및 교원연수를 행하여야 한다. 장학사 혼자 힘으로 모든 학교의 컨설팅을 지원하기 어렵고, 모든 부문에 대한 전문성을 확보하기 어렵기 때문에, 컨설팅 지원단을 조직하고, 위원을 위촉하여 컨설팅 장학을 위한 준비를 하여야 한다.

컨설팅 장학의 지원단과 컨설턴트는 강제적이기보다는 소통과 공감에 의해 조직화하고, 충원하여 인력풀을 구축하여야 할 것이다. 컨설턴트는 교육과정의 편성이나 운영 및 학교문화 등 전문 분야별 특화를 기하고 이들에 대한 정보를 공개하여 교육현장에서 실제적인 도움을 받을 수 있도록 하여야 할 것이다. 그리고 연수는 컨설팅 사례를 중심으로 하여 내실을 기할 수 있도록 하여야 할 것이다.

셋째, 장학사는 컨설턴트이자 컨설팅 매니저 역할을 겸하여야 한다. 컨설팅 장학은 교육지원청이 담당하고, 교육청의 장학사도 해당 영역의 컨설턴트로 적극적으로 임하여야 한다. 장학사는 컨설팅 장학의 의뢰 내용에 대해 담당 장학사가 해결하기 어려운 경우에는 해당 분야의 전문가를 연결해 주기도 한다. 따라서 장학사는 컨설턴트이자 컨설팅 매니저 역할을 동시에 담당하여야 하는 것이다.

넷째, 시·도 교육청의 실정에 맞는 컨설팅 모형을 정립하려는 노력도 기울여야 한다. 컨설팅 장학을 하면서도 기존에는 교육부에서 일정한 컨설팅 장학의 모형을 제시하고, 시·도 교육청이나 교육지원청 및 학교가 재구성하여 활용하였다. 예컨대 교육부에서 도시형, 농산어촌형 등의 모형을 제시하면 교육청이나 학교에서는 지역사회 실정에 맞도록 재구성하여 활용하였다.

그러나 현재는 교육부에서 이러한 모형을 적극적으로 제시하기보다는 교육청이 주도하는 방식으로 그 중점이 이동하고 있다. 따라서 교육청에서는 해당 지역 학교와 지역사회의 실정에 맞는 컨설팅 장학의 모형을 개발할 필요가 있다. 지역의 실정에 부합하는 모형을 개발하여 적용함으로써 컨설팅 장학은 실질적인 효과를 발휘할 수 있기 때문이다.

### (2) 컨설턴트

컨설팅 장학에서 컨설턴트는 학교의 경영이나 교육활동에 관한 전문적인 의견이나 조언을 하는 사람을 말한다. 컨설턴트는 전문성을 지니고 있어야 하고, 그러한 전문성을 의뢰측과 공유하며 상호작용함으로써 학교의 변화를 촉진하도록 하여야 할 것이다. 의뢰측과의 관계에서는 수직적 관계가 아니라, 수평적 관계에서 컨설팅에 임하여야 한다. 그리고 컨설팅을 위해 특정한 영역에 대한 연구와 연수를 통해 자신의 개성을 살리고, 그 분야에 대한 전문성을 기초로 컨설팅하여야 할 것이다. 전문성을 토대로 한 컨설턴트의 권위는 컨설팅 장학을 성공적으로 이끌 수 있는 하나의 요소가 되는 것이다.

첫째, 컨설턴트는 장학의 제반 절차를 준수하고, 단기적이면서도 중·장기적인 안목을 지니고 있어야 한다. 일반적으로 컨설팅 장학을 의뢰하는 학교 구성원은 현재 겪고 있는 문제에 대해 즉각적인 해답을 얻고자 하는 경우가 많다. 자신이 스스로 문제를 해결해 가기 위해서는 업무가 과중하고 시간이 많이 소요되어 부담을 느끼기 때문이다. 그러나 컨설턴트가 컨설팅의 제반 과정과 절차를 거치지 않게 되면, 제대로 된 문제의 진단이 이루어지지 않을 수 있고 문제해결 과정에서 학교 구성원들의 협조를 구하기 어려워 제대로 실행되지 않을 위험도 존재한다.

그리고 교육과정 분야에서 과목편성이나 수업시수의 증감 적용, 창의적 체험활동의 운영 등 의뢰를 받은 구체적 영역이나 사항에 대해 단기적으로 적용할 수 있는 방법뿐만 아니라, 중·장기적 관점에서도 동시에 접근할 필요가 있다. 이렇게 함으로써 해당 사안에 대한 객관성이나 합리성을 기하여 설득력 있는 컨설팅 장학을 할 수 있고, 컨설턴트 자신의 전문성도 강화시킬 수 있을 것이다.

둘째, 컨설턴트는 컨설팅을 실천하고, 그 결과에 대해 자기평가와 피드백으로 전문성을 강화하도록 하여야 한다. 컨설팅 장학은 교사가 문제에 대해 자발적으로 컨설팅 필요성을 느끼고, 컨설턴트는 전문성을 가지고 문제해결을 위해 자문하고 조언하여야 하며, 의뢰측과 컨설턴트는 수평적 관계에서 새로운 기법이나 방법 및 사례를 배워가면서 컨설팅에 임하여야 한다. 이러한 컨설팅의 원리를 실천에 제대로 옮김으로써 컨설턴트의 신뢰가 지속될 수 있다.

그리고 컨설팅 과정과 결과도 형성적 자기평가 차원에서 이루어질 수 있도록 촉진자 역할을 해야 할 것이다. 특히 특정 영역에 한정된 컨설팅의 경우 그에 대한 사항에 집중하게 되면 다른 사항에 대한 전문성이 떨어질 수 있다. 교육과정은 서로 연결되어 있기 때문에 해당 분야의 전문성에 대한 개성을 살리면서도 다양한 업무에 대한 전문성을 갖춘 컨설턴트가 되도록 하여야 할 것이다.

셋째, 컨설턴트는 컨설팅 장학의 전파자로서의 역할을 하여야 한다. 컨설턴트는 컨설팅 장학을 하면서 스스로 연구하고 배우면서 자신의 전문 분야를 보다 강화하여 자신만의 개성을 살릴 수 있어야 한다. 그러한 전문성을 토대로 컨설팅 장학을 전개하면서 해당 학교의 문제의 발견과 그에 대한 사례나 대안 등에 대한 조언을 하여 모범 사례에 대한 전파자로서의 역할을 담당하여야 한다.

### (3) 의뢰측(학교)

컨설팅 의뢰측은 일반적으로 학교가 될 것이고, 학교는 교장을 포함한 교직원 전체의 집단적 의사결정으로 이루어진다. 따라서 의뢰측에서 고려할 것은 교장과 같은 관리자와 직접적으로 학생의 교육을 담당하는 교사를 다룰 필요가 있다. 학교 관리자인 교장은 학교 구성원으로서 교직원과 소통을 원활히 하여 공감대를 형성함으로써 신뢰를 받을 수 있도록 하여야 한다. 교장은 학교 구성원이 가지고 있는 문제를 함께 고민하면서 문제를 정확히 진단하고, 대안을 마련하기 위한 노력을 기울여야 한다. 컨설팅 장학은 그러한 노력의 하나가 될 것이다.

교사는 학생의 교육을 직접 담당함으로써 교육과정의 운영에서 문제가 되는 사항에 대해 컨설팅 장학을 하려는 적극성이 요청된다. 그리고 학부모

들이 학교에 대해 만족할 수 있도록 학교문화를 조성하기 위한 노력도 필요하다. 의뢰측에서 컨설팅 장학의 정착을 위한 교장과 교사의 역할을 제시하면 다음과 같다.

첫째, 교장은 문제의 사전탐지와 적기에 자발적인 컨설팅 장학을 촉진하고 필요시 단위학교 자율장학도 활성화할 필요가 있다. 학교에는 교육과정의 운영에서 여러 가지 문제에 부딪히고, 해결하여야 할 일들이 산재해 있다. 예를 들면, 수업활동이나 학생의 생활지도, 그리고 학교의 시설 및 예산 등에 대한 문제와 같은 것이 그것이다. 학교장은 이러한 문제를 직관적으로 판단하고, 학교 구성원들과의 소통과 문제해결을 위해 컨설팅 장학을 촉진할 수 있도록 하여야 한다.

컨설팅 장학은 자발성과 전문성의 원리를 핵심으로 하여 단위학교의 장학활동을 활성화하려는 의도로 등장한 것이다. 그것은 단위학교의 장학활동에서 전문성을 지닌 교내·외의 컨설턴트의 자문이나 조언을 할 수 있는 여건을 마련하는 것과 관련된 것이다. 그러나 필요할 경우에는 교장·교감이나 장학담당자가 전체 교직원의 이해와 협력을 기초로 서로 지도·조언하는 활동과 같은 자율장학도 행할 수 있을 것으로 생각된다.

둘째, 교장은 학교의 지도자로서 리더십을 발휘하여 교사가 자발적으로 참여를 활성화할 수 있는 방안을 강구해야 한다. 교육과정의 운영에서는 여러 가지 문제가 있을 수 있기 때문에 컨설팅 장학이 필요한 경우가 많다. 그럼에도 불구하고 교사의 경우 컨설팅 장학에 대한 이해가 낮고 접근방법이나 절차의 번거로움 등으로 인해 시도를 꺼리는 경우가 있다. 교장은 학교의 지도자로서 교사와 다양한 방법으로 지속적인 소통을 통해 교사들이 자신의 능력개발을 통해 전문성을 향상시킬 수 있는 기회를 마련하도록 하여야 한다.

다른 한편으로 교장은 교육부나 교육청의 교육과정 정책이나 연구학교 등에서 이루어지는 지도나 점검 등의 장학을 컨설팅 장학으로 전환시키려는 노력도 필요하다. 컨설팅 장학에서는 문제의 진단과 해결 과정을 경험하고 바람직한 결과를 도출함으로써 학교의 책무성 향상에도 기여할 수 있다.

따라서 정책적으로 이루어지는 사항에 대한 것을 컨설팅 장학으로 변화시켜 교사의 전문성 향상에도 기여할 수 있을 것이다.

셋째, 교사는 교육과정의 구체적인 문제에 초점을 두고 컨설턴트에게 조언을 구하되, 컨설턴트에게 답을 구하려는 의존적 자세에서 탈피하여야 한다. 교육과정의 운영과 관련해 나타나는 문제에 대해 교사는 상당히 피상적이거나 구체화되지 않은 상태로 의뢰하는 경우가 종종 있다. 그것은 컨설팅을 받아야 할 요소가 구체적으로 무엇인지 제대로 파악하지 못하고 있기 때문에 발생하는 것이다. 따라서 교사는 컨설턴트와의 사전 협의를 통해 문제를 보다 구체화하도록 함으로써 실제적 문제가 무엇인지를 제대로 파악하고, 컨설팅에 임하여야 할 것이다.

그리고 컨설팅을 진행하는 과정에서 의뢰자인 교사는 해당 문제에 대한 답을 구하려는 경향이 있다. 컨설팅은 의뢰자가 자발적으로 문제를 진단하고, 해결방안을 모색하기 위해 조언해 주는 활동이다. 그렇기 때문에 의뢰자는 컨설팅을 요청하는 분야에 대해 충분한 학습이 이루어진 상태에서 진행하여야 컨설턴트의 자문을 토대로 효과적인 해결책을 스스로 모색할 수 있는 것이다.

넷째, 교육과정의 운영에서 교수 기법과 같은 특정한 사항에 편중하지 않고, 컨설팅 결과는 누적적으로 관리하여야 한다. 교육과정의 운영에서 컨설팅을 요하는 문제는 특정한 사항에 대해 편중되는 경향이 있다. 교육과정이 새로이 개정되었을 경우에는 개정된 주요 사항에 대한 이해와 현장 적용에 대한 것이 주요 주제가 되기도 하고, 일반적인 경우에는 교육과정의 운영에서 수업기법과 관련된 사항에 편중되는 경향이 있다.

컨설팅 장학은 수업뿐만 아니라, 교육과정의 운영에서 소외되는 학생에 대한 생활지도, 학업성취가 다른 학생들에 대한 학급 운영의 문제 등 다양한 영역에 대한 컨설팅이 필요한 것이다. 따라서 교육과정 장학은 다양한 업무에 필요하다는 것을 인식할 필요가 있다.

그리고 컨설팅 결과에 참여하는 과정과 그 결과에 대한 자기평가를 함으로써 컨설팅 결과를 누적 관리하여 일반화되도록 하여야 할 것이다. 교원의 전문성은 이러한 지식과 경험의 축적을 토대로 상황에 따라 창의적으로 대응하는 능력에 달려있다. 이를 위해서는 컨설팅의 과정과 결과에 대한 누적 관리가 요청되는 것이다.

## 02 장학이론의 발달과 교육과정

장학의 이론은 미국에서 발달한 이론으로 우리나라에서도 미국에서 발전한 이론의 어느 한 입장을 취하거나 이들의 조합을 통해 활용하고 있다. 장학이론의 변천에 대해 알아보는 것은 동질적인 변수를 파악하고, 그것이 수십 년간 어떻게 변해왔는지를 비교 · 고찰하기 위함에 있을 것이다. 장학이론의 발달에 대해서는 흔히 과학적 관리론적 장학, 인간관계론적 장학, 인간자원론적 장학, 신과학적 관리론을 들고 있다.[5] 경우에 따라 조직행위론과 행동과학적 장학을 포함하기도 한다.[6] 여기서는 이들을 전체적으로 다룰 것이다.

미국의 이론 이외에 우리나라에서 2000년대를 전후해 컨설팅이나 컨설팅 장학, 학교컨설팅 등의 용어가 등장해 사용되고 있고, 현실의 장학에서도 이러한 내용으로 전개가 되고 있다. 따라서 장학이론의 발달에 따른 접근방법을 어떻게 활용할 것인지에 대해 고민해 보아야 할 것이다. 여기서는 장학이론의 발달에 대해 살펴보고자 한다.

### 1) 과학적 관리론적 장학

입법국가 시대에는 장학은 지시와 검열 등에 해당하는 것으로 교사의 수업 개선을 위한 장학의 의미는 제대로 확립되지 못하였다. 19세기 후반부터 경제 · 사회 분야에 정부가 개입하면서 행정국가화되고, 과학적 관리론이 등장하면서 그 이론이 장학에 도입되었다.

1900년대의 과학적 경영의 아이디어는 장학에도 영향을 미치게 된다. 과학적 경영은 테일러에 의해 개발되어 기업의 경영이나 관리의 원리로 정착되고 있다. 과학적 경영은 노동자들의 직무분석을 행하고, 비능률적인 것을 찾고, 노동자의 생산성 향상을 위한 기술을 구안하였다. 세밀한 관찰과 직무분석에 기초하였다는 점에서 과학적이라고 부르는 것이다. 사기업에서 발달한 과학적 관리법이 행정의 연구에 적용되어 조직의 원칙으로 계층제, 통솔의 범위, 조정의 원칙 등이 과학적 원칙으로 되었던 것이다.

이러한 과학적 원리의 원칙이 교육과정에 적용되면서 성인생활을 학교 교육과정의 내용으로 등장시키게 되고, 교사는 교육과정과 수업을 실행에 제대로 옮길 수 있다고 보았다. 그래서 장학은 교사들이 교육과정에 대한 지침이나 교수·학습지도안을 잘 따르고 있는지를 확인하는 차원에서 실시되었다. 그것은 사기업에서 관리자와 노동자의 관계가 명확한 상황에서 통제나 능률을 강조하듯이, 장학에서도 장학사가 지시하고 잘 따르도록 통제하는 것에 초점을 둔 것이다.

장학은 이미 수립되어 있는 교육정책을 집행하기 위한 관리의 원칙이 적용됨으로써 과학성을 강조하였다. 그리고 이러한 것에서 장학행정의 이념은 능률성이 요청되었다. 여기서 말하는 이념은 장학의 발전 정도를 평가하는 기준으로 바람직한 장학의 방향에 대한 지침이나 이상이 되는 것을 말한다.

### 2) 인간관계론적 장학

과학적 관리론에 대한 반작용으로 나타난 것이 인간관계론이다. 인간관계론은 호손연구(Hawthorne studies)와 밀접하게 관련된다. 호손 연구는 작업과 작업 성과에 영향을 미치는 요소는 임금이나 근로시간보다 사회심리적 요인이 더 큰 영향을 미친다는 결론에 도달했다. 기업체의 감독자는 공식적인 통제가 아니라, 부하 직원을 인간으로서 취급하고 집단 참여 의식과 소속감을 충족시켜 불만 해소와 협력을 구함으로써 지도와 통제가 더욱 용이하게 된다는 것이다.

이러한 원리가 장학에 도입되어 장학사는 교사를 인간답게 대우하고 그들의 참여를 통해 업무를 추진하는 데 만족감을 느끼도록 해야 된다는 것이다. 참여라고 하는 것이 장학의 중요한 방법이 되는 것이고, 그 목적 역시 자신이 학교에 쓸모있는 존재라고 느끼도록 해야 한다는 것이다.

과학적 관리론적 장학이 과학적 원칙하에 교육정책을 기계적으로 집행하는 것에 있다면, 인간관계론적 장학은 그 목표를 달성하기 위해 지식의 적용에서 기예를 발휘하는 기술성이 강조되었다. 참여를 강조하는 인간관계론적 장학은 장학행정의 이념에서 사회적 능률성이나 민주성이 요청되었던 것이다.

### 3) 조직행위론과 행동과학적 장학

과학적 관리론이 조직에 초점을 두어 인간을 소외시켰다면, 인간관계론은 인간을 중시하여 조직을 경시하는 경향을 보였다. 그래서 조직과 인간, 개인의 욕구와 조직의 목표를 배타적으로 볼 것이 아니라 양자의 상호작용 관계를 연구하려는 움직임이 나타났다. 이러한 움직임은 1950년대 이후 경영학, 행정학, 심리학, 사회학, 사회심리학, 인류학 등 여러 학문 분야의 협동적 연구가 형성되었고, 그 결과가 행동과학과 사회과학에 해당한다.

장학에서도 장학의 조직이나 구조, 조직풍토, 장학의 역할과 과업, 의사소통 등의 기본 개념을 강조하게 되고, 사회과학과 행동과학의 연구방법으로서 관련 변인 간의 상호관계와 그 과정에 관한 논리 실증주의에 입각한 장학행위에 관한 연구가 성행하게 되었다.[7] 이러한 논리 실증주의는 가치와 사실을 논리적으로 구분하였고, 사실에 대해서는 과학적 방법에 의한 검증을 통해 과학적 원칙을 도출함으로써 과학화를 시도하고자 하였다. 이러한 입장에서의 장학도 과학적 방법을 이용할 수 있다고 보는 것이고, 장학행정의 이념에서도 능률성을 강조하게 되는 것이다.

### 4) 인적 자원론적 장학

1960년대는 후진국의 근대화를 위한 목표지향적이거나 처방적 성격이 강한 발전행정론이 대두되었다. 그것은 행정과 정치와의 관계에서 정치우위론이 아닌 행정우위론을 강조한 것이다. 후진국의 경우 선진국과 달리 발전을 위한 경제인이나 정치인을 찾을 수 없는 상황에서 발전은 행정관료조직에 기대야 하는 것이었다. 그러한 상황에서는 국가발전이나 경제발전을 위한 교육의 중요성이 대두되고, 그것이 인적 자원의 개발로 이어진 것이다.

인적 자원관리론적 장학은 조직의 과업과 조직을 구성하는 인간의 관심을 통합해 새로운 이론을 형성한 수정주의적 관점이다. 이 입장이 장학론에 도입된 것은 1967년 미국의 장학과 교육과정 개발협회(Association for Supervision and Curriculum Develoment: ASCD)의 장학이론 분과위원회의 연구보고서 '장학론'(Supervision: Perspectives and Proposition)이다. 인간자원장학론은 1979년 서지오바니와 스타라트(sergiovanni & Starratt)가 '장학론'(Supervivion: Human Perspectives, 2nd ed.)에서 주장하였다.[8)]

이 입장에서는 인간관계론과 달리 인간의 욕구와 가능성, 그리고 만족감을 더욱 중요하게 생각하고 있다. 인간관계론적 장학이 교사의 만족을 효과적인 학교경영을 위한 수단으로 보는 반면, 인적 자원 장학은 교사의 만족을 일을 통해 달성할 바람직한 목적으로 보는 점에서 차이가 있는 것이다.

**표 13-2 인간관계론적 장학과 인적 자원 장학의 비교**

- 인간관계론적 장학
  장학사 → 의사결정에 교사의 참여 → 교사 만족도 증가 → 학교의 효과성 증대(increase school effectiveness)[1)]
- 인적 자원 장학
  장학사 → 의사결정에 교사의 참여 → 학교의 효과성 증대 → 교사 만족도 증가

1) "학교의 효과성 증대"로 번역한 내용의 원문은 "increase school effectiveness"로 되어 있다. 번역자에 따라 "effectiveness"를 '효과성'이라고 번역하기도 하고, '효율성'이라고 번역하기도 한다. 그러나 효과성과 효율성이라는 용어는 구분되는 것 같다. 효과성은 교육행정이 내건 목표의 달성도를 의미하는 것으로, 행정 내부 과정에서의 경제성을 의미하는 능률과 달리 외부와의 관계에서 개념이 규정이 되는 것이다. 능률성이라는 것은 교육행정 조직이 내건 목표를 이

인적 자원론적 장학은 장학행정의 이념에서 민주성을 요청하기도 하지만, 장학행정이 내건 목표의 달성도가 내포되어 있다는 점에서 효과성도 그 이념으로 고려할 수 있을 것이다. 또 장학의 방법에서는 경험이나 습득을 통해 얻어지는 능력으로서 기술성을 재강조하고 있는 것이다.

### 5) 신과학적 관리론적 장학

1980년대는 신공공 관리 행정으로서 작고 효율적인 정부를 지향하고, 경쟁과 효율을 중시하게 된다. 교육에서도 효과적인 학교나 학교개혁에 관한 연구가 활발해지면서 과학적 관리론이 새롭게 관심을 끌게 되었다. 그러나 전통적인 과학적 관리론과 달리 실천의 양상에서는 상당히 변화된 것이기 때문에 신과학적 경영이라고 부른다.

신과학적 관리론적 장학은 인간관계론적 장학이 도외시한 과업이나 업무에 대한 관심 및 목표의 상세화에 관심을 기울인다. 이 입장에서는 목표의 상세화에 따른 교육내용의 구조화, 상세한 교수·학습지도안과 수업방법 및 평가 등을 면밀하게 감시하는 데 새로운 관심을 보이고 있다. 이러한 것을 구체적으로 감시하게 되면 교사들은 반발할 것이고, 그것은 장학사와의 갈등을 유발하게 될 것이다.

비개인적 방법으로 교사를 통제하는 방법은 표준화된 절대평가의 도입, 학급이나 학교별로 시험점수를 공개하는 것과 같은 것이다. 신과학적 관리론적 장학에서는 비개인적이고 기술적이며 합리적인 통제 기제가 대면관계를 통한 장학을 대체하고 있는 것이다. 업무 수행에 대한 기준을 확립하게 되면, 그 기준에 따라 교사의 업무를 통제하고 책임을 지울 수 있는 것이다. 이 입장은 다시 과학성을 강조하게 되고, 장학행정의 이념으로서 능률성을 강조하게 되는 것이다.

장학행정에서 장학행위나 현상을 야기시킨 요인에 대해 살펴보면, 과학적

---

룩하는 과정에서의 경제성이나 비용의 절감을 의미하는 것으로 투입 대비 산출의 비율로 표현되는 것을 의미하는 것이다. 효율성은 이 양자를 동시에 의미하는 것이다. 따라서 장학행정에서 말하는 것은 효과성의 의미로 보는 것이 합리적일 것 같다.

인 관리법을 적용한 초창기에는 구조적인 면을 강조하였다. 인간관계론에서는 조직보다는 개인을 강조하는 형태로 변화하였다. 그리고 조직행위론과 행동과학적 장학에서는 조직과 개인의 상호작용에 관심을 기울이면서 조직 내부만이 아니라 조직 외의 정치·경제·문화 등의 요인에 의해서도 영향을 받을 수 있다는 환경적인 측면을 고려하게 되는 것이다. 인적 자원론적 장학은 조직의 과업과 인간의 관심을 결합해 수정주의적 입장을 나타내고 있지만, 인간에 초점을 두고 있다. 마지막으로 신과학적 관리론적 장학에서는 개별적이기보다는 시스템으로 작동할 수 있는 체제를 중시하여 환경적인 측면이 주요 변수가 된다고 하겠다.

장학이론의 발전을 정리하면서 이를 토대로 현재 우리나라에서 어떠한 입장을 지니고 있는지를 보면, 어느 하나의 변수나 이념 등에 초점이 있다기보다는 통합적 경향을 지니고 있다고 생각된다. 전통적인 장학과 달리 현장중심의 장학이 전개되면서 과학성과 기술성이 공존하고, 장학행정에서의 능률성·민주성·효과성을 동시에 추구하고, 장학행정의 변수로 구조·인간·환경의 세 가지 변수가 모두 고려되고 있다고 생각되는 것이다.

## 03 교육과정 컨설팅 장학의 영역과 절차

우리나라에서는 점차 교육현장이나 교사중심의 장학으로 발전하면서, 컨설팅 장학과 맞춤형 장학 등으로 그 초점이 이동하고 있다. 따라서 여기에서는 이러한 현실을 고려하여 컨설팅 장학과 관련된 영역과 그 절차에 대해 설명하고자 한다.

### 1) 교육과정 장학의 영역

교육활동은 가르치는 자가 교육과정을 매개로 배우는 자를 대상으로 상호작용함으로써 성립한다. 교육활동의 매개체로서 교육과정은 교육내용, 교과, 교과서 등과 혼용해 사용되기도 하지만, 교육현장에서 가르칠 그 '무엇'에 해당하는 것이다. 가르칠 내용이 결정되면, 교육하는 방법의 문제와 평가에 대한 사항이 등장하게 된다. 그리고 이러한 교육을 지원하기 위한 행·재정적 여건 역시 정비되어야 한다. 그래서 교육과정의 운영은 이들을 총체적으로 고려하기 때문에 그 범위가 상당히 넓게 되어 학교의 교육활동 그 자체가 된다.

그러나 여기서는 넓은 의미의 교육과정 운영보다는 국가교육과정 문서에 제시된 내용을 토대로 제한된 입장에서 교육과정 컨설팅 장학의 영역에 대해 다루고자 한다. 그 이유는 첫째, 교육학 분야에서 장학의 영역을 교육과정, 수업, 평가, 학교경영 등 교육학의 하위 분야로 구분하여 설명하고 있다는 점이다. 둘째, 아직까지 교육과정 장학의 개념과 그 활용에 대한 개념적 이해가 충분치 않다는 점이다. 셋째, 교육과정 장학에서의 구체적인 컨설팅 내용은 다르지만, 그 절차는 다른 영역과 유사하다는 점이다. 이러한 점은 교육과정 장학의 이해를 촉진하고, 그러한 이해가 충분히 이루어진 상태에서 학교를 교육과정 중심의 장학행정의 이론과 실제를 내실있게 구축할 수 있는 것이기 때문이다.

이러한 것을 고려하면 교육과정 컨설팅 장학의 영역은 국가와 지역의 교육과정의 기준과 내용의 기본적 사항을 토대로 학교교육과정을 편성·운영하기 위한 전반적인 절차에 걸쳐 고려되어야 할 것이다. 그리고 교육과정 컨설팅 장학의 주안점은 교육과정 편성·운영의 절차 가운데 통상적으로 행해지는 일반적 사항을 제외하고, 개정 교육과정에서 제시된 주요 특징적 사항을 중심으로 검토하면 될 것이다. 교육과정의 편성과 운영에서는 통상적으로 행해지는 것을 제외하는 것은 컨설턴트뿐만 아니라, 교사 역시 그에 대한 경험이 풍부하고, 능숙하여 합리적이면서도 적절히 처리하고 있다고 생각되기 때문이다.

학교교육과정 편성·운영의 일반적 절차와 컨설팅 장학의 주안점을 도식화면 ❙그림 13-1❙과 같다.[9)]

| 준비단계 | → | 편성단계 | → | 운영단계 | → | 평가단계 |
|---|---|---|---|---|---|---|
| • 학교교육과정 위원회 조직·운영<br>• 기초조사 | | • 편성계획<br>• 기본방향 설정<br>• 학교교육과정 시안 작성<br>• 시안 검토, 심의·확정 | | • 교과 운영<br>• 진로 연계 과목 선택 지도<br>• 창의적 체험활동 운영<br>• 범교과 학습 운영<br>• 운영 관련 기타 사항 | | • 학교교육과정평가와 개선 |

**| 그림 13-1 | 교육과정 편성·운영 절차와 컨설팅 장학의 주안점**

| 그림 13-1 | 에 제시된 교육과정 컨설팅 장학의 영역과 주안점에 대해 살펴본다.

첫째, 준비단계이다. 준비단계에서는 초·중등학교 공통으로 교육과정의 편성·운영을 위해 교육과정을 개발할 교육과정위원회와 같은 인적 조직을 만들고, 기초조사를 행하게 된다. 교육과정위원회는 교육과정의 합리적 편성과 효율적 운영을 위해 교원과 교과전문가 및 학부모 등으로 구성하고, 그 역할을 구체화하게 된다.

교육과정위원회가 조직된 이후에는 기초조사를 한다. 기초조사는 전학년도의 학교교육과정 평가 결과의 분석을 통해 시사점의 도출, 상위 교육과정의 편성·운영 지침의 분석, 계획 수립을 위한 기초조사(교원, 학생, 학부모의 요구조사, 학교시설 현황, 지역사회의 인적·물적 자원 등)의 실시 등의 내용이 포함된다. 따라서 이 단계에서의 교육과정 컨설팅 장학의 주안점은 관련 규정이나 지침의 반영, 수요자의 요구조사와 결과의 분석 및 시사점 반영 등이 되는 것이다.

둘째, 편성단계이다. 이 단계에서는 교육과정의 편성계획을 수립하고, 기본 방향을 설정하며, 학교교육과정 시안을 작성하여 심의·확정하는 것을 주요 내용으로 하고 있다. 편성계획의 수립에서는 구성체제의 결정과 편성 절차를 고려하는 것이다. 기본방향의 설정에서는 학교교육의 비전, 학교교육의 목표, 교육중점과제, 학교특색교육, 중·장기 발전계획 등이 포함된다. 학교교육과정의 시안 작성에서는 편제와 시간배당, 학년군, 교과(군) 교육활동 편성 계획, 교육과정 지원계획 등을 마련한다. 시안이 작성되면 심의하고 확정하면 된다.

그러므로 편성단계에서는 편성계획과 기본 방향의 설정, 수업시수의 확보, 과목편성과 집중이수, 수업시수의 증감 적용, 창의적 체험활동의 편성 등이 컨설팅의 주안점이 될 것이다.

셋째, 운영단계이다. 운영의 단계에서는 교과의 운영, 창의적 체험활동의 운영, 범교과 학습의 운영, 기타 사항 등을 고려하는 것이다. 이들 고려사항을 구체적으로 살펴보면, 교과의 운영에서 초등은 교과(군) 수업시수 증감 운영, 교육과정 재구성, 역량함양 교육강화, 인성교육 강화가 될 것이고, 중등은 교과시수 증감 운영, 교과(군) 집중이수제, 블록타임의 운영 및 수준별 수업 등이 될 것이다. 창의적 체험활동의 운영에서는 창의적 체험활동의 성격과 목표 및 유의점 파악, 내용 및 운영 방법 및 사례의 파악 등이 될 것이다.

범교과 학습에서는 이들의 운영 방법과 실제를 고려하고, 기타 특별보충수업, 귀국자나 다문화 가정의 자녀지원, 돌봄 교실의 운영, 교육과정 변경 운영, 전입생 미이수 및 중복이수 문제의 해소 등이 고려될 것이다. 따라서 교육과정 운영단계에서는 교육과정의 전체적인 운영 상황, 교육과정의 재구성, 블록타임의 적용, 수준별 수업 등이 교육과정 컨설팅 장학의 주안점이 될 것이다.

넷째, 평가단계이다. 평가단계는 교과와 창의적 체험활동에 대한 학업성취도의 평가, 학교 교육과정의 평가, 학년(군) 및 학급 교육과정의 평가, 개선점의 추출과 다음 해의 교육과정 편성 · 운영의 반영 방법을 고려하여야 한다. 이 단계에서 컨설팅 장학의 주안점은 학교 교육과정에 대한 바람직한 자체평가 방법과 같은 것이 될 것이다.

교육과정 컨설팅 장학은 교육활동 개선에 도움을 주어, 궁극적으로 학생의 학업성취를 향상하려는 형태로 전개되고 있다. 교육과정 장학의 영역은 국가교육과정 문서에 한정해 논의하자면 이상과 같은 내용이 될 것이다. 그러나 국가교육과정에 제시된 내용이라고 하더라도 교과 편제에 따라 교과와 창의적 활동 및 범교과 학습주제 전반에 걸쳐 있고, 그러한 교육과정의 운영에서 기초학력이 떨어지는 경우 교육과정의 정상화를 기할 수 없기 때문에 이들에 대한 대책이 필요하다.

그리고 교육과정 운영의 실천적 측면으로서 수업이나 평가에 대한 컨설팅 영역 역시 요청된다. 실험·실습이나 체험학습과 같은 경우는 행·재정적 지원을 받아야 교육과정 운영이 가능하기 때문에 이에 대한 사항도 다루어야 한다.

이러한 것은 교육과정 운영을 광의로 해석하게 되면 교육활동 그 자체가 된다는 것을 말하는 것이다. 따라서 교육과정 컨설팅을 교육현장에 제대로 안착시키기 위해서는 교육과정의 운영의 범주를 보다 확장적으로 해석하여, 교육과정 중심의 장학행정이 이루어지도록 하여야 할 것이다.

### 2) 교육과정 장학의 절차

교육과정 분야의 컨설팅 장학의 절차는 다른 분야의 컨설팅 장학의 절차와 거의 유사하다고 생각된다. 그렇다고 하더라도 컨설팅 장학에 대한 교육학의 하위 영역의 해당 주제와 그 대안의 모색 등에서의 구체적인 내용에서는 차이가 있을 것이다. 따라서 여기서는 컨설팅 장학에 대한 일반적인 절차를 제시하고, 필요에 따라 교육과정과 관련된 사항의 검토를 하고자 한다. 컨설팅 장학은 일반적으로 준비단계, 진단단계, 해결방안 구안 및 선택 단계, 실행 단계, 종료 단계로 이루어진다. 컨설팅 장학의 일반적 절차를 도식으로 제시하면 【그림 13-2】와 같다. 그러나 이러한 단계는 일반적인 절차에 해당하기 때문에 의뢰인의 요청이나 상황에 따라 융통성 있게 활용하면 된다. 예컨대 의뢰인이 진단단계까지 요구한다면 준비, 진단, 종료의 3단계로 될 수 있는 것이다.

준비 → 진단 → 해결방안 구안 및 선택 → 실행 → 종료

【그림 13-2】 컨설팅 장학의 일반적인 절차

첫째, 준비단계이다. 이 단계는 컨설팅 장학이 이루어지기 이전 단계로 의뢰인과 컨설턴트가 컨설팅 준비를 하는 활동을 말한다. 준비단계는 의뢰 및 접수, 컨설턴트의 선정, 예비진단, 협약체결과 같은 세부적인 절차로 다시 구분된다. 의뢰 및 접수에서는 교사의 자발성에 기초해 컨설팅 장학 의뢰서를 작성하여 공식적으로 의뢰를 하고, 담당기관에서는 컨설턴트와 연결하면서 컨설팅 장학을 시작하게 된다. 담당기관은 의뢰서를 접수하게 되면 문제해결에 적합하고 의뢰인과 함께할 수 있는 컨설턴트를 배정하게 된다.

컨설턴트가 선정되면 구체적인 컨설팅 활동을 위해 예비 진단에 들어가게 된다. 예비 진단에서는 해당 컨설팅의 문제를 명확히 규정하는 데 있고, 필요에 따라 의뢰 과제에 대한 조정도 가능하다. 예비진단을 통해 과제가 명료해지면 협약을 체결하게 된다. 협약서에는 의뢰인과 컨설턴트의 인적사항, 의뢰내용 및 방법, 컨설팅 기간과 특별히 요구하는 사항 등을 담으면 된다.

둘째, 진단단계이다. 이 단계는 의뢰인이 해결해야 할 과제를 명확히 규명하여 이후 단계의 방향과 방안을 마련할 수 있도록 하는 조치에 해당한다. 진단단계는 자료의 수집, 자료의 분석과 최종진단의 단계로 구분된다. 진단을 위해서는 의뢰인이 달성하고자 하는 문제의 분석, 그것에 영향을 미치는 요인과 영향력의 확인, 해결 방안 모색에 필요한 정보수집 활동을 한다. 여기서는 의뢰인이 아직까지 독립적으로 문제해결을 할 수 있는 상황에 이르지 못하였기 때문에, 컨설턴트가 주도하되 의뢰인도 일정한 참여를 할 수 있도록 유도하여야 한다.

준비단계에서는 예비진단을 통해 의뢰인이 제출한 컨설팅 장학의 의뢰서에 기술 내용으로 대략적 진단을 하였다면, 자료의 분석과 최종진단단계는 그 문제를 구체화하고 명료화하는 작업을 진행하여야 한다는 것이다. 분석에서는 문제의 소재 및 특성을 제대로 파악하는 작업이 이루어져야 한다. 예컨대 수업 컨설팅에서 교사의 업무 과중이 문제로 진단되면 학교 업무 환경 조정으로 그 방향이 조정될 수 있게 하는 것이다.

셋째, 해결방안 구안 및 선택의 단계이다. 이 단계는 문제에 대한 명확한 진단이 끝나면 진단에 따른 해결방안을 제시하고 선택하는 일을 한다. 의뢰문제가 정확하게 규정되면 답은 쉽게 찾을 수 있다. 문제의 해결방안의 구안은 기존의 해결 방식에 기초해 가능한 해결 방안을 찾는 것과 독창적으로 새로운 해법을 마련하는 것으로 구분된다. 어떠한 해결방안이라고 하더라도 구안단계에서는 컨설턴트가 독자적으로 하는 것이 아니라, 의뢰인과 함께 함으로써 의뢰인이 전문성을 기를 수 있는 여지를 마련해 주는 것도 필요하다. 예컨대 수업컨설팅에서 수업의 진행 과정이 문제 진단이나 해결의 단서가 되어야 하기 때문에 수업 장면의 녹화를 통해 교사가 보고 스스로 문제를 파악하고 해결방안에 대한 의견을 제시하도록 하는 것도 하나의 방법이 된다.

해결방안이 모색되면 의뢰인이 그 방안의 수용 여부에 대한 결정을 하여야 한다. 컨설턴트가 제시된 방안을 수용하도록 강요하는 것은 바람직하지 않다. 컨설턴트는 해결방안에 대한 여러 가지 정보를 제공해 의뢰인의 선택에 어려움이 없도록 하는 것이다. 선택에서는 의뢰인이 구안 단계부터 참여하게 되면 자신의 생각이 반영되었기 때문에 많은 문제가 해소될 수 있다.

넷째, 실행단계이다. 이 단계는 대안으로 선택한 방법을 실제 적용해 실천에 옮기는 단계에 해당한다. 여기서는 의뢰인이 실행을 하고, 컨설턴트의 관찰과 조언이 이루어지게 된다. 이 단계 이전까지는 컨설턴트가 컨설팅 과정을 주도하였다면, 이 단계부터는 의뢰인이 주도적으로 계획을 실행하는 주인공이 되어야 한다. 그래서 컨설턴트는 조언하는 위치가 되어야 한다. 의뢰인은 컨설턴트의 지시를 기다릴 것이 아니라 자신이 실행하는 과정이 계획대로 되고 있는지, 계획대로 되지 않는다면 그 이유가 무엇이고 해결방안은 무엇인지 끊임없이 고민하여야 한다.

다섯째, 종료단계이다. 이 단계에서는 의뢰인이 요청한 문제해결을 위한 컨설팅이 마무리되는 단계를 말한다. 이를 위해서 평가와 보고를 하는 것으로 세분화된다. 평가는 실행이 완료된 상태에서 그동안 진행된 컨설팅 전반에 걸쳐 이루어져야 한다. 평가를 통해 문제해결이 되었다면 종료가 되고, 그렇지 않다면 후속 컨설팅이 이어질 수 있는 것이다.

문제가 해결되어 컨설팅이 종료되면 컨설팅 전 과정과 결과에 대한 최종 보고서를 작성하게 된다. 보고서는 컨설턴트가 의뢰인에게 제공하는 것을 원칙으로 한다. 여기서 관할 교육청은 컨설팅 장학 관리를 위해 담당 장학사가 직접 작성하여 보고와 관리를 하거나 컨설턴트에게 작성한 보고서를 요청해 활용할 수 있다. 여기서 의뢰자로서의 교사는 초기에는 전문가의 조언이 필요하였지만 컨설팅을 진행하는 과정에서 스스로 전문성을 개발하여 이것을 바탕으로 역량을 더 강화하여 이후 컨설턴트로 활동할 수 있도록 하여야 할 것이다.

## 04 교육과정 컨설팅 장학의 기법

교육과정 장학의 기법은 매우 다양하기 때문에 일률적으로 설명하기는 어렵다. 우선 국가 수준, 지역 수준, 학교 수준의 교육과정으로 구분할 경우 각각의 장학지도의 관심과 대상이 달라지게 되고 구체적 방법도 달라질 수 있다. 다음으로 학교 수준에서 장학이 이루어지는 것을 고려하게 되면 임상장학, 동료장학, 자기장학, 약식장학, 선택적 장학 등의 방법이 동원될 수 있다. 이러한 학교 수준에서 교사수준으로 오게 되면 교사집단에 대한 장학과 개별교사에 대한 장학 방법의 차이도 나타날 것이다.

그러나 이 연구는 장학에 대해 전문적으로 연구하는 것이 아니기 때문에, 장학의 모든 방법론을 소개하지는 않을 것이다. 그리고 현재 교육현장에서 이루어지고 있는 장학의 형태가 컨설팅 장학으로 이루어지고 있기 때문에 이와 관련된 기법을 중심으로 살펴볼 것이다. 그래서 컨설팅 장학의 실제에 도움을 주고자 한다. 여기서 제시하는 컨설팅 장학의 기법은 교육부 중앙교육연수원에서 제시한 컨설팅 장학의 기법을 요약하여 제시하고자 한다.[10]

### 1) 대인관계의 기법

#### (1) 반응 기술

의사소통은 상대방의 경험이나 그에 대해 영향을 미치기 위해 의미를 교환하는 것이다. 의사소통이 쉬운 것 같아도 상대방 이야기를 잘못 이해하거나 과도한 표현을 사용하기도 하며, 때로는 컨설팅 과정을 방해하는 논쟁에 종종 빠져들기도 한다. 따라서 컨설턴트는 의뢰인을 조력하려는 의도로 촉진적인 신체 언어와 음성 언어를 사용하여 반응하도록 하여야 한다. 구체적인 반응의 기술은 다음과 같다.

- **신체적 주의 기울이기**: 컨설팅에서 컨설턴트의 비언어적 태도(신체 언어)는 의뢰인에게 관심을 기울이고 있음이 전달되므로 중요하다. 그 기술은 바로 보기, 개방적인 자세, 시선 접촉, 편안하고 이완된 자세 등이다.
- **언어적 반응기술**: 컨설팅 과정은 컨설턴트와 의뢰인의 상호작용을 통해 영향을 주기 때문에, 컨설턴트는 다양한 언어적 반응 기술을 획득해서 능숙하게 사용할 수 있어야 한다. 언어적 반응 기술은 즉시성, 최소의 촉진적 반응, 침묵, 승인, 정보제공, 명료화, 내용의 재진술, 요약 등이 있다.
- **적극적 경청**: 적극적 경청은 컨설턴트가 의뢰인의 주제와 관련된 내용과 정서적 내용까지 모두 듣고 있다는 것을 보여주는 것이다. 적극적 경청을 위해서는 의뢰인의 말에 대한 수용적 태도, 음조의 경청, 감정과 단서 및 내용의 주제, 일반화와 누락된 내용 및 왜곡 등을 경청하여야 한다.
- **공감하기**: 공감은 컨설턴트가 의뢰인의 행동이나 말을 피상적으로만 이해하는 것이 아니라, 이면의 감정을 자신의 감정처럼 느끼면서 의뢰인의 경험세계를 경험하는 것이다. 공감을 위해 의뢰인의 마음을 이해하고자 하는 컨설턴트의 마음을 보여주는 것이 그 예이다.

### (2) 촉진 기술

컨설팅 장학은 의뢰인이 문제를 해결하도록 도와주는 기술이기 때문에 컨설턴트는 촉진자로서의 역할도 수행하여야 한다. 컨설턴트의 대화기법이나 대화를 이끌어가는 능력은 의뢰인에게 많은 영향을 미친다. 촉진 기술은 다음과 같은 것이 있다.

- **분명한 표현**: 컨설팅 과정에서 의뢰인의 비협조적 행동으로 컨설팅이 제대로 진행되지 않을 때 비난이 아닌 자신의 생각이나 염려되는 점을 의뢰인에게 알려주어야 한다.
- **대화기술**: 의뢰인은 긍정적이고 전문적 대화기술을 가진 컨설턴트를 신뢰한다. 따라서 컨설턴트는 개방적 · 건설적이고, 과제중심적이면서도 배려하고 융통성 있으며, 타인의 견해를 존중하여 컨설팅을 성공적으로 이끌어야 한다.
- **질문하기**: 질문은 의뢰인에게 의견을 묻는 방법인 동시에 위협이 될 수도 있으므로 섬세한 기술을 요한다. 컨설턴트는 개방형 질문을 사용하여 의뢰인의 감정을 명료화하도록 하거나 어떤 상황을 구체적으로 탐색하도록 하여야 한다.
- **자기개방**: 자기개방은 컨설턴트가 자신에 대한 정보를 의뢰인과 나누는 것이다. 자기개방은 의뢰인이 이를 치료적으로 활용하거나 의뢰인의 문제와 관련된 컨설턴트의 정보와 감정을 제시하는 것이다.

### (3) 관계형성 기술

의뢰인과 컨설턴트 간의 효과적인 컨설팅 관계를 위해서는 래포(rapport)가 형성되어야 한다. 래포가 형성되지 않은 상태에서는 효과적인 컨설팅이 이루어지지 않기 때문에 컨설턴트는 의뢰인과의 긍정적 관계 형성을 위해 다음과 같은 노력을 하여야 한다.

- **대인관계 기법**: 컨설턴트와 의뢰인은 긍정적 관계가 형성되어야 의뢰인

은 자신의 이야기를 방어없이 하게 되어 해결의 실마리도 찾기 쉽다. 따라서 컨설턴트는 누구보다도 의뢰인과 함께 할 것임을 표현하거나 자신의 전문성을 유지하면서도 의뢰인의 눈높이에 맞추고 편하게 느끼는 사람이 되어야 하는 것의 기술을 사용하여야 한다.

- **능력과 자신감 전달하기**: 능력은 문제해결에 접근하는 다양한 기법을 통해 전달되고, 자신감은 성공적인 경험에서 나온다. 따라서 전문성이 높은 컨설턴트일수록 능력과 자신감을 의뢰인에게 더 잘 전달할 수 있다. 이를 위해 다양한 사례에 접하거나 컨설턴트끼리 우수사례를 공유하고 이를 통해 다양한 문제해결 방법을 학습하여야 한다.
- **긍정적인 생각으로 접근하기**: 컨설턴트의 기대가 의뢰인의 문제해결에 영향을 미칠 수 있기 때문에 항상 의뢰인이 좋아질 것이라는 긍정적인 생각으로 접근하여야 한다.
- **열정적으로 진행하기**: 의뢰인의 동기를 유발하려면 컨설턴트 자신이 컨설팅을 중요하게 생각하고, 열정적으로 컨설팅에 참여하여야 한다.

## 2) 구체적인 문제해결의 기법

### (1) 자료수집 방법

컨설팅을 성공적으로 이끌기 위해서는 의뢰된 문제에 대한 자료가 필요하다. 일반적으로 자료의 수집 방법은 질문지법, 면접법, 관찰법 등이 있으며, 어떠한 방법이 더 좋다거나 나쁘다고 할 수 없다. 컨설턴트는 의뢰된 문제를 고려하여 가장 적합한 자료의 수집 방법을 선택하여야 한다. 경우에 따라서는 여러 가지 방법을 함께 사용하는 것이 더욱 효과적일 수 있다.

- **질문지법**: 이 방법은 질문지를 작성해 이를 대상자들에게 실시하여 자료를 수집하는 방법이다. 면접법에 비해 시간과 노력 및 비용이 적게 들고, 표준화된 언어구성 및 질문순서 등에 의해 질문의 균일성을 기할 수 있다. 그리고 응답자들이 시간적 여유를 갖고 응답할 수 있어 비교적 정확한 응답을 얻을 수 있는 장점도 있다.

- **면접법**: 면접은 컨설턴트가 의뢰인으로부터 정보를 이끌어내는 면대면의 대화적 교환이고, 언어적 상호작용을 통해 의뢰인이 갖고 있는 문제를 파악할 수 있는 과정이다. 면접은 비구조화된 면접, 구조화된 면접, 반구조화된 면접의 유형이 있다.
- **관찰**: 관찰은 컨설턴트가 의뢰인의 문제 파악을 위해 학교현장을 직접 관찰하여 자료수집을 하는 것이다. 관찰은 컨설턴트가 학교현장에서 필요한 사실을 직접 알아내고, 자료수집 과정에서 학교 구성원들이 비협조적일 때 효과를 얻을 수 있는 장점이 있다.

### (2) 문제해결 접근법

컨설팅 장학 기법은 의뢰된 문제 영역에 따라 문제해결 접근법이 달라질 수 있다. 교육과정 컨설팅, 수업 컨설팅 및 생활지도 컨설팅 영역의 경우에는 멘토링, 코칭, 상담기법이 많이 사용되고, 학교경영 컨설팅 영역에서는 조직진단 기법이 가장 많이 사용된다. 컨설턴트는 이를 바탕으로 의뢰된 문제를 해결하기 위해 어떤 기법이 가장 적합한 것인지를 생각해 선택하여야 한다.

- **멘토링**: 이 방법은 경험이 풍부하고 유능한 컨설턴트가 의뢰인에게 지혜를 전달해 주고 의뢰된 문제를 잘 해결할 수 있도록 도와주고 서로에게 영향을 주고 받는 과정이다. 일반적으로 컨설턴트와 의뢰인이 5년 이상의 경력 차이가 날 때 멘토링 기법을 활용하고, 경력 관리와 관련된 문제들을 다룰 때 더 효과적이다.
- **코칭**: 코칭은 컨설턴트의 전문적 영역에 대한 짧고 격식 없는 제안을 의미하는 것이다. 멘토링이 인간의 발전에 중심을 둔 접근법으로 장기적 관계이고 주로 경력 관련 이슈들을 다루는 반면, 코칭은 더 성과 중심적이고 단기적 성격을 지니고 있다.
- **상담**: 상담은 사람을 대상으로 하는 전문적 활동으로 의뢰인의 심리적 갈등이나 현실적 문제를 합리적이고도 올바르게 대처하고 해결해 나가

도록 도와주는 일이다. 멘토링, 코칭과 차이가 있다면 의뢰인 중에서도 표면적으로 드러난 의뢰문제 외에 심리적으로 치유가 필요한 경우 진행할 수 있다.

- **조직진단 기법**: 조직진단은 학교경영 컨설팅 영역에서 많이 활용할 수 있는 문제해결 접근법으로 학교조직이 당면한 문제와 그 원인을 찾고 이를 해결하기 위한 활동이다. 일반적으로 활용되는 조직진단의 방법은 문헌분석, 설문조사, 면담, 벤치마킹, 워크숍, 직무분석 등이 있고, 조직진단의 대상은 영역은 조직구조 진단, 조직기능 진단, 조직행태 진단, 조직문화 진단 등이 있다.

### (3) 컨설팅 과정에서 필요한 기법

컨설턴트는 이상에서 소개한 여러 가지 컨설팅 기법 이외에 다음과 같은 기법을 컨설팅 과정에서 적절한 절차에 활용하는 것이 가능하다.

- **문제의 정의 및 명료화**: 컨설팅에서는 문제를 잘 정의하고 명료화하면 긍정적 결과가 나올 가능성이 높다고 한다. 따라서 컨설턴트는 모든 의뢰인이 문제를 정확하게 정의할 수 있다고 생각하지 말아야 하고, 의뢰인에게 문제의 확인 방법을 훈련시키고 적극적 의사소통이 이루어지도록 하여야 할 것이다.
- **문제 원인 분석**: 컨설턴트는 의뢰인의 과거 경험과 행동뿐만 아니라 학교 구성원의 영향, 학교 근무 환경과 관련이 있을 수 있는 다른 원인을 찾도록 노력하여야 한다. 그것은 문제, 문제의 잠정적 원인, 학교현장에서 발생하는 상호관계 등에 관한 정보를 얻기 위해 의뢰인의 근무환경을 관찰하는 것이다.
- **브레인스토밍**: 문제가 정의되고 이해되면 컨설턴트와 의뢰인은 실행가능한 전략에 대해 논의하여야 한다. 여기서 다양한 아이디어를 자유롭게 떠올릴 수 있게 해 주는 방법인 브레인스토밍을 사용하는 것이 좋다.
- **대안 전략을 평가하고 선택**: 대부분의 의뢰인은 컨설턴트에게 어떠한 전

략을 사용할 것인지를 물으면서 컨설턴트의 전문성에 의존하려고 한다. 그러나 선택한 전략을 직접 실행하는 주체는 의뢰인이므로 의뢰인이 최종 판단해 최적의 전략을 선택하도록 만들어야 한다.

- **컨설턴트와 의뢰인의 책임을 명시**: 컨설턴트와 의뢰인은 전략을 실천하는 과정에서 양측은 책임에 합의를 해야 한다. 컨설팅 장학이 진행되는 과정에서 자료수집의 방법, 상황에 맞는 현실적 목표는 어떠한 것인지 등에 대해 컨설턴트와 의뢰인은 서로 합의하는 것이 좋다.
- **개입의 효과성을 평가하고 필요 시 수정**: 실행된 전략이 체계적으로 진행되어 수정이 필요치 않은 경우도 있지만, 전략을 수정하여야 할 경우도 있다. 따라서 컨설턴트는 컨설팅 과정에 도입된 전략이 효과적인지 평가해 보고 필요하다면 의뢰인과 합의 후 수정하는 것이 좋다.

CHAPTER 14

# 교과서의 개발과 사용

## 01 의의

교과서는 교육현장에서 가르치는 자와 배우는 자를 매개하는 역할을 하고 있다. 이러한 역할을 하는 교과서는 교육과정을 구현하기 위한 교육용 자료에 해당한다. 교과서는 교육과정에 제시되어 있는 각 교과별 내용을 언어적으로 기술하여 학생들이 학습할 수 있도록 만들고 있기 때문이다. 그래서 국가교육과정의 개정 작업이 완료되어 교육과정이 고시되고 난 뒤, 교과서 개발이 이루어지고 있다.

교육과정의 개발과 운영 및 평가의 제 단계를 고려하면 교과서 개발은 교육과정 문서 개발이 완료된 이후에 이루어지면서, 다른 한편으로는 교육과정이 실제 교육현장에서 운영되기 이전에 이루어지는 것이다. 따라서 교과서 개발을 교육과정 개발 후속지원으로 부를 수 있다.[1] 개정된 교육과정은 교육현장에 적용되기까지 2년 내외의 시간이 소요되는데, 이 기간에 개정된 교육과정의 홍보와 교원 연수 및 교과서 개발이 이루어지게 된다. 교육과정 개발과 운영과의 시간 차로 인해 이 기간에 이루어지는 일련의 작업이 교육과정 개발 후속지원으로 부르는 것이다.

교육과정 개발 후속지원이 교육과정 운영에 앞서 준비되어야 한다는 점에서 교과서와 관련된 사항을 교육과정과 관련된 정책이나 기획에서 다룰 수 있다. 그러나 여기서는 다음과 같은 이유에서 교육과정의 운영과 관련해 교육과정을 운영하는 동태적 측면에서 다루고자 한다. 첫째는 우리나라에서는 「초·중등교육법」에서 교과서 사용을 의무화하고 있어 교육현장에서 교과서가 차지하는 중요성이 크다는 점이다. 둘째는 교과서 표지에 국 · 검 · 인정 중 어떤 발행제도를 따른 것인지 구분되어 있지만, 교과서를 사용하는 사람은 정작 관심이 없다는 것이다. 교과서 사용자는 교과서 제도보다는 교과서 내용이 더 중요하게 고려된다는 점을 고려한 것이다.

교과서는 인간이 성장하기 위해 개인의 사고를 자극할 수 있는 것이어야 하고, 그것은 일상생활의 맥락에서 경험할 수 있는 것이어야 한다. 사고의 자극은 과학적이거나 논리적이거나 창의적이거나를 가리지 않고, 교과의 내용에 따라 여러 가지 사고 방식이 동원되어야 하는 것이다. 그리고 경험은 체험한다는 의미에 한정되는 것이 아니라 인간이 행하는 모든 것을 의미하는 것이다. 그것은 이론적이거나 인지적인 경험, 사회적 경험, 정서적 경험, 기술적 경험 등 세분화되는 이들 경험이 통합되는 총체적 경험을 말하는 것이다.

교과서가 갖추어야 하는 이러한 조건은 교과의 내용체계와 성취기준에 따라 언어적으로 기술하는 구체적 내용물과 관련하여 말하는 것이다. 교육과정 분야에서 흔히 언급하는 교과서와 관련된 것은 이러한 것과 밀접한 관련을 지니고 있다. 교과서가 갖추어야 할 이러한 조건을 갖추기 위해서는 교육과정에 제시된 내용뿐만 아니라, 교과서 제도가 어떻게 정비되어 있는지는 중요한 사항이 된다. 좋은 교과서가 되기 위한 조건은 이를 규율하는 제도와 함께 고려되지 않는다면 제대로 구현되지 않을 것이다. 이러한 점에서 교과서 제도의 행정에 대한 내용을 다루는 것이 필요한 것이다.

이 글은 행정적인 측면을 다루는 것이기 때문에 교과서 내용 그 자체보다는 제도적 측면에 초점을 두어 살펴보고자 한다. 「교과용도서에 관한 규정」에서 교과서는 "학교에서 학생들의 교육을 위하여 사용되는 학생용의 서책 · 음반 · 영상 및 전자저작물 등을 말한다."라고 규정하고 있고, 교과용도서는 "교과서 및 지도서를 말한다."라고 되어있다. 그리고 구체적인 용어의 정의에서는 국정도서, 검정도서, 인정도서 등 도서라는 말을 사용하고 있다. 교과용도서, 교과서, 도서 등의 용어가 혼재해 있어 논의하는 맥락에 따라 이들 용어를 혼용할 것이다.

## 02 교과서 제도와 종류

### 1) 교과서 제도의 존재 형태

교과서 제도는 한 나라의 역사·사회적 배경에 따라 각기 다른 제도를 채택하고 있다. 그리고 동일한 교과서 제도의 명칭을 지니고 있다고 하더라도 그 운영의 방식은 달리하고 있다. 현재 세계 각국에서 운영되고 있는 교과서 제도를 하나의 연속선상으로 제시하면 국가주도형과 민간주도형의 양극단으로 구분하는 것이 가능하다. 이를 도식으로 표현하면 ❙그림 14-1❙과 같다.[2)]

❙그림 14-1❙ 교과서 제도의 종류

국가주도형 교과서 제도는 교과서의 저작과 발행 및 채택에 이르기까지 국가가 직·간접적으로 관여하는 것을 말한다. 이에 비해 교과서 저작이 아닌 사용에 국가가 간접적으로 관여하는 것은 민간주도형 교과서 제도에 해당한다. 국정과 검정과 같은 경우는 국가주도형 교과서 제도로 볼 수 있다. 국정교과서는 국가가 직접적으로 교과서 저작에 관여하는 것으로 국가기관이 직접 편찬하거나 특정기관에 위탁하여 편찬하는 제도이다. 우리나라의 국정교과서가 그에 해당한다. 검정교과서는 국가가 교과서 저작에 간접적으로 관여하는 방식이다. 민간이 저작한 도서를 국가기관이 설정한 기준에 부합하는지 검토한 후 그 결과에 따라 교과서로의 지위를 부여하는 방식을 말한다. 일본과 독일은 검정교과서 제도를 채택하고 있다.

인정교과서 제도는 국가가 교과서의 사용에 관여하는 방식을 말한다. 민간이 저작한 도서를 국가기관이 교과서로 사용할 수 있는지의 여부를 심사하여 결정하는 제도이다. 우리나라의 인정교과서와 미국의 인정교과서를 들 수 있다. 자유발행 교과서 제도는 국가가 교과서 저작이나 사용 등에 직접적인 관여를 하지 않고 있지만, 국가에서 정한 교육과정을 준수하여 교과서를 만들고 있다. 프랑스, 영국, 덴마크 등 주로 유럽의 나라가 이 제도를 채택하고 있다. 자유발행 체제를 지닌 교과서 제도는 민간주도형이라고 할 수 있다.

국정, 검정, 인정 등의 명칭을 지니고 있다고 하더라도 각국에서 운영하는 방식은 다른 것으로 이해하여야 할 것이다. 각국의 교과서 발행 제도를 제시하면 <표 14-1>과 같다.[3)]

**표 14-1 교과서 발행제도 비교**

| 구분 | | 국정제(國定, government-issued textbook system) | 검정제(檢定, textbook authorization system) | 인정제(認定, textbook adoption system) | 자유발행제 |
|---|---|---|---|---|---|
| 발행자 | 국가/주 | ○ | | | |
| | 출판사 | | ○ | ○ | ○ |
| | 저작자 | | ○ | ○ | ○ |
| 교과서 저작의 근거 | 국가/주 교육과정 | ○ | ○ | ○ | ○ |
| | 별도의 교과서 기준 | | ○ | ○ | |
| | 학문적, 교육적 필요 | | | | ○ |
| 교과서 발행 절차 | 저작→심의→발행 | ○ | | | |
| | 저작→검정→발행 | | ○ | | |
| | 저작→발행→인정 | | | ○ | |
| | 저작→발행→사용 | | | | ○ |
| 교과서 인정자 | 국가/주 | ○ | ○ | ○ | |
| | 별도의 기관 | | ○ | | |
| | 교육구 | | | ○ | |
| | 학교 | | | ○ | ○ |
| | 교사 | | | | ○ |
| 교과서 채택자 | 국가/주 | ○ | | | |
| | 교육구 | | | | |
| | 학교 | | ○ | ○ | ○ |
| | 교사 | | | ○ | ○ |
| 교과서 채택의 근거 | 없음(의무) | ○ | | | |
| | 교과서 목록 | | ○ | ○ | ○ |
| | 채택자의 자유 | | | | ○ |

우리나라는 어느 하나의 교과서 제도를 채택하고 있는 것이 아니라, 국·검·인정 등 교과서 제도의 운영의 폭이 넓게 활용되고 있다. 국정교과서와 같이 국가주도형 교과서는 교육의 일정 수준의 유지와 내용의 질 관리의 체계화, 교과서 가격에 대한 통제와 저작권에 대해 국가에서 일부 해결해 주는 장점이 있다. 그러나 학생의 창의력 개발 저해, 상황변화에 능동적·탄력적 대처 곤란, 자유민주주의 기본이념과의 모순, 학생과 교사의 교재 선택권 제한, 사회변화에 능동적 대처의 곤란, 교과서 중심의 주입식·암기식 교육이 이루어질 가능성 존재 등의 단점도 동시에 존재하고 있다.[4)] 자유발행제와 같은 민간주도형 교과서는 이와 반대의 장·단점이 존재하는 것이다. 따라서 국가·사회적 상황과 교과의 내용에 따라 이들 장점을 극대화할 수 있는 방향으로 교과서 제도를 잘 활용할 필요가 있다고 생각된다.

### 2) 우리나라 교과서 제도

현재 우리나라의 교과서 제도를 검토하기 이전에 과거의 내용을 간단히 언급하는 것은 현재 교과서 제도가 안고 있는 문제와 특색을 이해하는 데 도움이 될 것으로 생각하기 때문이다. 여기서는 현재의 교과서 제도와 관련이 있다고 생각되는 조선시대 말기와 일제강점기의 상황을 살펴본 후 현재의 교과서 제도의 근간이 되고 있는 광복 이후의 시대로 구분하여 살펴보고자 한다.

#### (1) 광복 이전 시기

우리나라는 조선시대까지 유교가 사회질서를 유지하는 주요 이념으로 자리를 잡고 있었고, 교육 대상자는 신분적으로 특권을 누리고 있는 일부 계층에 한정된 사람이었다. 정치체제는 중앙집권화되었고, 교육은 유교적 이념을 유지하기 위한 교육내용이 주류를 이루었다. 당시 국가가 직접 관리·운영하는 성균관과 같은 교육기관이 있었지만, 교육내용이 대학, 중용, 논어, 맹자, 시전, 서전, 춘추, 주역, 예기가 중심을 이루었고, 이들에 대한 강학이나 제술(작문)을 중요한 학과목으로 삼았다. 이러한 시대는 소수의 엘리트에 의해 교육이 독점되고, 그 내용도 유교적 질서유지를 위한 것이었기에 현대적 의미의 교과서라고 하는 제도와 거리가 먼 형태였다.

조선시대 말기에 이르러 근대화의 시도로서 1894년 갑오개혁이 진행되고, 고종32년(1895년)에 제정 · 공포한 소학교령(칙령 145호) 제15조에서 "소학교의 교과용도서는 학부에서 편집한 외에도 혹은 학부의 검정을 받은 것을 사용한다."[5]고 하여 교과서에 대한 규정이 존재하였다. 그 뒤 광무 4년(1900)에 제정한 중학교규칙(학부령 제12호) 제4조에서 "중학교 각과의 교과서는 학부에서 편집한 외에도 혹 학부대신의 검정을 경(經)한 자를 용(用)함이라"[6]고 하였으나 Ⅰ의 2. 라항(교과용도서 검인제도의 설치)에서와 같이 우리나라에는 신교육이 도입된 이후 광무 9년(1905)년까지는 학교의 정도나 목적에 따라 정부에서 편찬한 교과서는 없었다. 그때를 전후하여 사용한 교과서는 민간인이 저술하거나 번역에 의한 것이었다.[7]

그 뒤 일제강점기에는 자율적이 아니라 타율적으로 정치 · 경제 질서가 운용되었고, 우리나라의 고유 이념을 없애고 일본인들의 신도(神道)를 이념으로 받들도록 하였다. 교육체제는 식민지에 대한 교육방침과 제도를 규정하는 조선교육령에 의해 마련되었다. 식민지 시기 조선교육령은 4차에 걸쳐 이루어졌다. 제1차 조선교육령(1911~1921)에서는 보통학교 수업연한을 4년으로 하고, 고등보통학교는 4년, 여자보통학교는 3년으로 수업연한을 정하였다. 그리고 고등학술과 기예를 교수하는 전문학교는 3년 내지 4년으로 하였다. 이 시기는 조선총독부가 학교교육 내용을 통제하기 위해 교과용도서의 편찬에 착수하였고, 보통학교와 고등보통학교의 교과서를 편찬한 후 실업학교 교과서, 전문학교 교과서를 편찬하였다.

2차 조선교육령(1922~1937)에서는 보통학교 수업연한을 6년, 고등보통학교는 5년, 여자보통학교는 4년으로 수업연한을 연장하였다. 교육과정에 대한 개정과 더불어 각 학교의 규정을 개정하였는데, 보통학교의 규정와 고등보통학교규정은 1931년에 다시 개정되었다. 보통학교의 규정에서는 보통학교 교과용도서는 조선총독부에서 편찬한 것을 사용하되 그것이 없을 경우에는 문부성에서 저작권을 가진 것을 사용하고, 여러 종류의 동일한 교과서가 있는 경우에는 도지사가 채택하도록 하였다.[8]

고등보통학교규정에서는 고등보통학교의 교과서는 조선총독부나 문부대신의 검정을 받은 고등보통학교 또는 중학교 교과서 중에서 조선총독의 인가를 받아 학교장이 정하도록 하였다. 그렇지만 특별한 사정이 있는 경우 조선총독의 인가를 받아 일시 타 교과서를 사용할 수 있도록 하였다. 실업학교용 교과서는 그 종류와 정도가 복잡해 총독부에서 편찬할 수 없어 한국의 사정에 따라 특히 필요한 것 몇 가지만 편찬하고, 기타는 일반 저작의 교과서를 총독의 인가를 받아 사용하도록 하였다.[9]

제3차 조선교육령(1938~1942)에서는 수업연한이 4년제에 달하는 소학교가 많아 당분간은 소학교로 존속시키면서 수업연한을 점차 6년으로 연장하였다. 제3차 조선교육령의 개정으로 학교별 교과용도서는 한국인에 대한 교육이 일본인과 같이 다루어지게 되었으므로, 기존에 총독부에서 편찬, 검·인정에 따르던 것을 문부성에서 저작한 것을 사용하는 일이 많았다. 제4차 조선교육령(1943~1945)에서는 전문학교 수업연한을 3년으로 단축하였고, 1943년 3월에는 중학교 이상의 모든 학교에 대해 수업연한을 단축하는 것이 골자였다. 제4차 교육과정령 개정 후 조선총독부는 전시체제의 교육 수행을 위해 '결전학년의 신교육서'를 편찬해 중등학교에서 채택 사용하게 하기도 하였다.[10]

일제강점기 시기의 교과목의 주요 내용은 황국신민을 육성하기 위해 일어 교육에 중점을 두어 한국인의 일본인화 인간 육성을 위한 것에 중심이 되었다. 이에 따라 교과서 역시 이러한 내용을 반영하는 구조로 되었고, 그에 따라 교과서 제도는 총독부와 문부성에서 저작한 것을 사용하거나 검·인정과 같은 형태의 교과서가 사용되었다고 하겠다.

### (2) 광복 이후 시기

광복이 이루어진 이후 교육계에서 일제의 식민지 잔재를 청산하고 민주적인 교육을 실시하기 위한 토대를 마련하는 것이 시급한 일이었다. 교과서에서도 일본 교과서를 사용하지 않게 하고, 우리의 말과 글을 되찾기 위한 국어 교과서를 편찬하기도 하였다. 그리고 당시 중등학교는 각 학교에서 학과 담당교사가 임시교재를 편성하기도 하고, 아직 검·인정 제도가 확립되지 못한 이유로 자유출판되는 서적 중에서 적절하게 선별하여 사용하였다. 그렇기 때문에 학교마다 통일성이 없었고 부적당한 교재도 많이 공급되었다.[11]

1949년 「교육법」이 제정·공포되고, 이의 시행에 필요한 각종 규칙을 마련하면서 교과서 편찬에 대한 준비작업을 진행하였지만, 1950년 한국전쟁으로 일시 중단하게 되었다. 그러나 한국전쟁 중인 1952년에 「교육법 시행령」을 제정하여 교과용도서와 수업용 보조물에 대한 내용을 규정하였다. 1949년에 제정·공포된 「교육법」 제157조에서는 국정·검정·인정 교과서에 대한 규정을 두었고, 1952년 제정·공포한 「교육법 시행령」 제188조에서는 교과서의 선정은 학교장이 하되 국정교과서가 있을 때는 이를 사용하고, 국정교과서가 없을 때에는 검정교과서를 사용할 수 있도록 하였다. 그리고 국·검정이 없을 경우에는 인정교과서로 대용할 수 있고, 인정교과서는 보충교재로 선정하여 병용할 수 있도록 하였다.

「교육법」과 「교육법 시행령」 제정 당시의 교과서에 대한 법적 근거와 내용은 현행 「초·중등교육법」과 「교과용도서에 관한 규정」에 제시된 내용과 유사하다. 현재도 교과서 제도는 국·검·인정 교과서에 대한 규정을 두고 있고, 국정교과서가 없을 때 검정교과서를 사용하도록 하고 있다. 인정교과서는 국·검정 교과서가 없는 경우, 이를 사용하기 곤란한 경우, 그리고 보충할 필요가 있는 경우에 사용하도록 규정하고 있다. 이러한 내용은 「교육법」 제정 당시의 교과서 제도의 기본적 내용과 큰 차이가 없다.

그러나 최근 교과서 제도에 대한 변화를 시도하기도 하고, 2020년 1월에는 「교과용도서에 관한 규정」의 일부가 개정되어 자유발행 형식 인정도서의 근거가 마련되기도 하였다. 첫째, 2017년 8월 17일에 오영훈 의원을 대표로 하여 자유발행 교과서 제도 도입을 위한 「초·중등교육법」 일부 개정안이 발의되었다. 이 법안은 국·검·인정 교과서 제도를 그대로 둔 상태에서 자유발행 교과서를 새로이 도입하는 것이었다. 자유발행 교과서는 교육부 장관이 정하여 고시하는 교과목에 한정해 교육감이 지정하도록 하는 방식을 취하고 있다.[12] 법률안은 제20대 국회 종료와 더불어 폐기되었다. 이 법률안의 제출과 더불어 교육부 교과서정책과에서는 2018년 2월 교과서 자유발행 추진위원회를 발족하여 교과서 발행체제 개편을 위한 자문기구로 운영하였다.

둘째, 교육부 교과서정책과는 「초·중등교육법」의 교과서 자유발행 제도에 대한 일부 개정안이 국회에 계류되면서, 「교과용도서에 관한 규정」의 내용을 일부 개정하여 자유발행 교과서 제도를 적용한 인정교과서 제도의 운영 근거를 만들었다. 기존의 인정교과서 제도를 그대로 운영하면서, 자유발행 적용 인정교과서 제도를 신설하였다. 그래서 인정교과서 제도를 이원화하여 운영하는 체제로 다양화하였다. 자유발행 적용 인정교과서는 전문교과 Ⅰ(특수목적고 전공 관련 과목), 전문교과 Ⅱ(특성화고 전공관련 과목, 단 수능 출제과목 및 NCS 제외) 284책 및 고등학교 학교장 개설 과목으로 하였다. 그리고 심사 절차에서는 기초조사 및 교과별 기준 심사 등을 생략(자체검증 결과 제출로 대체)하도록 하였다. 이 내용을 도식으로 제시하면 ❙그림 14-2❙와 같다.[13]

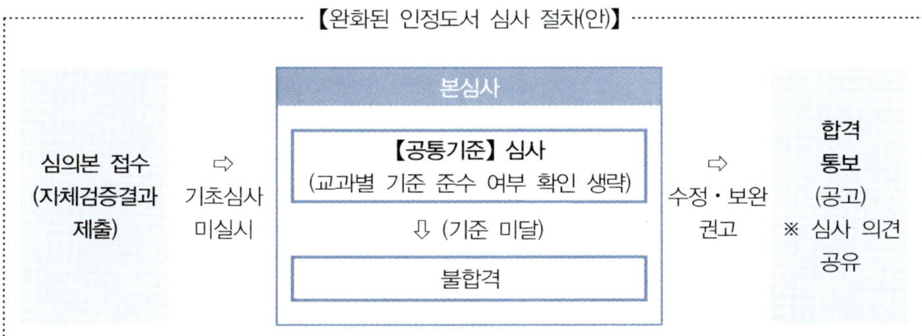


❙그림 14-2❙ 자유발행 적용 인정도서 심사 절차

자유발행 적용 인정도서와 유사한 제도는 제7차 교육과정에서도 운영되었다. 당시 2000년대에는 정보사회에 대비해 다원화, 창의적 사고력 중시, 학생중심의 열린 교수·학습자료, 개방된 교육으로의 변화, 멀티미디어 매체 중심의 다양한 교과서의 전환을 위한 교과서 정책에 따라 자유발행 도서의 도입에 대한 관련 법규를 개정하였다. 그래서 인정도서의 특별한 경우로

심의위원회의 심의를 거치지 않고 쓸 수 있는 도서로 자유발행 인정도서를 규정하기도 하였다. 이 제도는 모든 교과에 적용된 것은 아니고 새로운 지식과 기술 변화에 대응하는 컴퓨터 관련 교과, 개별화 교육을 위한 예·체능 및 국제 전문교과에 한정하여 교육부장관이 자유발행 교과목을 정하여 고시하도록 하였다.[14] 그러나 이 제도는 시간의 경과에 따라 제대로 안착하지는 못하였고, 이번에 새로운 방식으로 등장하게 된 것이다.

현재 「초·중등교육법」과 「교과용도서에 관한 규정」에 의하면, 우리나라의 교과서 제도는 국·검·인정 교과서 제도를 취하고 있고, 인정교과서는 기존의 심사방식을 따르는 인정교과서와 자유발행 형식의 인정교과서로 세분화되어 운영되는 구조를 지니고 있는 것이다. 이들 내용을 도식으로 제시하면 【그림 14-3】과 같다.[15]

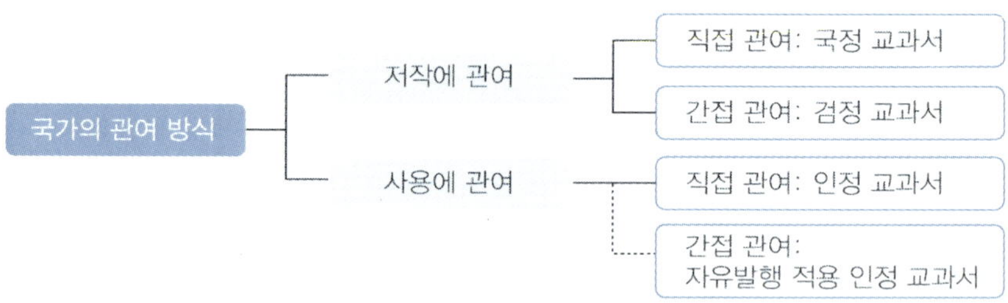


【그림 14-3】 우리나라 교과서 개발 체제

## 03 교과서 개발에서 사용까지의 과정

### 1) 교육과정행정에서 교과서 개발의 위상

교과서는 교육현장에서 교수·학습을 위해 직접적으로 사용되고 있는 매개체이다. 그러나 교과서는 집필자에 의해 임의적으로 만들어지는 것은 아니다. 교과서는 국가교육과정의 총론과 각론(교과별 교육과정)에 제시되어 있는 내용을 토대로 집필자에 의해 창의적으로 개발되는 것이다. 교과서 내용의 기본적인 내용은 국가교육과정에 제시되어 있다. 검·인정이나 자유발행 교과서를 취하고 있는 나라의 경우에도 교과서는 교육과정에 근거해 만들어지고 있다. 따라서 교육과정에 제시된 내용이 어떠한 것인지에 따라 교과서 내용 역시 달라질 수 있는 것이다.

일반적으로 교육과정이 개발되면, 곧바로 운영이 되고, 운영의 결과에 대한 평가를 통해 시정조치하는 과정으로 교육과정의 개발과 운영 및 성과가 이루어지는 것으로 이해하고 있다. 그러나 우리나라의 국가교육과정은 교육과정이 개발되고 난 후 교육현장에 곧바로 적용이 되는 것은 아니다. 국가교육과정이 확정·고시된 이후 교육현장에 적용하기까지 2년 내외의 시간을 두고 있다. 예를 들면 2015개정 교육과정은 2015년 9월 23일자로 고시하였지만, 2017년 3월 1일 초등학교 1, 2학년부터 순차적으로 적용되고, 2009개정 교육과정은 2011년 12월 23일자로 고시되었고, 2011년 3월 1일부터 초 1, 2, 중 1, 고 1부터 순차적 적용에 들어갔다.

교육과정이 개발되고 난후 교육현장에 적용까지 일정한 공백 기간은 개정 교육과정의 홍보, 교원에 대한 연수, 그리고 교과서 개발 등이 이루어진다. 교과서 개발과 관련해서 우리나라는 교과서를 의무적으로 사용하도록 되어 있기 때문에, 교육과정이 교육현장에 적용되기 전에 만들어져 있어야 하는 것이다.

교과서 개발은 국가교육과정의 개정 취지를 구현하기 위해 교과서 정책의 방향을 설정하고, 그에 따라 실제 교과서 개발을 하는 실무적 작업을 거치게 된다. 그리고 개발된 교과서에 대한 시범적용을 통해 수정과 보완을 하는 작업을 수행한다. 그 뒤 개정 교육과정이 본격적으로 적용되는 시기에 교육현장에서 전면적으로 활용하게 되는 것이다. 교육과정행정에서 교과서 행정이 어디에 위치하는 것인지를 개관하면 〈그림 14-4〉와 같다.

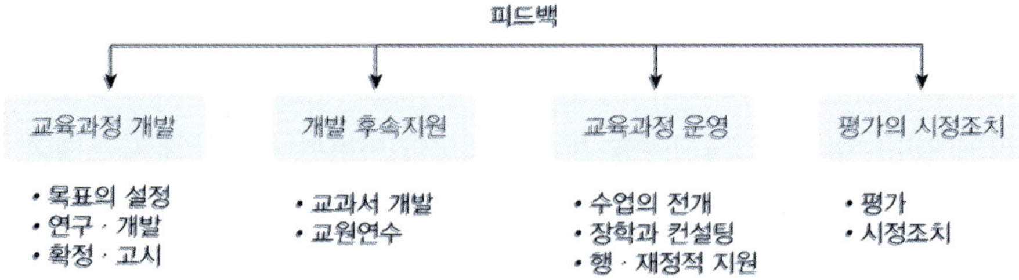


**❙그림 14-4❙ 교육과정행정 과정에서 교과서 개발의 위상**

## 2) 교과서 개발과 사용의 단계

교육과정행정에서 교과서 개발은 교육과정이 확정 · 고시되고 난 후 본격적으로 이루어지게 된다. 교육과정이 확정 · 고시되면 교과용도서에 대한 국 · 검 · 인정에 대한 구분 고시를 하게 되고, 그 뒤 교육부에서는 교과용도서 개발 기본계획을 수립하여 교과용도서를 개발하게 된다. 그리고 개발된 교과서는 교육현장에서 채택하여 사용하는 과정을 거치게 된다. 이러한 과정은 ❙그림 14-5❙와 같다.[16]

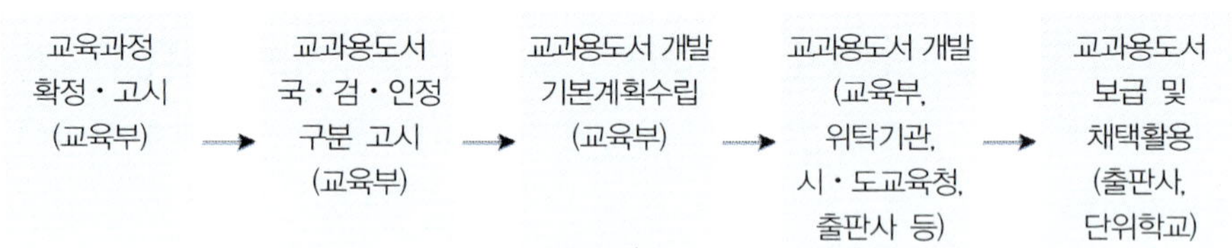


**❙그림 14-5❙ 교과용도서 개발 및 채택 절차**

첫째, 교육과정의 확정 · 고시의 단계이다. 우리나라에서 교육과정은 교육부의 기본계획 수립, 국가교육과정 포럼에 대한 지속적인 개최를 통한 국민의 의견 수렴, 총론과 각론의 정책연구 과제의 수행, 전문연구기관의 연구, 그리고 교육과정심의회의 자문을 거쳐 최종적으로 확정 · 고시된다.

우리나라 교육과정의 문서 체제는 총론과 각론으로 크게 구분하고 있다. 총론은 각론에 일괄적으로 해당하는 사항이나 조정이 필요한 사항을 제시하고 있다. 2015 개정 교육과정의 총론에는 개정 교육과정의 교육목적과 각 급학교 교육목표, 교과 편제와 시간배당 기준, 교육과정 편성 · 운영의 기준 및 국가와 지역의 교육과정 지원에 대한 사항이 규정되어 있다.

각론은 교과별로 성격, 목표, 내용체계 및 성취기준, 교수·학습 및 평가의 방향으로 구분되어 있다. 각론은 교과서를 만드는 핵심적 역할을 수행하고 있다. 총론의 교육목적이나 시간배당도 교육내용의 선정이나 조직에서 고려해야 할 요소이지만, 교과서 집필자는 각론의 교과 내용과 성취기준을 보다 구체화하여 교과서를 집필하게 된다.

둘째, 교과용도서 국·검·인정의 구분 고시의 단계이다. 교육과정이 확정·고시되면 교육부장관은 「교과용도서에 관한 규정」 제4조(국정도서), 제6조(검정도서), 제14조(인정도서)에 의거해 국·검·인정도서로 구분해 관보에 게재하게 된다. 2015 개정 교육과정의 경우 초등학교는 2015년 10월 21일, 중·고등학교는 2015년 11월 3일에 구분 고시가 이루어졌으며, 2009 개정 교육과정기에 검·인정도서로 분류되었던 과목 중 일부가 국·검정 도서로 전환되었다.

중학교의 경우 역사교과서 및 지도서가 검정도서에서 국정도서로 전환되었으며, 수학, 과학, 영어 교과의 교과용도서가 인정도서에서 검정도서로 전환되었다. 고등학교는 한국사 교과서가 검정도서에서 국정도서로 전환되었으며, 수학, 과학, 영어 교과의 일반선택 과목 교과용도서가 인정도서에서 검정도서로 전환되었다.

이처럼 교육과정이 개정되면, 개정 교육과정의 정치·사회적 상황에 따라 국정교과서가 검정교과서로 구분 고시되기도 하고, 인정교과서가 검정교과서로 구분되기도 한다. 이것은 교과서를 사용하는 교육현장의 입장에서는 혼란을 가져올 수 있다. 우리나라와 같이 교과서 제도를 넓게 활용하고 있는 나라에서는 국가주도형에서 민간주도형으로 되거나 민간주도형에서 국가주도형으로 변경될 경우 교과서를 만들고자 하는 교사뿐만 아니라, 이를 교육현장에서 활용하는 학생의 입장에서도 불안정성을 가져오게 된다.

「교과용도서에 관한 규정」에서 국·검·인정 교과서에 대한 개념 정의에서 저작이나 사용을 승인하는 주체로 구분하기 때문에, 교과의 내용적 측면을 고려한 용어의 정의가 제대로 이루어지지 않고 있다. 어떠한 교과서가 국정이나 검정이 되어야 하고, 어떠한 교과서가 인정이나 자유발행이 되어야 하는 것인지에 대한 설득력 있는 기준이 제대로 마련되어 있지 않은 것이다. 그리고 교과서에 대한 구분 고시를 교육부장관이 임의로 하기 때문에 이를 견제할 수 있는 제도적 장치도 제대로 마련되지 않은 상태이다. 교육과정이 사회적 합의의 산물이라고 하면, 교과서 제도 역시 그러한 방향으로 이루어질 수 있는 제도의 확립이 필요할 것으로 생각된다.

셋째, 교과용도서 개발 기본계획의 수립 단계이다. 교과서는 교육과정을 구현하기 위한 교육용 자료에 해당한다. 그렇기 때문에, 교육과정이 개정되면 그 정신을 구현하기 위해 교과서 정책의 방향을 수립하게 된다. 교과서 정책의 방향에서는 비전이나 방향의 설정과 그에 기초한 구체적인 목표의 설정, 그리고 국 · 검 · 인정 교과서별 중점 개선 사항, 교과서 개발 지원과 가격 정책 등에 대한 내용을 담고 있다.

2015 개정 교육과정과 관련된 교과서 정책은 2013년부터 시작되었다. 교육부에서는 2013년 5월 23일 '참고서가 필요 없는 교과서 완결 학습체제 마련'이라는 교과서 정책의 방향을 제시하였다. 여기서는 현행 교육과정을 토대로 핵심역량(성취기준)을 개발하고 자기주도적 학습 등을 유도하기 위해 교과서 개선과 지원정책의 강화를 추진하고, 서책형 교과서와 연계된 디지털 교과서 개발로 시간과 장소에 구애됨이 없이 자기 주도적 학습이 가능한 교과서 중심 학습 환경을 구축하는 내용이 포함되어 있다.

2015년 7월 30일에는 '교과용도서 개발 체제 개선 방안'을 통해 '교과용도서 집필 및 심사체제 등의 개발체제 개선 방안'을 발표하였다.[17] 이번 개선 방안은 2015 개정 교육과정에 따른 교과서를 보다 안정적으로 개발하고, 꼼꼼하고 깊이 있는 검토와 심사를 통해 학생, 교사 및 학부모로부터 신뢰받는 교과서, 학생들이 쉽게 활용하고 공부의 가장 기본이 되는 교과서로 거듭나기 위해 마련된 것이다.

개선 방안의 주요 내용을 보면, 국정도서는 최종본 공급 전 현장검토에서 실험본의 완성도를 높이고, 기존 교과서와 동시 적용에 따른 학생의 학습 부담을 최소화할 필요성이 제기되었다. 그래서 현장검토본에 대한 내용 오류 및 표현·표기의 정확성 등에 대한 감수와 심의 강화, 연구학교 중심의 현장검토 방식을 개선해 연구학교, 교사연구회, 전문가 검토를 함께 추진해 학생의 발달수준에 적합한 교과서로 만들고자 하였다.

검정도서는 집필기간을 최소 1년 이상 대폭 늘려 질 좋은 교과서를 안정적으로 개발할 수 있도록 하였고, 학년과 학기가 구분되는 교과서는 연차적으로 심사를 실시함으로써 집필 후, 전체 교과목을 한꺼번에 심사하는 부담을 줄이도록 하였다. 그리고 검정심사에 합격한 도서 중에서 내용 오류가 발견되는 문제 개선을 위해 본 심사를 세분화하여 합격판정 전에 수정·보완을 이행했는지 확인하는 과정을 두어 보다 엄격한 심사를 하도록 하였다. 본심사에서 더 심도 있는 내용 검토가 필요한 경우 전문기관 등에서 감수를 받을 수 있도록 하여 내용 오류를 없도록 할 예정이었다. 이러한 내용으로 검정도서의 안정적 개발과 심사체제를 강화하였다.

인정도서는 그동안 교과목에 한정하였던 것을 비교과 활동(창의적 체험활동, 자유학기제 등)의 도서도 필요한 경우 학교장이 인정신청하여 시·도 교육감이 인정 후 사용할 수 있도록 하였다. 교과서의 자율적 사용이 요구되는 교과목(고교지도서와 과학, 체육, 예술계열 전문교과목 등의 일부)은 국·검·인정 도서 구분에서 제외하여 단위학교가 자율적으로 개발, 선정·사용이 가능하도록 하였다. 그리고 국가직무능력표준(NCS)에 따라 개발한 학습자료를 인정도서로 사용할 수 있도록 하여 실무중심의 직업교육을 실시하였다. 이를 통해 인정도서의 활용 제고 및 교과서 사용의 자율성을 확대한 것이다.

이 외에도 교과서 가격 안정화를 위해 최고가격제를 도입하는 등의 조치를 하여 출판사는 최고 가격 내에서 자율적으로 교과서 가격을 정하도록 할 예정이었다.

넷째, 교과용도서의 개발 단계이다. 교육부에서는 개발이라는 용어보다는 교과용도서의 편찬이라는 용어를 더 잘 사용하는 것 같다. 교과용도서의 개발에서는 편찬의 방향을 설정하고, 국·검·인정 공통의 편찬상의 유의점을 제시하고, 그 뒤 국·검·인정 교과서별로 개발에 들어가게 된다.

교과서 편찬의 방향에서는 일반적으로 목표와 기본방향을 설정하고, 주요 내용을 설정하는 작업을 거치고 있다. 목표와 기본방향은 개정 교육과정의 비전과 기본방향 및 주요 내용에 부합하는 방향으로 제시하고 있다. 2015 개정 교육과정의 경우 교과용도서의 편찬 방향에서는 "창의융합형 인재양성과 핵심역량을 도모하는 실생활 중심의 교과용도서 개발과 보급을 통한 학교교육의 내실화"[18]를 목표로 설정하였다. 그리고 기본 방향으로 교육과정을 충실히 구현하는 교과용도서, 바른인성과 창의융합적 사고력을 갖춘 인재양성에 적합한 교과용도서, 일상생활에 연계되어 이해하기 쉽고 흥미를 유발하는 학습자 중심의 교과용도서로 제시하였다.

국·검·인정 공통의 편찬상의 유의점에서 국·검·인정 교과서의 공통 기준과 교과별 기준에 해당하는 사항은 헌법 및 관련 법령의 준수, 교육의 중립성 유지, 지식재산권 관련 법령 준수, 교육과정의 구현 및 목표 진술, 내용의 선정 및 조직, 표기와 인용의 정확성, 범 교과 학습 내용의 반영 및 기타로 이루어져 있다. 이들 사항은 국·검·인정 교과서의 심사기준에 해당하는 사항을 제시하고 있는 것이다. 헌법 및 관련 법령의 준수, 교육의 중립성 유지, 지식재산권 관련 법령 준수와 같은 경우는 공통기준에 해당하고, 그 외 사항은 교과별 기준에 해당한다.

교과용도서의 편찬 방향과 공통의 편찬상의 유의점이 확정되면 교과용도서의 개발에 들어가게 된다. 교과용도서의 개발 단계에서는 국정, 검정, 인정도서별로 개발 주체와 방법 등의 세부적 내용에서 다른 절차를 거치고 있다.

우선, 국정도서는 국가가 저작권을 가지고 있고, 연구기관이나 대학 등에 위탁하여 편찬할 수 있다. 편찬 공모기관이 정해지면 집필 세목을 작성하고, 그에 따른 원고본을 작성·심의하여 개고본에 대한 심의를 하고, 현장검토본을 만들어 현장 적합성 검토를 거치게 된다. 현장검토의 결과를 반영하여 수정·보완 작업을 거쳐 감수본을 작성하고 최종 승인이 되면 생산과 공급에 들어가게 된다.

다음으로, 검정도서는 교육부장관이 검정 개발 도서를 대상으로 검정 실시 공고를 하고, 검정의 신청을 받는다. 그리고 검정심사 기준에 부합하는 도서에 대해서는 합격의 결정·공고를 하게 된다. 검정도서는 「행정권한의 위임 및 위탁에 관한 규정」에 따라 한국교육과정평가원, 한국과학창의재단, 국사편찬위원회, 한국개발연구원 등에 수학, 과학, 경제, 역사 등의 검정도서에 관한 권한을 위탁하여 실시하고 있다.

검정신청의 자격은 저작자나 발행자가 하거나 저작자와 발행자 공동으로 신청이 가능하다. 검정심사 위임·위탁기관에서는 교육부에서 연구·개발한 편찬상의 유의점과 검정기준을 활용하여 검정실시 공고와 함께 편찬상의 유의점과 검정기준을 발표하여야 하고, 저작자 등을 대상으로 설명회를 개최하여야 한다. 검정기준은 교육부에서 제시한 기준을 바탕으로 위탁기관에서 교과군이나 과목별 전문가 협의회를 거쳐 정한다.

검정심사의 절차와 방법은 기초조사, 본심사, 이의신청 심사, 견본 감수, 최종합격 공고를 거치게 된다. 기초조사는 내용 및 표기·표현 오류를 조사한다. 본심사는 1·2차로 구분하여 1차는 검정기준(공통기준, 교과별 기준)에 따른 심사, 2차는 수정·보완 및 감수 지시 사항 이행 여부를 확인하여 교과용도서로서의 적합성 여부를 심사한다. 이의신청 심사는 본심사 결과 불합격 판정 통지 시 이의신청 접수 기간을 정하여 안내하여야 한다. 본심사나 이의신청 심사에서 합격판정을 받은 도서는 견본을 제출하여 견본 검수를 받는다. 이러한 과정을 모두 통과한 도서에 대해서는 최종 합격 공고를 하게 된다.

마지막으로, 인정도서는 인정심사기준을 적용받는 인정도서와 자유발행이 적용되는 인정도서로 구분된다. 먼저 인정도서 심사기준을 적용받는 인정도서부터 알아본다. 인정심사 기준을 적용받는 인정도서는 교육청 자체 개발 인정도서와 출판사 출원 인정도서로 다시 구분된다. 교육청 개발 인정도서는 개발 예정자 조사에서 민간출판사의 개발 수요가 없는 교과목에 대하여 교육부가 개발비를 지원하고 시·도 교육청이 직접 또는 위탁해 개발하는 것이다.

출판사 출원 인정도서는 개발 예정자 조사에서 출원 예정을 신청한 도서로 민간출판사가 개발하고 교육청이 심사하는 방식을 취한다. 인정도서의 심의는 검정심사에 준하여 실시하며 기초조사와 본심사(1차 · 2차 심사)로 구분하여 실시한다. 인정도서와 관련해서는 인정도서심의회가 구성 · 운영되고 있다. 인정도서심의회는 시 · 도 교육청이 구성 및 운영하는 주체가 된다. 그 기능은 인정도서의 인정, 인정기준의 결정, 인정 취소처분, 내용 수정 요청, 가격 조정 권고 · 명령, 인정 취소 처분에 대한 청문 등에 관한 사항을 담당한다.

이어서, 자유발행이 적용되는 인정도서에 대해 알아본다. 자유발행이 적용되는 인정도서는 점진적으로 확대하려는 취지를 담고 있으며, 우선적으로 전문교과 Ⅰ, Ⅱ와 고등학교 학교장 개설 과목으로 되어 있다. 심의본 접수 시 기초조사와 교과별 기준 심사를 생략하고 자체검증 결과의 제출로 가능하도록 하였다. 본심사에서는 공통기준에 한정해 실시하여 합격 여부를 결정하게 된다. 자유발행이 적용되는 심사는 저작자가 자체평가하는 형식의 자체검증 결과서 제출을 하지만, 외부평가는 공통기준의 심사만 거치도록 하고 있어 교과서 질의 저하에 대한 우려의 의견이 나타나고 있는 실정이다.

다섯째, 교과용도서의 보급 및 채택활용 단계이다. 국 · 검 · 인정도서로 합격한 도서는 출판사를 통해 인쇄되고 교육현장에 보급된다. 국정도서는 1교과 1책주의를 채택하고 있기 때문에 교육현장에서 선택의 여지가 없이 활용하면 된다.

검정도서는 3단계의 과정을 거쳐 사용하게 된다. 1단계는 교과서 선정을 위해 구성된 선정위원회 소속 교사들이 3종을 선정한 후 순위를 정해 학교운영위원회에 추천한다. 2단계는 학교운영위원회가 추천된 검정도서의 선정 기준, 선정 절차 등을 심의(자문)한 후 그 순위를 정해 학교장에게 통보한다. 3단계는 학교장이 선정할 검정도서를 최종 확정하게 된다. 이러한 단계를 거쳐 확정된 도서는 NEIS를 통해 학생 수를 고려하여 주문하게 된다. 인정도서 역시 검정도서의 선정에 준하여 이루어진다.

## 04 교과서 질 관리와 환류 체계

### 1) 의의

교과서 질 관리는 교과서로서 갖추어야 할 조건을 충족시킴으로써 아동의 지속적인 성장에 기여하기 위한 것에 있다. 일반적으로 질 관리는 수요자의 만족도를 중심으로 이야기되고 있다. 물건을 만들어 파는 경우 해당 상품에 대해 사용자가 만족하게 되면 그 상품의 판매가 늘어날 것이고, 그에 따라 기업의 생산성은 더욱 강화될 것이다. 따라서 기업들은 상품에 대한 만족도 향상을 주기적으로 확인하고, 불만족 요인이 있을 경우 이를 시정하기 위한 여러 가지 조치를 취하게 된다. 이러한 것이 질 관리의 일환이 될 것이다.

그러나 교과서에 대한 질 관리는 기업체와 다른 양상을 지니고 있다. 교육이 사적인 기업과 달리 공공성이나 공익을 기하는 점에서 기본적인 차이가 있고, 교과서를 사용하는 사람도 학생뿐만 아니라 교사도 있고 교과서 선정에 학부모나 지역사회 인사 등이 관여하고 있어 교과서 사용자라는 주체가 다양하게 나타나고 있다. 또 학생이 교과서의 사용자라고 하더라도 미성숙한 존재이기에 그 내용의 적절성에 대한 판단을 하는 것이 쉽지 않다는 특성도 지니고 있다.

그리고 교과서 질 관리의 방식은 국·검·인정 및 자유발행 교과서에 따라 상이한 체제로 작용하고 있다. 우리나라에서 국정과 검정 및 인정과 같은 경우에는 일정한 심사기준을 통과하여야 교과서로의 지위를 부여받을 수 있기에 교과서 개발 단계에서부터 교과서 질 관리가 이루어진다. 교과서 사용의 단계에서도 수정지시나 요청 등에 의해 관리를 하고 있다. 그러나 이들은 국가나 지역적 차원에서 이루어지는 것이고, 사용자 그 자체에 대한 평가는 제대로 이루어지지 않고 있다.

이에 비해 자유발행 교과서는 교과서 개발 단계에서 교육과정을 준수하여야 하지만, 그것은 교과서 집필자나 출판사에 의해 이루어지는 것이다. 그리고 사용단계 역시 수정이 필요한 경우 수정에 대한 요청을 받을 뿐이고, 실질적으로 질 관리에 대한 내용이 체계화되어 있지 않은 상태이다.

국정, 검정, 인정 및 자유발행 적용 인정 교과서 등으로 교과서 제도를 넓게 운용하고 있는 우리나라에서는 교과서에 대한 질 관리 체계를 정립하는 것이 쉽지 않은 상태이다. 그러나 이제까지 교과서에 대해 교육부나 교육청에 의해 주로 이루어져 왔다는 점에서 새로운 제도의 도입과 더불어 사용자에 대한 평가를 어떻게 수용할 것인지도 관심의 대상이 된다. 교과서는 학생들의 현재까지의 경험을 규정하고, 향후 새로이 경험할 대상에 대한 연상의 매개체로 지속적인 영향을 미친다는 점에서 질 관리 체제를 제대로 정립하는 것은 중요한 과제가 될 것이다.

## 2) 교과서 질 관리의 의미와 현황

일반적으로 질 관리는 고객의 요구에 부응하는 방식으로 지속적으로 개선하는 것을 말한다. 이것이 교과서 질 관리에도 그대로 적용된다고 보기는 어렵다. 앞서 지적하였듯이 교과서는 교육활동을 전개하는 유용한 매개체이고, 교육의 특수성을 고려할 때 사회 일반의 질 관리와는 차별화된 사항을 지니고 있는 것이다.

첫째, 교과서 질 관리에 대한 의미를 살펴본다. 보통교육의 단계에서 교과서는 다른 사회 일반의 서적과 달리 학생들이 배우면서 일상생활에서의 규범이 되는 내용으로 되어 있다. 교과서로 지위를 부여하기 위한 전제 조건으로서 공통기준이나 교과별 기준에는 이러한 사항이 담겨져 있기 때문이다. 그것은 교과서의 질적 수준을 결정하는 것과 밀접하게 관련된다. 질이라고 하는 것은 사물의 속성을 가리키는 용어로서 교과서의 질은 교과서가 가지는 속성이 무엇인지를 말하는 것이다.

교과서라고 하는 것은 단순히 지식과 기능을 학생들에게 전달하는 것은 아니다. 교과서는 교육과정을 구현하는 교육용 자료이자, 학생의 성장을 위해 의미 있는 장으로서 기능하는 하나의 수단이다. 따라서 교과서 내용은 학생들이 사고할 수 있도록 자극하는 것이어야 하고, 그렇게 자극된 사고는 실생활의 맥락에서 지적이든 정서적이든 학생의 경험으로 활성화되어 학생이 지속적으로 성장하는 데 기여할 수 있는 것이어야 한다. 다른 일반 서적이 그렇지 않다는 것은 아니지만, 모든 서적이 그렇지는 않을 것이다. 그러한 점에서 교과서는 다른 일반 서적과 차별화되는 것이다.

이러한 특징이나 성질을 지니고 있는 교과서의 질은 교과서의 내용적 특성만으로 만들어지지 않는다. 그러한 교과서가 만들어지기 위한 제도적 조건도 동시에 고려하여야 하는 것이다. 예를 들면, 교과서 내용을 충실하게 만들기 위해 저자들이 자유롭게 의견을 교환하여 창의적으로 만들고, 그 결과가 교과서 내용으로 제시되기 위해서는 교육과정이 대강화되고, 교과서 심사기준도 적절해야 하는 것이다. 이와 같은 사항이 제대로 되기 위해서는 이를 지원하거나 조언하는 제도적 사항이 제대로 정비되어 있어야 하는 것이다. 그리고 이러한 교과서는 교과서를 개발하는 과정뿐만 아니라, 사용하는 과정과 결과에 대한 성과를 점검하는 총체적인 과정에서 이루어져야 하는 것이다.

따라서 교과서 질 관리라고 하는 것은 교과서의 기본계획의 수립에서부터 교과서 개발, 사용 및 평가의 제반 단계에 걸쳐, 교과서 내용이 생산적 사고와 실생활 맥락에서의 활성화된 경험으로 통합될 수 있도록 지속적으로 유지·개선하기 위해 내용적 조건과 제도적 조건을 정비하는 것이라고 할 수 있겠다.

**표 14-2 교과서 질 관리의 의미**

| | |
|---|---|
| 교과서 질 관리 = | 교과서 개발 기본계획 수립에서 평가까지의 총체적 과정 |
| | 내용적 조건: 생산적 사고 + 실생활 맥락의 활성화된 경험 |
| | 제도적 조건: 심사 기구의 정비 + 심사절차의 적정화 |

둘째, 교과서 행정에서의 질 관리에 대해 알아본다. 교과서는 교육부에서 교과서 개발에 대한 기본계획을 수립하면서 시작되고, 교과서 질 관리에 대

한 사항 역시 제시된다. 2015 개정 교육과정에 따른 교과서 개발 체제에서는 오류 없고 질 높은 교과서를 만들기 위해 국정도서의 현장 적합성 검토를 연구학교 중심에서 연구학교, 교사연구회, 전문가 검토를 함께 추진해 학생의 발달수준에 적합한 교과서를 만드는 것을 계획한 것이 그 예이다. 그러한 교과서 개발 추진 계획의 수립에 따라 실제 교과서 개발 단계에서도 교과서의 질적 수준 제고를 위한 노력이 이루어진다.

교과서 개발 단계에서는 국·검·인정 교과서 모두 일정한 심사기준에 따라 집필한 교과서 내용 충족되어야 교과서로의 지위를 부여받는다. 다만 자유발행 형식의 인정도서는 자체검증결과서를 제출하면 된다. 교과서 사용 단계에서는 교육과정의 부분 개정이나 그 밖의 사유로 인해 개편의 범위에 이르지 아니할 정도의 교과서 내용의 수정 필요가 있을 경우에 국정도서는 자체 수정, 검정도서는 수정 명령, 인정도서는 수정 요청을 할 수 있다. 교과서 평가단계에 대해서는 관련 법규에 직접적인 명문의 규정을 찾아보기 어려운 것 같다. 그렇지만 교과서 개발의 목표 대비 그 성과를 점검하고 시정조치를 함으로써 교과서 혁신을 기할 필요가 있을 것이다.

이처럼 교과서 질 관리와 관련해 교과서 개발 기본계획의 수립, 교과서 개발 단계에서의 심사기준, 사용단계에서의 수정 명령이나 요청 등은 모두 공급자 중심에서 이루어지는 질 관리 체제라고 볼 수 있다. 주로 국가주도형 교과서 개발 체제에서 생각할 수 있는 것이다. 그러나 사회·경제 체제의 변화와 이에 따른 교육 체제가 공급자 중심에서 수요자 중심으로 이동하고 있음을 고려한다면, 교과서 역시 수요자 중심의 질 관리 체제를 정비할 필요가 있다. 그것은 교과서를 사용하는 교사나 학생, 넓게는 학부모나 지역사회인사까지 포괄해 사용자에 대한 평가 체제와 그 결과를 피드백하는 질 관리 체제도 모색되어야 할 필요가 있다고 보는 것이다.

**표 14-3 교과서 질 관리의 변천**

| |
|---|
| 변천의 내용 = 공급자 중심의 질 관리 → 수요자 중심의 질 관리 |
| 변천의 주안점 = 국가주도의 수정·명령·요청 → 사용자 중심의 평가를 통한 피드백 |

### 3) 교과서 질 관리 체제의 발전 방향

교과서 질 관리는 교과서 개발에 대한 기본계획의 수립에서 교과서 개발, 사용 및 평가의 모든 단계에 각 단계에 걸쳐 이루어져야 하고, 내용적 조건과 제도적 조건을 충족하여야 제대로 이루어질 수 있다. 교과서의 내용적 측면이 적절하게 이루어졌는지는 교과서 심사기준에서 판단하는 것으로 제도적 측면이 어떻게 되어 있는지에 따라 결정된다. 따라서 여기서는 교과서의 제도적 측면과 관련된 사항에 한정해 교과서 질 관리 방안을 다루도록 할 것이다.

교과서 질 관리 체제와 관련해 새로이 도입된 자유발행 적용 인정도서의 경우와 향후 자유발행 교과서 제도를 확대하려는 정책을 고려하면 교과서 질 관리에 대한 사고방식의 전환과 그 발전 방향에 대해 검토하는 것이 바람직하다고 생각된다. 제7차 교육과정부터 공급자 중심에서 수요자 중심으로 교육과정의 변화가 이루어져야 하는 것이 제시되었고, 그에 따른 교육과정이 개편되었다. 그리고 교과서 제도 역시 그러한 방향으로 되어야 함은 당연한 것이다. 그럼에도 불구하고 교과서 질 관리 체제는 공급자 중심으로 되어있어 사용자 평가와 같은 수요자 중심의 체제로 변화가 요청된다.

여기서는 현재의 질 관리 체제와 사용자 평가 등을 종합적으로 고려한 질 관리 체제 모형을 개괄적 수준에서 제시한다.[19)]

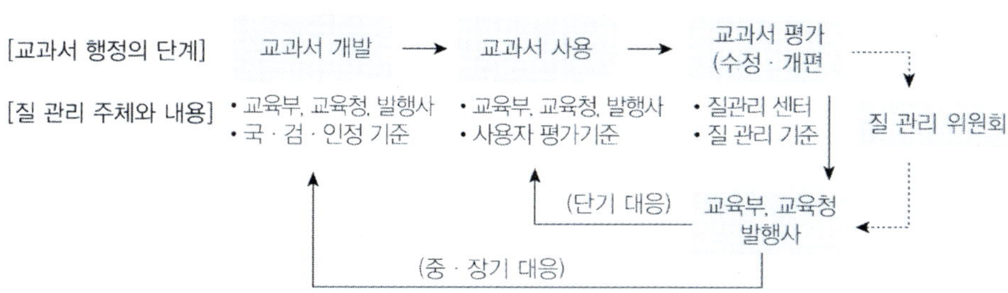


**그림 14-6** **교과서 질 관리 체제 기본 모형**

이 모형에서 제시하고 있는 질 관리 체계는 교과서 개발에 대한 기본계획 수립과 같은 계획의 단계를 제외한 것이다. 그렇게 되면 교과서의 개발 단계, 교과서 사용 단계, 교과서 평가 단계로 구분된다. 이들 각 단계에서의 질 관리를 보면, 우선 개발 단계에서는 교육부와 교육청 및 출판사가 담당하게 될 것이다. 교육부는 국정과 검정 교과서에 대한 심사기준을 만들고, 교육청은 인정교과서에 대한 심사기준을 만들어 질 관리를 행할 것이다. 자유발행이 적용되는 교과서의 경우는 출판사와 저작자 등이 자체평가의 형식으로 자체검증결과를 제출하는 방식이 될 것이다.

다음으로 사용 단계에 대한 것이다. 사용 단계에서 교과서 내용의 수정이 필요한 경우에는 국정교과서는 교육부 자체 수정, 검정은 수정 명령을 통해 질 관리를 하고, 인정교과서는 교육청에 대해 수정 요청을 하는 형식이다. 이러한 방식은 현재까지 공급자 중심에서 이루어진 질 관리의 입장에 해당한다. 그러나 수요자 입장에서도 질 관리에 대한 방안을 모색할 필요가 있다고 생각된다.

수요자 입장으로 볼 때 교육현장 교과서 선정에서 학교운영위원회가 교과서에 대한 심사를 하여 사용자 입장에서의 질 관리를 하는 형식이 있지만, 비전문가가 교과서 내용에 대한 실질적 평가를 하기는 어려울 것으로 생각된다. 그러나 교과서를 실제 사용하는 교사는 이와 다를 것으로 생각된다. 교사의 입장에서는 교과서를 매개로 교육활동을 전개하면서 교과서에 대한 흥미나 내용의 수준 및 표현의 오류 등을 발견할 여지가 생기게 된다.

그것은 사용자 평가를 위한 준거의 필요성을 말하는 것이다. 사용자 평가의 경우 교과서를 사용하는 자의 입장에서 교과서를 평가하고, 그 결과에 대한 피드백을 제공하는 것이다. 그래서 단기적으로는 간단하거나 중대한 오류를 수정하는 효과를 지니게 될 것이고, 중·장기적으로는 교육과정의 개정이나 교과서의 전면적인 개편 등에서 도움을 주게 될 것이다. 이를 위해서는 사용자 평가의 준거를 설정할 필요가 있고, 그러한 준거에 따라 교사가 상시적으로 평가할 수 있도록 접근할 수 있는 DB구축 등과 같은 기술적 지원도 요청된다. 중·장기적으로 사용자 평가는 학생이나 학부모 등으로 확대하는 것도 검토해 볼 필요가 있다.

마지막으로 교과서 평가 단계에 대해 알아본다. 교과서 평가 단계에서 질 관리와 관련된 사항은 그다지 많이 발견되지는 않고 있다. 교과서 평가 단계에서는 질 관리 센터를 구축하는 것이 필요할 것이다. 현재 한국교과서연구재단에서 수행하고 있는 '교과서민원바로처리센터'와 같은 것이다. 질 관리 센터 내에는 질관리위원회를 두어 질 관리의 기준을 설정하고, 사용자 평가의 결과에 대한 분석과 종합적 판단을 하여 교육부, 교육청, 발행사 등에 수정이나 보완 등의 요청 사항을 제공해 주도록 하여야 할 것이다. 그 내용을 발행사에게 주어 발행사가 자체적으로 수정할 수 있는 사항도 있을 것이고, 교육부나 교육청이 수정 명령이나 요청을 하는 사항도 있을 것이다.

현재 교과서 평가에 대한 피드백은 모니터링이나 교과서 민원에 대해 처리하는 형태가 존재하고 있지만, 그러한 것을 보다 활성화시키기 위해서는 사용자 평가에 기초한 피드백 체제도 고려하여야 할 것이다. 교과서 내용의 단순 오류나 중대 오류와 같은 경우는 교육부, 교육청, 발행사가 단기적으로 대응하도록 하고, 교과서 내용이 학년(군) 수준에 부합하지 않아 이에 대한 교육과정 개정이 동시에 요청되거나 교과서 내용을 새롭게 전면 개편하는 것과 같은 경우는 중·장기적 대응 체제로 구성하면 될 것이다.

CHAPTER

# 15 교육과정 교원연수

## 01 의의

교육과정 연수는 개정 교육과정이 확정・고시된 이후 교과서 개발과 함께 그 후속지원에 해당하는 것이다. 교육과정 개정의 후속지원은 교육과정 개발과 교육과정 운영의 사이에 위치하기 때문에 개정 교육과정이 현장에 정착할 수 있도록 준비하는 기간을 말하는 것이기도 하다. 교육과정 개정 후속지원에서 가장 중요한 사업은 교원연수와 교과서 개발이다.

교과서 개발은 교사와 학생 상호작용의 매개체를 만드는 것으로서 교육현장에서 개정 교육과정이 적용될 때 반드시 필요한 것이다. 교원연수는 개정 교육과정에 대한 이해를 토대로 교육과정을 교육현장에 안정적으로 적용하도록 전문성을 향상시키는 것이다. 교원이 개정 교육과정에 대해 이해할 수 있는 연수없이 새로운 교육과정을 적용할 경우 교육활동이 제대로 이루어지기 어렵고, 그 결과는 학습권을 침해하는 것으로 이어진다.

따라서 교육과정이 개정된 이후 교원연수가 이루어지게 된다. 그리고 2년 내외의 짧은 기간으로 인해 40만 명이 넘는 교원을 전체적으로 연수하기 위해 교원연수는 국가주도적으로 이루어지고 있는 실정이다. 국가주도적 교원연수는 교원연수의 자주성이 존중되어야 하는 것과 배치되어 갈등을 빚을 수 있는 것이다. 그러나 이것은 개정 교육과정의 보급 단계에서 이루어지는 조치이고, 적용 단계에서는 이와 달리 자주적 연수가 이루어지는 경향이 강하다.

교육과정 연수에서 자주적 연수와 관련된 문제 이외에 또 다른 것이 있다.

법적인 규정에서 일반공무원의 경우에는 직무 수행을 위해 훈련을 받는 경향이 있지만, 교원과 같은 교육공무원의 경우에는 끊임없는 연구와 수양을 하여야 하는 것이다. 이것은 일반공무원이 자신의 직무능력 향상을 위해 연수를 한다면, 교육공무원의 지속적 연수는 학생의 성장을 위한 전문성 향상이라고 볼 수 있다. 그것은 교사의 권리이기도 하지만, 동시에 의무적 성격도 내포하고 있는 것이다.

교육과정의 연수가 적용단계와 달리 보급단계에서 전면적이고도 일시적 연수가 요청되고, 일반공무원과 차별화되는 형태의 연수를 규정하는 것은 학생의 성장을 위해 교사가 가지는 권리성과 의무성을 동시에 포괄하는 것이다. 이것은 교사의 교육의 자유와 국가의 교사에 대한 통제로 갈등의 양상이 벌어질 수 있다. 이러한 갈등에서 국가적 통제와 교사의 자율에 대한 조화로운 접점을 찾는 것이 교육과정 연수의 의미를 제대로 살릴 수 있는 방안이 될 것이다.

## 02 교육과정 연수의 자주성과 특수성

### 1) 교육과정 연수의 자주성

국가 수준에서 만들어진 교육과정은 교육현장에서 제대로 실천되어야 개정 교육과정이 의미를 가지게 된다. 국가교육과정을 교육현장에서 실천하는 주체는 교사가 된다. 교사는 교육과정에 대한 전문성을 가지고, 단위학교의 특성을 고려하여 적합한 교육과정을 편성하고 운영함으로써 학생의 성장에 기여할 수 있게 된다. 교사는 학생이 적합한 교육내용에 접근하여 효과적인 학습이 이루어질 수 있도록 지도 · 조언하기 위해 부단한 연구와 수양이 요청된다. 그것은 교사의 전문적인 자질을 높임으로써 가능한 것이다.

학습자를 성장 · 발달시키기 위해서는 교육과정이 과학성과 예술성을 가지고 학습자의 발달단계에 적합하도록 조정되어야 한다. 이러한 것에 대처할 수 있는 사람은 교사이고, 교사가 이러한 일을 하기 때문에 전문직이라고 부를 수 있는 것이다. 교사는 학생들에게 조직화되어 있는 지식을 단순히 전달하는 역할을 하는 것이 아니다. 교사의 역할은 교과의 내용을 토대로 학생들이 세상을 보는 안목을 길러주고, 그것이 개인적 삶의 의미와 가치를 배우게 함으로써 삶의 원리를 제공하는 예술적 활동인 것이다.[1] 그렇기 때문에 교사는 전문성, 특히 교육내용과 방법에 대한 전문성을 높이기 위해 끊임없는 연수를 해야 하는 것이다.

이러한 의미를 지니고 있는 교사의 연수는 자주적으로 되어야 한다. 현재 국가교육과정과 지역교육과정은 교육과정의 기준과 내용의 기본적 사항을 정하도록 되어 있고, 이를 토대로 단위학교에서는 학교의 실정에 적합하도록 교육과정을 편성·운영하는 구조로 되어 있다. 여기서 단위학교 교육과정 편성·운영의 주체는 교사와 교사집단에 있기 때문에 교육과정에 대한 연구는 끊임없이 이루어질 필요가 있다.

교사가 가르칠 그 무엇에 해당하는 교육과정과 가르칠 방법의 합리적 결정을 위해서는 그에 대한 연구를 할 수 있는 자유가 보장되어 있어야 한다. 교사가 연구를 게을리하면 학생들에게 가르칠 내용과 발달단계에 적합한 교육방법을 찾아내기가 어렵게 된다. 교육행정 작용에서 교사에게 가르칠 내용과 방법에 대해 강제하게 되면 학생들을 가르치기 위해 학습경험을 조직하지 못하게 되고, 교육활동은 형식화될 것이다. 그것은 교사의 전문적 역량을 유보하게 되고 그 결과 창의성을 발휘한 교육을 이루기는 어렵게 될 것이다.

학생과 학교의 특성을 고려해 적절하게 교육과정을 편성하고 운영하기 위해서는 그것을 뒷받침하는 교원의 연수가 체계적으로 뒤따라야 하는 것이다. 이러한 관계를 맺고 있기에 교사의 교육의 자유는 교육과정 연수의 자율에서 중심적 위치를 차지하고 있는 것이다.

이러한 것은 일반공무원과 교육공무원이 연수를 규정한 것의 구체적 내용의 차이에서도 확인된다. 「국가공무원법」 제50조에서 "… 담당 직무를 효과적으로 수행할 수 있는 미래 지향적 역량과 전문성을 배양하기 위하여 법령으로 정하는 바에 따라 교육훈련을 받고 자기개발 학습을 하여야 한다." 라고 되어 있다. 반면 「교육공무원법」 제38조 제1항에서는 "교육공무원은 그 직책을 수행하기 위하여 끊임없이 연구와 수양에 힘써야 한다."라고 되어 있다.

이러한 내용을 보면 일반공무원은 전문성 함양을 위해 '교육훈련'이라는 용어를 사용하고, 교육공무원은 '연구와 수양'이라는 표현을 사용하여 다른 느낌을 주고 있다. 교육과 훈련이라는 용어에서 교육은 개인의 잠재력 개발에 사용되고, 훈련은 직무와 관련된 단기적인 것에 관련된다. 따라서 교육훈련은 자기개발과 더불어 직무와 관련된 사항에 대한 부족분을 보충하는 의미를 지니고 있다.

교육공무원이 행하는 연구와 수양에서 연구는 교육활동의 전개를 위해 필요한 사항의 연구를 하는 것이고, 수양은 품성이나 지식 따위를 더 높게 하는 것이다. 따라서 연구와 수양을 내포하고 있는 용어인 연수는 교육활동을 전개하기 위해 지식뿐만 아니라 도덕성까지 포괄하는 넓은 의미를 지니고 있다. 이러한 점에서 일반공무원과 교육공무원은 차이가 있고, 교육공무원으로서 교사는 연수에서 차이를 보이고 있는 것이다.

그리고 교사가 연수를 하는 것은 일반적 공무원처럼 자신의 전문성을 기르기 위한 것에도 있지만, 학생의 성장을 돕기 위해서도 필요한 것이다. 교사의 연수는 개인의 발전을 위한 것에도 있지만, 학생과의 관계에서도 성립한다. 그러한 의미에서 학생의 이해와 발전에 필요한 것을 파악하여 그에 상응하는 내용의 연수를 자율적으로 받을 수 있어야 한다. 타율적이고도 강제적인 것과는 거리가 먼 것이다. 이러한 방식은 교육과정의 연수에서도 동일하게 적용된다.

그러나 교육과정 개발 후속지원에서의 교원연수는 반드시 자율적 형태로 이루어지지만은 않는다. 교육과정이 개발되어 교육현장에 적용되기까지의 기간이 2년 내외 정도로 짧은 시간이고, 이 기간에 개정 교육과정의 내용을 체계적으로 잘 알고 있는 교원이 많지 않기 때문이다. 그러한 이유로 교육부나 교육청의 개정 교육과정에 대한 교원연수 계획에 의해 연수가 이루어지게 된다. 교사의 자율적 연수가 아니라 일종의 의무가 수반되는 형태가 병행되는 연수가 이루어지는 것이다. 교육과정이 현장에 적용되어 교사가 실제 수업을 전개할 경우와는 다른 양상을 지니고 있다. 이러한 점에서 개발 후속지원에서의 교육과정 연수는 교원의 자주적 연수의 성격과 갈등을 빚을 수 있는 여지가 있다.

## 2) 교육과정 연수의 특수성

### (1) 교육과정 개발과 운영에서 연수의 위상

교육과정 연수의 특수성이라는 말을 사용한 것은 교육과정 개발 후속지원의 하나로 개정 교육과정의 이해를 위한 연수가 자주성에 기반해 이루어지지 않는 점이 있다는 것 때문이다. 이 과정을 교육과정의 보급 단계의 특징이라고 규정한다면, 교사가 학생의 교육을 위해 교육과정을 적용하는 단계에서는 자주적인 연수의 성격을 지니고 있다고 하겠다. 그러한 점에서 교육과정은 보급 단계와 적용 단계에서 연수의 특성이 다르게 나타나고 있는 것이다. 이러한 것은 【그림 15-1】과 같이 표현된다.[2)]

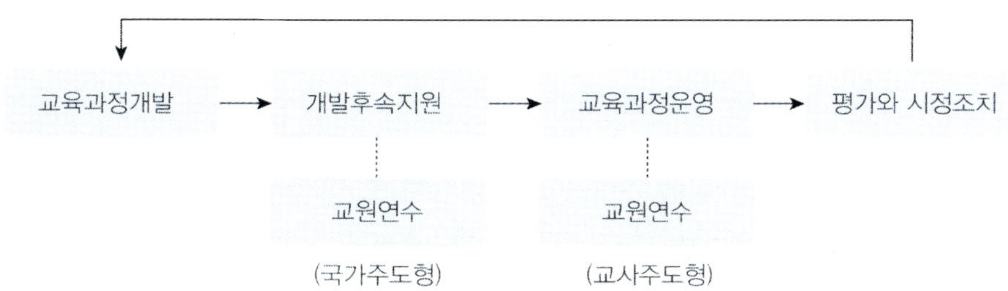


【그림 15-1】 교육과정 개발과 운영에서 교원연수의 위상

교육과정 개발과 운영 및 평가 등 교육과정 개발의 일련의 단계에서 교원연수와 관련된 것을 제시하면, 교육과정 개발 후속지원으로서 보급 단계와 교육과정을 교육현장에서 운영하는 적용 단계로 구분할 수 있다. 보급 단계에서의 교원 연수는 국가주도적 입장을 취하고 있다. 교육부에서 개정 교육

과정에 대한 연수의 기본 체계를 수립하고, 교육청과의 협의를 통해 연수를 체계화시키고 있는 것이다. 이 과정에 대해서는 항을 달리해 구체적으로 설명하고자 한다.

적용 단계에서의 연수는 교사주도형의 입장을 취하고 있다. 개정 교육과정의 기본적 이해가 마무리되면 교과별로 교사는 학생을 대상으로 교육활동을 전개한다. 교육활동을 전개하면서 개정 교육과정의 중점사항이나 특징적인 면을 적용하고자 할 경우 고충이 발생할 수 있다. 현재 교사가 가지고 있는 직무능력과 학생을 가르치고자 하는 직무능력의 격차가 생기게 되면, 이 격차를 메우기 위해 교사는 자주적인 연수를 하게 되는 것이다.

교육과정의 개발과 운영의 전반적인 측면에서 교육과정 연수는 다소 차이가 있는 것이다. 이러한 차이 중 특히 개발 후속지원으로서 보급 단계에서의 교육과정 연수에 대한 것이 교육현장의 자율성과 갈등을 빚을 수 있기 때문에 여러 가지 문제가 지적되고, 그 해결을 위한 방안들이 모색되고 있다.

**표 15-1 교육과정의 보급단계와 적용단계연수의 형태와 목적**

보급단계 = 국가주도형 연수
　　　　　목적: 개정 교육과정의 이해
적용단계 = 교사주도형 연수
　　　　　목적: 가르치려는 직무능력 - 현재의 직무능력

## (2) 개발 후속 단계에서의 연수 체계

교육과정의 확정 · 고시 이후에는 교육현장에서 개정 교육과정이 안정적으로 정착되기 위해 교원에 대한 연수 기본 계획을 수립하게 된다. 교육과정의 개정 시기별로 교원의 연수에 대한 체계화 방식은 달라질 수 있다. 그러나 연수에 대한 기본 방향의 설정, 실제 연수의 진행, 그리고 그러한 연수의 관리 등의 순으로 이루어지게 된다.[3] 여기서 제시한 내용은 2015 개정 교육과정의 보급 단계의 연수 계획에 대한 내용을 토대로 만든 것이다.

| 기본방향 | 연수과정 | 연수관리 |
|---|---|---|
| • 전 교원 대상 교수·학습 및 평가역량강화<br>• 사이버연수와 집합연수의 병행<br>• 자생적 교사학습공동체와 자율연수 활성화 | • 전문직, 관리직, 담당교사, 현장교사의 구분 연수<br>• 핵심교원, 선도교원, 현장교원의 전달체계<br>• 교육부의 기본계획 수립에서 시·도별 연수의 추진체계<br>• 온·오프라인 병행 추진 | • 현장관리<br>• 연수중점사항<br>• 사후관리 등을 통한 연수의 질 제고 |

**【그림 15-2】 2016년 교육과정 연수계획 개요**

### ① 연수의 기본방향

교원의 교육과정 연수는 개정 교육과정의 확정·고시에 따라 교원의 연수 참여를 유도하고, 시·도 교육청(교육지원청)의 연수지원체계를 도출하는 데 그 배경을 두고 마련된다. 교육과정 보급 단계의 연수 계획에서는 기존의 연수에 대한 문제를 극복하기 위해 교육과정 개정 시기별로 주요 내용이 다르게 수립된다. 최근에는 보급 단계의 교육과정 연수가 강의식이나 전달식 교원연수에 따른 수동적 연수가 이루어지고 있다는 비판에 따라 이러한 것을 배제하기 위한 노력을 기울이고 있다. 2015 개정 교육과정에 대한 연수를 위해 2016년 교육과정 연수의 기본 계획에서는 다음과 같은 기본방향을 담고 있다.[4]

- 교육과정·교과서를 질 높은 수업으로 구현할 수 있도록 全 교원을 대상으로 한 교수·학습 및 평가 역량 강화
  - 교육부 → 시·도교육청 → 교육지원청 → 단위학교로 이어지는 단순 전달 방식의 수동적 연수에서 깊이 있고 능동적인 연수로의 전환 추진
- 사이버 연수와 집합·합숙 연수를 병행하여 교사의 토론을 유도하고, 교수·학습 개선을 위한 실습 및 체험형의 깊이 있는 연수 여건 마련
- 지역별 자생적 교사학습 공동체, 교사 자율연수 활성화 지원 강화

보급 단계 연수의 기본 계획을 보면 전체 교원을 대상으로 하고 있으며,

그 범위는 교육과정과 교과서뿐만 아니라, 교수 · 학습 및 평가 등 교육과정 편성과 운영의 전반에 이르는 과정을 포괄하고 있다. 그리고 교육부에서 단위학교까지 하향식의 전달적 연수를 지양하고, 능동적 연수로 전환을 추진하고 있다. 여기서 능동적 연수는 연수계획에서 현장교원 연수 추진의 유의사항에서 제시하고 있는 내용의 일부를 보면 이해할 수 있다. 그것은 시 · 도 교육청이 직접 추진하는 연수와 시 · 군 교육지원청 단위 집합연수나 선도교원을 활용해 '학교로 찾아가는 연수' 등에 대한 계획, 피상적 개정 내용 안내에서 탈피해 개정 교육과정 문서를 직접 읽고 이해하는 프로그램 등을 연수에서 포함시키도록 하는 것을 통해 단순 전달식을 지양하겠다는 것이라고 생각된다.[5)]

사이버 연수와 집합 · 합숙 연수의 병행을 통한 토론 유도와 실습 및 체험형의 연수는 교원연수에서 개정 교육과정에 대한 원격연수 콘텐츠를 개발해 온라인 연수를 가능하게 하였다. 온라인 연수가 개정 교육과정의 이해에 대한 것이라면, 집합 · 합숙 연수 등 오프라인 연수는 교육과정 강독, 토론과 실습 중심으로 전개하려는 것이었다. 그리고 지역별로 자생적인 교사학습 공동체와 교사 자율연수의 활성화를 지원하기 위한 노력도 기울이고 있다. 그것은 개정 교육과정에 대한 의무를 강화하기보다는 자율성을 보장할 수 있는 운영 방식을 취함으로써 개정 교육과정의 현장 적용을 성공적으로 추진하기 위한 것에 있다.

### ② 연수 과정

교육과정 연수의 과정은 개정 교육과정의 이해와 교육현장에 반영하는 방안을 모색함으로써 연수의 효과를 제고시키는 내용이 포함된다. 여기서는 2015 개정 교육과정 연수 계획을 참고해 이들 내용을 연수의 대상자, 연수의 전달체계, 연수 추진체계, 연수의 방법으로 정리하여 살펴보고자 한다.

첫째, 연수 대상자에 대한 것이다. 개정 교육과정에 대한 연수에서 모든 교원이나 교육전문직이 기본적인 내용은 공통으로 알아야 되지만, 개정 교육과정의 실제 적용을 통한 교육활동적 측면, 교육과정의 관리적 측면, 그리고 교육과정 지원의 측면 등 교육 관련 주체의 입장에 따라 상이한 점도 동시에 존재하고 있다. 이러한 것을 고려하여 시·도 교육청 교육과정 담당자, 교육지원청 교육장과 교육과정 담당자, 그리고 핵심교원, 선도교원 등으로 구분하여 연수내용과 방법을 달리하기도 한다.

시·도 교육청의 교육과정담당자 연수는 개정 교육과정의 현장 안착과 후속 지원사업 추진의 효율성 제고, 교육부와 시·도 교육청 간의 협력과 소통 강화 등을 목적으로 하고 있다. 교육지원청의 교육장과 교육과정 담당자 연수는 개정 교육과정 취지 관련 리더십 제고를 통해 교육전문직 역량함양과 안정적 현장 정착 도모, 교육부-시·도교육청-교육지원청 간의 교육과정 정책의 유기적 협력 체제 구축 등을 목적으로 하고 있다.

그리고 현장교원에 대한 연수는 핵심교원, 선도교원 등으로 구분하여 개정 교육과정에 대한 이해와 학교교육과정 편성 및 수업개선에 대한 역량 강화를 위한 것에 목적을 두고 있다. 이와 같이 개정 교육과정을 교육현장에 정착하고, 이를 지원하는 것을 체계화하기 위해 일반 교원, 교육전문직 등으로 구분하여 연수를 진행하여 효율성을 제고하고 있는 것이다.

둘째, 연수의 전달 체계이다. 개정 교육과정의 이해를 위해 취하는 방식은 하향식 접근이 이루어지고 있다. 수많은 교원에 대해 개정 교육과정의 주요 내용을 이해시키고, 현장 적용에 대한 방안을 모색하기 위한 하나의 방안인 것이다. 그러한 방안은 모든 교원을 한 자리에 모아서 하는 것이 아니라, 핵심교원, 선도교원, 현장교원 등으로 이어지는 방식으로 연수를 전개하고 있다.

핵심교원은 교육과정부장, 수석교사, 교장, 교감, 전문직 등(일반교사는 가급적 교과연수에 참여)으로 구성되며, 전국의 몇 개의 권역으로 나누어 실시하고 있다. 2015 개정 교육과정의 경우는 4개 권역 1,000여 명으로 구성하였다. 연수의 내용은 개정 교육과정의 개정 방향 이해와 총론 강독, 교육과정 정책의 안내, 창의융합형 인재와 교수·학습 방법 및 평가 등에 대한 토의 등으로 구성되어 있다.

선도교원은 시·군별 연수 강사 등으로 활동할 수 있는 역량을 갖춘 교사(수석교사)와 이 연수 이후에 학교별 자체 연수를 실시할 수 있는 역량 있는 교원으로 추천하도록 하였다. 선도교원은 신설교과목이나 교과별로 연수를 진행하였다.

현장교원의 연수는 교과별 선도교원을 활용하여 교육청 단위의 집합 연수 및 '학교로 찾아가는 연수' 등의 방법으로 선정하였다. 2015 개정 교육과정에서 현장교원 연수는 개정 교과별 교육과정의 주요 개정 내용의 이해와 창의·융합형 인재양성을 위한 교수·학습 및 평가 방법 개선 역량을 강화하기 위한 목적으로 이루어졌다. 연수의 내용은 시·도 규모, 특성 등에 따라 시·도 및 시·군 단위의 다양한 교원연수와 단위학교 학교장(교감) 인식 제고를 위한 연수를 추진하는 것이었다.

셋째, 연수의 추진 체계이다. 연수의 추진은 교육부에서 기본계획을 수립하고, 연수자료를 개발하며, 주관교육청에서 세부 연수 계획을 수립하여 연수를 운영하고, 그 준비에 대한 모니터링을 하여 연수를 추진하게 된다. 이들 내용은 **| 그림 15-3 |** 과 같다.

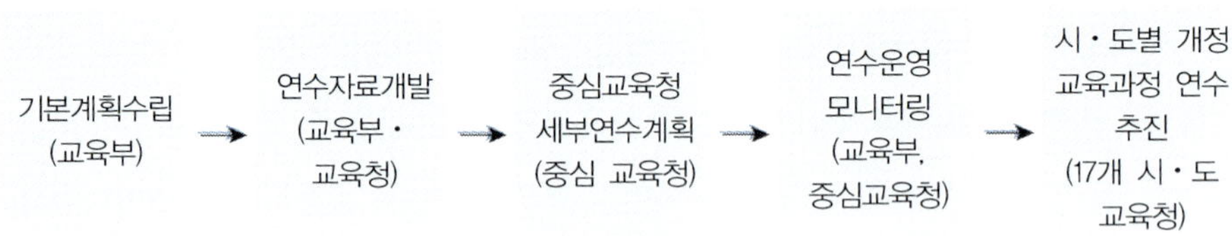


**| 그림 15-3 | 2016년 교육과정 연수의 추진 체계**

교원연수를 추진하기 위해서 교육부는 연수의 기본계획을 수립하고, 연수자료를 개발하게 된다. 연수자료는 교육부와 교육청이 공동 개발하는 형태를 취한다. 교육부와 협력해 주관교육청은 세부연수계획을 수립하고, 연수운영의 모니터링을 하여 연수를 추진하게 된다. 2015 개정 교육과정 당시의 주관교육청은 인천, 충남, 경남, 전북교육청이었다.

연수운영의 모니터링은 2015 개정 교육과정의 개정 방향 이해, 총론 강독, 교육과정정책 안내, 분임토의 등을 내용으로 하고 있다. 모니터링은 연수기획관리, 연수현장관리, 연수후 관리 및 정보 공유를 하는 방법을 사용하였다. 이들 과정이 모두 준비되면 개정 17개 시·도 교육청은 개정 교육과정의 연수를 추진하도록 하였다.

넷째, 연수의 방법에 대한 것이다. 연수의 방법은 전문직이나 현장 교원 등이 교육과정의 현장 안착에 대해 다른 역할을 하듯이 연수의 방법 역시 주체별로 상이한 방법을 사용하였다. 시·도 교육청 교육과정 담당자, 교육지원청 교육장 및 교육과정 담당자, 핵심교원, 선도교원, 현장교원 등으로 구분하여 워크숍이나 현장안착 방안, 분임토의 등 다양한 방법을 강구하고 있다. 시간이 경과할수록 교원의 자율성을 강화하기 위한 방향으로 교육과정 연수가 진행되기 때문에, 강제적인 형태보다는 현장 교원이 협력적으로 연수에 참여할 수 있도록 자율성을 부여하고 현장 적합도를 고려해 연수가 진행되고 있다.

### ③ 연수 관리

연수의 관리는 연수현장의 관리, 사후관리의 체제 등을 확립하여 연수의 질을 제고하려는 데 목적을 두고 있다. 연수관리는 연수현장에 대한 것, 연수의 내용에 대한 것, 연수 이후의 사후 관리에 대한 것이 주요 내용이 될 수 있다. 현장 관리는 연수의 기획 단계부터 개정 교육과정의 취지가 반영되도록, 교육과정 개정에 관여한 교육부 담당자가 직접 참여하여 연수담당기관이나 연수 콘텐츠 개발 및 연수강사 등에 대한 사항을 점검하는 것이다. 연수의 내용에서는 개정 교육과정의 주요 내용이 포함되고, 교육현장에서 교육과정을 재해석하여 그에 부합하는 교수·학습 활동과 평가를 할 수 있는 실습의 과정을 운영하는 데 중점을 두어야 할 것이다.

사후관리는 핵심교원을 활용한 선도교원 연수 및 후속 지원사업 추진을 위해 참여교사 중심의 수업 나눔 공동체를 운영하는 것을 말한다. 여기서는 연수 자료의 공유나 의견 수렴 등의 자발적 온라인 모임의 활성화, 시·도 교육청별 교육과정 컨설팅 지원단의 구성과 운영 등을 통한 연수의 사후 관리를 하여 개정 교육과정 연수의 질적 수준을 제고하는 것이다.

이와 같이 교육과정 개발 후속단계에서의 교육과정에 대한 연수의 체계화는 시간의 경과에 따라 지속적으로 이루어지고 있다. 그러나 이러한 보급 단계에서의 교육과정 관리와 달리 적용 단계에 대해서는 체계화된 연수 계획과 운영이 제대로 이루어지지 않는 것 같다. 따라서 국가나 지역 차원에서 개정 교육과정의 현장 적용에서 나타나는 쟁점 사항을 정리하고, 대안을 모색할 필요가 있다. 그것은 차기 교육과정 개정 작업에서 교육현장의 요구를 제대로 수렴할 수 있는 구조를 확립하는 것과도 밀접한 관련이 있을 것이다.

## 03 교육과정 연수의 효율화 방안

교육과정 연수는 개정된 교육과정에 대한 개별 교사의 전문성 향상을 가져오는 것은 물론 교육과정 운영의 전반에 걸쳐 큰 비중을 차지하는 변수가 된다. 따라서 교육과정 연수의 효율화 방안을 모색하는 것은 상당히 중요하다고 생각된다. 여기서는 교육과정 연수를 저해하는 요인을 검토한 후 이의 해결 방안을 모색해 보고자 한다.

### 1) 저해 요인

교육과정 연수를 저해하는 요인은 여러 가지로 구분해 볼 수 있다. 여기서는 연수체제의 전반적 과정, 연수의 주체와 대상, 연수의 내용과 방법, 그리고 기타로 구분해 살펴보고자 한다.

첫째, 연수체제의 전반적 과정에 대한 것이다. 교육과정 연수는 개정 교육과정이 확정·고시된 이후의 보급 단계에서 체계적으로 진행되고 있으며, 현장의 적용 단계에서는 국가 차원의 면밀한 계획은 제대로 수립되어 있지 않은 편이다. 교육과정에 관한 연수는 보급 단계에 집중되고 있는 것이다.

보급 단계에 집중되고 있다고 하더라도, 이 단계에서도 교원연수의 효율화를 저해하는 요인이 존재하고 있다. 우선 개정 교육과정을 국가, 지역, 학교의 수준별로 전달하는 구조에 대한 문제이다. 현재 개정 교육과정에 대한 연수는 교육과정 개정에 참여한 인사들이 핵심교원을, 핵심교원은 선도교원을, 선도교원은 현장교원을 대상으로 전달하는 방식을 취하고 있다. 이러한 전달의 구조는 하향식으로 많은 인원을 한꺼번에 교육하는 데 유용하다. 그러나 이렇게 전달되는 과정에서 개정 교육과정의 내용에 대한 왜곡 현상이 생길 수 있는 것이다. 의사전달의 왜곡은 국가교육과정의 교육적 의도가 교육현장에 제대로 실천되는 데 장애 요인이 되는 것이다.

다음으로 보급 단계의 일시적 전달과 적용 단계의 연수계획 부재 및 평가에 따른 시정 조치의 미비에 대한 것이다. 교육과정 개발 후속지원으로 이루어지는 보급 단계에서는 개정 교육과정의 이해를 통해 그 적용 방안을 모색하는 연수를 한다. 이 단계에서는 개정 교육과정을 적용하는 단계에서 발생할 수 있는 쟁점이나 고충처리를 위해 사전에 대안을 모색하기도 하고, 시뮬레이션도 하지만 실제 적용 단계에서 발생하는 문제를 모두 예상하기는 어렵다.

따라서 적용 단계의 연수를 체계적으로 마련하기는 쉽지 않은 상황이다. 교육과정이 적용되면서 발생하는 사항에 대해서는 교과별 교사가 개별적으로 필요한 사항에 대한 연수를 자주적으로 행하는 것이 필요한 것이다. 그렇다고 하더라도 교육과정을 개정할 당시 특징적 사항에 대해 연수를 할 수 있는 방안도 모색되긴 하여야 할 것이다. 그것은 몇 가지 중요하다고 생각되는 주제에 대해 지속적으로 연수를 실시할 필요성을 말하는 것이다.[6)]

둘째, 연수의 주체와 대상에 대한 것이다. 개정 교육과정에 대한 연수에서는 교육부, 교육청, 학교가 중심이 되고, 그 외의 연수기관들은 주변부에서 활동을 하고 있다. 기관중심의 연수가 중심을 이루고 있으며, 학교나 개인중심의 연수는 제대로 이루어지지 않고 있는 것이다. 그리고 보급 단계에서 선도교원이 현장 교원을 대상으로 연수를 할 때에도 주로 전달 강습이 주를 이루고 있는 것이다.

적용 단계로 가면서 연수 주체별 역할 분담과 협력 체제가 다소 이완되는 경향이 있다. 교육과정의 편성과 운영에서 교사가 연구를 하여 개정 교육과정의 실효성을 높이기 위해서는 단계가 경과됨에 따라 연수의 주체별로 그 역할을 분담하고, 연수기관을 더 확장함으로써 교원의 자주적 연수를 위한 지원 방안을 마련하여야 하는 대안이 제기되고 있다.

연수의 대상과 관련해서는 교장이나 교육과정 부장, 교사 모두가 되어야 하고, 각 대상별로 교육과정 연수의 초점이 달라져야 한다는 주장이 지속적으로 제기되었다. 그것은 교육과정의 결정이 분권화되고, 그에 따라 단위학교에서 교육과정을 편성·운영할 자율성이 강화되는 것에 기인하는 것 같다. 그러한 주장에 따라 최근에는 연수의 대상별로 차별화된 내용으로 교육과정 연수가 이루어지고 있는 것으로 생각된다.

셋째, 연수의 내용과 방법에 대해 알아본다. 연수의 내용과 관련해서는 총론 중심의 단기 연수, 외부에서 주어지는 내용 중심의 교육과정 연수, 연수의 방법에서는 대규모 연수 및 학교 내 연수의 비효과성, 강의와 직접체험의 이분법적 구분, 집합연수 위주의 개정 교육과정 연수의 문제가 지적되고 있다.[7] 이러한 지적은 일부 타당하기도 하고, 그러한 문제가 현재는 일부 개선이 된 상태이기도 하다. 그것은 이 연구가 수행된 시점과 관련해 볼 때 그 당시에는 이들 전체가 문제가 될 수 있지만, 지속적 개선을 통해 보완된 점이 있기 때문이라고 생각된다.

총론 중심의 단기 연수와 관련해 현재는 신설 교과, 교과교육과정에 대한 연수도 하고 있다. 기존에도 총론과 교과교육과정에 대한 연수가 병행되었다. 그러나 이러한 지적대로 현재도 총론에 대한 연수가 많은 비중을 차지할 여지가 많다. 총론의 이해가 없이 교과교육과정에 대한 연수만 이루어지는 것도 문제지만, 그렇다고 해서 총론에 대한 내용이 월등히 많은 것도 지양되어야 한다. 총론의 내용이 교과교육과정에 제대로 반영될 수 있도록 하는 연수가 되어야 할 것이다. 그것은 보급 단계와 적용 단계에 따른 구분을 통해 이루어져야 할 필요가 있다.

다음으로 외부에서 주어지는 내용 중심의 교육과정 연수와 관련된 것이다. 이것은 타율적 연수를 말하는 것으로 자율적 연수가 적다는 것으로 이해된다. 교육과정의 보급 단계에서는 개정 교육과정의 이해를 위해 의무성이 수반되는 형태를 지니지만, 적용 단계에서는 개정 교육과정의 주요 내용에서 제대로 적용이 되지 않거나 어려움이 있는 경우 그에 대한 자율적 연수가 필요할 것이다. 그러나 이러한 자율연수를 하기 위해서는 그에 부합하는 내용과 방법이 뒤따라야 할 것이다.

연수방법과 관련해 제기되는 대규모 연수와 학교 내 연수의 비효과성의 문제에서 대규모 연수는 질의응답이나 개정 교육과정의 적용을 위한 방안 모색에 필요한 토론 등에 취약할 수 있다. 이러한 사항도 시간의 경과에 따라 연수 인원을 축소하는 경향으로 완화되고 있는 실정이라고 생각된다. 그리고 학교 내 연수는 선도교원에 의해 이루어지고 있는데, 연수 내용의 왜곡에 대한 우려는 존재하는 것으로 보인다.

강의와 직접체험의 이분법적 구분과 관련해서는 현재는 강의와 토론·토의를 할 수 있는 방식으로 변화를 가져와 그에 대한 제한점이 부분적으로 해소되고 있다고 생각된다. 그리고 이론뿐만 아니라 참여를 통한 방법도 동시에 이루어지고 있는 것도 지속적 개선이 이루어지고 있다고 생각된다. 다만 이것이 모든 교육과정의 연수에 적용되는 것인지에 대해서는 확언하기 어렵기 때문에, 이러한 지적에 대한 한계는 부분적으로 존재할 것으로 생각된다.

집합 위주 연수의 문제에 대해서는 현재 개정 교육과정에 대한 온라인 강의 역시 병행하고 있다. 다만 그러한 온라인 강의가 쌍방향으로 움직이기 어려운 형태여서 보다 진전된 형태로의 개선은 요청이 되는 것이다.

넷째, 기타 저해 요인에 대해 알아본다. 개정 교육과정의 연수와 관련해 인적·물적인 사항에 대한 행·재정적 지원의 문제가 대두된다. 보급 단계와 달리 적용 단계에서의 예산 배분의 문제와 단위학교 자율을 활성화하기 위한 교사협의체나 공동체의 네트워킹 등에 대한 것은 다소 한계가 있다. 보급에서 적용 단계로 갈수록 교원의 자주적 연수가 더욱 중요해지게 되는데, 여기서 근무시간 내에서 연수를 위한 승인이 가능한 것인지 검토의 여지가 있다.

그리고 교원양성기관에서 개정 교육과정에 부합되는 형태로 교원자격증을 취득하는 교육과정이 제대로 정비되어야 한다. 그러나 논리적 당위성에도 불구하고 현실적으로는 이에 대한 대응성이 강화되어 있지는 못한 편이라고 생각된다. 이들 사항 이외에도 중등에서는 창의적 체험활동에 대한 연수와 교원양성기관에서의 과목 이수가 없는 상황이기 때문에 이에 대한 연수 방안 역시 마련되어야 할 필요가 있는 것이다.

## 2) 개선 방안

### (1) 연수의 방향과 기본 모형

교육과정 연수의 효율성을 저해하는 요소는 교원연수의 방향과 그에 따른 모형의 정립을 요청하고, 그에 따라 개선을 위한 방안이 마련될 필요가 있는 것이다. 개정 교육과정에 대한 연수는 일반적으로 논의되는 교원의 전문성 신장을 통해 학생의 학습권을 충족시키려는 일반적인 교원연수의 목적과 일치한다. 단 연수의 방향으로 다음과 같은 몇 가지 전제 조건을 충족하여야 할 것이다.

연수의 방향은 우선 교원의 전문성을 살리는 방향이 되어야 한다. 교원의 전문성은 학생에게 적합한 교육과정을 자주적으로 편성·운영함으로써 학생의 학습에 대한 권리를 보장하는 데 기여할 수 있기 때문에 요청되는 것이다.

다음으로 개정 교육과정이 교육현장에 안정적으로 정착할 수 있도록 보급과 적용의 단계를 구분하고, 성과 분석까지 고려하여야 할 것이다. 보급의 단계에서는 개정 교육과정의 이해와 적용 가능성에 대한 방안 탐색을 하고, 적용 단계에서는 실제 적용 과정에서 나타나는 어려운 사항을 처리할 수 있는 능력이 길러져야 하며, 성과 분석은 차기 연수나 현재의 연수에서 필요한 사항을 검토하기 위한 것이다. 따라서 이들 단계별로 교원 연수의 체계나 내용 및 방법을 달리할 여지가 있다.

마지막으로 교사교육에서 직전교육과 현직교육의 연계를 고려하여야 할 것이다. 개정 교육과정은 단위학교의 교원에게 가장 필요로 하는 것이지만,

예비 교원들도 해당 교과에 대한 자격증과 그에 따른 전문성이 갖추어져야 신규 교사로 임용되었을 경우 전문성을 제대로 발휘할 수 있을 것이다. 2015 개정 교육과정에서는 공통과학과 공통사회가 새로이 등장하였기 때문에 이를 담당할 수 있는 자격증이 있어야 된다. 그러한 것은 직전교육기관의 교육과정에서 충분히 고려되어야 한다.

이와 같은 교원연수의 기본방향을 고려하여 교육과정 연수에서 보급, 적용, 성과 분석의 단계로 구분한 교육과정 연수의 모형을 제시하면 ▎그림 15－4▎와 같다.[8)]

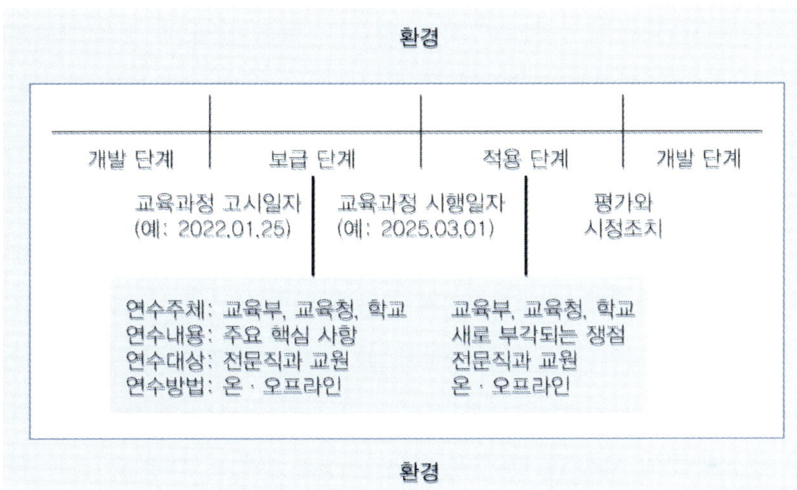


▎그림 15-4▎ 교육과정 연수의 모형

## (2) 개선의 방향

첫째, 보급 단계에서 핵심교원, 선도교원, 현장교원으로 이어지는 전달 과정에서 생기는 왜곡 현상을 방지하기 위해 교육과정 개발에 직접 참여한 인사가 교육하면서 온라인과 오프라인 체제도 병행할 필요가 있다. 오프라인 체제에서 교육과정 개발에 직접 참여한 인사는 강의 원고와 PPT 등을 통일적으로 만들고, 연수자들 간의 협의를 통해 가급적 통일된 내용과 방법의 연수를 행하여 왜곡 현상을 가급적 줄일 필요가 있다. 또 온라인 강의를 만들어 제시하되, 그것이 쌍방향이 될 수 있는 방법도 고려할 필요가 있다. 2015 개정 교육과정에서는 이러한 사항을 대부분 적용하고자 하였지만, 일부 사항에 대해서는 완전하게 구현되지 못한 경우도 존재하였다고 생각된다.

다음으로 보급과 적용 단계의 차별화, 적용 단계의 자주적 연수, 평가에 따른 시정 조치의 미흡에 대한 것이다. 개정 교육과정 보급의 단계에서는 개정 교육과정의 이해와 현장 적용 가능성에 대한 방안 모색 등에 대한 내용이 주된 것이 된다면, 적용 단계에서는 예상했던 내용과 달리 새로이 제기되는 문제가 발생할 수 있다. 따라서 이러한 문제에 대처하기 위한 연수 프로그램이 마련되어야 할 필요가 있다. 그리고 이러한 연수 내용이 전국적 단위에서 발생하게 되면 국가적 차원에서 운영을 검토할 필요가 있을 것이다.

또 보급 단계에서는 개정 교육과정의 이해와 교과별 교육과정에 대한 적용 가능성 등에 초점을 두었다면, 적용 단계에서는 그와 같은 기초적 내용이 아니라 심화적인 내용이 포함되어야 한다. 교원연수 프로그램이 일반적 수준에서 심화 등으로 이어지는 구조로 체계화되지 않은 점은 지속적으로 고민하여 해결할 과제가 된다. 이것은 연수에 대한 평가를 통해 시정조치에서 이루어져야 할 것이다. 교원연수에서 질 관리가 제대로 이루어지지 않고, 프로그램의 적합도가 떨어지는 것은 성과 분석에 기초한 시정 조치가 제대로 이루어지지 않기 때문일 것이다. 따라서 성과 분석의 내용을 교육청에서 축적하고, 이들이 전국적 단위에서도 가능한 것으로 만들어 연수 프로그램을 보다 체계화시킬 필요가 있을 것이다.

둘째, 연수의 주체와 그 대상에 대한 효율화 방안에 대한 것이다. 먼저 연수의 주체는 보급 단계에서 다소 통일성을 기하는 것이 개정 교육과정의 이해와 홍보에 도움이 될 것이다. 그러나 적용 단계에서는 연수의 주체를 다양화하는 방향으로 전개해 교육과정의 적용에 따른 고충을 탄력적이면서도 신속하게 처리하도록 하여야 할 것이다. 그것은 학교가 처한 지리적 여건이나 환경적 요소 및 학생의 특수한 사정으로 인해 발행하는 문제를 통일적으로 대처하는 데 한계가 있기 때문이다. 그러나 성과 분석의 단계에서는 통일성을 갖추어 여러 가지 문제해결의 정리와 피드백에 도움이 될 수 있을

것으로 생각된다.[9)]

다음으로 연수의 대상과 관련해서는 교육과정행정을 담당하는 주체별로 연수의 대상을 달리하는 경향을 보이고 있다. 시・도 교육청 교육과정 담당자, 교육지원청의 교육장과 교육과정 담당자, 현장 교원 등으로 구분하여 연수를 실시하고, 그 내용도 일부 다르게 전개하고 있다. 최근에는 교육청의 일반직, 학교교장 및 행정실장 등에 대한 연수까지 행함으로써 교육과정 중심의 행정을 구현하기 위한 노력도 기울이고 있다. 그러나 이들 주체는 개정 교육과정에 대한 이해 수준에 머물고 있어, 실제 단위학교에서 교육과정을 운영할 때 지도성을 발휘하거나 행・재정적 지원을 하는 데 한계가 있다. 따라서 보다 실무적 사항에 대한 내용과 이들 간의 네트워킹을 통해 협력적 의사소통이 될 수 있도록 하여야 할 것이다.

셋째, 연수의 내용과 방법에 대한 효율화 방안에 대해 알아본다. 먼저 연수의 내용에 대해서 보면, 총론 중심의 단기 연수와 관련된 문제 지적에 대해서는 총론에 대한 이해를 바탕으로 분임토의를 거쳐 총론의 내용을 해석하기도 하고, 이를 교과에 적용하는 방안 등에 대해서도 노력하고 있다. 그러나 총론의 내용이 교과별 교육과정에 적용되는 관계의 밀접성은 아직도 떨어지고 있다고 생각된다. 총론의 해석에 따른 교과별 교육과정 및 수업설계 등에 대해 사례 중심의 연습을 할 수있는 기회가 부여되도록 하여야 할 것이다.

그리고 연수의 내용은 보급단계와 적용단계를 구분하여 보급단계는 개정 교육과정의 해석을 통해 현장에서 적용할 수 있는 가상의 사례가 개발・적용되는 방향이 되어야 할 것이다. 그러나 적용 단계에서는 실제 일어나고 있는 문제에 대한 분석과 그 문제 해결을 위한 내용 중심의 연수가 이루어져야 할 것이다. 단기적 해답보다는 컨설팅 장학과 같이 현장의 문제에 대해 교사가 스스로 문제를 해결할 수 있도록 함으로써 전문성을 향상시킬 수 있는 방향이 되어야 할 것이다.

타율적 연수와 관련된 사항에서는 보급 단계와 적용 단계를 구분해 이해할 필요가 있다. 보급 단계에서의 시간은 충분치 않고, 개정 교육과정의 이해를 도모하기 위해 이루어지기 때문에 어느 정도 의무성을 수반하고 있다. 연수의 자주성이라는 측면에서 본다면 적절치 않을 수 있다. 그러나 교원의 연수는 결과적으로 학생의 학습권 충족에 있으므로, 보급 단계의 타율성은 인정이 될 여지가 있다. 반면, 적용 단계에서 교사가 감당하지 못하는 문제가 발생하게 되면 학생의 교육이 제대로 이루어질 수 없다. 따라서 이 단계에서는 연수를 자주적으로 할 수 있어야 하고, 이러한 문제를 해결할 수 있는 맞춤형 연수 내용이 마련되어야 할 것이다.

다음으로 연수의 방법과 관련된 사항을 보면, 대규모 연수와 교내 연수의 비효과성에 대한 지적에서 대규모 연수가 반드시 부적절하다고 보기는 어렵다고 생각된다. 기본적 사항의 이해와 전달에서는 대규모 연수도 유용성을 지닐 수 있다. 그러나 실기나 실습 등이 수반될 경우에는 적절성이 떨어지게 된다. 대규모 연수를 극복하기 위한 방법으로 프로젝트 기반 학습과 같은 것을 제시하기도 한다.

그러나 최근 K-MOOC이나 실시간 화상회의 시스템 등이 유용하게 사용되기 때문에 필요에 따라 다양한 방법을 활용하는 것이 적절할 것이다. 교내 연수에서도 전달의 왜곡 현상이 발생하거나 자체적인 학습 기회가 적어 이해에 고충이 있을 수 있다. 따라서 교육과정으로서의 공동체, 교사들의 학습공동체 등을 활용하는 것도 하나의 방법이 될 것이다.

강의와 체험의 분리, 집합 위주의 연수의 문제는 지속적으로 제기되었기 때문에 이에 대해서는 상당히 많이 개선되고 있다. 연수에서는 이론에 대한 강의뿐만 아니라, 사례 수업 및 수업 동영상의 제시, 수업 자료의 개발, 토의·토론 및 실습수업 등이 이루어지고 있다. 그리고 집합 연수와 온라인 연수를 병행하기도 하고, 선도교원을 활용해 학교로 찾아가는 연수도 진행하고 있다.

이와 같은 노력은 교육과정의 내용에 기초해 그에 부합하는 교육방법을 적용하려는 노력의 결과로 생각된다. 온라인이나 오프라인 등의 교육방법의 활용에서는 보급과 적용의 단계로 구분할 필요가 있을 것이다. 온라인의 방법에서 보급 단계에서는 개정 교육과정의 공통적인 내용을 추려 온라인으로 개발하고, 적용 단계에서는 예기치 못한 사항에 대한 대비책도 필요하기 때문에 쌍방향이나 실시간 온라인 프로그램도 고려해 볼 필요가 있다.

오프라인의 경우에는 보급 단계에서 보편적으로 사용하고 있는 방식이다. 핵심적인 사항에서 오류가 많이 나타나는 사항에 대해 반복적 연수를 받을 수 있도록 하는 방법도 개정 교육과정의 이해에 도움된다. 적용 단계에서는 대집단보다는 소집단 위주로 토론식 과제의 연구나 세미나, 연구 및 발표의 기회 등이 부여되면서 참여 중심형의 비중을 높일 필요가 있다.[10)]

온라인과 오프라인의 연수 중 어느 것이 더 유용하다고 단정짓기는 어려울 것이다. 그리고 오프라인 연수 방식에서도 교과의 구체적 내용에 따라 강의식, 토론식, 사례 발표식 등 적절한 방법이 동원될 필요가 있는 것이다. 따라서 연수의 방법에서 어느 하나가 최선의 대안이 된다고 보기는 어려울 것이다. 여러 가지 연수의 방법 가운데서 연수의 목적 달성에 가장 효과적인 방법을 활용할 필요가 있을 것으로 생각된다.

넷째, 기타 사항과 관련된 방안에 대한 것이다. 우선 교원의 자주적 연수의 강화를 위한 조치에 대한 것이다. 교원의 연수는 전문적 자질을 높이기 위함에 목적이 있고, 그것은 교육활동의 수행에 필요 불가결한 것이다. 따라서 교원의 연수는 '직무'로서의 성격을 지니고 있는 것이다. 직무는 근무시간 중에 하는 활동이므로 근무시간의 일정량을 연수시간으로 할애할 수 있도록 조건을 정비하는 것이 교육과정행정에서 요청된다. 교원의 직무는 직무 그 자체이므로 직무를 면제하거나 연휴의 성격으로 이해하여서는 아니 될 것이다. 또 교원의 연수는 교육활동과 직접적인 연관을 가질 때 한정해 인정되는 것으로 보아야 한다.

교사가 근무시간 중에 근무장소에서 연수를 행하는 것은 큰 문제가 되지 않는다. 그러나 근무시간 중에 근무장소를 떠나서 자주적인 연수를 할 경우에는 관리자의 승인을 받아야 한다. 이 경우 관리자는 교사가 신고한 사항이 연수에 해당하는지를 판단해, 교사의 직무와 관련된 경우에는 승인을 해 주는 적극적 방향으로 이해하여야 할 것이다.

교원양성기관에서의 개정 교육과정에 따른 교원자격증 신설은 교과별로 자격증이 수여되는 중등에서 특히 문제가 된다. 향후 교육과정은 시대적 상황을 고려해 융합적인 경향을 강화하기 때문에 복수전공을 활성화하는 방향이 될 필요가 있다. 이를 위해서는 개정 교육과정에서 교원양성기관에 대한 관리자의 연수나 워크숍 등을 개최해 협력 방안을 모색하여야 할 것이다. 그리고 초등과 달리 중등교원양성기관에서는 창의적 체험활동에 대한 교육 그 자체가 이루어지지 않고 있어 여기에 대한 강좌의 개설과 운영을 할 수 있는 제도적 방안도 마련되어야 할 것이다.

PART 05

# 평가와 조정

제16장 교육과정행정의 통제와 책임

제17장 교육과정행정의 개혁

제18장 교육과정행정의 발전과 거버넌스

CHAPTER 16

# 교육과정행정의 통제와 책임

국가교육과정에서 설정하는 교육과정 기준과 내용의 기본적 사항은 동질적인 문화 체계를 지닌 공동체가 공유하는 경험의 내용이 있다는 것을 전제로 하는 것이다. 그래서 교육과정 내용의 요소와 그 수준을 해당 분야 전문가뿐만 아니라, 교육 관련 당사자의 광범한 참여와 합의의 과정을 밟고 있다. 교육과정행정은 이러한 것을 가능하게 지원하고 있는 것이다. 국가 교육과정의 개발에서 국가 교육과정 포럼의 개최와 국가·사회적 요구에 대한 조사를 실시하여 교육과정에 반영하는 것은 사회적 합의 과정의 예가 되고, 책임 있는 교육과정행정을 충실히 구현하려는 것에 해당한다.

그러나 현실적으로 행정은 교육관이나 교육적 가치가 다른 수많은 행정 조직체를 통해 이루어지는 것이기 때문에 교육과정행정의 목표와 정책이 의도된 대로 움직이지 않는 경우도 존재하고 있다. 그러므로 교육과정의 개정이나 그 이후의 교육과정에 대한 정책의 변화에 따른 기획과 조직화가 제대로 이루어지더라도 실제 운영에서 의도된 대로 움직여지지 않을 수 있는 것이 인간으로 구성된 조직체의 특성이라고 할 수 있을 것이다.

따라서 의도한 교육과정 정책이 충실하게 운영될 수 있도록 통제하는 것이 필요한 것이다. 교육과정행정의 통제를 위해서는 우선 그에 대한 평가를 행하고, 평가의 결과 시정하여야 할 부분이 나타나게 되면 시정을 통해 교육과정의 개혁을 하여야 할 것이다. 그러므로 여기서는 교육과정행정의 통제를 평가와 시정조치로 구분하여 검토하고자 한다.

## 01 의의

통제라는 의미는 의도된 목적에 따라 행위를 제한하거나 제약하는 것으로 다소 부정적 의미로 이해할 수도 있을 것 같다. 통제와 유사한 말에는 관리, 제어, 규정, 제한 등의 용어가 있으나, 교육과정 분야에서 교육과정 관리나 운영 등의 용어가 별도의 쓰임새로 사용되고 있기 때문에, 이들 용어와의 혼란을 피하기 위해 통제라는 말을 그대로 사용하도록 할 것이다.

통제의 일반적인 의미가 이렇게 된다면 교육과정행정에서의 통제는 개정되거나 설정된 교육과정 목표, 정책, 기획, 기준 등에 비추어 그 성과를 비교하고, 그 차이가 있을 경우 원인을 제거하는 시정조치를 행하는 것을 말한다. 따라서 통제는 기준의 설정, 성과와의 비교, 그리고 시정조치로 그 내용이 구분된다.[1)]

**표 16-1 통제의 의미**

통제
- 평가 = ① 기준의 설정
- = ② 실적과의 비교
- 시정조치 = 교육과정행정 개혁

교육과정행정에서의 통제에 대한 현실은 개념적으로 보는 것보다 훨씬 어려운 문제에 부딪히게 된다. 교육과정행정의 통제에 대한 기준이 단일하게 나타나지 않을 수 있고, 성과의 비교를 통한 측정이 계량화되지 않을 수 있는 성질이 많기 때문이다. 그러므로 교육과정행정에서의 통제에 대해서는 이러한 점을 고려하여 양과 질에 대한 최적의 평가와 시정조치를 할 수 있어야 할 것이다.

국가교육과정의 경우 교육현장에서 편성·운영할 교육과정의 기준과 내용의 기본적 사항을 정하는 것이기 때문에, 그러한 의도가 교육현장에서 제대로 실천되지 않을 경우 개정한 교육과정은 의미가 없게 된다. 그렇다고 해서 국가교육과정은 단위학교의 교육과정 그 자체는 아니기 때문에, 학교

교육과정의 내용에 대한 직접적 개입을 통한 행정권력을 행사하는 것은 적절치 않다. 오히려 교육과정행정을 담당하는 행정인은 국가교육과정을 토대로 단위학교의 교육과정 편성·운영을 위한 지도와 조언을 위한 적극 행정이 필요한 것이다.

이러한 적극행정은 행정인의 전문성을 강화하고, 그에 따른 재량의 여지가 확대되므로 통제가 중요하게 되는 것이다. 교육과정에 대한 지도·조언과 교육과정 운영을 위한 여건의 조성을 위해서는 행·재정적 지원에 대한 행정권의 향상에 비례해 통제력 역시 강화되어야 할 필요가 있는 것이다. 이러한 통제력을 통해 교육과정행정에 대한 책무성을 강화하여야 할 것이다.

## 02 통제의 기준과 실적 비교

### 1) 통제의 기준

교육과정행정의 기준이 되는 것은 교육과정행정의 지도원리(이념), 공익, 국민의 요구, 목표, 정책, 관련 법규 등이 될 것이다. 이러한 기준은 학습자의 성장을 보장하기 위해 요청되는 것이므로, 교육과정행정에 책무성을 부과하는 것으로 보아도 무방할 것이다. 책무성의 평가에서는 교육과정 정책에서 구체적인 사안에 따라 양적으로 가능한 것도 있을 것이고, 질적으로 가능한 것도 있을 것이다. 지나친 계량화는 교육과정에 대해 필요한 평가를 제대로 행하지 못하는 우를 범할 수도 있다.

통제의 기준과 관련해 교육부 자체평가, 재정사업 자율평가 및 정부업무평가에서는 양적인 평가뿐만 아니라, 질적인 평가까지 함께 활용하고 있다.

교육과정행정의 평가 기준과 관련해 등장하는 다양한 기준은 포괄적 의미에서 책무성이라고 표현하였지만, 교육과정행정의 지도원리와 관련짓는다면 민주성과 효율성이 될 것이다. 국가교육과정에서 제시하고 있는 교육과정의 기준과 내용의 기본적 사항은 공적인 교육에서 교육의 일정 수준을 유지하기 위한 것에 있다. 그것은 국가교육과정에서 정한 내용이 되고, 이를 토대로 단위학교에서는 학생이나 학교가 처한 상황 및 학교의 여건 등을 고려하여 학교 교육과정을 편성하고 운영하는 것을 말한다.

여기서 학생에게 적합한 교육이 행해지기 위해서는 학생들의 특성을 고려해 교육과정이 편성·운영되어야 할 것이다. 그렇게 되면 학생의 학업성취도 향상과 학교생활에 대한 만족 등을 높일 수 있다. 그것은 교육과정의 민주적 운영의 필요성을 말하는 것이고, 그것은 교육의 책무성을 기하는 하나의 방법이 되는 것이다. 이러한 책무성과 관련해서는 학교에서 교육과정에 대한 행정을 담당하는 교사와 교육청 및 교육부의 행정인에게 학생에 적합한 교육과정을 마련하고, 이를 제대로 지원을 해 줄 수 있는 여지가 있어야 된다. 재량이 없는 상황에서 교육과정행정을 담당하는 자에게 책임을 물을 수는 없는 것이다.

### 2) 기준과의 비교

다음으로 평가의 기준이 설정되면 비교의 대상을 선정하여 비교·평가하게 된다. 행정학 분야에서는 평가의 문제가 본격적으로 시작된 것을 최근의 일로 보면서 세 가지 단계로 제시하고 있다.[2] 첫째 단계는 법제·제도 면이었던 것이 행정인의 행동으로 옮겨져 왔고, 둘째 단계로는 행정의 과정, 산물, 산출이었으며, 셋째 단계는 여기서 더 나아가 최근에는 결과, 영향에 초점을 두고 비교·평가하는 것을 강조하고 있는 것으로 보고 있다. 이러한 변천은 평가에 대한 연구가 진척됨에 따라 지속적으로 합리화되고 있음을 말해주는 것이다. 교육과정행정의 분야 역시 이러한 경향을 지니고 있는 것으로 생각된다.

교육과정행정의 책무성과 관련해 미국에서는 2000년대 이후 기준이나 평가의 용어가 자주 등장하고 있다. 미국에서는 더 나은 교육을 위해 교육기준이 필요하다고 하면서 기준이 전통적인 용어로 사용되는 교육목표를 대신하고 있다. 그리고 기준이라는 것이 학생들이 무엇을 알고 무엇을 할 수 있느냐에 대한 진술이라고 할지라도, 정치적인 강조점은 수행을 관찰하는 척도를 사용하는 평가에 두고 있다. 평가는 학생의 성취수준의 개선을 위한 실제적인 기제로 보는 것이다.

「초·중등교육법」(2002)과 「낙오방지법」(NCLB: No Child Left Behind Act)에서는 학생들의 연간적정학업성취향상도(AYP: Adequate Yearly Progress)에서 2년 연속 AYP 목표를 충족하지 못한 경우 개선이 필요한 것으로 간주하여 학생들에게 더 나은 학교로 진학할 기회를 제공한다. 3년 연속 실패하면 학교선택권의 제공과 성취수준이 낮은 학생들을 대상으로 보충학습을 받을 수 있는 비용을 제공하며, 4년 연속 실패하면 교직원의 교체나 학교 수준의 운영 권한을 줄이는 것과 같은 조치를 하고 있다.[3] 이러한 것은 교육과정행정에서의 책무성을 부여한 것과 관련이 되는 것이다.

우리나라도 기초학력을 보장하기 위한 법률안이 제출되고, 고교 학점제의 실시에서 학력 미도달자에 대한 보완 정책을 수립하고자 하는 노력이 진행되는 것은 이러한 것과 관련이 되는 것으로 이해된다. 이러한 행정이나 정책의 평가는 객관성과 경제성을 지니고 있기는 하지만, 주관성과 정치적 성격도 동시에 지니고 있다고 생각된다.

교육과정행정의 책무성을 위해서는 정책의 결정 단계에서 정책분석을 잘 하는 것부터 시작할 필요가 있다. 정책분석의 결과가 잘 이루어지고, 그에 따른 평가를 통해 성과를 점검하여 필요한 시정조치를 하게 되면 교육과정행정의 지속적인 발전을 기할 수 있기 때문이다. 다만 정책분석은 일을 추진하기 이전에 여러 대안을 평가하는 것이고, 평가는 사후에 그 결과에 대한 영향을 평가한다는 점에서 차이는 존재하고 있다. 이러한 의미의 평가는 적절한 시기에 모든 사람에게 납득할 수 있는 것이어야 하고, 탄력성을 지니고 있어야 평가가 잘 이루어졌다고 할 수 있을 것이다.

# 03 통제방법

## 1) 의의

교육과정 분야가 표준화·규격화를 토대로 하는 일반행정과 달리 국가와 지역에서 전국 공통의 교육과정의 기준과 내용의 기본적 사항을 정하고, 학교에서는 학생에게 적합한 교육과정을 마련함으로써 다양화하고 있다. 따라서 국가교육과정을 만들고, 이것이 교육현장에서 효과적으로 운영될 수 있도록 지원하기 위해 행정의 전문화와 그에 따른 권한이 확대되고 있는 것이다.

행정 권한의 확대는 그에 따른 책무성 역시 증대되고 있고, 통제방법 역시 다양화할 필요가 있다. 행정에서의 통제는 일반적으로 내부 통제와 외부 통제로 크게 구분된다. 행정의 통제는 외부 통제가 제대로 되어야 내부 통제가 효과를 이루기 때문에, 입법국가시대에서 행정국가화시대로 전개되면서 행정은 외부 통제에서 점차 내부 통제로 그 비중이 강화되고 있는 실정이다.

## 2) 외부 통제

### (1) 입법적 통제

국회가 행정부를 통제하는 방식은 다양한 방식으로 이루어지고 있다. 입법권, 예산의 심의, 국정조사, 인사권 등의 방법이 있다. 입법적 통제는 행정의 전문화·기술화에 따라 그 효과가 제한되고 있지만, 국민의 대표기관에 의한 공식적인 통제라는 점에서 그 의미는 지속되고 있다.

입법권은 국회에 있지만, 행정부에서 제출하는 법안의 수도 점차 증가하고 있다. 교과서와 관련된 예를 들면, 2017년에 교육의 자주성과 전문성 확보를 위해 교육부장관이 정하여 고시하는 과목에 한해서 자유발행 교과서를 사용할 수 있도록 「초·중등교육법」 일부 개정안이 발의되었다. 그러나 이 법안은 국회에 계류 중이어서 통과가 불투명하였다. 이에 행정부는 2002년 1월 행정입법인 「교과용도서에 관한 규정」을 개정하여 기존의 인정 교과서 이외에 추가적으로 자유발행 적용 인정교과서 제도를 도입하였다. 이처럼 국회 입법에서는 교육과정과 관련된 사항에 대한 입법을 제한하여 그 통제를 하기도 하지만, 행정부는 행정입법으로써 그 적용을 위한 대안을 마련하기도 하는 것이다.

이러한 것은 자유학기를 시행하기 위해 「초·중등교육법 시행령」을 개정하는 것이나 고교 학점제 시행을 위해 의원입법이나 행정입법 등에 대한 검토를 하고 있는 것과 같은 사항도 이러한 예에 속한다.

그러나 최근 「학교보건법」, 「자살예방 및 생명존중문화 조성을 위한 법률」, 「아동복지법」, 「식생활 교육 지원법」, 「장애인 복지법」 등 법률 차원에서 범교과 학습주제에 대해 일정시수와 수업방법을 필수적으로 부과하는 경향이 증가하고 있다. 2014년 교육부 내 교육과정정책과에 따르면 119시간으로 조사되었다.[4] 그러나 실제 교육현장에서 공문을 통해 법률을 통해 의무적으로 부과하는 수업시수는 이보다 훨씬 많은 실정이다. 국가교육과정보다 상위의 법을 통해 교육현장에 접근하는 관계로 국가교육과정에서 통제하지 못하는 경우도 존재하고 있다. 역설적으로 이러한 것은 교육현장의 교육과정 편성·운영에 상당한 부담을 주게 되어 이 부분에 대한 입법적 통제의 필요성도 존재하고 있다.[5]

### (2) 사법적 통제

사법적 통제는 교육과정행정에서 위법하거나 부당하게 권익을 침해받은 경우 이를 구제하거나 행정명령의 위헌·위법 여부를 심사하여 사법부가 행정부를 통제하는 것을 말한다.

사법적 통제의 설명을 위해 헌법재판소에서 1992년 결정된 "교육법 제157조에 관한 헌법소원"에서 국정교과서 제도가 합헌이라는 결정을 내린 것을 예로 들어 설명하고자 한다. 헌법소원을 제기한 사람은 중학교 교사로 재직하면서 국어교과서를 편찬할 준비를 하고 있었는데, 중학교 국어교과가 국정교과서로 지정되어 교과서로 편찬할 수 있는 방법이 없어 국정교과서에 대한 규정을 하고 있는 「교육법」 제157조에 대한 헌법소원을 제기한 것이었다.

헌법재판소는 국정교과서 제도가 교과서라는 형태의 도서에 대해 국가가 독점하는 것이지만, 국가가 국・검・인정 교과서로 할 것인지에 대해서는 재량권을 갖고 있다고 보았다. 그리고 국정교과서 제도는 학문의 자유나 언론・출판의 자유를 침해하지 않고, 교육의 자주성・전문성・정치적 중립성과도 무조건 양립되지 않는 것으로 보기 어렵기 때문에 합헌으로 본 것이다.[6)]

비록 국정교과서 제도와 관련해 합헌의 결정이 이루어져 이 제도가 존립하지만, 소수 의견처럼 위헌으로 결정되었다면 이 제도는 존재하지 않았을 것이다. 이처럼 사법적 판단이 교육과정 분야의 행정 행위를 하는 데 제한을 할 수 있는 여지가 존재하고 있는 것이다.

그러나 이러한 사법적 통제는 행정이 이루어지고 난 뒤 사후 조치로 이루어지고 있고, 소송에 대한 비용이나 시간이 많이 들고, 행정의 위법성이나 정당한 절차에 대한 위반 여부를 다룰 뿐 행정의 비능률성이나 행정인이 기대되는 행위를 하지 않는 것에 대한 판단을 하지 못하는 등의 제한으로 그 효과가 높지 못하다는 지적이 제기되고 있다.

### (3) 민중 통제

민중 통제는 일반시민이나 국민에 의한 통제를 말하는 것으로, 입법과 사법 및 행정인을 제외한 것이다. 교육과정 분야와 관련해 일반 국민들로부터 행정을 통제하는 기능을 가지는 것은 선거, 이익단체, 여론과 대중매체, 지식인, 주민참여 등을 들 수 있다. 교육과정 문서 개발과 관련해 이들이 관여하기도 하고, 교육과정의 운영에서도 이러한 통제가 이루어지기도 한다. 그러나 이들 전체가 직접적으로 교육과정의 편성・운영에 영향을 미치는 것은 아니고, 간접적으로 영향을 미치기도 한다.

첫째, 선거는 조직화되지 않은 대중이 교육과정정책과 같은 사항에 대해 영향력을 행사하는 것의 하나이다. 교육과 관련된 사항은 여러 가지 정책들 중에 하나의 정책에 속하기 때문에 이것이 결정적인 요소가 된다고 보기는 어렵다. 대통령 선거에서 자유학기제에 대한 교육공약, 각 시·도 교육감 선거에서 혁신학교와 같은 정책을 수행한 것의 성과 등이 예가 될 것이다. 선거를 통한 행정통제가 효과를 거두기 위해서는 국민이 자율적인 정치참여 의식을 가지고 정치에 참여할 수 있는 여건이 갖추어져야 한다.

둘째, 이익단체는 자신의 이해관계를 행정인에게 전달하여 정책결정에 영향을 직·간접적으로 미침으로써 행정을 통제하게 된다. 이익단체는 시간의 경과에 따라 영향력이 커지고 있다. 교육과정의 개정 과정에서 자신들의 요구를 관철시키기 위해 범교과 주제의 삽입, 새로운 교과로 진입을 시도, 종교와 관련 내용의 국가교육과정에의 반영 요구 등을 하는 활동을 하였다. 그러나 최근에는 국가교육과정이 아니라, 입법적 통제에서 제시한 바와 같이 국회 로비를 통해 곧바로 교육현장에 범교과 학습 주제로 반영하는 형태로 확장되고 있다. 이익단체는 본질적으로 특수이익을 추구하는 데 기본적 성격이 있기 때문에 공익을 대변하기 어렵다. 교육과정이라는 것이 사회적 합의의 산물이라는 점을 고려한다면, 교육과정행정에서는 특정 집단에 좌우되어서는 안 되고 공익의 입장에서 특수이익을 조정하는 역할도 하여야 할 것이다.

셋째, 여론과 대중매체이다. 국민은 여론을 형성하여 행정기관의 정책의 수립과 결정에 영향을 미치고, 부정·부패 등에 대해 시정하도록 요청하기도 한다. 교육과정과 관련된 여론 형성에서는 국사교과서에 담긴 이념 편향과 관련되어 그에 대한 수정을 요구하는 여론, 특정한 개인이 정치인이 되었을 경우 정치적 중립성을 위반하였다는 이유로 교과서 수록 내용에서 삭제하여야 한다는 여론과 같은 사항은 매스컴을 통한 여론의 영향력을 행사한 예에 속한다. 언론이 효과적인 행정통제 수단이 되기 위해서는 언론의 자유에 대한 보장과 중립적 입장에서 자율적 통제기능을 담당하는 공정성이 전제되어야 한다. 그러나 여론에 의한 행정의 비판이나 통제는 지속성이 없고 독자의 기분에 영합하는 흥미나 폭로 등으로 끝나는 경우도 있어 이들에 대한 한계도 있는 것이다.

넷째, 지식인과 주민참여에 대한 것이다. 지식인은 일반 국민의 교육이나 정치적 의식 수준이 높지 못한 나라에서 영향력이 강하다고 할 수 있을 것이다. 지식인은 고등교육을 받고 있는 대학생 등을 포함한 집단으로 우리나라는 일제 식민지와 4·19혁명 등의 역사를 가지고 있어 지식인의 영향력이 상대적으로 강하고, 교육의 발전에도 큰 기여를 하였다고 생각된다. 교육과정의 개정에서도 전문가와 교육현장의 교원이 건설적이고도 비판적 역할도 하고, 2015 개정 교육과정의 연구에서도 현장 교원이 40% 이상 차지하는 등 교육과정 개발에 기여를 하였다고 생각된다.

주민참여는 국가교육과정 포럼, 교육과정 개정에서의 공청회, 교육과정심의회 등 참여하여 의견을 개진하거나 교과 연구회와 같은 각종 연구회를 통해 교육과정행정에 참여하여 행정을 통제하고 있다. 교육과정이 사회적 합의의 산물이라는 점에서 주민의 적극적 참여에 의한 교육과정의 기준과 내용의 기본적 사항을 정하고, 그 운영에 대한 통제가 이루어져야 할 것이다. 주민참여는 교육과정에 대한 민의의 파악, 결정의 합리화 및 운영의 민주화를 기할 수 있는 장점이 있다. 반면 그러나 조직화되지 않은 상태로 존재하는 일반 국민은 전문성의 결여, 대표성의 문제, 그리고 효율성의 저하 등에서 한계를 지니고 있다. 따라서 교육과정행정에 대한 정보의 투명한 공개, 교육에 대한 주민의 관심과 의식수준의 향상, 행정의 분권화 등이 수반되어야 긍정적 측면으로 활용할 수 있게 될 것으로 생각된다.

### 3) 내부 통제

내부 통제는 행정부 스스로가 통제를 가하는 것으로, 행정국가화 시대의 행정에서 외부 통제가 지니는 제약점이 그 효과를 저하시키는 것에서 강조되기 시작한 것이다. 내부 통제는 행정부 스스로 하는 것이기 때문에 행정통제로 불리기도 한다. 행정통제가 필요한 이유는 외부 통제만으로는 행정의 책무성 확보가 어렵고, 정책이나 사업의 효과를 분석·평가하여 그 결과를 환류시켜 차기 정책이나 사업에 반영할 수 있으며, 행정인의 재량권 확대에 따라 책임 한계를 명확히 하여야 한다는 점에 있다.

내부 통제의 주요한 것은 정책 및 기획에 대한 통제, 집행에서의 통제, 윤리적 통제 등 다양하게 나타나고 있다.

첫째, 정책 및 기획에 대한 통제는 대통령실 국무회의, 국무총리실 등을 통하여 하게 된다. 2009 개정 교육과정에서는 교육과정 개정을 위해 교육과정특별위원회를 구성·운영하였는데, 국가교육과학기술자문회의 부의장(의장은 대통령)이 위원장을 겸하였다. 교육과정특별위원회는 선진형 교육과정의 기본방향과 주요 요소를 개발하고, 이를 국가교육과학기술자문회의에서 심의 의결 후 대통령에게 보고하며, 교육과학기술부는 교육과정의 총론과 각론을 개발하는 절차를 거치도록 하였다. 여기서 교육과정에 대한 정책과 기획에 대한 행정적 통제의 예를 볼 수 있는 것이다.

둘째, 집행에서의 통제에 대한 것이다. 집행에서의 통제는 교육과정 결정에서의 역할 분담과 협력을 위한 분업체제의 재편·개편·인사·예산에 대한 통제이다. 교육과정 결정과 관련된 분업체제의 재편에 대한 통제는 국가교육위원회의 설립에 따른 교육부 기능 재설계에 대한 논의가 해당되고, 초·중등교육 분야에 대해 시·도 교육청으로 전체를 이양하되 전국적인 기준이나 조정이 필요한 사항에 대해서는 교육부에 권한을 남기는 방향에 대한 논의도 이것의 일종이라고 할 수 있다.

분업체제의 인사의 통제는 교육과정을 개정할 경우 교육부의 교육과정정책과에 대한 인사가 증원되는 경향이 있고, 그러한 증원에는 교육부 내의 전문직뿐만 아니라, 교육청에서의 파견 근무를 하는 교원 등으로 충원되기도 하는 것을 들 수 있다. 또 교육과정의 개정과 관련해서는 총론의 연구뿐만 아니라, 교과별 교육과정으로서 각론에 대한 연구의 수행과 연구학교·시범학교의 운영 등에 대한 예산이 요청되므로 예산을 통해서도 행정적인 통제가 이루어지는 것이다.

집행을 하고 난 이후에는 교육부 자체평가나 재정평가 등을 통해 행정적인 통제도 이루어진다. 자체평가의 경우 「정부업무평가기본법」 제14조 제2

항에서 규정하고 있다. 동법 제1항에서는 중앙행정기관의 장이 소속기관의 정책 등을 포함해 자체평가를 실시하도록 의무화하고 있다. 제2항에서는 중앙행정기관의 장은 자체평가조직 및 자체평가위원회를 구성·운영하되, 평가의 공정성과 객관성 확보를 위해 자체평가위원의 3분의 2 이상은 민간위원으로 하도록 규정하고 있다.[7]

그리고 「국가재정법」 제8조의 성과중심의 재정 운용에 따라 재정사업 자율평가가 운영되고 있다. 여기서는 총괄위원회, 초·중등교육분과, 고등교육분과, 평생·정부화·국제협력 분과 등으로 구분하여 평가를 함으로써 행정적 통제를 하고 있다.[8] 여기에는 주요 사업을 평가하도록 하고 있다. 교육과정 분야와 관련된 사항은 초·중등 역량 강화(교육과정·교과서 등), 창의적 인재육성(SW교육, 수학·과학 등), 한국사 연구·편찬 및 이해증진 등이 있다.

셋째, 윤리적 통제와 관련된 것은 내부 통제의 방법에서 가장 중요한 것일 수 있다. 내부 통제에서 설명된 사항은 행정부 자체에서 행하는 것이지 행정인 스스로가 윤리적 기준에 따라 스스로 규제하는 것은 아니다. 행정통제는 외부 통제와 마찬가지로 외부성·타율성을 지니고 있다는 점에서 동일한 한계가 있는 것이다. 행정인 스스로가 자발적으로 행동의 기준을 설정하고, 그에 따라 행동을 하도록 자신이나 조직의 규범을 규율하게 되면 자신의 성공에 더 유리하다는 인식을 더욱 확산시켜야 할 필요가 있을 것이다.

이상에서 검토된 여러 가지 통제방법은 어느 하나의 측면만 가지고 제대로 기능할 수 있다고 생각되지는 않는다. 여러 가지 통제방법이 종합적으로 기능하게 될 때 행정의 책임은 향상될 것이다. 민주정치의 역사가 짧기 때문에 입법, 사법, 민중의 통제가 향상될 수 있는 여지는 상당히 많을 것이다. 그것은 민주시민교육이나 언론의 자율성을 확대하는 방향으로 전개시켜야 할 것이다. 그리고 행정에서의 책무성을 위한 기본은 참여와 공개에 있는 것이기 때문에 외부 통제가 선행되면서 전문직업화를 통한 자율성을 신장시켜 내부 통제를 강화하는 방향이 되어야 할 것이다.

CHAPTER 17

# 교육과정행정의 개혁

교육학 분야에서 혁신이라는 용어는 교육행정 분야에서 많이 언급되고 있으며, 행정부의 교육정책, 교육행정 조직의 구조나 기구 및 행정의 과정 등 주로 제도적 측면의 혁신과 관련해 다루고 있다. 교육혁신에서 제도적 측면의 개혁의 중요성이 인정되더라도, 내용적 측면에 대한 고려가 되지 않는다면 제대로 된 개혁이 이루어지기는 어려울 것이다. 각 개인의 소질과 적성을 현실화시키고자 하는 교육의 특수성을 고려한다면, 교육의 혁신은 교육의 내용적 측면에 부합하도록 제도적 측면이 운영되어야 제대로 이루어질 수 있다.

그러한 의미에서 국가 차원에서 이루어지는 교육과정의 기준과 내용의 기본적 사항을 설정하고, 이를 운영하기 위한 교육과정행정 작용이 이루어져야 교육과정의 개혁이 성공적으로 자리잡을 수 있을 것이다. 교육과정행정의 개혁은 교육과정의 기준과 내용의 기본적 사항을 설정하고, 그러한 기준이 제대로 작동할 수 있도록 운영하는 과정에서 여러 가지 문제를 연구하고 이를 개선하기 위한 시정의 기능에 해당한다고 할 것이다. 따라서 교육과정행정의 개혁은 통제의 일환으로 이루어지는 것이고, 평가에 뒤따라 검토되는 것이 원칙이 되어야 할 것으로 생각된다.

## 01 의의

### 1) 개념

교육과정행정 개혁에서의 개혁은 일반적으로 현재 상태로부터 더 나은 상태나 방향으로 유도하는 의식적이고도 계획적인 변화를 의미하는 것으로 이해하고 있다. 그러나 교육과정 분야에서는 교육과정의 개정이라는 표현이 사용되기도 하고, 구체적 내용에서는 교육과정 혁신이라는 용어도 사용되기도 하여 이들 용어와 구분하지 않고 혼용한 것이 의미의 혼란을 가져오는 것 같다. 그러나 교육학 분야에서 용어를 어떻게 사용하더라도 그것은 모든 사람의 일관된 동의를 얻기는 어려울 것이고, 용어를 사용하는 사람들의 주관적 선호나 강조점에 따라 의미의 차이가 있다. 여기서는 일반적으로 사용하고 있는 기준에 따라 용어를 규정하고자 한다.

우선 개혁(reform)이다. 개혁은 일반적으로 제도나 기구 등을 새롭게 고치는 것으로 교육과정행정과 관련해서는 교육과정행정의 성과를 향상시키기 위해 새로운 방법을 의도적으로 적용하여 개선하는 것을 의미하는 것이다.

다음으로 혁신(innovation)이다. 혁신은 오래된 조직, 관습 및 방법 따위를 완전히 바꾸어서 새롭게 하는 것이다. 교육과정행정에서 혁신은 기존에 없던 새로운 생각이나 방법 등을 고안하여 활용하여야 하는 것을 말한다.

그리고 발전(development)의 개념이다. 발전은 더 좋은 상태나 더 높은 단계로 나아가는 것으로, 교육과정 분야에서는 development를 개발로 번역하는 경우가 대부분이다. 그리고 교육과정 개발이라는 용어는 학생들이 사용할 자료를 포함한 교육과정 자료의 창출 작업으로 사용하고 있다. 그러나 행정과 관련해서는 이 용어를 발전으로 번역하고 있다.

마지막으로 개정(revision)에 대해 알아본다. 개정은 내용이나 글자 따위의의 틀린 곳을 고쳐 바로잡는다는 것으로, 교육과정 개정은 새로운 교육과정을 만들어 내는 것을 말한다. 다만 기존의 교육과정이 존재하고 있음을 전제로 하고 있다고 생각된다.

이같이 개혁과 관련된 다양한 용어는 맥락에 따라 필요한 용어를 적절하게 사용하고 있다. 그러나 이들 용어에는 새롭게 하는 것 혹은 새로운 방법의 적용이 공통적으로 들어가 있다. 이러한 새로운 방법의 적용을 위해서는 일정한 목표를 지향하여야 하고, 의도성이 내포되어 있어야 하는 것이다. 따라서 사물의 성질이나 상태가 바뀌어 달라지는 변화나 변동의 의미가 이들 용어를 포괄할 수 있을 것으로 생각된다.

### 2) 필요성과 성공요건

교육과정행정 개혁의 동기나 촉진 요인은 정치체제와 교육체제의 성격, 역사·문화적 요인, 교육의 발전이나 행정의 발전 수준에 따라 여러 가지를 생각할 수 있다. 교육과정행정의 개혁에 대한 동기는 이들 사항이 복합적으로 작용하는 것이 일반적이다. 또 개혁의 담당자가 공식적으로 제기하는 개혁의 이유와 실제적 동기가 반드시 일치하는 것은 아니다. 이러한 불일치는 책임정치나 책임행정이 발전하지 못한 사회에서 자주 보게 되는 현상이다. 교육과정행정의 개혁이 요청되는 주요 이유는 다음과 같다.

우선 교육과정 개혁에 대한 국가·사회적 요구이다. 교육과정을 개정할 경우 여러 가지 정책 연구를 수행하지만, 국가·사회적 요구에 대한 연구도 수행하고 있다. 2009 개정 교육과정에서는 교과교육과정에서 우선적으로 고려하여야 할 국가·사회적 요구를 창의·인성 교육, 국가정체성 교육, 녹색성장 교육 등 세 가지로 선정하고, 이들 교육이 국가·사회적 요구로 선정된 배경과 취지, 이들 교육의 성격과 의의 등에 대한 내용을 고려하였다. 국가·사회적 요구에서는 초·중등학교 교사를 중심으로 하지만, 경우에 따라 학생과 학부모 등을 대상으로 교육현장의 요구도 동시에 분석하여 현장의 의견도 수렴하고 있다.

둘째, 교육과정 개혁에 대한 폭넓은 의견수렴과 공론화에 대한 것이다. 교육과정 개혁과 관련해 사회 각 계층에 대한 의견 수렴을 위한 방법으로는 국가교육과정 포럼이 대표적이다. 국가교육과정 포럼에서는 초·중등학교 교육과정에 대한 주요 관심사의 검토와 점검, 교육과정 현황과 문제에 대한 교육현장과 국민 의견 수렴을 통해 교육과정에 대한 다양한 집단의 의견수렴과 이해관계의 조정을 위한 공론의 장을 마련하고 있다. 그러한 공론의 장을 통해 만들어진 주요 쟁점의 종합적 점검과 교육과정 발전 방향에 대한 범사회적인 공감대의 형성을 도모하고 있다. 국가교육과정 포럼은 2007년에 발족하여 2018년까지 총 51회 운영하여 2009 개정 교육과정과 2015 개정 교육과정의 방향 설정 및 주요 사항에 대한 의견 수렴을 실시하였다.[1)]

셋째, 국가와 지역의 역할 관계의 변화에 따른 것이다. 국가와 지역의 역할과 관련해서는 최근의 사례를 들 수 있다. 최근 국가교육위원회의 설치 방안과 시·도 교육청의 교육의 지방자치 등의 여러 논의가 일어나면서 교육부의 교육과정정책과 그 운영과 관련된 사항에서 업무의 조정 등에 대한 논의가 일어나고 있다. 국가교육위원회의 설치에 따른 교육부 개편 방향(안)에서는 유·초·중등교육 사무의 단계적 지방 이양, 교육과정 업무의 국가교육위원회 이관, 고등·평생·인적 자원·직업교육분야 및 사회부총리 역할 집중 등의 내용이 제시되고 있다.[2)]

이러한 국가와 지역의 역할 관계의 변화는 교육과정의 행정과 관련된 사항에도 변화를 가져오게 된다. 학계에서 교육과정 거버넌스와 관련된 여러 가지 논의를 하고 있는 것도 이러한 현실적 맥락과 관련된 것이다.

넷째, 행정의 효율화와 새로운 기술 도입의 필요성과 관련된 것이다. 교육과정행정 기능의 중복이나 예산의 낭비, 사무 배분의 비합리성 등에 의한 능률화의 요청은 개혁의 동기가 된다. 현재 교육부에서 교육과정과 관련된 업무의 중심은 교육과정정책과가 주도하고 있지만, 진로교육과 관련된 교육과정, 성인 문해교육과 관련된 교육과정, 유아교육과 관련된 교육과정, 특수교육 교육과정과 관련된 교육과정 등은 각각 다른 부서에서 담당하고 있는 실정이다. 사무 배분의 합리성 여부에 따라 이들 업무는 새로이 조정할 수 있는 것이고, 거기에 따라 개혁이 나타나는 것이다. 또 새로운 과학기술, 디지털 혁명에 의한 관리정보체제의 발달도 개혁을 촉진하는 원인이 된다.

이러한 교육과정 개혁의 필요성이 인정된다고 하더라도, 교육과정개혁이 성공적으로 이루어지기 위해서는 다음의 몇 가지 요건이 충족될 수 있어야 할 것이다.

첫째, 학교자치에 기반한 국가와 지역의 역할 분담과 협력체제의 구축이 필요하다. 학교의 교육과정 운영은 학교, 교육청 및 교육부의 관계를 어떻게 이해하느냐에 따라 달라지게 된다. 교육부와 교육청의 학교 관리권을 전통적인 영조물에 의거해 학교에 대한 포괄적 지배권이 있다고 해석하게 되면,

교육부와 교육청이 학교의 인적·물적 관리 및 교육과정 운영 전반에 걸쳐 포괄적 지휘·감독권이 있다고 보게 된다.

그러나 교육의 특수성을 고려하면 직접적인 교육활동과 관련된 교육과정 운영 사항은 학교의 전문적 자율에 맡기고, 인적·물적 사항과 학교 이용의 원칙에 관한 사항 등 교육조건을 정비하는 사항은 교육부와 교육청에 있다고 구분하여 보는 것이 합리적일 것이다.[3] 직접적인 수업활동과 그 외의 교육활동까지 포함한 넓은 의미의 교육과정 운영은 교사집단의 교육할 권리에 속하고, 교육부와 교육청은 지도·조언을 함으로써 국가교육과정의 개정 내용이 단위학교에 안정적으로 실천될 수 있는 여지를 높이는 것이다.

둘째, 단위학교의 자율성이 확보되어야 한다. 단위학교의 자율성이 요청되는 이유는 학교의 민주적 운영과 학교의 개성을 살리기 위한 것에 있다. 학교의 민주적 운영은 개별 학생들의 특성을 가장 잘 파악할 수 있는 사람이 교사이기 때문에, 교사들의 협의와 직원의 협력을 통한 교육과정이 운영되어야 교육현장에 정착을 할 수 있다. 그리고 국가교육과정에서 제시하고 있는 기준과 내용의 기본적 사항을 토대로 단위학교의 실정에 부합하는 교육과정을 편성·운영함으로써 단위학교의 개성을 살릴 수 있어야 한다. 국가교육과정이 상세화되거나 탄력적으로 운영할 수 있는 여지가 없다면, 교육현장에 부합하지 않아 개혁에 저항하는 요인이 될 것이다.

셋째, 조직문화에서 개혁지향성이 존재하여야 하고, 종적·횡적 의사소통이 원활하여야 한다. 교육현장 일반이나 교육행정 조직 내에서 개혁지향적이고도 진취적 분위기가 존재하고 개혁을 추진하려는 열의가 존재하여야 하며 민주적인 참여 의식이 동반되어야 한다. 개혁에 대한 의구심을 가지거나 교육현장에서의 현상 유지적인 분위기가 만연할 경우에는 개혁의 성공을 기대할 수 없다.

이와 함께 행정 조직 내에서도 관리자의 권위주의적인 의식이 부하 직원의 창의적이고도 혁신적인 의견을 수용하지 않거나 관료제의 할거주의와 대립 의식으로 횡적인 의사소통이 저해되지 않도록 하여야 할 것이다.

넷째, 행정 조직의 신축성와 관리층의 적극적 지원 역할이 필요하다. 행정상 관료주의의 구조적 특징인 경직성의 완화와 엄격한 상하 관계, 그리고 지나친 집권화가 지속되는 경우 개혁이 제대로 이루어지기는 어렵다. 관료제는 업무의 전문성을 지니고 있지만 조직과 그 과업의 운영을 위한 수단적 전문성에 해당하는 것이다. 따라서 관료제는 교육과정의 운영에서 인간의 성장을 위한 기회를 조정하고 지원하는 데 기능을 발휘하도록 하여야 할 것이다.

또 창의적이거나 혁신적인 의견과 태도를 지닌 동료나 부하를 배제하거나 정실·경력 위주의 인사관리를 하는 경우 조직 구성원의 혁신적 역할을 기대하기는 어렵다. 따라서 관리층의 적극적 역할이 요청되는 것이다.

다섯째, 학생의 교육적 성취의 향상이 이루어져야 한다. 학생의 교육적 성취와 관련해 일반적으로는 학업 성적만을 가지고 논의하고 있다. 그러나 학생의 교육적 성취는 지적인 측면뿐만 아니라, 정의적이거나 심동적 영역 등 다양한 부문에서 발휘될 수 있다. 교육의 본질이 인간 성장하는 데 유의미한 장을 마련하는 데 있다고 하면, 교육적 성취를 어느 한 측면에서 한정하기는 어려울 것이다.

이제까지의 교육이 주어진 정보나 기능의 습득을 전제로 하여 이를 수용하는 형식이었다면, 앞으로는 기존 지식을 평가하고 재구조화하여 새로운 지식을 창출하는 형태가 될 것이다. 이러한 시대에는 다양한 개인에 부합하는 교육과정이 편성·운영되어야 개인의 성장을 기대할 수 있을 것이다. 여기서의 학생의 성취라는 것은 기존의 것과 다른 양상이 될 것이고, 학생의 교육적 성취는 교육과정 개혁에 대한 성공적 요인으로 작용할 수 있을 것이다.

## 02 교육과정행정 개혁의 접근방법

행정학 분야에서는 행정개혁의 접근방법에 대해서 여러 가지를 제시하고 있다. 여기서는 행정개혁의 역사적 변천과 관련된 접근방법을 종합하여 전통적 방법으로서 합리적 · 관료제적 방법, 새 방법으로 참여 · 인간관계적 방법, 통합적 방법으로서 체제적 · 종합적 방법으로 구분하여 살펴보고자 한다.[4] 행정의 변화나 변혁은 행정을 보는 관점에 따라 달라지고, 그것은 행정이론의 발달에 나타난 변수와 밀접한 관계가 있다. 행정학 분야에서의 이러한 접근방법은 교육과정학 분야에서도 그대로 적용 가능하므로 이들 접근방법을 활용하여 설명하고자 한다.

### 1) 합리적 · 관료제적 접근방법

이 접근방법은 공식적 · 합리적 조직에 중점을 두는 전통적 방법이다. 행정의 기구 · 직제의 간소화와 기능의 중복을 제거하고, 분업체제 편성의 원리로서 통솔의 범위 · 계층제 · 조정 · 명령의 통일 등을 직제나 조직편성에 반영하는 것이다. 그리고 행정을 하는 여러 가지 수단 · 장비 등을 습득하고 훈련시켜 제대로 활용함으로써 행정의 성과가 향상된다고 하는 기술적인 접근방법도 포함하는 것이다.

이 접근방법에서의 행정은 과학적 관리법과 베버(Weber)적 관료제 이론에 해당하는 것으로, 구조 · 법령의 변경이 개혁의 수단이 되고 있다. 이 입장에서의 행정은 법의 집행이라고 생각하는 것이기 때문에, 행정인은 합리적 · 이성적으로 법령과 구조대로 움직이는 것으로 생각하였다. 그래서 인간적인 요인을 독립변수로 보지 않았고, 그에 따라 조직의 동태적 측면과 환경적인 요인이 제대로 고려되지 않은 한계를 지니고 있다.

교육과학기술부가 존재하였던 시기에는 학교정책국 아래 학교제도기획과, 교육과정기획과, 교과서선진화팀, 교직발전기획과, 교육단체협력팀, 학력증진지원과가 존재하였다. 그러나 교육부로 변경된 현재는 학교혁신지원실 아래에 교육과정정책관이 있고, 그 아래 교육과정정책과, 고교교육혁신과, 교과서정책과, 교수학습평가과로 되어 있는 것은 이러한 예에 속한다.

행정에서의 구조와 기술을 중심으로 행정을 개혁하려는 시도는 이를 받아들이는 행정인에게 강요하게 될 경우 행정의 형식화가 진행될 우려가 있다. 따라서 행정 구조의 개혁에서는 구조와 기능 간의 불일치가 나타나는 경험을 하게 될 수 있는 것이다.

### 2) 참여 · 인간관계적 접근방법

참여 · 인간관계적 접근법은 구조중심의 접근방법에서 구조 · 기술을 합리화시켜도 이에 관여하는 행정인의 이해와 참여 없이는 개혁이 성공하지 못한다는 한계로 인해 등장한 것이다. 그래서 이 접근은 행정인의 가치관이나 태도 등의 행태면에 중점을 두고 행정 개혁을 하려는 입장에 속한다. 행정 개혁의 성공을 위해서는 행정인이 조직의 중요한 결정에 참여하고, 조직의 목표와 이들의 목표가 일치하며, 위로부터의 강요에 의한 개혁이 아니라 스스로 인식하고 인정하게 하는 것이 중요한 관건이 되는 것이다.

이 입장은 조직의 효과성을 높이기 위해 계획적 변화를 모색하는 조직발전이론에 근거를 두고 있기 때문에 모든 계층의 조직 구성원이 자발적으로 참여할 수 있어야 하는 특징을 지니고 있다. 구조중심의 방법에 비해 행정인의 참여를 통한 적극적인 변화를 유도할 수 있다는 점에서 개혁이 성공할 가능성이 높다.

그러나 이 접근방법은 행정인이 기본적인 가치관이나 태도 변화에 소요되는 시간적 제약, 자유로운 의사소통과 참여가 보장되는 개방적 조직 문화의 요청, 조직 문제에 대한 이해의 부족과 조직 외적인 상황에 대한 고려의 부족 등과 같은 한계도 있다. 이러한 점을 고려한다면 교육부나 교육청 및 단위학교 각 조직의 리더가 문제해결을 위해 모든 구성원들의 적극적 참여를 촉진시키고, 계층 간의 대화가 원만하게 이루어질 수 있도록 개방적인 태도를 지녀야 할 것 같다. 이러한 상황을 한꺼번에 변화시키는 것은 상당히 어렵기 때문에, 조금 큰 단위 부서의 유사 직급을 가진 사람들에서 시작하여 작은 단위로 점진적으로 확대하는 방법을 강구할 수 있을 것으로 생각된다.

### 3) 체제적 · 종합적 접근방법

이 접근방법은 구조중심의 접근방법과 인간중심의 접근방법은 어떠한 상황이나 환경에서도 타당성이나 효과성을 지닐 수 있는 것은 아니고, 어느 하나의 접근방법으로 행정개혁의 목적을 달성할 수 있을 정도로 포괄적 성격을 지니고 있지는 않다고 보는 것이다. 그래서 이들의 상호관련성을 고려하여 접근하는 방식을 요청하는 것이 필요하고, 그것이 체제적 · 종합적 접근방법인 것이다.

교육과정행정의 개혁에서는 교육현장에서 배우는 내용적 측면에 대한 사항이 중심이 되고, 교육과정을 효과적으로 운영하기 위해 행 · 재정적 측면의 행정이 동원되어야 할 필요가 있다. 여기서 개정된 교육과정 내용과 지원을 위한 주요 사항에 대한 행정인의 충분한 이해와 교육과정을 운영하는데 종사하는 구성원들의 지지가 필요하게 된다. 이러한 것에 위배되는 개혁은 구조 · 기술 자체가 합리화된 것이라 할지라도 정책으로 채택될 가능성이 적고, 채택되더라도 행정인의 저항이 있게 되면 제대로 운영될 수 없게 된다. 그래서 행정인 이외에 이해관계인이나 전문가 및 현장의 교원 등의 참여를 구하고 있는 것이다.

체제적 · 종합적 방법을 통해 교육과정 개혁을 시도한다고 하더라도, 행정인, 구조, 환경이라는 문제를 체제를 구성하는 하위 요소로 보고, 이들 요소들 간의 우선순위나 비중의 차이를 고려할 필요가 있다. 우선적으로 고려하여야 하는 것은 교육과정 정책에 대한 교육 관련 당사자들의 지지를 받는 것이다. 그리고 난 후 행정인의 이해나 참여가 이루어지고, 그 뒤 구조적 · 관리기술적 접근이 고려되어야 할 것이다. 구조나 관리 중심으로 교육과정의 개혁이 이루어지게 되면, 그것은 형식화하고 실질적인 성공을 거두기는 어려울 것이다. 따라서 행정개혁은 교육관련 당사자와 행정인의 행동의 변화로 보아야 할 것이고, 그에 따른 이들의 참여와 이해에 따른 행동의 변화가 수반되어야 개혁은 성공할 수 있을 것이다.

## 03 교육과정행정 개혁의 과정과 저항

### 1) 교육과정행정 개혁의 과정

개혁이 이루어지는 과정은 필요성의 인식, 개혁안의 준비와 결정, 시행, 평가로 나누어 고찰할 수 있다.[5] 이들에 대해 살펴보면, 첫째, 개혁 필요성의 인식에 대한 것이다. 인식의 요인부터 보면 먼저, 교육과정행정 개혁은 교육정책의 변화에 따라 교육과정정책에서의 변화가 요구되는 경우도 있고, 교육과정정책 그 자체에서의 변화에 따른 변화도 제기되고 있다. 이러한 것은 새로운 정부가 들어서면서 국정과제에서 제시되기도 하고, 국제사회의 동향 변화에 따른 것에 기인하기도 한다. 국정과제와 같은 경우 고교학점제나 교과서 자유발행제 도입 등에 대한 것을 들 수 있고, 국제사회의 동향은 역량 위주로 세계 각국의 교육과정이 변화하고 있는 것이 그 예가 된다.

다음으로, 교육정책 이외에 교육현장에서의 요구가 교육과정행정의 개혁을 이끌어 내기도 한다. 예컨대 개정 교육과정에서 제시된 집중이수를 위한 학기당 과목 수의 제한에 따른 교육과정 운영의 어려움, 교육과정 내용의 적정화와 관련된 문제 등은 차기 교육과정의 개정에서 수정과 보완을 요청하는 것을 들 수 있다.

마지막으로, 이들 외에 교육과정의 개발이나 운영 등에서의 관행적인 경향의 시정도 개혁의 필요성에 대한 인식과 관련된다. 교육과정의 개발에서 특정 전문연구기관이 통상적으로 해 오던 교과별 개정 업무에 대해 다른 전문연구기관이 경합을 벌이게 되는 경우를 들 수 있다. 예를 들어, 한국교육과정평가원과 한국과학창의재단이 수학, 과학 교육과정에서 경합이 나타날 수 있다. 이렇게 될 경우 각 기관들 간에 갈등을 일으킬 수 있으므로, 교육과정의 개정에서 기관들 간의 협력 체제가 필요하고, 이를 위해 개정 작업의 기초 연구로 방향을 전환토록 유도할 수 있다.

이와 같은 개혁의 인식에 기초해 개혁을 시작하는 원동력은 교육과정 개정의 발의에서 교육부장관, 특정 교과의 국·검·인정에 대한 교과서 제도의 변경 요청에 대한 여론의 압력, 교육과정 관련 부처의 예산의 변동, 그리고 교육과정정책과를 비롯한 관련 부서에 대한 외부의 비판이나 위협 등이 된다.

둘째, 개혁안의 준비와 결정이다. 개혁안의 준비와 결정에서는 다음과 같은 사항이 고려되어야 한다. 우선 개혁안은 일반 행정에서는 고급 공무원이나 소수의 유능한 엘리트인 개혁담당자에 의해 주도되는 경향이 강하다. 그러나 교육과정 분야에서는 반드시 그렇지만은 않다. 교육부와 교육청 등의 기관, 현장 교원, 교육과정 개혁의 담당자 등이 될 수 있다. 교육청의 경우 시·도별로 혁신학교를 설립하여 운영하는 경우를 예로 들 수 있다. 현장 교원은 교육공동체로서의 교과별 교사들의 교육공동체가 학교의 교육에 대한 변화를 유도하기도 한다. 그리고 교육부의 교육과정정책과는 국가교육과정의 개정이나 구체적인 교육과정정책에 따른 개혁을 주도하기도 한다.

다음으로 개혁의 범위와 수준을 보면, 교육과정의 기준과 내용의 기본적 사항의 설정에 해당하는 교육과정 개발, 교육과정 개발의 후속지원으로서 교과서 개발과 교원연수, 그리고 교육과정 운영, 교육과정 평가 등 교육활동이 이루어지는 제반 과정을 고려할 때, 이들 전체 영역에 걸쳐 이루어질 수도 있고, 한정된 부분에 대해 제한적으로 이루어질 수도 있으며, 교육과정을 움직이는 조직의 변화에 거칠 수도 있다. 그리고 그러한 개혁의 수준은 이상적인 최적의 수준, 실천적인 최적 수준, 만족스러운 최적 수준 등을 고려하여 결정할 수 있을 것이다.

마지막으로 개혁전략과 참여자의 범위에 대해 보면, 개혁전략은 행정에서 일시에 단행하는 급진적 전략과 시간적 여유를 가지면서 추진하는 점진적 전략을 생각할 수 있다. 교육과정의 개정과 관련된 사항에서는 국정과제나 국가·사회적 요구에 따라 전면적인 교육과정 개정을 취할 수도 있고, 필요한 사항에 대해 수시 개정을 취할 수도 있다.

그리고 개혁안 연구의 참여자는 교육부, 전문연구기관, 교육과정심의회, 전문가, 현장 교원 등에 이르고 있어, 교육과정행정의 조직 내에서 통제의 범위에 있는 경우부터 조직 이외의 통제가 미치지 않는 사람까지 넓게 분포되어 있다. 교육과정행정의 계속적인 개혁의 과정에 초점을 두게 되면 참여자의 범위를 좁힐 수 있지만, 여론의 반영과 관료제의 폐쇄성을 고려하면 외부의 참여자를 확대하는 것이 보다 합리적일 것이다.

셋째, 개혁안의 시행이다. 개혁안을 실천에 옮기기 위해서는 많은 시간과 노력이 요청된다. 자유학기제나 학교스포츠클럽 등 구체적인 사항뿐만 아니라 교육과정 문서의 전체적인 실천까지 넓게 볼 수도 있다. 개혁안에 대한 시행에서는 관련 법규의 제·개정, 예산의 동원과 인사의 배치, 그리고 교육훈련 등의 여건을 조성하여야 할 필요가 있다. 그리고 실제 집행에 대한 구체적인 계획을 수립하고, 시행에서는 융통성을 발휘하여 상황에 대처할 수 있는 힘을 길러야 할 것이다.

넷째, 개혁의 평가이다. 개혁에 대한 평가에서는 평가의 결과에 대한 피드백이 필요하고, 이를 위해 고려하여야 할 사항을 몇 가지 제시하면 다음과 같다. 개혁의 궁극적 목적은 교육현장에서 교육과정을 학습자에게 맞춰 교육의 소외자를 제거함으로써 교육의 기회를 균등하게 보장하는 데 있을 것이다. 그리고 지역별 교육격차의 문제 역시 고려되어야 할 사항된다. 교육과정의 개혁에 대해서는 성과를 기준에 비추어 판단하므로, 객관적이고도 정확한 기준을 설정하여야 교육의 효과성을 측정할 수 있을 것이다. 교육과정의 적용과 관련해서는 해당 정책에 대한 학생들의 학업성취도 향상이나 만족도 등을 중심으로 평가하는 경향이 있다. 개혁의 성과는 장시간 지속될 수 있도록 제도화되어야 하고, 평가에는 가급적 외부인이 참가하여 공정성을 기하여야 할 것이다.

### 2) 개혁에 대한 저항과 약화 방안

교육과정행정 개혁의 목표가 아동의 성장에 유용성을 지닌다 하더라도 언제나 개혁이 이루어질 때에는 반대와 저항이 행정의 내·외부에서 야기된다. 그렇기 때문에 이러한 사항을 완화하지 않고서는 성공적으로 개혁을 이루기는 어려울 것이다. 여기서는 개혁에 저항하는 원인과 방안에 대해 검토해 보고자 한다.

첫째, 각자의 기득권익에 비추어 침해당한다고 생각하여 개혁을 저항하거나 전망이 확실치 않은 경우이다. 이때에는 개혁의 대상을 기술적이거나 형식적인 것부터 개혁의 대상으로 삼도록 한다. 교육과정의 개발과 관련해서는 기존 교과를 유지하고, 해당 교과에 대한 시간배당이 축소되는 것을 경계하는 것은 내용적 측면에 대한 것의 예가 된다. 이러한 부분을 적극적으로 개혁하고자 하면 상당한 저항에 부딪혀 어려움을 겪게 된다. 그리고 개혁의 목표와 밀접하지 않으면서 관련 당사자가 높이 평가하고 있는 것에 대해서는 그것의 합리성 여부의 판단을 떠나 회피하는 방향을 고려하여야 할 것이다.

둘째, 개혁내용에 대한 참여가 제대로 이루어지지 않아 이해가 부족한 경우이다. 이럴 경우에는 행정부 내에서의 계선과 막료, 간부, 그리고 교육 관련 주체가 참여하여 이들이 의견 개진 기회를 제공함으로써 개혁내용에 대한 이해를 제고할 필요가 있다. 그리고 개혁의 담당자나 해당 부서의 장은 대외적인 공표나 기타 의사전달의 수단을 통해 해당 사항의 필요성에 대한 이해와 설득을 하고, 이에 대한 찬성과 반대 의견을 제출하는 등의 노력을 통해 참여를 촉진하여야 할 것이다.

셋째, 관료제의 경직성과 보수적 경향으로 인한 경우이다. 관료제는 어떠한 일에 대한 능률성은 강하지만, 폐쇄적이며 보수적 성격을 띠고 있어 개혁에 대해 저항하는 경향이 있다. 관료제의 보수성을 극복하는 방법은 개혁의 결과로 얻어지는 관계인의 이득을 알리면서 설득하는 것이다. 그리고 그러한 개혁이 실패할 경우 야기되는 위기의식의 조성 등도 고려할 수 있는 여지는 있다.

넷째, 개혁안 자체나 추진 방법과 절차 등의 문제가 있을 경우이다.[6] 개혁안이 개혁의 필요성을 제대로 충족시키지 못하는 경우, 성과의 불확실성이 높을 경우, 기존의 상태나 다른 대안에 비해 못한 경우 등에서 저항이 유발될 수 있다. 그리고 문제의 진단과 변화 결정의 과정에 관련자들의 참여가 봉쇄되고 합의가 제대로 이루어지지 않을 때, 개혁안 제시의 방법과 수단이 강압적일 때, 저항이 있을 수 있다. 이들 경우에는 더 많은 참여를 통해 관련자들이 의견을 개진하고, 시간이 걸리더라도 이해와 설득을 통해 사회적 합의를 이끌어 갈 필요가 있다. 이러한 절차적 투명성을 통해 마련된 개혁안은 자문기구나 외부 전문가의 의견을 통해 수정과 보완을 거치면서 합리화를 기할 필요가 있을 것이다.

CHAPTER 18

# 교육과정행정의 발전과 거버넌스

## 01 교육과정행정의 흐름

### 1) 교육과정 결정 주체의 변화

우리나라에서 교육과정이 하나의 학문 분야로 성립하여 발전한 시기는 광복 이후에 이루어졌다고 보아야 할 것이다. 그 이전에도 교육과정은 존재하였지만 전문적 연구 분야로의 미확립, 소수의 특권층에 한정된 제한적인 교육기회, 교육내용과 사회와의 낮은 관련성 등으로 현대적 의미의 교육과정으로 보기 어려울 것 같다. 따라서 교육과정행정에 대한 이론적 연구와 실제적 운영 역시 교육과정이 전문적인 연구 분야로 시작된 광복 이후에 시작되었다고 보아도 무리가 없을 것이다.

광복 이후 과도기와 교수요목기를 거쳐 우리의 손에 의해 만들어진 제1차 교육과정부터는 교육과정의 결정은 중앙집권적 성격으로 운영되었다. 그러나 1992년 9월 30일자로 고시된 제6차 교육과정은 국가와 지역 및 단위학교 간의 교육과정에 대한 역할 분담을 함으로써 분권적 성격으로 전환하였다. 제6차 교육과정의 교육과정 성격에서는 전국의 학교에서 편성·운영하여야 할 교육과정의 공통적이고 일반적인 기준을 제시한 국가 수준의 교육과정임을 명시하고 있다. 그리고 더 필요한 구체적인 편성·운영 지침은 시·도 교육감이 정하도록 규정하고 있다.

따라서 이 시기부터 국가교육과정 문서에는 국가, 지역 및 학교 수준으로 구분하여 역할 분담을 하고 협력하는 체제를 도모하고 있다. 교육과정 결정의 분권화는 국가적 통제에서 지역과 학교의 자율성을 확대시키는 방향으로 전개되는 것을 의미한다. 국가와 지역 및 학교의 역할 분담에 대한 사항은 1998년에 「초·중등교육법」 제23조에 의해 법적으로도 뒷받침되었다. 법 제23조에서는 교육부장관이 교육과정의 기준과 내용의 기본적 사항을 정하고, 교육감은 이 범위 내에서 지역의 실정에 적합한 기준과 내용을 정할 수 있도록 하였다. 그리고 학교는 이들 기준과 내용에 의거해 학교의 실정을 고려하여 교육과정을 운영하도록 규정하였다.

최근에는 시·도 교육감협의회에서 교육과정에 대한 분권과 자율에 대한 논의를 보다 적극적을 개진하고 있다. 그리고 국회에서는 「국가교육위원회 설치·운영에 관한 법률안」이 꾸준히 제기되고 있다. 20대 국회에서는 총 6건, 21대 국회에서는 이미 4건이 제출되었다. 최근의 이러한 경향은 교육의 지방자치와 사회구성원의 참여에 보다 많은 관심을 두고 있음을 나타내고 있는 것이다. 그래서 집권과 분권의 조화를 모색하기 위한 여러 가지 행위가 나타나고 있는 실정이다.

이처럼 우리나라에서는 광복 이후 교육과정에서 국가가 주도하는 경향을 나타내면서 집권적 성격을 드러냈지만, 최근에는 단위학교의 자율을 중시하면서 학교의 교육과정 편성·운영에 대한 권한을 강화하려는 움직임이 지속되고 있는 것이다. 그리고 교육과정의 사회적 합의를 추진하고, 정치적 중립성과 국민적 참여와 소통을 위해 국가교육위원회의 설치와 운영을 도모하는 노력도 기울이고 있다. 더 나아가 최근에는 학생들이 교육과정과 관련된 기구에 참여하여 자신들의 의견을 개진할 수 있는 방향이 강화되고 있다. 예컨대 학교운영위원회 회의에 학생들을 참여시키고 있는 학교가 증가하고 있으며, 국가 정책적으로도 이러한 방향을 강화하고 있는 실정이다. 결과적으로 우리나라의 교육과정행정은 중앙집권적 성격에서 지방의 교육자치 강화, 나아가 단위학교의 자치도 강화하는 방향으로 전개되고 있는 것이다.

## 2) 변화의 논리

교육과정행정이 분권적 방식으로 전개되는 것은 일반행정이나 사회일반의 생활과 다른 교육의 특수한 성격 때문으로 생각된다. 일반행정이나 사회생활의 대부분은 표준화되거나 규격화되는 양상으로 집행되고 있다. 예를 들어, 교통법규를 위반하였을 경우 위반한 사항에 따라 모든 사람이 동일한 벌금을 내게 된다. 개인의 경제력과 같은 것을 고려의 대상이 되지 않는다. 이것은 사회 규칙을 위반한 경우에는 개인의 사회·경제적 능력을 고려하지 않고, 모든 사람에게 동일한 제재가 가해지는 것이다.

그러나 교육의 경우에는 이와 다른 성격을 지니고 있다. 교육은 소질이나 적성이 다른 개인에게 그에 부합하는 교육내용과 교육방법을 동원하기 위한 노력을 기울이고 있다. 표준화되거나 규격화되는 양상보다는 다양성과 개성을 중시하고 있는 것이다. 국가의 안보나 천재지변과 같은 특별한 경우에 예외적으로 교육내용에서의 표준화된 것을 교육할 따름이다. 이러한 교육의 성격은 다른 사회 일반의 행위와 성격이 다르기 때문에 집권화된 교육과정의 제공으로는 인간의 성장을 제대로 기하는 것을 어렵게 할 것이다. 따라서 분권과 단위학교의 자율이 중요하게 부각되는 것이다.

우리나라는 1960년대 국가발전이나 경제발전과 같은 교육목적을 설정하고, 국가적 차원에서 인재를 양성하기 위한 노력을 기울였다. 당시의 교육의 목적은 국가나 사회 및 경제발전과 같이 교육 외적이고 사회적 측면이 더 우세하였다고 생각된다. 이러한 교육에서는 교육과정을 표준화시키고, 그러한 내용을 제대로 습득하고 외부에 잘 응용하는 것에 더 중점을 두게 된다. 교육 외적인 것에 목적을 두는 것은 국가가 주도하는 범국민적 사업으로 교육과정을 정착시켰다고 하겠다.

그러나 교육과정 결정의 분권화는 교육의 목적이 개인의 성장에 더 많은 초점을 두는 방향으로 전개되었다고 생각된다. 국가와 지역에서 교육과정의 기준과 내용을 정하고, 이를 기반으로 단위학교에서는 학교의 실정과 학생의 특성을 고려한 교육과정을 전개하였던 것이다. 교육과정의 기본적 취지가 각 개인의 능력이나 적성 및 소질을 최대한 발휘할 수 있도록 하는 것에 있다. 그것은 학생들의 특성에 부합하는 다양한 교육과정을 만드는 것이 전제되어 있는 것이다. 그러한 점에서 기존의 교육과정과는 보다 차별화되는 형식을 지니고 있는 것이다.

교육과정 내용에 따라 집권과 분권을 이해하는 방식은 교육현장에서 교육내용이 변화에 따라 수업과 평가 방법이 그에 부합하는 형태로 변하지 않은 것을 고려할 때 그러한 구분이 명확하다고 보기는 어려울 것이다. 그렇지만 그것이 추구하는 일차적 목적이 어디에 있는지에 따라 교육활동의 전개가 달라질 여지가 있는 것이다. 이러한 주장이 명확하게 맞다거나 교육과정행정의 패러다임이 특정한 시기에 일어나 어떻게 변화되었는지 분명하게 설명하기는 어렵다. 그렇지만 이러한 방식은 교육과정의 결정, 운영 및 평가와 피드백 전반을 이해하는 데 도움을 줄 것이라는 생각은 틀리지 않다고 생각된다. 집권화된 교육과정의 결정과 운영의 방식이 한꺼번에 분권적 방식으로 변화하는 것은 쉬운 일이 아닐 것이다. 그래서 제6차 교육과정 이후의 분권은 형식화되었다는 비판도 있다. 따라서 형식적인 분권을 보다 내실화화하기 위한 노력을 기울이고, 중・장기적으로 단위학교의 자율성을 강화하는 방향으로 전개할 필요가 있다고 생각된다.

## 02 교육과정의 통제와 자율

### 1) 국가의 교육과정 통제의 효용성과 한계

교육과정행정에서 주요 쟁점이 되는 것은 교육과정의 국가 통제와 단위학교 자율의 긴장 관계가 될 것이다. 국가에서 교육과정 통제가 강할수록 단위학교의 자율은 제한되는 양상을 지닐 것이다. 공교육에서 국가가 교육과정에 관여하는 이유는 교육에서의 기회를 균등하게 제공함으로써 평등한 사회를 만드는 데 중추적인 역할을 하기 때문이다. 교육의 기회는 교육과정과 같이 학생이 경험하여야 할 내용적인 측면뿐만 아니라 취학의 기회를 제공하는 것과 같은 제도적인 측면도 포함되는 것이다.

경제력의 발달과 더불어 취학의 기회와 같은 제도적 측면에 대한 사항은 상당한 부분 해결되었다고 할 수 있다. 그러나 교육현장에서 가르치는 근거가 되는 교육과정에서의 기회균등이 이루어지고 있는지는 더 검토해 보아야 한다. 공교육은 국가나 지방자치단체가 모든 국민을 대상으로 통제나 관리 및 지원하는 운영을 하는 교육제도를 말하는 것이다. 과거 신분제 사회는 이러한 의미의 공교육은 제대로 실시되지 않았다.

1894년의 갑오경장을 통해 서구식의 공교육 제도가 도입되었고, 일제강점기에 식민통치를 위해 교육의 중앙집권적 통제를 강화하게 되었다. 그리고 광복 이후 교육자치에 대한 논의와 법제 정비가 있었지만, 교육자치제도의 본격적 시행은 1991년 지방자치제도의 실시에 있다고 볼 수 있다. 그렇지만 그 내용은 교육감의 선출이나 시·도 단위의 교육위원회 구성과 같은 것에 머무는 실정이어서 실질적인 교육자치제도와는 다소 거리가 있다고 하겠다. 이러한 상황에서 교육과정 분야 역시 중앙통제적 성격을 유지하고 있으면서 제한적인 분권적 성격을 지니고 있다고 할 수 있다.

공교육 제도에서 국가는 교육의 일정 수준을 유지하기 위한 효율적 기반을 마련하고, 교육의 기회균등을 보장하기 위해 교육을 받을 기회를 모두에게 제공하는 체제를 만들고 있다. 이러한 것은 개인적 차원에서 해결하거나 사적인 교육 체제에서 얻을 수 없는 장점으로 인식되고 있다. 우선 교육의 일정한 수준을 유지는 한 사회를 이루는 구성원들이 공유하는 경험이 있다는 것을 전제로 이루어지고 있다. 그러한 기준은 사회를 구성하는 집단들의 갈등을 해소하기 위한 교육이념과 문화를 말하는 것이고, 공교육에서는 이러한 것을 관리할 수 있는 기반을 제공하고 있는 것이다.

다음으로 교육의 기회균등 제공은 의무교육의 기간을 설정하여 경제적으로나 사회문화적으로 어려운 계층에 대해 취학을 할 수 있는 기회를 제도적으로 보장하고 있다. 이러한 취학의 기회는 보다 높은 교육을 받을 수 있는 기회를 얻기 위해 경쟁할 수 있는 기회가 제공된 것이다. 비록 그것이 능력주의 교육의 일환이라고 하더라도 사회계층을 이동할 수 있어 신분제 사회와 비교할 때 교육기회의 제공에 지대한 역할을 하였다.

이러한 공교육의 장점이 있지만, 다른 한편으로는 한계도 따른다. 교육의 일정 수준을 유지하기 위해서는 보통교육의 단계에서 공통적으로 알아야 하는 내용을 중심으로 교육과정을 만들게 된다. 학교급이 올라가면서 선택할 수 있는 여지가 생기지만, 전체적인 비중은 공통적인 내용이 많은 것이다. 여기서 공통적인 내용은 한 사회의 구성원으로 살아가기 위해 알아야 하는 것으로 가정되므로, 필수적이거나 표준화된 내용을 중심으로 이루어지게 된다. 그것은 각 개인의 소질이나 적성에 따른 교육과정을 차별화하는 것을 다소 어렵게 하는 원인이 될 수도 있는 것이다.

이러한 내용적인 사항 외에도 교육과정의 결정 주체와 결정의 과정에 대한 제도적 측면에서도 발생하고 있다. 공교육에서는 효과적으로 교육제도를 관리하기 위해 관료제의 도움을 얻고 있다. 관료제는 조직의 목적 달성을 위해 통솔범위 및 분업체제 등의 원리를 활용하여 능률적으로 업무를 처리하는 원리를 말하는 것이다. 이러한 관료제가 교육과정을 지배하게 되면 교육과정이 추구하는 목적보다는 관료제가 추구하는 목적이 우선시 될 수 있다. 참여를 통한 사회적 합의로 만들어져야 하는 교육과정이 특정한 세력의 힘에 의해 좌우될 수 있는 것이다. 그렇게 되면 교육이 수단화되어 본래적 의미를 제대로 살릴 수 없게 된다. 따라서 중앙집권적 방식으로 교육과정이 결정되면 교육활동 그 자체가 도구화될 수 있는 한계가 나타나는 것이다.

### 2) 교육과정 통제와 자율의 구분 기준

광복 이후 교육자치에 대한 논의가 있었지만, 국내·외의 상황에 의해 제대로 이루어지지 못하였다. 그러나 1991년 지방자치제도의 실시가 되고, 1992년 고시된 제6차 교육과정은 국가와 지역의 교육과정 기준과 내용의 기본적 사항, 단위학교의 교육과정 편성·운영을 하는 구조로 그 역할의 변화를 가져왔다. 국가, 지역, 학교교육과정의 역할분담 구조는 1998년에서 「초·중등교육법」에서 법적으로 근거를 마련하였다. 이와 같은 외형적 분권과 자율이 표방되고 있지만, 각급학교 교육과정은 실질적 분권이 제대로 이루어지지 않고 중앙통제적 성격이 유지되고 있다고 생각된다.

지역 수준의 교육과정인 시·도 교육청에서는 국가 수준에서 제시하는 초등학교 교육과정, 중학교 교육과정, 고등학교 교육과정이라는 용어는 제대로 사용되지 않고 있다. 각 시·도별 교육과정 편성·운영 지침으로 제시되고, 그 분량도 적은 편이다. 교과교육과정이 제대로 마련되지 않아 지역적 내용이 제대로 제시되지 않고 있을뿐만 아니라, 국가교육과정의 총론에 해당되는 사항이 지침의 형태로 만들어져 있는 것이다. 국가교육과정의 내용을 살펴보아도 지역에서 행정지원을 하는 사항이 있는 정도이다. 교과의 특정 단원에서 지역적 내용을 제시하기도 하지만, 전체 교육과정의 비중을 고려한다면 지역에 해당되는 내용은 거의 없는 편이라고 생각된다.

지역에 해당되는 내용이 제대로 마련되어 있지 않은 점은 국가적 차원에서 교육의 일정 수준 유지를 위해 표준화된 교육과정을 제공하는 것과 무관치 않다. 국가교육과정을 관료제적 도움을 얻어 운영하게 되면, 교육현장의 자율성을 제한하는 결과를 초래하게 된다. 그리고 표준화된 교육과정에 적응하지 못하고 소외되는 학생들이 발생되고 있는 것은 교육의 기회균등도 제대로 구현하지 못하고 있음을 말하는 것이다. 이러한 문제가 발생하는 것은 다른 사회 조직이나 기업을 교육현장과 동일시하는 경향에서 비롯되는 것으로 생각된다. 그러나 교육은 다른 일반 사회 조직의 운영과는 다른 특징을 지니고 있다.

교육의 기본성격이 인간의 성장에 유의미한 장을 마련하는 것에 있다고 하면, 교육대상자 간, 교육대상자 내에서의 다양성을 고려한 성장이 되어야 할 것이다. 이러한 다양성 외에 조기에 능력이 발휘되는 사람과 뒤늦게 발휘되는 사람이 있는 것을 생각하면 인간의 발전성도 동시에 고려하여야 할 것이다. 교육이 인간의 다양성과 발전성을 고려하여 그 능력을 신장시킬 필요가 있는 것이다.

이러한 점에서 국가교육과정은 교육대상자, 지역적 상황, 시대적 특성 등을 감안하여 그 여백을 두어야 할 것이다. 이제까지 국가교육과정은 이러한 여백을 마련하는 데 우호적이었다고 보기는 어려울 것이다. 일상 생활에서 개인 일정을 모두 채우면 다른 일정을 소화할 수 없게 되고, 책장에 책도 촘촘하게 꽂아 놓으면 다른 책을 꼽을 수 없는 것과 마찬가지이다. 그러므로 교육과정행정은 이러한 여백을 제공하는 것과 더불어 국가나 지역의 지도・조언적 사항이 중심이 되어야 할 것이다. 반면 이를 지원하기 위한 인적・물적인 여건은 적극적으로 관여하는 행정이 되어야 할 것이다.

## 03 교육과정 거버넌스와 한국의 교육과정행정

### 1) 교육과정 거버넌스

교육과정 분야에서 거버넌스가 언급되면서 논의된 시기는 얼마되지 않고, 논자에 따라 거버넌스를 다양하게 사용하기도 한다. 그렇지만 교육과정과 관련된 거버넌스에 교육행정 분야에서 사용하는 것과 같이 교육통치, 교육에 대한 국정운영, 통치구조와 권력관계와 같은 관점으로 보기는 어려울 것 같다. 교육이라는 행위가 학생을 통치대상이나 지배대상으로 보고, 그에 부합하는 형태로 교육과정을 만들지는 않을 것이기 때문이다. 오히려 학생을 위해 그들에게 적절한 교육과정과 그에 따른 방법을 제공할 필요가 있는 것이다.

이를 위해서는 교육과정의 내용이 어떠한 것이 되어야 하는 것인지에 대한 검토가 필요하다. 교육과정은 한 사회를 이루는 구성원들이 공유하는 삶의 경험을 규정한 것이다. 그것은 특정 집단의 전유물이 아니라, 사회 구성원들의 참여와 합의에 의해 생산된 결과물을 말하는 것이다. 만약 특정 집단의 힘이 강하게 되면 다른 집단이 위축되어 그들의 의견이 배제될 수 있다. 그리고 반드시 그러한 것은 아니지만, 힘이 있는 집단은 그들의 이익이나 입장을 관철시키기 위해 교육과정을 활용하고자 할 것이다.

따라서 교육과정의 결정이나 운영, 그리고 평가 및 피드백 체제에서 어느 한 집단이 독점력을 발휘하기보다는 여러 집단이 함께 공유할 수 있는 구조가 필요하게 된다. 그리고 이러한 구조적 측면과 더불어 교육과정이 개발되거나 운영을 하는 절차적 측면에서도 어느 한 집단이 주도하는 것이 아니라, 이들 주체가 참여하는 방식이 되어야 할 것이다. 이러한 점을 종합하면 교육과정 거버넌스는 다음과 같이 정의할 수 있을 것이다.

교육과정 거버넌스는 교육과정의 개발과 운영, 평가와 피드백의 전체적인 과정에서 누가 어떠한 절차에 따라 그 과정을 통제, 조정하며 필요한 의사결정을 내리는 것을 말하는 것이다. 따라서 교육과정 거버넌스는 교육과정의 제반 과정에서의 구조와 절차적 측면 모두를 고려해야 하는 것이다.

### 2) 한국의 교육과정행정

협력적인 교육과정 거버넌스가 되기 위해 교육과정행정의 구조적 측면과 절차적 측면이 고려되어야 한다는 것은 논리적으로 당연한 것으로 보인다. 그러나 현실적으로 그러한 구조와 절차를 제대로 경험한 적이 많다고 보기는 어려울 것이다. 한국의 교육과정 결정의 구조는 형식적으로는 국가의 기준과 내용의 기본적 사항, 지역의 기준과 내용, 그리고 단위학교의 교육과정 운영의 총체로 되어 있다. 그러나 실제적으로 국가적 기준이 전체적인 과정을 규율하고 있다고 생각된다.

국가교육과정에서 지역에 대한 안배를 하고 있는 부분이 거의 없다. 그리고 단위학교의 교육과정 운영에서도 이를 담당하는 교사는 전국적 기준에 의해 선발되어 배치되고 있으며, 학교를 운영하기 위한 제반 시설이나 조건 역시 법적으로 규정된 기준에 따라 마련되고 있다. 지역적인 기준에 의해 이러한 것을 별도로 마련하는 것은 쉬운 일이 아니다. 전반적으로 보면 교육과정과 관련된 사항은 국가적 기준에 의해 통일적으로 규율을 받고 있는 실정으로 보인다.

교육과정의 개발에서는 교육부, 전문연구기관, 교육과정심의회가 중심 역할을 하고, 개정 시기별로 교육과정개정연구위원회와 같은 위원회에서 방향이나 핵심 내용을 제시하기도 한다. 이렇게 마련된 기구들은 각기 고유한 역할을 지니면서 협력적 관계를 구축하고 있다. 국가교육과정이 마련되면 지역에서는 교육과정 편성·운영 지침을 만들고, 학교에서는 이들을 토대로 학교교육과정을 편성하게 된다. 편성된 교육과정은 단위학교에서 운영을 하게 되고, 국가와 지역의 지원행정을 받게 된다. 교육과정의 운영 이후에는 그에 대한 평가와 시정조치를 하고 있다. 그러나 평가와 시정조치는 교육과정 개발 단계에 비해 취약한 구조로 되어 있다. 국가교육과정을 개발하는 이들 사항은 지역교육과정이나 학교교육과정에서도 유사한 방식으로 전개되고 있다.

최근에는 교육수요자인 학생들의 참여를 강화하여 학교운영위원회에도 참여시키고 있으며, 교육과정심의회에도 학생들이 참여하여 그들의 요구를 개진할 수 있는 제도적 장치를 정비해 나가고 있는 실정이다. 학생의 참여와 같은 것과 달리 교육과정의 연구·개발·고시에서 교육부의 기능을 전면적으로 재편하기 위한 논의도 지속되고 있다. 「국가교육위원회 설치·운영에 관한 법률안」이 그 예에 해당된다. 국가교육위원회 설치·운영에 관한 각종 법률안들은 교육과정의 결정과 관련해 사회적 합의를 구하기 위한 과정을 더욱 적극적으로 모색하고 있는 실정이다. 이러한 것은 교육현장의 의견이 제대로 수용되고, 반영되는 것은 국가적 통제에 대해 단위학교 자율을 보다 강화하는 조치에 해당된다고 하겠다.

교육과정에서 국가적 통제도 중요한 부분에 해당되지만, 그것이 보다 내실을 기하기 위해서는 지역과 교육대상자 및 사회변화를 반영할 수 있는 여백을 두는 것이 필요하다. 이러한 것을 보완하면서 단위학교의 자율적 역량을 높일 필요가 있는 것이다. 다만 그러한 단위학교 자율은 민주적인 교육과정의 운영과 학교의 특색이나 개성을 드러낼 수 있는 것이 되어야 합리적인 교육과정행정이 될 것이다.

# 참고문헌


## 제1장

1) 박창언(2017). **현대교육과정학**. 서울: 학지사. 43.
2) 이경섭 · 이홍우 · 김순택(1997). **교육과정: 이론 · 개발 · 관리**. 서울: 교육과학사.
3) 교육과정의 질 관리에서는 교육과정의 행정, 교육과정의 평가, 교육과정과 교사, 교육과정의 연구 4개 장을 다루고 있다.
4) 함수곤 · 김찬재(2007). **교육과정 장학의 이론과 실제**. 서울: 교육과학사.
5) 박창언(2017). **현대교육과정학**. 서울: 학지사.
6) 김종철 · 이종재(1994). **교육행정의 이론과 실제**. 서울: 교육과학사.
7) 日本教育行政學會編(1978). **教育課程行政**. 東京: 教育開發研究所.
8) 이경섭 · 이홍우 · 김순택(1997). **교육과정: 이론 · 개발 · 관리**. 서울: 교육과학사. 337.
9) 박창언(2017). **현대교육과정학**. 서울: 학지사. 21.
10) 김종철 · 손인수 · 유기섭 · 은용기 · 한기언 · 홍웅선(1974). **문교사(1945–1973)**. 서울: 중앙대학교부설 한국교육문제연구소. 586.
11) 유봉호(1992). **한국교육과정사연구**. 서울: 교학연구사. 381.
12) 교육개혁위원회(1995). **세계화 · 정보화를 주도하는 신교육체제 수립을 위한 교육개혁 방안**. 서울: 대통령자문 교육개혁위원회. 49.
13) 교육부(1998). 중학교 총론 · 특별활동 해설서. 서울: 교육부.
14) 문교부(1946). **초 · 중등학교 교수요목집(12)–중학교 사회생활과–**. 서울: 문교부. 43.
15) 교육부(2015). **초등학교 교육과정**. 세종: 교육부. 251.
16) 김종철 · 손인수 · 유기섭 · 은용기 · 한기언 · 홍웅선(1974). **문교사(1945–1973)**. 서울: 중앙대학교부설 한국교육문제연구소. 9-10.
17) 김종철 · 손인수 · 유기섭 · 은용기 · 한기언 · 홍웅선(1974). **문교사(1945–1973)**. 서울: 중앙대학교부설 한국교육문제연구소. 61.
18) 교육부 홈페이지 조직도 http://www.moe.go.kr 2021년 01월 14일 현재.

## 제2장

1) 김종철 · 이종재(1995). **교육행정의 이론과 실제**. 서울: 교육과학사. 245.
2) 이경섭 · 이홍우 · 김순택(1997). **교육과정: 이론 · 개발 · 관리**. 서울: 교육과학사. 338

3) 함수곤・김찬재(2007). **교육과정장학의 이론과 실제.** 서울: 중앙교육. 14-15.

4) 菱村幸彦(1978). "教育課程行政の現状と問題點. In 日本教育行政學會編. **教育課程行政.** 東京: 教育開發硏究所. 27.

5) 日本教育行政學會編(1978). **教育課程行政.** 東京: 教育開發硏究所.

6) McNeil, John D.(1965). *Curriculum Administration: Principles and Techniques of Curriculum Development-.* New York: The Macmillan Company.

7) McNeil, John D.(1985). *Curriculum: A Comprehensive Introduction.* Boston: Little, Brown and Co.

8) 박창언(2019). **교육과정과 교육법.** 서울: 학지사. 209, 212.

9) 박창언(2017). **현대교육과정학.** 서울: 학지사. 251-254의 내용을 제시한 것임.

10) 김규정(1989). **신고 행정학원론.** 서울: 법문사. 233.

## 제3장

1) 박동서(1989). **한국행정론.** 서울: 법문사. 128.

2) 박병량・주철안(2012). **교육행정 및 교육경영.** 서울: 학지사. 31.

3) 박창언(2017). **현대교육과정학.** 서울: 학지사. 71.

4) 박동서(1989). **한국행정론.** 서울: 법문사. 131.

5) 교육부(2015). **초・중등학교 교육과정 총론.** 세종: 교육부. 12-13.

## 제4장

1) 이돈희(1994). **교육적 경험의 이해.** 서울: 교육과학사. 313.

2) 박동서(1989). **한국행정론.** 서울: 법문사. 173-174.

## 제5장

1) 이시원・정준금・김재훈・권혁주・문명재・김두래(2017). **새로운 패러다임 행정학.** 서울: 대명출판사. 91-93.

Low, Theodore J.(1964). "american business, public policy, case-studies, and political theory". *World Politics 16*(4). 677-715.

2) 김규정(1989). **신고 행정학원론.** 서울: 법문사. 147.

Lasswell, Harold D.(1951). "the policy orientation" in Daniel Lerner & Harold D. Lassell(eds). *The policy sciences.* Standford: Standford Universiy Press. 14.

3) 김규정(1989). **신고 행정학원론**. 서울: 법문사. 179.

4) 박창언 · 진의남 · 오은주 · 이재영(2012). **2009 개정 교육과정에 따른 집중이수제 운영 방안 연구**. 서울: 교육과학기술부.

5) 박동서(1989). **한국행정론**. 서울: 법문사. 251.

6) 이시원 · 정준금 · 김재훈 · 권혁주 · 문명재 · 김두래(2017). **새로운 패러다임 행정학**. 서울: 대명출판사. 125-126.

7) 김규정(1989). **신고 행정학원론**. 서울: 법문사. 189-190.

8) 이시원 · 정준금 · 김재훈 · 권혁주 · 문명재 · 김두래(2017). **새로운 패러다임 행정학**. 서울: 대명출판사. 131.

9) 김규정(1989). **신고 행정학원론**. 서울: 법문사. 220.

10) 박동서(1989). **한국행정론**. 서울: 법문사. 228.

11) 헌법재판소(1993). **헌법재판소판례집 제4권**. 서울: 헌법재판소. 761.

## 제6장

1) 권영찬(1967). **기획론**. 서울: 법문사. 19.

2) 박동서(1989). **한국행정론**. 서울: 법문사. 255-256.

3) 기획재정부 일반현황. http://www.moef.go,kr. 2019.1.20.일자 검색.

4) 김규정(1989). **신고 행정학원론**. 서울: 법문사. 255-258.

5) 박동서(1989). **한국행정론**. 서울: 법문사. 278-281.

## 제7장

1) 임창희 · 홍용기(2016). **조직론**. 서울: 비앤엠북스. 39.

2) 정정길 · 이시원 · 정준금 · 김재훈 · 권혁주 · 문명재 · 김두래(2017). **새로운 패러다임 행정학**. 서울: 대명출판사. 452.

3) 임창희 · 홍용기(2016). **조직론**. 서울: 비앤엠북스. 164.

4) 임창희 · 홍용기(2016). **조직론**. 서울: 비앤엠북스. 165-167.

5) Quinn, R. E. & Rohrbaugh, J.(1983). "A spatial model of effectiveness criteria: toward a compting values approach to organizational analysis". *Management Science*. 29. 363-377.

6) 주효진 · 조주연(2011). "교육행정기관의 조직문화 유형별 수준진단: 조직문화평가도구(OCAI)의 적용". **직업교육연구**. 30(4). 113-127.

## 제8장

1) 박동서(1989). **한국행정론**. 서울: 법문사. 314.
2) 임창희 · 홍용기(2016). **조직론**. 서울: 비앤엠북스. 83.
3) 김규정(1989). **행정학원론**. 서울: 법문사. 370-371.
4) 곽병선 · 강현석 · 김경자 · 김재춘 · 박순경 · 소경희 · 홍후조(2009). **미래형 교육과정 방향 및 실행체제 연구**. 서울: 교육과학기술부. 21.
5) 곽병선 · 강현석 · 김경자 · 김재춘 · 박순경 · 소경희 · 홍후조(2009). **미래형 교육과정 방향 및 실행체제 연구**. 서울: 교육과학기술부. 21.
6) 국가교육과정개정연구위원회(2015.2.13.). **국가 교육과정 개정 연구 위원회 회의 자료**. 세종: 교육부.
7) 국가교육과정개정연구위원회(2015.2.13.). **국가 교육과정 개정 연구 위원회 회의 자료**. 세종: 교육부.
8) 교육부 교과서정책과(2018.6.4.). **2018년교과서 자유발행제추진위원회 구성 · 운영 계획(안)**. 세종: 교육부.
9) 박창언(2019). **교육과정과 교육법**. 서울: 학지사. 189.

## 제9장

1) 김규정(1989). **행정학원론**. 서울: 법문사. 491-492.
   오석홍(2016). **행정학**. 서울: 박영사. 516.
2) 임도빈(2014). **행정학**. 서울: 박영사. 22.
   유민봉 · 임도빈(2016). **인사행정론**. 서울: 박영사. 56.
3) Mosher, Frederick(1982). *democracy and the public service(2nd ed)*. New York: Oxford University Press. 5864.
   유민봉 · 임도빈(2016). **인사행정론**. 서울: 박영사. 69.
4) 박동서(1989). **한국행정론**. 서울: 법문사. 289.
5) 박동서(1989). **한국행정론**. 서울: 법문사. 292.
6) 유민봉 · 임도빈(2016). **인사행정론**. 서울: 박영사. 95.
7) 교육부(2019.05). **2019년 교육부 교육전문직 선발계획**. 세종: 교육부.
8) 박창언(2017). **현대교육과정학**. 서울: 학지사. 134.
9) 법제처(2020. 04. 05.일자 검색). https://www.moleg.go.kr/ 공직자윤리법 연혁 법령 검색.

## 제10장

1) 국회예산정책처(2019). **2019 대한민국 재정**. 서울: 국회예산정책처. 24.

2) 박동서(1989). **한국행정론**. 서울: 법문사. 420.

3) 국회예산정책처(2019). **2019 대한민국 재정**. 서울: 국회예산정책처의 내용을 참고하여 교육재정과 관련된 사항을 정리한 것이다.

4) 국회예산정책처(2019). **2019 대한민국 재정**. 서울: 국회예산정책처. 49.

5) 기획재정부(2016). **2017년도 예산안 편성 및 기금운용계획안 작성지침**. 세종: 기획재정부. 17.

6) 기획재정부(2018). **2019년도 예산안 편성 및 기금운용계획안 작성 지침**. 세종: 기획재정부. 16.

7) 유 훈(1986). **재무행정론**. 서울: 법문사. 286-287.

8) 김규정(1989). **행정학원론**. 서울: 법문사. 733.

9) 유 훈(1986). **재무행정론**. 서울: 법문사. 299.

10) 한국교육개발원(2019). **2020년 고교학점제 학교환경 조성 적정성 검토 시도별 자료**. 진천: 한국교육개발원.

11) 국무조정실(2019). 2019년 국정과제 정책효과 설명회 실적보고서. 세종: 국무조정실. 여기에서는 초·중등 교과 및 비교과 교사 확충과 기간제 교원의 처우개선 등에 대한 내용이 포함되어 있어 참고할 수 있는 자료가 된다.

## 제11장

1) 박동서(1989). **한국행정론**. 서울: 법문사. 483.

2) 김규정(1989). **행정학원론**. 서울: 법문사. 433.

3) 오석홍(2016). **행정학**. 서울: 박영사. 401-402.

4) 유민봉·임도빈(2016). **인사행정론**. 서울: 박영사. 320.

5) Perry, J. L & Wise, L.(1990). motivational bases of public service. *Public Administration Review*. 50. 182-201.

6) 오화선·박성민(2014) 공직봉사동기가 직무만족에 미치는 영향력 분석: 개인-조직 적합성 제안 및 개인-직무 적합성의 매개효과를 중심으로. **현대사회와 행정**. 24(2). 51-82. Perry, J. L.(1996). measuring public service motivation: an assessment of construct reliability and validity. *Journal of Public Administration Research and Theory*. *6*(1). 5-22.

7) 김규정(1989). **행정학원론**. 서울: 법문사. 617.

## 제12장


1) 박창언(2017). **현대교육과정학**. 서울: 학지사. 93.

2) 교육과학기술부(2008). **초등학교 교육과정해설 Ⅰ: 총론·재량활동**. 서울: 교육과학기술부. 14.

3) 박창언(2017). **현대교육과정학**. 서울: 학지사. 97-99.

4) 박창언·김영은·박봉철·신은희·최종선(2019). **국가교육과정 연구·개발·고시 체제 재구조화 방안**. 서울: 대통령직속 국가교육회의. p. 130의 내용에서 국가교육회의를 교육부로하고, 교육과정연구위원회와 전문연구기관의 역할 일부를 수정·보완한 것이다.

5) 박창언(2017). **현대교육과정학**. 서울: 학지사. 98.

6) 박창언(2019). **교육과정과 교육법**. 서울: 학지사. 91.

7) 중앙대학교부설 한국교육문제연구소(1974). **문교사(1945−1973)**. 서울: 중앙대학교부설 한국교육문제연구소. 84-88.

8) 함종규(2004). **한국교육과정변천사연구**. 서울: 교육과학사. 240.

9) 유봉호(1992). **한국교육과정사연구**. 서울: 교학연구사. 312.

10) 정진곤(1988). "교육과정령의 변천과정에 관한 비판적 분석" 제3세계문화연구소편. **한국교육의 재인식**. 경기: 한신대학출판부. 75.

11) [그림 12-3]은 교육과학기술부(2008). **중학교 교육과정 해설(Ⅰ): 총론·특별활동**. 서울: 교육과학기술부. 92; 국회도서관(2015). **교육과정 개편 한눈에 보기**. 서울: 국회도서관. 67; 교육부(2015). **(2016년도 교육부소관) 예산안의 주요사업 요약 설명 자료**. 세종: 교육부. 9의 내용을 종합하여 재구성한 것이다.

12) 박창언(2017). **현대교육과정학**. 서울: 학지자. 96.

13) 박창언(2017). **현대교육과정학**. 서울: 학지사. 96-97.

14) 박창언·김영은·박봉철·신은희·최종선(2020). **국가교육과정 연구·개발·고시 체제 재구조화 방안**. 서울: 대통령직속 국가교육회의.

15) 조승래 의원 대표 발의(2019.03.25.). **국가교육위원회의 설치 및 운영에 관한 법률안**. 의안번호 19377.

16) 박창언(2017). **현대교육과정학**. 서울: 학지사. 192.

17) 日本敎育法學會編(1993). **敎育法學辭典**. 東京: 學陽書房.

18) 小島 弘道(2000). 교육における自治の理論的課題-學校自治の理論的課題を중심に-. 日本敎育法學會編第29號. **敎育立法の學校自治·參加**. 東京: 有斐閣. 102-104.

19) 神田修(1981). 學校の自治の今日的意義論と課題-その形成と展開-. 日本敎育法學會

編. **學校の自治**. 東京: エイデル研究所. 3-29.

20) 교육부(2018). **초・중등학교 교육과정 총론**. 세종: 교육부. 36-37.

21) 교육부(2018). **초・중등학교 교육과정 총론**. 세종: 교육부. 38-41.

## 제13장

1) 신철순(1997). **교육행정 및 경영**. 서울: 교육과학사. 291-292.

2) 진동섭(2009). "학교컨설팅". **교과교육연구**. 30(1). 조선대학교 교과교육연구소. 180.

3) 교육부 중앙교육연수원(2013). **1차시: 컨설팅 장학의 개념과 필요성**. 교원 연수 자료. 1.

4) 교육부 중앙교육연수원(2013). **1차시: 컨설팅 장학의 개념과 필요성**. 교원 연수 자료. 2.

5) 오은경・한유정・서경혜・김경이・안정희・안선영 역(2008). **장학론**. 서울: 아카데미 프레스. 11-26.

Sergivanni. Tomas J. and Robert J, Starratt. (2007). *Supervision: A Redefinition*. New York: McGraw-Hill, Inc.

6) 남정걸(1999). **장학의 이론과 실제**. 서울: 교육과학사. 45-58.

7) 남정걸(1999). **장학의 이론과 실제**. 서울: 교육과학사. 45-58.

8) 오은경・한유정・서경혜・김경이・안정희・안선영 역(2008). **장학론**. 서울: 아카데미 프레스. 19.

남정걸(1999). 장학의 이론과 실제. 서울: 교육과학사. 53.

Sergivanni. Tomas J. and Robert J, Starratt. (2007). Supervision: A Redefinition. New York: McGraw-Hill, Inc.

9) 교육부(2018). **2015 개정 교육과정 총론 해설: 초등학교**. 세종: 교육부. 81-82. 참고.

교육부(2018). **2015 개정 교육과정 총론 해설: 중학교**. 세종: 교육부. 88-89. 참고.

교육부(2018). **2015 개정 교육과정 총론 해설: 고등학교**. 세종: 교육부. 132-133. 참고.

10) 여기의 내용은 교육부 중앙교육연수원(2013). **4차시: 컨설팅 장학 기법(Ⅰ), 5차시: 컨설팅 장학 기법(Ⅱ)**의 연수 자료 내용을 요약한 것이다.

## 제14장

1) 박창언(2017). **현대교육과정학**. 서울: 학지사. 56-57.

2) 박창언(2017). **현대교육과정학**. 서울: 학지사. 120.

3) 교육부 교과서정책과(2018.1). **우리나라의 교과서 변천사[1945–2015]**. 세종: 교육부. 8.

4) 헌법재판소(1993). **헌법재판소 판례집 제4권**. 서울: 헌법재판소. 762-764.

5) 국사편찬위원회(1969). **고종시대사 제3권**. 서울: 탐구당. 965.
함종규(2004). **한국교육과정변천사연구**. 서울: 교육과학사. 42.

6) 내각기록국 관보과, 관보 제1615호

7) 함종규(2004). **한국교육과정변천사연구**. 서울: 교육과학사. 42.

8) 보통학교규정 제61조 내부 요약 자료
유봉호(1992). **한국교육과정사연구**. 서울: 교학연구사. 187.

9) 함종규(2004). **한국교육과정변천사연구**. 서울: 교육과학사. 142-145.

10) 함종규(2004). **한국교육과정변천사연구**. 서울: 교육과학사. 166.

11) 함종규(2004). **한국교육과정변천사연구**. 서울: 교육과학사. 208.

12) 박창언(2019). **교육과정과 교육법**. 서울: 학지사. 188.

13) 교육부 교과서정책과(2020.04.08.). **제2기 교과서 자유발행제 추진위원회 1차 회의 개최**. 세종: 교육부 교과서정책과 회의 자료.

14) 박창언(2017). **현대교육과정학**. 서울: 학지사. 131-132.

15) 교육부(2020). "국정-검정-인정 교과서가 뭔가요?". **행복한 교육 Vol. 51**. 세종: 교육부.

16) 박창언(2017). **현대교육과정학**. 서울: 학지사. 124.

17) 교육부(2015.7.30.). **「교과용도서 개발체제 개선 방안」 발표**. 교육부 보도자료.

18) 교육부(2015). 2015 개정 교육과정에 따른 교과용도서 개발을 위한 편수 자료 Ⅰ-편수일반-. 세종: 교육부. 69.

19) 박창언 · 박봉철 · 백선희(2020). **미래사회의 교과서 질 관리 체제 구축 방안 연구**. 서울: 미래앤 부설 교과서연구소·한국교과서연구재단. 77.

## 제15장

1) 이돈희 · 황정규 · 윤희원 · 조영달 · 권오량 · 우정호 · 최승언 · 강신복(1998). **교과교육학 탐구**. 서울: 교육과학사. 34.

2) 박창언(2019). **교육과정과 교육법**. 서울: 학지사. 301.

3) 박창언(2017). **현대교육과정학**. 서울: 학지사. 137.

4) 교육부 교육과정정책과(2016.03). **2015 개정 교육과정의 안정적 정착을 위한 2016**

년 교육과정 연수 기본계획. 세종: 교육부 교육과정정책과. 1-2.

5) 교육부 교육과정정책과(2016.03). 2015 개정 교육과정의 안정적 정착을 위한 2016년 교육과정 연수 기본계획. 세종: 교육부 교육과정정책과. 18.

6) 조덕주 · 허희옥(2007). "교원연수체제 구축방안". In 이미숙 · 민용성 · 조성기 · 조덕주 · 이낙종 · 김현철 · 최연주(2007). 중등학교 교육의 내실화를 위한 지원방안 탐색. 서울: 한국교육과정평가원. 186.

7) 조덕주 · 허희옥(2007). "교원연수체제 구축방안". In 이미숙 · 민용성 · 조성기 · 조덕주 · 이낙종 · 김현철 · 최연주(2007). 중등학교 교육의 내실화를 위한 지원방안 탐색. 서울: 한국교육과정평가원. 186-187.

8) 박창언 · 박지현 · 배지현 · 백지원(2016). 2015 개정 교육과정 적용 대비 교원 연수 체제 구축 방안 연구. 세종: 교육부. 166.

9) 박창언 · 박지현 · 배지현 · 백지원(2016). 2015 개정 교육과정 적용 대비 교원 연수 체제 구축 방안 연구. 세종: 교육부. 171.

10) 박창언 · 박지현 · 배지현 · 백지원(2016). 2015 개정 교육과정 적용 대비 교원 연수 체제 구축 방안 연구. 세종: 교육부. 178.

## 제16장

1) 박동서(1989). 한국행정론. 서울: 법문사. 625-626.

2) 박동서(1989). 한국행정론. 서울: 법문사. 629.

3) 강현석 · 허영식 · 신영수 · 최윤경 · 추갑식 역(2012). 미국의 교육과정 개혁 이야기. 서울: 양서원. 27.(Pearl G. Solomon(2009). *The Curriculum Bridge: From Standards to Actual Classroom Practice*. London and New Delhi: Sage Publications Company).

4) 교육부(2014). 범교과 관련 수업시수 확보 요구 현황. 세종: 교육부 내부자료.

5) 박창언(2019). 교육과정과 교육법. 서울: 학지사. 113.

6) 헌법재판소(1993). 헌법재판소 판례집 제4권. 서울: 헌법재판소. 739-775.

7) 교육과학기술부(2010). 교육과학기술부 자체평가 운영 매뉴얼. 서울: 교육과학기술부 내부 자료 참고.

8) 교육부(2018). 2018년 재정사업 자율평가 총괄위원회(제1차) 및 분과위원회 회의자료. 세종: 교육부 내부 자료 참고.

## 제17장

1) 교육부(2019.3). 2019년 **국가교육과정포럼 운영계획(안)**. 세종: 교육부 교육과정정책과 내부자료.

2) 교육부 · 대통령직속 국가교육회의(2019.3). **국가교육위원회 설치 추진방안 보고(안)**. 세종: 교육부. 3-4.

3) 박창언(2019). **교육과정과 교육법**. 서울: 학지사. 212.

4) 박동서(1989). **한국행정론**. 서울: 법문사. 677.

5) Gerald E. Caiden(1969). *Administrative Reform*. Chicago: Aldine. 127-160.
김규정(1989). **행정학 원론**. 서울: 법문사. 782.

6) 박병량(2006). **학교발전과 변화: 이론 · 연구 · 실제**. 서울: 학지사. 75.

# 찾아보기

## 인명

## 내용

### ㄱ

ㅈ

ㅊ



ㅋ

## 저자소개


■ **박창언(Park, Changun)**

(현) 부산대학교 교육학과 교수

교육부 교과서 자유발행제 추진위원회 위원장

국무조정실 정부업무평가 국정과제평가 전문위원

교육부 교육과정심의회 심의위원

교육부 일반재정평가 전문위원

교육부 인공지능교육정책자문단

교육부 남녀평등교육심의회 심의위원

교육부 한국형 무크(K-MOOC) 기획위원회 위원

교육과학기술부 자체평가위원 외

**[주요 저서]**

교육과정과 교육법(학지사, 2019)

진로교육학개론(공저, 교육과학사, 2019)

현대교육과정학(학지사, 2017)

교육과정실행연구(공역, 교육과학사, 2015)

통합연구방법의 기초(공역, 아카데미프레스, 2015)

교육과 교육학(공저, 학지사, 2015)

교육과정: 이론과 실천(교육과학사, 2012) 외

**[학위/수상]**

경북대학교 교육학과 졸업 및 교육학 박사

프랑스 프랑쉬-콩테 대학교 사회학, 인류학, 인구학분야 박사

한국대학교육협의회에서 한국학술진흥재단 Post-Doc. 이수

한국연구재단 2016년도 인문사회분야 학술지원사업 우수평가자 인증(2017년)

부총리겸 교육부장관 표창(2014년, 2016년, 2020년)

부산대학교 Premier 교수(2012년) 외

# 교육과정행정

**초판 1쇄 인쇄** / 2021년 3월 5일
**초판 1쇄 발행** / 2021년 3월 10일

•

**저 자** / 박 창 언
**발행인** / 이 중 수
**발행처** / **동 문 사**

•

서울특별시 서대문구 홍제원 1길 12
(홍제동 137-8)
**Tel:** 02)736-3718(대), 736-3710, 3720
**Fax:** 02)736-3719
**등록번호:** 1974.04.27 제9-17호
**가격:** 23,000원

•

**ISBN:** 979-11-6328-279-2(93370)
**E-mail:** dong736@naver.com
www.dongmunsa.com